한국사

4

초기국가
고조선 · 부여 · 삼한

국사편찬위원회

자문위원

이 기 백　　황 수 영

편찬위원

노 태 돈　　신 형 식　　이 기 동

정 영 호

집필(초기국가-고조선 · 부여 · 삼한)

김 정 배　　송 호 정　　이 현 혜

최 몽 룡

기획 · 편집

신 재 홍　　변 승 웅　　이 근 택

고 혜 령　　고 성 훈　　고 숙 화

나 애 자　　박 한 남　　윤 병 희

최 원 식

복간 간행 : 김 용 곤 · 장 득 진

한국사 간행취지

우리 겨레가 앞으로 어떻게 살아갈 것인가 하는 문제는 우리들은 물론 우리와 더불어 살아가는 세계인들의 관심사일 것이다. 이에 대한 해답은 과거에 어떻게 살아왔는가 하는 우리 역사에 대한 인식을 통해 찾을 수 있을 것이라고 생각된다.

본 위원회에서는 이미 1970년대에 『한국사』 25권을 간행하여 해방 이후 한국사의 연구성과를 집대성함으로써 한국사에 대한 인식을 새롭게 한 바 있다. 그 이후 한국사회는 놀라운 성장과 발전을 이루었고 역사학계도 상당한 연구성과를 축적하였다. 이러한 변화에 발맞추어 한국사학계는 새로운 『한국사』 편찬의 필요를 느끼게 되었다.

이에 본 위원회는 일차적으로 한국사 연구지원비를 마련하여 역사학계로 하여금 1980년대 중반까지 연구성과가 미진하다고 생각되는 분야를 연구할 수 있도록 하였다. 이어서 1989년부터 1990년까지의 준비를 거쳐 1991년에는 '신편 한국사 편찬위원회'를 따로 구성하고 총 60권에 달하는 새로운 『한국사』를 편찬하기로 하였다. 그리고 다음과 같은 『한국사』 편찬의 목표를 세웠다.

① 한국의 역사와 문화에 대한 객관적 인식의 토대를 제공할 수 있는 한국사를 편찬한다.

② 민족의 창조적 문화활동과 민족사의 내재적 발전을 드러내는 한국사를 편찬한다.

③ 최근까지의 연구성과를 체계화하고 새로운 영역을 개척함으로써 한국사 연구의 지평을 넓힌다.

④ 한국사 연구와 관련하여 고고학·인류학·사회학·경제학 등 인접학문의 연구성과를 수용하여 한국사 인식의 폭을 넓히는 데 기여한다.

새로운 『한국사』를 펴내면서 우리 모두가 바라는 바는, 민족의 통일에 대비해야 하고 급격히 변화하는 시대상황 속에서, 한국사 연구자의 깊이 있는 연구를 도와주고 독자들의 역사인식을 드높일 수 있는 길잡이 구실을 할 수 있었으면 하는 것이다.

국사편찬위원회 위원장

목 차

개 요 1

Ⅰ. 초기국가의 성격

1. 한국 고대의 정치발전 단계론 11
2. 국가 형성 이론의 한국사 적용문제 19
3. 초기국가의 성격 22

Ⅱ. 고 조 선

1. 고조선의 국가형성 45
   1) 고조선의 건국신화 45
   2) 동이족과 그 문화권 59
   3) 고조선의 주민과 예맥 68
   4) 고조선의 건국연대 72
   5) 고조선의 위치와 강역 74
2. 고조선의 변천 92
   1) 고조선 사회의 국가적 성장 92
   2) 위만조선의 성립과 변천 96
   3) 위만조선과 한의 전쟁 105
   4) 한사군의 설치와 그 변천 108

3. 고조선의 문화와 사회 경제 ………… 115
1) 고조선 전기와 청동기문화 ………… 119
2) 후기 고조선과 철기문화 ………… 126
3) 고조선의 사회 경제 ………… 136

Ⅲ. 부 여

1. 부여의 성립 ………… 149
1) 부여사의 성격 ………… 149
2) 부여의 기원과 건국설화 ………… 151
3) 부여의 영역과 지리적 특성 ………… 165
2. 부여의 성장과 대외관계 ………… 181
1) 부여의 성장 ………… 181
2) 부여의 대외관계 ………… 189
3. 부여의 정치와 사회 ………… 202
1) 중앙과 지방의 통치조직 ………… 202
2) 사회와 경제 ………… 209
4. 부여의 문화 ………… 222
1) 신앙과 제의 ………… 222
2) 생활 풍습 ………… 226
3) 예술-건축, 공예, 기타 ………… 228

Ⅳ. 동예와 옥저

1. 동예의 사회와 문화 ……… 235

1) 동예의 위치와 변천 ……… 235
2) 동예의 사회와 문화 ……… 240

2. 옥저의 사회와 문화 ……… 246

1) 옥저의 위치와 변천 ……… 246
2) 옥저의 사회와 문화 ……… 252

Ⅴ. 삼 한

1. 삼한의 정치와 사회 ……… 261

1) 진국과 삼한 ……… 261
2) 삼한의 정치 ……… 267
3) 삼한의 경제와 사회 ……… 276

2. 삼한의 문화 ……… 287

1) 삼한의 생활과 풍속 ……… 287
2) 삼한의 유적과 유물 ……… 293

개　　요

I

한국사의 전개과정에서 최초의 역사체로 등장하는 우리 민족의 명칭은 濊·貊·韓으로 대표되고 있으며, 이들이 정치적으로 성장하여 古朝鮮·夫餘·高句麗·東濊·沃沮 및 三韓 등이 되었다. 이들 국가는 우리 나라 역사의 序章을 장식하고 있을 뿐만 아니라 우리 民族史의 시발이라는 점에서 중요한 의미를 가지고 있다. 또한 이들은 후속하는 삼국시대의 고구려·百濟·新羅·加耶 및 주변 정치체들로 발전하여 민족사의 발전모태가 되었다. 따라서 이들 초기국가에 대한 연구는 우리 역사의 출발 무대와 범위를 규정하여 그 내용과 실체를 확인시켜 준다는 점에서 매우 중요하다고 하겠다. 특히 이들 초기국가는 우리 민족이 주변의 여러 민족과 구별되는 독자적 문화와 언어 및 민족의식을 공유하게 된 출발점이 되었다는 점에서 이들에 대한 검토는 매우 중요한 것이다.

고조선·부여·동예·옥저 및 삼한 등 초기국가의 정치발전 수준과 성격에 대해서는 한국사에서의 國家 起源과 形成문제와 관련하여 많은 논의가 있었다. 특히 국가 성립 이전 단계 사회의 정치적 성격에 대한 관심이 집중되어 部族國家論·城邑國家論이 제시되었고 인류학 이론에 바탕을 둔 君長社會(chiefdoms)論 등이 제기되어 국가 형성과정에 대한 다채로운 인식틀이 소개되었다. 국가(state)가 성립되기 직전의 계층사회·복합사회를 나타내는 chiefdoms이라는 용어는 君長社會·酋長社會·族長社會 등으로 번역되었는데 《三國志》 등의 사료에 나타나 있는 '君長'이라는 용어를 사용하여 '군장사회'라고 하는 것이 적절하다고 생각한다. 1970년대 이후 한국 고대사 분야에서 본격적으로 거론되기 시작한 국가 기원 및 형성과 관련된 논의는 정치발전 단계론에 대한 서양 人類學界의 성과가 소개·수용되고, 종래 불신되었던《三國史記》초기 기록에 대한 신빙성이 새롭게 축적된 고고학적 성과에 의해 제고되면서 나타나게 되었다. 그 결과 우리 나라에서 최초로 성립된 국가를 고조선사회에서 구하게 되었다.

Ⅱ

우리 역사의 첫 출발을 논의할 때에 가장 먼저 지적되어야 할 부분은 民族形成에 관한 문제일 것이다. 그러나 이에 관한 문제는 민족의 기원이나 移動과 관련하여 古朝鮮에 앞서 논의되어야 할 것이지만, 이 책에서는 우리 나라에서 고조선이 최초의 역사체로 등장한다는 점에서 고조선과 이후의 초기 국가만을 다루었다. 고조선은 형질적 민족 구성의 연원을 이루고 있고 또 우리 나라 역사의 서장을 열었다는 점에서 그 의미가 크다고 하겠다. 특히 국가의 기원과 형성의 문제뿐만 아니라 우리 나라 역사 무대의 범위가 비로소 정해지게 된다는 측면에서도 고조선이 차지하는 비중은 매우 높다. 즉 한국사에서 최초의 국가로 파악되는 고조선은 우리 민족이 처음으로 국가라는 정치체를 형성하였을 뿐만 아니라 관련 집단의 주변 확산으로 후속 정치체의 모델과 중심축이 되었던 것이다.

고조선 관련 문제에서 주된 관심의 대상이 되는 것은 고조선의 기원과 연관되어 있는 建國神話이다. 檀君으로 상징되는 건국시조가 신화 차원의 존재인가 또는 역사적 존재인가 하는 문제는 고조선사회의 성격을 규정한다는 점에서 매우 중요하다. 이같은 점에서 단군으로 상징되는 해당 사회의 성격은 현재 우리 민족 형성의 가장 원초적 모습과 연결된다는 점에서 주목된다. 단군은 결코 신화적 존재가 아니라 역사적 실체를 단순화하고 신성화시킨 것으로서 일정한 역사적 사실을 반영한 것으로 파악되고 있다. 최근 北韓學界는 기왕의 고조선 관련 입장을 번복하여 평양지역에 檀君陵이 존재하였음을 강조하고, 발굴을 통해 단군의 뼈와 관련 유물을 발견하여 단군의 실체를 확인하였다고 선전하고 있다. 이 문제는 보다 구체적인 자료의 확인이 요청되는 것으로서 어쨌든 단군의 의미를 새롭게 강조하였다는 점에서는 주목할 필요가 있을 것이다. 이를 계기로 단군이 민족의 구심체로서 기능하였던 기왕의 역할이 다시 부각되기는 하였지만, 문제는 현실의 정치논리에 입각하여 단군을 이해하기보다는 단군이라는 실체를 정확히 파악하여 역사적 의미와 위치를 考究하는 것이 선결되어야 할 것이다.

고조선과 관련하여 가장 많은 논란과 쟁점의 대상이 되었던 것은 중심지 문제였다. 이는 고조선의 중심지가 한반도 특히 平壤이었다는 平壤中心說과 遼東지역의 遼河 또는 大凌河였다는 遼東中心說로 나뉘어 논쟁이 지속되어 왔다. 고조선의 중심지 문제는 이미 중국의 北魏 때부터 논란이 되기 시작하여 우리 나라에서는 고려시대와 조선 초까지 각각의 입장이 유지되었고, 조선 중·후기에는 實學者들 사이에서도 활발한 논의가 이루어져 많은 견해가 제시되었다. 이같은 전통 역사학자들의 논의를 바탕으로 일제의 식민통치하에서도 日本學者들과 民族主義 史學者로 나뉘어져 평양설과 요동설이 대립되어 왔다. 해방후 한국에서는 평양설이 주류를 형성하였고 북한학계에서는 상당한 논란 끝에 요동설이 1960년 초반 이후 정설로 채택되어 1990년대까지 유지되었다. 이같은 상황이 1980년대 중반에 이르러 한국학계에서 요동중심설에 관한 견해가 소개·부연되면서 고조선에 대한 새로운 관심과 논쟁을 불러 일으켜 평양설과 요동설 및 이동설이 다시 검토되었다. 한편 북한학계에서는 1993년 평양지역에서 이른바 단군릉의 발견과 이의 발굴을 계기로 하여 기왕의 요동설과 완전히 배치되는 평양중심설이 다시금 주장되고 있다. 어쨌든 고조선의 중심지 문제는 보다 심도있는 고고학적 자료의 검토와 문헌 자료에 대한 정확한 해석을 통해 재검토될 소지가 많으며, 앞으로도 관심을 기울여야 할 부분의 하나이다.

한편 고조선의 고고학적 기반 문화에 대해서는 종래 언급되었던 바와 같이 青銅器文化의 내용과 성격을 중심으로 논의되고 있다. 특히 그 표지유물로서 琵琶形銅劍文化에 관한 논의가 중심을 이루고 있는데, 비파형동검은 지역적으로 遼東, 遼西, 吉林·長春, 韓半島圈으로 나누어 파악되고 있다. 문제는 비파형동검의 기원지를 어디에 두느냐 하는 것인데 이에 대하여 중국학계에서는 요서로 보아 중국의 영향을 염두에 둔 입장을 취하고 있는데 비해서, 남북한학계에서는 요동지역으로 파악하여 고조선의 독자적 문화와 이 문화의 중국지역으로의 확산을 강조하고 있다. 한편 비파형동검문화가 발전한 형태인 細形銅劍文化가 한반도지역을 중심으로 일부 중국 동북지역에서도 나타나고 있어 이에 대한 해석문제도 논란이 되고 있다.

이와 함께 고조선의 기반 문화를 반영하는 중요한 고고학적 자료로서 支石墓文化가 지적될 수 있다. 기왕의 연구에서 단편적인 언급이 있었으나 한반도와 요동반도를 중심으로 하는 지역에 중국 내륙과는 구별되는 지석묘가 분포하고 있다는 사실은 고조선문화가 토대를 두고 있는 고고학적 기반을 암시해주는 것이다. 이 문화가 발전하여 형성된 石棺墓·石槨墓·積石塚 등에서 비파형동검이 집중적으로 반출되고 있다는 점에서 지석묘는 비파형동검문화를 배태시킨 모체이며 이 지석묘문화가 바로 고조선을 출현케 한 기반이었다고 할 수 있을 것이다.

Ⅲ

고조선의 명칭은《管子》등의 先秦시기 문헌에 이미 기원전 7세기경부터 언급되고 있으며, 戰國時代인 기원전 4세기경 燕나라와의 갈등이 기록되어 있는 것으로 보아 이 당시에 국가적 수준의 정치체로서 존재하였음을 알 수 있다. 한편 고조선은 기원전 3세기경에는 연나라 장수 秦開에 의해 서방 2천여 리의 땅을 빼앗기기는 하였으나 의연히 국가의 체제를 유지하여 이후 秦·漢과도 계속 교류하였다.

기원전 198년 衛滿은 고조선의 準王을 축출하고 보다 강력한 국가인 衛滿朝鮮으로 성장하여 한에 대하여 外臣이라는 방식으로 조공체계에 편입되었으며 한편으로는 주변세력을 복속시켜 나갔다. 위만조선은 변방 정치집단들의 한나라와의 교역을 중계하여 中繼貿易의 이익을 독점하였으며, 또한 匈奴와도 밀접한 관계를 유지하여 한에 대한 위협세력으로 급성장하였다. 이같은 상황은 한의 위만조선 침공이라는 결과를 가져왔으며 결국 위만조선은 2년여에 걸친 전투 끝에 내부의 갈등에 의해 붕괴되고 말았다.

그러나 참전한 한의 장군 4명 가운데 3명이 참형을 당하고 1명만이 살아남아 庶人으로 신분이 강등되었다는 사실은 漢 武帝의 위만조선 정벌이 결코 승리한 전투가 아님을 반영해주는 것이다. 또한 한나라는 위만조선지역에 있던 기존의 토착적 정치세력 집단의 판도를 활용하여 4郡을 설치하였고, 나아가 한의 4군에서 주화파세력들이 侯로 임명되어 정치적 대우를 받았음을 감안할 때 이같은 사실은 더욱 명료해진다. 또한 漢四郡은 사료상으로 약 26년 정도 존재하였을 뿐이고 대부분이 곧 폐지되거나 중국내륙으로 이동하였으며, 단지 樂浪郡만이 존속되어 중국과의 연결 창구와 중국문화 유입의 통로 구실을 하였다. 그러므로 한사군은 위만조선 내부의 지배세력 재편과 연결되어 나타난 친중국계 정권으로 볼 수도 있는 것이다.

위만조선지역에 설치된 한의 郡縣은 고조선 및 주변세력에 대한 통제와 한의 직접적 지배를 위한 것이었으나, 이같은 의도는 토착사회의 반발과 공격에 의해 좌절되었다. 그리고 한4군의 성격도 중국계 유이민의 자치세력 또는 중계무역의 중심지 같은 존재였다고 할 수 있으며, 그것도 後漢대에는 고구려의 압박으로 더 이상 기능을 수행할 수 없는 상태로 전락되어 결국 소멸되었다. 따라서 낙랑군 등의 존재는 한의 직접적 지배라는 정치적 의미보다는 文化中繼地로서의 성격을 갖고 있었다고 이해하는 것이 옳으리라 생각된다.

Ⅳ

고조선과 함께 우리 역사의 중심축을 이루었던 존재 가운데 하나가 夫餘이다. 부여를 형성한 고고학적 문화는 白金寶·漢書·西團山文化 등으로 파악되고 있다. 이들 문화는 松嫩平原과 吉林지역을 중심으로 土壙木槨墓를 사용하여 철기 등을 반출하고 있다. 부여의 先住세력으로 믿어지는 櫜離國은 기원전 4~3세기부터 사료에 나타나고 있어 부여의 역사가 매우 깊었을 뿐만 아니라 일찍부터 중국과 교류하였음을 알 수 있다. 특히 고조선이 중국과의 대립으로 일찍 소멸된 것에 비하여 부여는 비교적 오랜 기간 유지되어 후속하는 여러 정치체의 하나의 연원이 되었다. 즉 고구려와 백제는 부여의 別種으로 기록될 정도이며 실질적으로 고구려와 백제의 왕실이 모두 부여계 통임을 천명하고 있다. 또한 東明으로 대표되는 부여의 건국신화는 고구려와 백제가 모두 이를 공유하고 있다. 그리고 부여는 주변의 東沃沮와 挹婁 등을 臣屬시켜 동북지역 역사전개의 중요한 축으로서 기능하였다. 부여는 급성장한 고구려 등 주변 정치세력의 영향으로 비록 중앙집권적 국가로 성장하지는 못하였지만 우리 역사에 등장하는 여러 초기국가의 성립과 성장에 큰 영향을 끼쳤던 것이다. 부여는 선비족 모용씨의 침공으로 4세기 중·후반에 심각한 타격을 받은 뒤 결국 5세기 말에는 고구려에 복속되었다. 한편 부여가 멸망한 후 그 후예들이 舊北夫餘의 고지에서 豆莫婁國을 세웠는데 두막루국은 8세기경까지 존속하였다고 한다.

東濊는 한반도 동북지역의 무문토기문화를 기반으로 하여 동해안지역의 濊族이 성장하여 세운 국가이다. 이 지역에서는 孔列土器가 반출된다는 특징을 가지고 있는데 공열토기문화는 기원전 3세기 이후에 細形銅劍文化와 활발한 접촉을 하였다. 즉 동해안 북부지역에서 출토된 청동유물은 대동강유역의 청동기문화와 밀접하게 연결되어 있었음을 보여주고 있다. 이러한 청동기문화를 토대로 하여 독립된 정치형태로 발전한 것이 바로 동예이다. 동예는 漢郡縣과도 빈번하게 접촉하였으며 특히 고구려와 언어·법속이 같았다고 한 것으로 보아 고구려와도 긴밀한 관계였던 것으로 짐작된다. 또한 동예는 虎神을 숭배하였다고 했는데 이는 단군신화의 곰숭배와 대비되는 것으로서 동예에 독특한 문화가 있었음을 보여주는 것이다.

沃沮는 東沃沮로도 불렸는데 남과 북으로 중심권이 나뉘어져 있어서 대개 남·북옥저로 이해되고 있다. 이들의 지리적 위치에 대해서는 다양한 견해들이 개진되었는데 대개 동해안의 북쪽에서 興凱湖지역까지 걸쳐 있었던 것으로 보고 있다. 옥저의 명칭은 玄菟郡이 옥저성에 설치되었다는 기록에서 처음 볼 수 있는데, 이는 요동에서 동해안으로 연결되는 교통로상에 옥저가 자리잡고 있었음을 보여주는 것이다. 이 지역은 고고학적 유물의 면에서는 동예와 같이 공열토기로 대표되는 동북지역 무문토기문화의 분포지역이다. 또한 이 지역에서 출토되는 고고학적 유물은 중국계 철기문화와 연결되는 것이라고 한다. 특히 평양 정백동에서 출토된 '夫租薉君' 등의 인장은 옥저가 한군현에 의해 통제되었던 상황을 반영하는 것으로 이해된다. 한편 옥저는 이후 고구려에 臣屬되어 정치적 성장을 이루지 못한 채 각종 생산물을 수취당하는 집단예속민으로 전락되고 말았다.

V

三韓사회는 청동기문화 단계 이래 한반도 중남부지역에 성립되어 있던 토착사회가 성장 발전한 것이다. 삼한사회는 이에 앞서 있었던 辰國에 그 기원을 두고 있는데 진국은 세형동검문화에 기반을 둔 사회였으며 삼한사회는 이를 계승·발전한 것으로 보고 있다. 또한 진국은 위만조선과 같은 시기에 존재한 것으로 보아 늦어도 기원전 2세기 이전에 출현하였음을 알 수 있다. 한편 진국은 韓으로 통칭되기도 하였는데 점차 馬韓·辰韓·弁韓으로 대표되는 정치집단을 구성하였다. 문헌 자료에 나타나 있는 '韓'은 우리 민족을 지칭하는 통칭 가운데 하나였는데 점차 시대를 내려오면서 지역 및 정치세력의 명칭으로 사용된 것으로 이해된다. 삼한의 명칭 및 형성과 관련하여 요동지역에 이미 존재하고 있던 北三韓이 남하·이동하여 南三韓이 되었다고 이해하는 견해도 있다.

삼한으로 통칭되는 78개 '國'의 성격에 대해서는 고대사회의 정치발전 단계론에 입각한 국가의 기원 및 형성과 관련하여 논의가 진행되어 왔다. 삼한 각 '국'의 통치체계는 臣智를 정점으로 하고 밑으로 邑借에 이르기까지 몇 단계로 서열화되어 있었는데, 이는 당시 삼한의 정치조직이 상당한 수준에 도달해 있었음을 보여주는 것으로 이해된다. 또한 삼한 각국의 통치계층들이 중국세력으로부터 그들의 위상에 대응하는 작호를 사여받았다는 것도 삼한

사회의 정치발전 수준을 말해주는 것으로 볼 수 있다.

삼한사회의 주된 생산경제는 농경으로서 삼한은 농업사회의 일반적 특성을 잘 보여주고 있다. 사료에 나타나는 삼한시대의 작물로는 五穀과 稻가 있으며 이밖에 누에와 뽕을 쳐서 縑布를 제작하였다. 또한 소와 말 그리고 돼지가 사육되었으며 이 밖에 닭 등의 가축도 사육되었다. 이러한 사실은 삼한사회의 생산활동이 매우 다양한 양상으로 전개되었음을 알려주는 것이다. 삼한의 종교문화는 기본적으로 샤머니즘적 속성을 보여주고 있다. 삼한에는 別邑인 蘇塗와 이를 주관한 것으로 믿어지는 天君이 따로 있었으며 파종이 끝난 5월과 추수기인 10월에 각각 祈豊祭와 秋收感謝祭를 지냈다고 한다. 이는 농경사회인 삼한사회의 종교양상이 天神으로 대표되는 농업신과 매우 밀접하게 관련되어 있었음을 보여주는 것이다.

〈金貞培〉

Ⅰ. 초기국가의 성격

1. 한국 고대의 정치발전 단계론
2. 국가 형성 이론의 한국사 적용문제
3. 초기국가의 성격

Ⅰ. 초기국가의 성격

1. 한국 고대의 정치발전 단계론

한국 고대사에서 국가의 기원 및 형성에 관한 문제는 1970년대 이후 본격적으로 연구되기 시작하였다. 1960년대 후반 미국을 중심으로 한 자유주의나, 또는 전통 마르크시즘에서 국가의 본질적 속성과 역할에 대한 문제가 제기되면서 정치·사회·경제 등의 여러 분야에서 국가에 대한 본격적 검토가 이루어진 바 있는데, 그 영향을 받았던 것이다. 국가의 본질에 관한 검토는 한편으로 국가의 기원 및 형성에 관하여 역사적 시각으로 접근하는 연구를 활성화시켰고, 이와 아울러 국가 기원에 관한 인류학적 성과를 축적시키는 결과를 가져왔다. 특히 한국 고대사 분야에서 국가 기원 및 형성과 관련된 논의는 이러한 미국 인류학계의 성과가 소개 수용되고, 또한 국내에서 새롭게 축적된 고고학적 성과에 의해 종래 불신되었던 《三國史記》 초기 기록에 대한 신빙성이 제고되는 상황에서 나타나게 되었다.

따라서 한국 고대국가의 기원과 형성문제에 관한 논의를 구체적으로 이해하기 위해서는 이같은 논의가 전개된 배경과 기왕의 연구성과에 나타난 문제점 및 쟁점사안에 대한 검토가 선행되어야 할 것이다. 종래 한국사에 적용된 정치발전 단계론의 내용을 보면[1] 일찍이 白南雲이 제시한 原始氏族社會

---

1) 한국 고대국가 형성문제에 관한 연구사 정리로는 다음의 글들이 있다.
金貞培, 〈韓國古代國家 起源論〉(《白山學報》 14, 1973 ; 《韓國古代의 國家起源과 形成》, 高麗大 出版部, 1986, 46~68쪽).
盧泰敦, 〈國家의 成立과 發展〉(韓國史硏究會 編, 《韓國史硏究入門》, 知識産業社, 1981), 114~122쪽.
金貞培, 〈國家起源의 諸理論과 그 適用問題〉(《歷史學報》 94·95, 1982 ; 위의 책, 168~191쪽).
김광억, 〈국가형성에 관한 인류학적 이론과 한국고대사〉(《韓國文化人類學》 17, 1985).

에서 原始部族國家로, 그리고 奴隸國家로 발전·전개되었다는 주장에서 그 최초의 모습을 볼 수 있다.[2] 그는 夫餘·沃沮·三韓·초기 고구려 등을 부족국가 단계로 설정하였던 것이다.[3] 백남운의 이같은 주장은 마르크스(K. Marx)의 유물론적 역사발전 단계에서 국가 성립 이전 단계를 막연히 원시사회라고 단순화시켜 표현한 것에 대한 하나의 보완으로서 엥겔스(F. Engels)가 제시한 국가 성립 이전 단계의 다양한 정치적 발전도식을 수용한 것이었다.[4] 그런데 이같은 견해는 모르간(L. Morgan)이 인간역사의 진화도식을 야만(전기－중기－후기)－미개(전기－중기－후기)－문명의 7단계로 구분한 인식체계를[5] 근거로 한 것이었다. 모르간이 제시한 이러한 발달 단계는 인간이 조직한 최초의 사회인 가족을 구성하는 방식 즉 혼인형태의 변화 발전에 기준을 둔 것이었다.

백남운이 제시한 이같은 발달 단계는 이후 사회경제사학자로 분류되는 일련의 학자들에 의하여 노예제문제에 대한 논란이 있기는 했지만 기본적인 틀은 그대로 유지되었다.[6] 즉 사회경제사학자들의 인식 범주는 기본적으로

崔夢龍, 〈鐵器(初期鐵器·原三國)時代와 古代國家의 發生〉(한국사연구회 편, 《한국사연구입문》 제2판, 지식산업사, 1987).

李基東, 〈韓國 古代國家 起源論의 現段階〉(《韓國上古史의 諸問題》, 韓國精神文化硏究院, 1987), 177～195쪽.

———, 〈韓國 古代國家 形成史 硏究의 現況과 課題－新進化論의 문제를 중심으로－〉(《汕耘史學》 3, 1989).

최광식, 〈고대국가 형성에 대한 연구사 검토〉(《역사비평》 8, 1990).

全京秀, 〈신진화론과 국가형성론〉(《韓國史論》 19, 서울大, 1988).

朱甫暾, 〈한국고대국가형성에 대한 연구사적 검토〉(《한국 고대국가의 형성》, 1990), 221～246쪽.

崔光植, 〈북한학계의 한국고대국가 형성에 대한 연구사적 검토〉(《한국 고대국가의 형성》, 1990), 171～198쪽.

최광식, 〈원시공동체의 해체와 고대국가의 발생〉(《한국사》 1, 한길사, 1994).

2) 白南雲, 《朝鮮社會經濟史》(東京 ; 改造社, 1933).

3) 白南雲, 위의 책, 1～16쪽.

4) F. Engels, *The Origin of the Family, Private Property, and the State*, New York ; Pathfinder Press, 1972.

5) Morgan, Lewis Henry, *Ancient Society* ; 崔達坤·鄭東浩 譯, 《古代社會》(玄岩社, 1979).

6) 李淸源, 《朝鮮社會史讀本》(東京 ; 白揚社, 1936).

金洸鎭, 〈高句麗社會の生産様式－國家の形成過程を中心する－〉(《普專學會論集》 3, 1937), 759～766쪽.

엥겔스와 마르크스에 의해 제시된 역사발전론의 테두리 안에서의 그것이었으며, 특히 국가사회로의 발전·전개에 대한 견해는 백남운이 주장한 내용을 벗어나지 못한 것이었다.

이같은 인식은 이후 해방과 분단의 상황속에서도 큰 변화없이 남북한학계에 그대로 유지되었다. 남한의 경우 한국사 전반에 걸친 유물사관적 인식은 배제되었지만 국가 형성기까지의 역사의 발전 단계를 설정하는 데는 기왕의 백남운과 사회경제사학자들이 제시한 단계 및 용어가 그대로 사용되었다. 즉 신민족주의를 표방한 孫晋泰의 경우 고대사회의 발전을 씨족공동사회－부족사회－부족국가－部族聯盟王國－貴族國家로 상정하였는데,[7] 이같은 이해는 모르간의 진화주의적 발전론에 입각한 엥겔스의 체계가 전제된 인식이었다. 손진태의 이러한 발전 단계론은 많은 영향을 끼쳐 이후 한국사의 여러 개설서에도 반영되어 계속 유지되었다.[8]

그런데 국가의 기원과 형성에 관한 인식이 보다 체계화되고 구체화된 것은 1960년대에 들어와서의 일이었다.[9] 하지만 발달 단계론의 면에서는 여전히 기왕의 틀을 답습하여 부족국가－부족연맹－고대국가로 성장 발전하였다고 봄으로써 당시 서구학계의 주된 흐름이 소개되거나 적용되는 단계에까지는 나아가지 못하였다. 특히 기왕에 사용되어온 '부족국가'와 '부족연맹'의 개념과 내용이 모호하게 처리됨으로써 다음 단계인 고대국가의 성격과 개시 시점에 관해서도 불분명한 문제를 안고 있었다. 이는 백남운이 제시한 발달

李北滿, 《李朝社會經濟史硏究》(大成出版社, 1948).
全錫淡, 《朝鮮經濟史》(博文出版社, 1949).
이들은 기본적으로 국가 형성 이전 단계를 원시사회로 처리하고 있으며 최초 국가 단계의 성격문제에 대해서는 백남운과 이청원 등은 노예제사회로 이해한 것에 대해 김광진과 전석담 등은 노예제 결여와 봉건제로의 비약 등의 견해를 제시하여 이후 북한학계의 사회성격 논쟁의 단초를 보여주고 있다.

7) 孫晋泰, 《朝鮮民族史槪論》 上(乙酉文化社, 1948).
———, 《國史大要》(乙酉文化社, 1949).

8) 李仁榮, 《國史要論》(金龍圖書會社, 1950).
韓沽劤·金哲埈, 《國史槪論》(明學社, 1954).
李弘稙·申奭鎬·曺佐鎬·韓沽劤, 《國史新講》(一潮閣, 1958).

9) 金哲埈, <韓國古代國家發達史>(《韓國文化史大系》 1 民族·國家史篇, 高麗大 民族文化硏究所, 1964).

단계와 큰 차이를 보여주지 않는다는 점에서 같은 맥락의 이해체계라고 할 수 있을 것이다.

그런데 1970년대에 들어서자 이같은 발달 단계론에 대하여 특히 '부족국가'라는 용어에 문제점이 있음이 제기되면서 이후 한국 고대의 국가 기원과 형성에 관한 논의를 촉발시켰다. 즉 혈연적 유대관계에 기반을 둔 씨족과 부족이라는 개념이 이것의 파괴를 전제로 한 국가라는 개념과는 합성될 수 없다는 원론적인 문제점이 제기되었다. 즉 복합적 계층사회인 國家를 규정하는 용어와 혈연적 단순사회를 표현하는 용어인 '部族'이 결합되어 사용된다는 것은 모순이라는 것이다.[10] 부족국가라는 개념은 우리 나라 역사의 발전과정에 나타난 특징을 가지고 도출해낸 것이 아니고 인류학의 개념을 차용하여 우리 역사에 적용시킨 것이었다. 역사의 발전 단계를 설정하고 그 시대의 특성을 개념화하는 용어를 선택할 때에 꼭 인류학 이론만이 옳은 것은 아니며, 또 우리 나라의 특성만을 열거하는 것이 옳다고 할 수는 없다. 역사의 전반적인 전개과정에서 일관된 성격을 나타낼 수 있는 좋은 개념의 용어가 있고, 또 그것이 우리 역사에서 찾을 수 있는 것이라면 굳이 이를 마다할 필요는 없을 것이다. 그러나 가능하다면 세계사의 보편적인 발전 과정과 서로 대비하거나 또는 연결시킨다는 점에서 비슷한 개념이 통용될 수 있는 것이며 그것은 우리가 적극 수용할 필요가 있을 것이다.

이같은 주장에 따라 막스 베버(Max Weber)의 국가 발전 논의[11]를 수용하여 부족국가 대신에 '城邑國家'라는 용어를 사용하자는 의견이 제시되었다.[12] 성읍국가는 서양의 都市國家(City－State), 중국의 邑制國家[13] 등의 개념에 대응되는 것으로서 씨족제－성읍국가－領域國家－大帝國이라는 계기적 단계론을 전제로 한 것이다. 이같은 성읍국가론을 수용하여 성읍국가－聯盟王國－

10) 金貞培, 앞의 글(1973), 67쪽.

11) Max Weber, 《古代農業社會》(1909) ; 《古代社會經濟史 : 古代農業事情》(東洋經濟新報社, 1959).

12) 千寬宇, 〈三韓의 國家形成〉 上·下(《韓國學報》 2·3, 1976).

13) 이 용어는 宮崎市定이 제시한 씨족사회－도시국가－영역왕국－대제국의 계기적 발전론을 松丸道雄이 중국사에 적용하면서 사용한 용어이다(松丸道雄, 〈殷周國家の構造〉, 《岩波講座 世界歷史》 4, 岩波書店, 1972).

王族 중심의 귀족국가로 성장 발전하였다는 주장이 제시되었다.[14] 이 견해는 청동기시대의 대표적 묘제인 고인돌을 권력의 소유자가 나타난 하나의 징표로 보고, 나지막한 구릉에 土城을 쌓고 살면서 성밖의 평야에서 농업에 종사하는 농민들을 지배해나가는 정도의 사회를 성읍국가에 알맞은 존재라고 설명하였다. 그런데 유럽 등의 서양사에서 사용되는 용어인 도시국가와 중국사에 등장하는 읍제국가를 염두에 둔 것으로 보이는 우리 나라의 성읍국가라는 것은 엄밀한 의미에서 본다면 결국 도시국가를 뜻하는 것으로 생각된다. 그러므로 성읍국가라고 할 경우에 우리 나라의 역사에서도 도시국가의 여러 특징이 그대로 표출되어야만 할 것이다. 그러나 성읍국가론은 성읍이라는 용어만이 등장할 뿐 그 내용의 실체는 전혀 밝혀지지 않은 상태에서 마치 우리 나라에도 서양 고대의 도시국가가 존재했던 것처럼 짐작하게 하는 맹점을 가지고 있다. 성읍국가를 'City-State'로 칭할 수 없어 'Walled-Town State'라고 한 단계 낮추어 표현[15]한 것이라 하더라도, 이는 도시국가라는 개념을 전제로 한 것이므로 우리 나라에서 성읍국가라는 것은 전형적인 도시의 발달을 볼 수 없다는 점에서 적절하지 않다는 지적이 있었다.[16] 특히 성읍국가의 단계는 고고학적인 면에서 고인돌과 靑銅器文化가 언급되고 있으나 성읍국가에 부응하는 구체적 유적이 발견되지 않고 있는 것도 문제로 지적되고 있다.

한편 서양의 인류학에서 발달한 정치발전 단계론을 원용하여 한국 고대사의 이해를 보다 심화시키는 일련의 연구가 제시되었다. 즉 국가가 형성되기 바로 전단계 사회의 성격과 의미를 강조한 서어비스(E. R. Service)의 정치발전 단계론을[17] 수용하여 이를 한국 고대국가의 기원과 형성문제와 관련하여

---

14) 李基白, 《韓國史新論》 改正版(一潮閣, 1976).

15) 李基白, 위의 책 ; Translated by E. W. Wagner with E. J. Shultz, *A New History of Korea*, Ilcho-kak, 1984.

16) 金貞培, 〈韓國史와 城邑國家論의 問題〉(앞의 책), 311쪽.
도시와 관련된 특성은 기본적으로 인구의 집중, 복합성, 공적 조직, 비농업적 활동, 주변지역의 중심 등으로 앞서 제시된 성읍국가의 개념과는 연결되기 곤란함을 보여준다.

17) Service E. R., *Primitive Social Organization : An Evolutionary Perspective*, New York ; Random House, 1971.

君長社會論을 주장한 것이 그것이다.[18] 즉 삼한사회의 성격을 문헌에 나타난 인구수와 고고학적 발굴성과를 토대로 하여 청동기문화와 石棺墓 및 土壙墓 문화에 기반을 둔 군장사회(Chiefdom)로 파악하였다.[19] 또한 프리드(M. Fried)의 정치발전 단계 유형을[20] 원용하여 衛滿朝鮮은 2차국가(Secondary State)로서 征服國家적 성격을 띠고 있으며, 이보다 앞선 箕子朝鮮 즉 濊貊朝鮮 후기 단계는 초기국가(Pristine State)에 해당하는 것으로 보았다. 이 견해를 따른다면 한국에서 고대국가의 형성시기를 최소한 기원전 4~3세기로 설정할 수 있으며, 이론의 도입과 적용이라는 면에서 국가발달 단계론에 관한 논의를 새로운 차원으로 고양시켰다고 할 수 있다.[21]

이같은 논의의 뒤를 이어 서어비스의 견해를 신라국가 형성과정에 적용한 연구성과가 나오게 되었다.[22] 이에 의하면 신라사회의 발전을 村落(酋長)社會 단계의 斯盧六村, 촌락사회의 연맹인 斯盧小國 단계, 사로국을 맹주국으로 하는 辰韓 小國聯盟 단계, 사로국의 진한 諸小國 정복 단계로 나누어 볼 수 있다고 한다. 특히 취프덤이라는 용어를 '추장'이라 번역한 이 연구는 추장이라는 용어가 우리 나라 역사에는 낯선 것이어서 거리감이 있을 뿐만 아니라, 기왕의 취프덤론에서 설정한 단계의 정치수준과는 서로 맞지 않는다는 문제점을 가지고 있다. 특히 개념이 모호한 소국이라는 용어로서 몇 개의 정치발전 단계를 설명함으로써 城邑國家論에서 제시한 단계론을 차용한 인상을 줄 뿐만 아니라 논리의 일관성에도 문제가 있어 보인다. 한편 국가 발달 단계론과 관련하여 플래너리(Kent V. Flannery)가 제시한 국가 형성에 관한 이론

---

18) 金貞培, 〈君長社會의 發展過程 試論〉(《百濟文化》 12, 1979 ; 앞의 책, 192~208쪽).

19) 金貞培, 〈三韓社會의 '國'의 解釋問題〉(《韓國史硏究》 26, 1979 ; 위의 책).

20) Morton H. Fried, *The Evolution of Political Society*, New York ; Random House, 1967.
프리드가 제시한 정치발전 단계는 Egalitarian Society(평등사회)－Ranked Society(서열사회)－Stratified Society(계층사회)－State Society(국가사회)로 나눠고 있다.

21) 프리드가 제시한 Pristine State(1차국가)라는 표현은 원초적인 국가라는 의미로서 주변의 영향을 받지 않고 자체 발전에 의해 스스로 성립된 국가를 의미하며, Secondary State(2차국가)는 1차국가의 주변부에서 이들의 영향에 의해 성립된 후속국가를 의미한다.

22) 李鍾旭, 《新羅國家形成史硏究》(一潮閣, 1982).

을[23] 위만조선에 적용하여 위만조선이 바로 무역과 교역을 중심으로 성장한 국가 단계임을 지적한 견해도 있다.[24]

이같은 정치발전 단계론은 모두 미국의 新進化主義 이론에[25] 근거한 것으로서 국가 이론에 관한 논의가 심도있게 진행되면서 내용의 폭과 깊이가 더해졌는데[26] 이러한 논의에 대한 비판도 최근 제기되고 있다.[27] 신진화주의 인류학 이론을 한국사에 적용하려고 한 학자들의 일부 견해에 대하여 문제점을 지적하고, 군장사회를 하나의 정형화된 사회 단계로 보는 시각은 수정되어야 하며 군장사회는 국가로의 이행과정에서 나타나는 여러 가지 유동적인 사회변화의 모습으로 이해해야 한다고 하는 주장이 그것이다.[28] 또한 이 비판에서는 無頭社會로부터 官僚國家로 이행하는 과정에 나타나는 중간 수준의 사회로서 군장사회를 이해한 얼(T. Earle)의 견해를[29] 소개하면서 기왕의 논의에 보완이 필요함을 지적하였다.

그러나 기왕에 진행된 논의는 국가와 국가 이전의 단계를 어떤 각도에서 풀어야 하는가라는 문제에 대하여 內的 발전을 중시하는 입장에서 고찰한 연구였다고 할 수 있다. 또한 기왕의 연구에서는 先史時代와 역사시대를 연결하는 시점에 대하여 검토하면서 고고학 자료와 문헌 자료를 연결하여 理論과 假說을 활용하였다는 점이 높이 평가될 수 있을 것이다. 즉 역사 전개

23) Flannery Kent, "The Cultural Evolution of Civilization", *Annual Review of Ecology and Systematics* 3, 1972, pp.399~426.

24) 崔夢龍, 〈韓國古代國家形成에 관한 一考察－衛滿朝鮮의 例－〉(《金哲埈博士回甲記念史學論叢》, 知識産業社, 1983). 최몽룡은 Chiefdom을 '族長社會'로 번역하고 있다.

25) 이와 관련된 논의는 주 1)의 연구사 관련 글 참조.

26) 김광억, 앞의 글, 30쪽.
金貞培, 〈劍·鏡·玉과 古代의 文化와 社會〉(《文山金三龍博士華甲記念 韓國文化와 圓佛敎思想》, 1985 ; 앞의 책, 209~222쪽).
李松來, 〈국가의 정의와 고고학적 판단기준〉(《제2회 韓國上古史學會 학술발표회 요지》, 1988).
金光億, 〈國家形成에 관한 人類學 이론과 모형〉(《韓國史 市民講座》 2, 1988), 165~186쪽.

27) 全京秀, 앞의 글, 589~599쪽

28) 위와 같음.

29) Earle Timothy, "Chiefdoms in Archaeological and Ethnohistorical Perspective" *Annual Review of Anthropology* 16, 1987, pp.279~308.

의 다양한 양상을 다채롭고 역동적으로 파악하기 위하여 우리 나라와 중국측의 문헌과 고고학적 자료를 충분히 검토한 바탕 위에서 이론과 가설을 활용 검증하였다는 점이 기왕에 이루어진 연구의 특색이었다고 할 수 있다.[30)]

한편 앞서의 비판에서 신진화론이 논란의 대상이 된 것은 이를 비판하는 학자들이 일부의 편파적인 견해만을 취했거나 진화론을 올바르게 이해하지 못하였기 때문이라는 반론도 있다.[31)] 또한 서어비스의 사회 정치적인 진화론적 모델은 일부 비판을 받아왔음에도 불구하고 동서양을 막론하고 선사시대 사회를 연구하는 데 유용한 개념으로 이용되고 있음이 재삼 지적되고 있다.[32)]

어쨌든 국가가 탄생하기까지의 과정은 지역적으로나 문화 단계적으로 언제나 일치하지는 않겠지만, 우리 나라의 경우 군장사회 단계와 국가 단계는 문헌 자료에서 일차적 구분이 가능하며 고고학적으로도 각각의 단계가 구분되는 것으로 생각된다.[33)] 그리고 이를 위한 개념틀로서 신진화주의 이론은 여전히 유용한 개념으로 활용될 수 있을 것으로 보인다. 따라서 군장사회에 관한 논의는 청동기시대부터 시작하여 삼한사회 등을 포괄하는 범위에서 진행될 수 있으며, 삼한사회 및 그에 준하는 비슷한 수준의 政治體의 성격은 국가 형성을 지향하는 정치체로서[34)] 국가에는 이르지 못하였으나 이들 여러 정치체가 각각 국가 형성을 지향하는 역동성을 내포하고 있었다고 볼 수 있다. 또한 이들 선행하는 군장사회의 발전에 의하여 고조선 후기·위만조선·고구려·부여·백제·신라·가야 등의 여러 정치체가 국가 단계로 성장하여 다양한 역사를 전개시켰다고 할 수 있을 것이다.

〈金貞培〉

---

30) 金貞培, 〈韓民族의 起源과 國家形成의 諸問題〉(《國史館論叢》 1, 國史編纂委員會, 1989), 14~26쪽.

31) 崔楨苾, 〈新進化論과 韓國上古史 解說의 批判에 대한 再檢討〉(《韓國上古史學報》 16, 1994), 7~25쪽.

32) 강봉원, 〈국가와 군장사회 사이의 중간 단계에 대한 고찰〉(《韓國考古學報》 33, 1995), 7~11쪽.

33) 金貞培, 앞의 글(1989), 14~26쪽.

34) 金貞培, 위의 글, 19~21쪽.

2. 국가 형성 이론의 한국사 적용문제

한국 고대의 국가 기원과 형성문제와 관련하여 현재까지 제기된 部族國家論·城邑國家論 및 君長社會論은 외국 인류학계의 성과를 바탕으로 한 것이었다고 할 수 있다. 특히 이 문제는 우리 나라 역사에서 특정 지역, 특정 시대의 역사를 국가의 단계로 파악하는 것이 되므로 국가 성립 이전 시대의 역사를 어떻게 해석하고 규정할 것인가라는 점과 직결되어 있는 셈이다.

국가의 기원이나 성립은 일반적으로 糧食生産 단계에서 都市革命을 거쳐 文明 단계로 진입하는 일련의 과정 속에서 논의되고 있다.[1] 특히 동식물의 家畜化와 栽培가 인구증가를 촉진하였고, 이것이 사회경제적 단위를 변화시켰으며, 금속문화를 수용하면서 군사력이 대두하여 광대한 지역을 점령하고, 경제적 지배를 위한 강력한 조직이 정치상에 반영되어 국가가 탄생하는 것으로 설명되어 왔다. 그런데 이같은 국가를 구성하는 기본 요소에 대해 모르간(L. Morgan)은 領土·國民·財産을 언급하였고, 이와 함께 軍隊의 중요성이 여러 학자에 의해 강조되었으며,[2] 기술적·경제적 독립과 함께 정치적 요소도 강조되었다. 한편 국가는 자연적으로 발생한다는 自然發生論도 제기되었다. 즉 농업의 발달에 의한 충분한 양식 확보를 통하여 노동의 專門化가 진행되고 이는 정치적 통합을 초래하여 결국 국가가 발생된다는 논리이다.[3] 그러나 현실적으로 국가는 자연발생적이라기 보다는 강력한 투쟁, 즉 征服과 같은 전쟁을 통하여 성립된다는 논리를 부인할 수는 없을 것이다.[4]

---

1) 이같이 도시(city), 문명(civilization), 국가(state)의 문제들은 일찍이 인류학계에서 1950년대, 60년대, 70년대를 대표했던 주제들이었다(K. C. Chang, *Shang Civilization*, Yale Univ., 1980, pp.364~365).
   金貞培, 〈韓國史와 城邑國家論의 問題〉(《韓國古代의 國家起源과 形成》, 高麗大出版部, 1986).
2) Redcliffe Brown, *African Political System* XIV, in Fortes, M and Evans Pritchard, E. E.(ed), 1940.
3) 金貞培, 〈韓國古代의 國家起源論〉(《白山學報》 14, 1973 ; 앞의 책, 56~57쪽).
4) Carneiro, R. L., "A Theory of the Origin of the State" *Science*, Vol. 169, 1970.

한동안 학계에서는 서어비스(E. R. Service)의 君長社會(Chiefdom)이론을 우리 역사에 적용하여 국가의 발달 단계를 논의하면서 특히 두 가지 사실에 주목하여 연구를 진행하였다. 즉 첫째는 국가와 국가 이전 단계를 어떤 각도에서 풀어야 하는가라는 문제를 내적 발전의 입장에서 보아왔다는 점이다. 이는 그 동안의 연구가 연속의 측면을 다소 외면하고 단절을 강조하여 그 특징을 표출시킨 면이 너무 두드러지게 나타났기 때문이었다. 둘째는 고대의 역사가 선사시대로부터 역사시대로 면면히 그 맥을 이어왔으므로 고고학 자료와 문헌 자료를 연결시킬 때 가능한 한 이에 필요한 이론이 요구되었다는 점이다. 즉 우리 역사에 흩어져 있는 국가의 탄생 전후의 자료들을 어떤 이론의 틀과 접합시키는 것이 보다 순리에 가까운 것인가를 고려하여 왔던 것이다. 이론의 도입과 적용에 대한 최근의 비판은 이를 재확인한다는 점에서 유용한 것이지만 서어비스가 제시한 취프덤의 개념이 더 이상 사용되지 않고 있는 것처럼 이해하는 것은[5] 잘못이다. 오히려 그 개념은 내용의 폭과 깊이가 다양해지고 있으며 여전히 유용하다는 점을[6] 주목할 필요가 있다.

서어비스가 제시한 취프덤이라는 용어는 複合社會(Complex Society)를 설명하는 데 유익한 개념으로 사용해 오고 있다. 얼(T. Earle)은 이를 無頭社會에서 官僚國家로 이행하는 과정의 단계로 파악하고 있으며, 또한 카네이로(R. L. Carneiro) 역시 국가의 전단계로 취프덤을 설정하고 있다. 카네이로가 自治村落(Autonomous Villages)으로부터 취프덤과 국가를 거쳐 제국(Empire)에 이르는 정치발전 과정을 의심없는 사실로 인정하고[7] 있음은 그러한 사정을 반영하는 것이다. 서어비스는 진화론의 입장에서 사회발전을 논한 이래[8] 프리드(M. Fried)가 제기한 部族(Tribe)의 개념문제에 대한 비판을[9] 수용하여, 향

---

5) 全京秀, 〈신진화론과 국가형성론〉(《韓國史論》 19, 서울大, 1988), 576쪽.

6) Earle Timothy, "Chiefdoms in Archaeological and Ethnohistorical Perspective" *Annual Review of Anthropology* 16, 1987, p.279.

7) Caneiro R. L., "The Chiefdom : Precursor of the State", in G. D. Jones and R. R. Kautz(eds.), *The Transition to Statehood in the New World*, Cambridge ; Cambridge Univ. Press, 1981, p.67.

8) Service E. R., *Primitive Social Organization－An Evolutionary Perspectives－*, New York ; Random House, 1962.

9) Fried Morton, *The Notion of Tribe*, Cummings ; Menlo Park, 1975.

후의 더 훌륭한 연구가 있을 때까지라는 단서를 달아 인류사회의 발전과정을 평등사회(Egalitarian Society)－계층사회(Hierarchical Society)－고대문명 또는 古典帝國(Archaic Civilization or Classical Empire)으로 그 단계를 설정하고 있다.[10] 여기서 계층사회가 취프덤을 의미하고 있음은 물론이며 이후의 그의 연구 진행과정에서 취프덤은 여전히 유지되고 있다.[11] 이같이 취프덤은 일반적 개념으로 활용되고 있을 뿐만 아니라 랜프류(C. Renfrew)는 이를 '當世風의 槪念'[12]으로 받아들이고 있다. 그리고 지역적인 연구나 인류사회의 진화를 체계화하는 데[13] 취프덤은 여전히 중심적인 개념으로 매우 중요한 역할을 하고 있다. 또한 일부 학자들은 이를 대체하는 용어로서 中間領域社會(Middle－Range Society)라는 표현을 사용하거나[14] 취프덤을 두 개 혹은 세 개의 형태로 나누어 파악하기도[15] 하였다. 하지만 이같은 구분은 근본적으로 성격이 다른 접근이라기 보다는 기본적으로 취프덤 개념을 변형시킨 것일

10) Service E. R., "Discussant War and Our Contemporary Ancestors", in M. Fried, M Harris and R. Murphy(eds.), *War : The Anthropology of Armed Conflict and Aggression*, New York ; The Natural History Press, 1967, pp.167.

11) Service E. R., *Origins of the State and Civilization*, New York ; W. W. Norton & Company Inc., 1975.
여기서 서어비스는 앞서 수정한 단계를 그대로 적용하지 않고 있다. 즉 Egalitarian Society, Archaic Civilization의 단계는 있으나 Chiefdom에 해당하는 Hierarchical Society의 편목은 없으며 소항목으로 Chiefdom은 여전히 자리 잡고 있다.

12) Renfrew C., "Monument, Mobilization and Social Organization in Neolithic Wessex", in C. Renfrew(ed.), *The Explanation in Culture Change—Models in Prehistory*, Pittsburgh ; Univ. of Pittsburgh Press, 1973.

13) Johnson, E. W. and Earle T. K., *The Evolution of Human Society*, California ; Stanford Univ. Press, 1987.

14) Feinman G. and J. Neitzel, "Too many Types : An Overview of Sedentary Prestate Society in the Americas", *In Advances in Archaeological Method and Theory* 7, 1984.

15) Steponaitis, V. P., "Location Theory and Complex Chiefdoms : A Mississippian Example", *In Mississippian Settlement Patterns*, New York ; Academic Press, 1978. 여기서는 단순(Simple)과 복합(Complex) Chiefdom으로 구분하고 있으며 Canerio, R. L., "The Chiefdom : Precursor of the State", *The Transition to Statehood in the New World*, Cambridge University Press, 1981 에서는 최소(minimal), 전형적(typical), 최대(maximal) Chiefdom으로 구분하고 있다.

뿐 큰 차이가 없는 것이다.16)

한편 취프덤을 우리 역사에 접목시킬 때 이를 어떤 명칭으로 부르는 것이 적절한가라는 문제가 제기된다. 기왕의 연구자들이 이를 酋長·族長·酋邦 등으로 번역하기도 하였으나 '君長'이라는 표현이 사료에서 설명되고 있는 여러 내용을 포괄하는 데 가장 적절하다고 생각된다.17) 즉 취프덤이 정치사회의 진화과정에서 국가의 바로 전단계라는 사실을 감안하면 취프덤을 낮은 단계의 사회로 파악하는 것은 잘못이다. 이 단계의 성격은 국가로의 이행과 진입을 고려할 때 중국 사서 및 우리 나라 자료에 나타나는 군장이라는 용어를 쓰는 것이 적절하다고 생각된다.18) 또한 이 용어가 포괄하는 대상은 그 같은 성격을 가장 현저하게 보여주는 三韓社會이지만, 이와 함께 광의로는 청동기시대도 이 시기에 포함된다고 할 수 있다. 이는 취프덤이 지역에 따라서 존속기간이 적어도 한 시대 이상의 복합적인 時代相을 반영하는 경우가 종종 있기 때문이다.

〈金貞培〉

3. 초기국가의 성격

1) 국가 기원 및 형성이론

한국 고대사의 전개과정에서 언제 어떠한 과정을 거쳐 국가가 나타나게 되었는가를 규명하고자 할 때는 기왕에 소개된 여러 이론들을 검토해볼 필

16) 강봉원, 〈국가와 군장사회 사이의 중간 단계에 대한 고찰〉(《韓國考古學報》 33, 1995), 10~11쪽.

17) 추장은 이종욱이, 족장은 최몽룡이, 그리고 추방이란 표현은 尹乃鉉이 사용한 것으로 결국 군장사회로 표현한 김정배의 그것과 동일 대상에 대한 용어의 차이 이상의 의미가 없다고 파악된다.

18) 이 용어가 관료국가의 성격에 근접하고 있다는 지적이 있으나 정치체의 발전과정을 반영한 구체적인 자료의 범위에서 용어의 선택과 의미부여가 필요함은 기지의 사실이다.

요가 있다. 국가의 기원문제를 해명하고자 할 때 하나의 이론으로서 모든 내용이 설명될 수는 없기 때문이다. 국가 기원과 관련된 이론은 크게 葛藤理論과 統合理論의 두 가지 관점에서 논의되었음을 알 수 있다.[1] 특히 서어비스(E. R. Service)는 개개의 이론들을 소항목으로 구분하여 갈등이론을 개인갈등, 社會間 갈등, 社會內 갈등으로 나누어 고찰하면서 기본적으로 그의 입장은 갈등이론에 있지 않음을 밝히고 있다. 개인갈등에는 社會契約論과 社會進化論이 있는데 이는 모두 고전적인 이론이지만, 사실상 이것은 국가의 기원을 논의한 것이 아니고 또 사회의 현실을 반영한 것도 아니며 인간의 본성과 이상적인 사회의 본질, 또는 개인 상호간의 관계를 논한 것이라고 간주하였다. 이에 비해서 사회간의 갈등은 개인갈등보다 현대적이고 철학적이라고 이해되고 있다. 그러나 征服說이나 다아윈(C. Darwin)의 淘汰說도 제한된 성격을 띠고 있다고 하였다. 집단과 집단 그리고 사회간의 갈등이라는 면에서 문제의 기본성격에 많이 근접해 있는 것은 사실이나 遊牧民族의 農耕民 정복과 같은 승자의 오랜 생존이 반드시 국가의 기원을 해명하는 길만은 아니라고 하였다. 일찍이 오펜하이머(F. Oppenheimer)는 정복이론을[2] 주장하였는데 예컨대 軍隊는 전쟁 때에만 존재하는 것이 아니고 평화시에도 존재하며 이것이 갈등에서만 초래된 것이 아니라고 한 바 있다. 물론 정복활동으로 말미암아 피정복민으로부터의 경제적 착취가 엄청난 富의 증대를 가져오지만 정복이 국가 형성을 초래하는 유일한 매카니즘이 아니라는 비판이 루이(R.

---

1) Service E. R., "Classical and Modern Theories of the Origins of Government", in R. Cohen and E. Service(eds.) *Origins of the State*, Philadelphia ISHI, 1978.
이같은 견해 이외에 비슷한 범주에서 보다 세분하거나 다른 관점에서 분류한 견해도 있다. Wright는 관리이론, 내부갈등이론, 외부갈등이론, 통합이론을 소개하고 있다(Wright H. T., "Toward an Explanation of the Origin of the State", in R. Cohen & E. Service(eds.) *op. cit.* 1978, pp.50~57). Classen과 Skalnik은 사회적 불평등에 기초한 국가, 그리고 사회계약의 어떤 형태에 근거한 국가로 대별하고 있다(Classen H. J. M. & P. Skalnik, "The Early State : Theories and Hypothesis", in Classen & Skalnik(eds.) *The Early State,* Hague Mouton, 1978).

2) Oppenheimer F., *The State : Its History and Development Viewed Sociologically*, New York ; Vanguard Press, 1926.

H. Lowie)에 의해 제기되었다. 루이는 정복이라는 도움없이도 국가가 발생한 많은 예가 있으며 정복보다는 자발적인 '聯合'이라는 것이 국가의 형성을 유도한다고 파악하였다.[3)]

사회 내의 갈등에는 계급갈등과 친족집단갈등이 있다. 그런데 계급투쟁이 국가 형성의 주요 요인이라는 주장이 지니고 있는 난점은 원시세계 어디에서도 상품생산과 사유재산이 계급제도와 국가 성립의 전제조건이 된다고 실증할 수 없다는 점이다.[4)] 이러한 계급투쟁 이론의 결점을 수정 보완하면서 제시된 차일드(G. Childe)와 프리드(M. Fried)의 견해는 친족집단투쟁이라고 명명되는데, 고고학과 인류학적 실증방법 및 과학적 분석을 가한 점이 평가되고 있다. 차일드는 문명의 홍기에서 차지하는 都市의 비중을 강조하였는데 특히 중시한 것은 공동체의 경제구조와 사회조직에 영향을 미친 기술적·경제적 진화의 문제였다. 더욱이 월등한 생산력은 군대와 정치관료로 구성되어 있는 비생산계급·성직자·사업가들을 출현시킬 수 있는 식량의 사회적 잉여에 있다고 보았다. 한편 개인보다 친족집단의 계층화에 주목한 사람이 프리드이다. 그에 의하면 사회·경제적으로 우위에 있는 계층들은 부유한 자본가와 가난한 노동자에 의하여 형성되지 않고 전친족집단들로 형성되는데 이 친족집단들 중에서 몇몇은 우선적으로 전략적 경제자원에 접근할 수 있다고 한다. 이로 말미암아 내부의 논쟁과 갈등이 야기되며 이에 따른 점증하는 대립은 비친족의 강압적인 매카니즘에 놓여지게 된다고 하였다. 서어비스는 이에 대해 프리드가 국가기구를 획득하였거나 이의 형성과정에 있는 계층사회의 예를 제시하지 못하였음을 지적하고 있다.[5)]

통합이론으로 분류되는 견해 가운데 자주 논의되는 것은 카네이로(R. L. Carneiro)의 領域限界理論과 비트포겔(K. A. Wittfogel)의 水力灌漑理論이다. 한계이론은 비옥한 땅으로 이루어진 영역이 주변에 산이나 사막 등 비생산적인 장벽들로 둘러싸여 있을 때 인구가 증가하면서 전쟁이 발발하게 된다는

3) Lowie R. H., *The Origin of the State*, New York ; Harcourt Brace, 1932, pp.107~111.
4) Service E., *op. cit.,* 1978, p.26.
5) Service E., *Ibid.,* p.27.

것이다. 한편 군사적인 장벽의 경우 외부로부터의 위협으로 인하여 내부적인 통합의 기능을 하게 된다고 한다. 또한 비트포겔의 수력이론은[6] 마야문명을 제외한 고전문명이 水力制度와 밀접한 관계가 있다는 것으로서, 그의 이론은 한동안 여러 분야에 영향을 미쳤다. 방대한 양의 물관리가 필수적으로 효율적인 조직을 가져오고 대규모의 집약적인 경작과 협동을 통하여 국가경영의 방법이 독립적으로 발전한다는 것이다. 그러나 이 이론은 유목적인 형태에서는 적용될 수가 없으며 灌漑가 국가의 형성을 유도하지 않는다는 반증도 있다. 그리고 관개와 국가의 기원과의 선후관계가 분명치 않다는 점 등이 문제점으로 지적되고 있다.

위와 같은 국가 기원 이론과 관계된 논의의 전개과정을 염두에 두고 프리드와 서어비스의 이론을 검토하면 국가 기원의 실상에 접근할 수가 있을 것이다. 프리드는 국가가 출현하는 과정을 진화론의 입장에서 平等社會(Egalitarian Society), 序列社會(Rank Society), 階層社會(Stratification Society), 國家(State Society)의 4단계를 설정하고 그 특징을 고찰하였다.[7] 이러한 여러 단계의 변화와 발전에서 그는 우리가 검토해야 할 사항을 언급하고 있다. 첫째 한 사회의 조직이 새로운 사회·문화적 조직으로 변화되었음을 시사하는 제도적 발전이 무엇인가, 둘째 그러한 제도적 발전이 개화하는 조건은 무엇인가, 셋째 이상의 문제들을 검토함으로써 사회의 변화는 인간이 의식하여 개입하기 전에 일어난다는 점을 주시해야 한다고 지적하고 있다.

평등사회는 기본적으로 사회의 분화가 일어나지 않은 사회이고 따라서 어떠한 경제적 역할이나 정치적 권한이 부여되지 않은 사회이다. 그러므로 가정이 생산의 담당자이고 아무런 전문화도 이루어지지 않은 상태이다. 이같은 평등사회가 서열사회로 진입하면 사회구성원들 사이에 평가받는 地位에 제한이 따르기 시작하면서 커다란 변화가 나타나게 된다. 특히 지위를 누리는 사람들이 제한을 받게되는 것은 出生上의 서열을 통해 이루어지는 경우가

6) Wittfogel K. A., "Developmental Aspects of Hydraulic Societies", in J. Steward(ed.), *Irrigation Civilization : A Comparative Study*, 1955, pp.43~52.

7) Fried M. H., "On the Evolution of Social Stratification and the State", in S. Diamond(ed.), *Culture in History : Essays in Honor of Paul Radin*, New York ; Columbia Univ. Press, 1960, pp.713~731.

많다. 이 경우 가장 단순한 형태가 장자상속제, 말자상속제 같은 것이다. 이러한 출생서열에 의해 지위를 차지하게 되는 경우에는 그 제약성으로 말미암아 피라미드형의 사회가 나타나게 된다. 뿐만 아니라 경제는 초가정적인 재분배제도를 갖게 된다. 이것은 평등사회가 호혜경제였다는 사실과 다른 점이다. 그러나 서열사회에서 재분배를 담당하는 사람은 여전히 경제적 착취나 정치적 권한이 허용·부여되지 않으며 혈족집단의 범위 내에서 조정자의 역할을 하게 된다. 그의 기능은 착취하는 것이 아니라 수집하는 것이고 소비하는 것이 아니라 分配하는 것이므로 이 사회의 지도자의 처지에서 보면 그는 축적욕과 사회의 재분배 사이에서 갈등을 느끼게 된다. 이들은 정치적 권한이 없으며 오히려 권위면에서는 종교적 신성성으로 인하여 우월한 지위를 가지게 된다. 이들은 사회 내의 생산물의 재분배가 公共儀式과 연결되어 있어 더욱 신성한 권위를 부여받게 된다. 그러나 그들의 권위는 강제력의 행사가 허용되는 그러한 권위는 아니었다. 그러므로 이 서열사회는 정치·경제적 측면에서는 여전히 평등사회에서 보여주는 여러 특징이 그대로 잔존해 있으며, 한편으로는 儀式적 기능과 이에 따른 專門化로 인하여 신분이 분화되는 요인을 안고 있었다.

계층사회는 위에서 언급한 서열사회와 현저한 차이가 있으나 거의 구분이 되어 오지 않았다. 두 사회의 본질적인 차이는 서열사회가 신분상의 분화는 이루어지고 있으나 그 신분에 정치적·경제적 특권이 부여되지는 않았다는 점이다. 그러나 계층사회에서는 사회의 구성원과 생계수단간에 분화적인 관계가 존재하게 되는 특징이 나타나게 되었다. 여기서 말하는 분화적인 관계란 어느 구성원에게는 戰略的 資源에 접근할 수 있는 위치에 있지만 다른 사람은 여기에 접근할 수 없는 상황에 이른 것을 말한다. 후자의 경우에 전략적인 자원에 접근하기 위해서는 勞動地代·現物稅 등의 세금을 내고서야 접근이 가능하였다.

그렇다면 이러한 계층화로의 길은 어떻게 하여 일어나게 되는가라는 문제가 제기된다. 랜트만(Landtman)은 개인적 재능에 따라 재산축적을 이룬 사람들에 의해서 계층화가 일어났다고 보았는데, 프리드는 여기에 반대하고 오히려 유능한 인재는 재산을 공평하게 분배하여 준다고 보았다. 어느 의미에서는 국가조직을 가진 문화와의 접촉을 통하여 단순한 사회는 계층사회로 변모한다고 보고 있다. 이와 관련하여 프리드는 다음의 두 가지 사실을 열거하고 있다. 첫째는 水力農業의 역할이다. 토지와 물이라는 전략적 자원에 접근할 수 있는지의 여부가 사회의 분화와 밀접한 관계가 있다는 것이다. 수력농업이라는 생태학적 조건이 평등사회에서 서열사회로 발전하는 데에도 하나의 계기가 되며, 또한 반드시 계층사회가 서열사회 다음에 나타나는 것이 아니라 동시에 발생하기도 한다는 것이다. 프리드는 수력농업에 있어서 인구과잉이나 자원의 결핍이라는 문제에도 불구하고 수력농업 자체가 계층화를 발생시킨다고 보고 있다. 이러한 생태학적 방식으로 문제를 보게 되면 농업 위주의 정착사회라는 형태는 외부와의 전쟁시에도 방어에 효과적이다. 이같은 군사적 요인들은 수력농업사회에서 계층화가 발생하는 데 기여한다는 것이다. 두번째는 사회 내에서 부계나 모계 등 어느 한쪽으로 居處가 결정되는 사실을 전제로 할 때라도 거처의 분리와 系統의 구분들이 또한 계층화를 유도한다는 것이다. 프리드는 계층화된 사회가 되어야 비로소 강제력이 나타나며 사회의 통제력과 권력조직이 超血緣的 기반위에서 기능할 때 국가가 발생한다고 보고 있다. 그는 국가를 初期國家(Pristine State)와 二次國家(Secondary State)로 구분하면서 古典文明이 일어난 지역을 초기국가로 보고 征服國家 등과 같은 형태를 2차국가로 보았다.

서어비스는 진화주의 입장에서 국가의 발전 단계를 群社會(Band), 部族社會(Tribe), 君長社會(Chiefdom), 國家(State)로 발전해 나간다고 보았다. 이는 1962년에 간행된 그의 저서에서 피력된 것으로[8] 진화론의 입장에서 사회발전을 논하는 데에 상당한 영향을 끼친 바 있다. 이후 프리드가 부족(Tribe)에 관하여 비판하자 1967년의 간단한 논문에서 이를 수용하는 한편 취프덤과 국가의 구별에 어려움이 있음도 밝힌 바 있다. 그리고 향후의 수정 가능성을 전제로 하여 平等社會(Egalitarian Society)－階層社會(Hierarchical Society)－古代文明 또는 古典帝國(Archaic Civilization or Classical Empire)의 단계를 설정하였다.[9] 여기서 계층사회가 취프덤을 의미하고 있음은 물론이며 그의 연구진행

8) Service E. R., *Primitive Social Organization : An Evolutionary Perspective,* New York ; Random House, 1963 ; (second edition) 1971.

과정에서 취프덤은 여전히 유지되고 있음을 알 수 있다.[10)]

서어비스가 이해하고 있는 계층사회로서의 취프덤의 성격은 앞서의 평등사회와 비교할 때 다음과 같은 특징이 있다고 한다. 첫째 생산성의 향상으로 인하여 잉여물의 축적이 가능하고 아울러 인구밀도가 조밀하여 한층 복잡한 사회로 변모하였다는 점이다. 둘째 정치적·경제적·종교적인 여러 활동을 조정하는 중앙기구의 출현으로 더욱 조직적인 사회가 되었다는 점이다. 특히 취프덤 단계에서 가장 중요하고도 특징적인 사실을 지적한다면 경제적으로 재분배사회가 형성되었다는 점이라고 한다. 지역적으로 전문화가 이루어지고 대규모의 협동과 개인적인 기술의 전문화로 노동의 분업이 이루어진 것 등은 앞서의 사회에서는 볼 수 없는 변화라는 것이다. 그리고 잉여물의 축적이 가능하고 집단의 수준에서 교환이 발생한 것도 중앙통제기구와 생산·교환·분배를 조정하는 인물을 필요로 하였음에 틀림이 없으며, 따라서 취프덤사회는 결국 불평등사회이고 분배를 담당하는 자는 자신의 역할에 따라 일정한 권위를 획득하여 영속적인 신분을 누리게 된다고 한다.

취프덤사회의 취프덤은 사회·정치적 중심이 되는 집무소를 따로 가지고 있으며 그의 직책은 장자상속 등에 의해 세습이 되고 있다. 결국 취프덤사회는 사회통합적 측면에서는 불평등사회이고 경제적 측면에서 재분배사회이며

---

9) Service E. R., "Discussant War and Our Contemporary Ancestors", in M. Fried, M. Harris and R. Murphy(eds.), *War : The Anthropology of Armed Conflict and Aggression* ; New York, The Natural History Press, 1967, pp.167. 서어비스가 기왕에 제시한 그의 단계론에 대한 나름의 수정은 따라서 1967년에 나타나고 있다. 앞서 전경수는 서어비스가 1971년에 그의 정치발전 단계론의 내용을 수정하여 Chiefdom과 관련된 견해가 파기되었다고 이해하였으나(全京秀, 〈신진화론과 국가형성론〉, 《韓國史論》 19, 서울大, 1988), 이는 1967년에 제시된 것이고 이후 1975년에 간행한 다른 저서에서 서어비스는 Chiefdom을 여전히 논급하고 있다(Service, E. R., *Origins of the State and Civilization* ; New York, W. W. Norton & Company INC., 1975).

10) Service E. R., *Origins of the State and Civilization* ; New York, W. W. Norton & Company INC., 1975.
여기서 서어비스는 앞서 수정한 단계를 그대로 적용하지 않고 있다. 즉 Egalitarian Society, Archaic Civilization의 단계는 있으나 Chiefdom에 해당하는 Hierarchical Society의 편목은 없으며 다만 소항목으로 Chiefdom은 여전히 자리잡고 있다.

정치적 측면에서 中央統制의 사회이다. 아울러 종교적인 측면에서 본다면 샤머니즘적인 관행이 잔존하나 보다 규모가 큰 사회적인 宗敎儀式이 거행되는 사회이다. 취프덤의 지위와 司祭의 지위는 반드시 동일시할 수는 없지만 권위의 양면에서 함께 흥기한 것처럼 이해된다. 이 때문에 취프덤사회는 거의 합의하에서 神政단계의 사회라고 불리기도 한다.[11]

서어비스는 국가 기원에 관한 견해를 표명하면서 우선 기왕에 중요 요인으로 논의된 문제들에 대해서도 검토하였다. 첫째, 전쟁과 정복의 문제로 이 요인은 인류사에서 늘 있는 문제이므로 국가의 기원면에서 이야기하는 것은 적절하지 않다고 보았다. 둘째, 灌漑와 생산의 증대가 국가의 기원이라는 것을 부인하고 이것은 국가 이전과 이후에도 일어나는 현상으로 간주하였다. 셋째, 인구의 성장으로 이것도 국가가 출현하는 필수조건일 뿐이지 원인이라고 볼 수는 없다고 하였다. 넷째는 都市化로 국가가 도시화로 인하여 나타나게 된다는 것을 회의적으로 보고 도시는 국가 출현 이후에 등장한다고 보았다. 다섯째, 사회의 계층화로 초기 단계의 계층화가 경제적인 것이라기보다는 행정적인 것에 기반을 두고 있기 때문에 국가 기원을 설명하는 데는 적절하지 못하다고 하였다.[12] 따라서 이러한 점들을 감안할 때 불평등이란 근본적인 것이고 또한 개인의 여러 가지 능력에서 초래되는 것이므로 주변의 환경과 여기에서 초래되는 이익의 중요성을 강조하였다.

이상에서 검토한 프리드와 서어비스의 견해를 비교해 보면 프리드는 국가로 발전해 가는 과정에서 계층화를 가장 중요한 개념으로 본 데 대해서 서어비스는 인물의 지도력을 강조하고 있다. 이러한 견해들을 보다 구체화하여 클라센(H. J. M. Classen)과 스칼닉(P. Skalnik)은 다음과 같은 8개 항목에 걸쳐 쟁점사항을 정리하였다.

---

11) 神政사회의 의미와 적용대상이 광범위하다는 점에서 이에 대한 일정한 인식이 요구된다. 이에 대한 검토를 살펴보면 이는 군장사회, 국가, 변형된 과도기적 중간형태 등 여러 진화 단계의 사회에 적용되며 복합사회에서 나타나는 사회정치적 조직의 유형을 명명하는 데 사용되고 있다(Webster D., "On Theocracies", *American Anthropolpgy,* 78－4, 1977, p.812).

12) Service E. R., *Origins of the State and Civilization*, New York ; W. W. Norton & Company INC., 1975, pp.265～289.

① 국가의 진화에서 사회적 계급의 존재와 역할에 대해서 무엇을 말할 수 있을 것인가
② 초기국가에서 아시아적 생산양식의 특성이 나타나는가
③ 초기국가의 출현과 발전에서 정복의 역할은 무엇인가
④ 초기국가의 진화에서 전쟁과 외적 투쟁의 형태가 어떤 역할을 하는가
⑤ 초기국가의 발달에서 인구증가와 압력의 영향은 무엇인가
⑥ 초기국가의 발생과 무역 및 시장의 발달 사이에 어떤 종류의 상관관계가 있는가
⑦ 초기국가에서 내적 갈등을 해소하는 방법은 무엇인가
⑧ 초기국가의 발달과 도시 및 도시생활의 발생 사이에 어떤 종류의 상관관계가 있는가

우선 ①의 사회적 계급의 경우 사회적 불평등은 초기국가 이전 단계에도 존재하였으며 이 단계에 와서 한층 구체화되었을 뿐이며, 불평등의 유지가 초기국가의 목적이 아니었을 뿐만 아니라 국가조직의 발달에 꼭 필요한 조건도 아니라고 보았다. ②의 경우 아시아적 생산양식이 존재하는 곳에서는 사유지가 존재하지 않는다고 보고, 아시아적 생산양식이 시초의 초기국가와 전형적인 초기국가에서는 발견되지만 변이적인 초기국가에서는 발견되지 않는다고 하였다. ③의 정복의 문제는 자료가 제한적이기는 하지만 일부, 즉 몽고·스키타이·볼타이 등이 이같은 요인에 영향을 받았다고 하였다. ④의 경우 때로 전쟁과 정복 등의 시도는 이와 관련되는 사람들의 경영관리와 정치제도의 발달에 영향력을 미치게 된다고 보았다.

⑤의 인구증가는 보다 복잡한 정치조직의 발달에 직접적인 영향을 받는 것으로서, 인구증가와 지역제한 사이의 긴장은 새로운 사회구조의 발전을 가져오게 되는 것으로 이해하였다. ⑥의 무역 및 시장의 발달은 모든 초기국가에서 볼 수 있는 것이므로 초기국가의 형성요인이 될 수 없다고 하였다. ⑦의 내적 갈등은 대개 국가의 사법기관의 도움을 받게 되는 것이고 때로 갈등의 해결은 힘에 의해 저지되는 경우도 있다고 보았다. ⑧의 도시의 발생은 초기국가 형성에 결정적 역할을 한 것은 아니라고 보고, 읍(Town)이나 도시(City)가 형성되지 않고도 초기국가가 발생한 사례가 있다고 하였다. 또한 도시가 중요성을 갖게된 것도 국가가 출현한 오랜 뒤의 일이라고 보았다.

이상에서 본 바와 같이 한국사의 전개과정에서 국가의 기원과 형성문제를 다룰 때에는 다양한 이론의 검토와 이의 신중한 적용이 필요하다고 하겠다.

2) 군장사회와 국가

일반적으로 우리가 국가라는 정치체를 상정할 때에는 한자문화에 속하는 일반적인 관행으로 나라를 뜻하는 '國'자와 王이라는 존재를 생각하게 된다. 주지하는 바와 같이 나라를 뜻하는 국자는 원래 邦으로 표시하다가 漢代 이후에 국으로 표현이 바뀌었으므로 '國'자가 붙어 있다고 해서 이것이 곧 오늘날의 국가와 동일한 개념으로 이해할 수는 없다. 우리 나라의 고대사를 기술한 중국측이나 우리측의 사료를 보면 분명 국가의 단계임에도 불구하고 '국'이라고 하지 않은 경우가 태반이고, 또한 '국'이라고 표현되어 있는 많은 사회도 실은 국가의 단계로 보기가 어려운 경우가 많다. 이같은 사실은 삼한사회의 70여 개 국명으로 나타나는 존재들의 단계가 君長社會에 해당하고 여기에서 한층 발달된 사회, 예컨대 目支國이나 斯盧國 같은 집단이 뒤에 국가로 변모하고 있는 데서 잘 알 수 있다.[13] 즉 《三國志》 東夷傳 韓條에 보이는 小國 또는 大國이라는 표현은 규모를 나타낼 뿐 국가라는 의미가 아니므로 '국'자가 붙어 있다고 해서 전부 국가라고 보는 것은 발전 단계를 고려하지 않은 것이라 하겠다. '국'이란 국가 이외에도 지역이라든가, 또는 지역의 정치 집단이라는 의미가 내포되어 있는 것이다.[14] 따라서 한국사에 존재한 여러 정치체들의 구체적 성격을 확인하기 위해서는 각 정치체들이 반영하고 있는 사회조직의 내용과 규모 등에 대한 검토가 요구된다.

한국사의 초기에 존재한 여러 정치체들에 관한 자료는 중국측 자료가 대부분으로 이들 자료에서는 각 사회의 정치 지도자에 대하여 왕과 군장으로 구분하여 표기하고 있다. 즉 다음 사료에서 보는 것처럼 王·侯·君王·君長 등으로 칭호가 세분되어 있었음을 알 수 있다. 이러한 칭호가 절대적인 기준

13) 金貞培, 〈三韓社會의 '國'의 解釋問題〉(《韓國史硏究》 26, 1979 ; 《韓國古代의 國家起源과 形成》, 高麗大 出版部, 1986, 223~229쪽).

14) 金兆梓, 〈封邑邦國方辨〉(《歷史硏究》 2期, 1956).

이라고 볼 수는 없지만 정치 발전의 과정을 추적하는 데 하나의 실마리를 제공해 주고 있다.

왕에 관한 기사로서 가장 먼저 나타나는 것은 濊貊朝鮮 후기 단계와 위만조선 관련 기록 및 부여와 삼한 관련 자료이다.

A-① 朝鮮侯는 周나라가 쇠약해진 것을 보고 燕나라가 스스로 높여 王이라 칭하자 朝鮮侯도 역시 스스로 王이라 칭하였다(《三國志》 권 30, 魏書 30, 烏丸鮮卑東夷傳 30, 韓).

② 그 때 朝鮮王 否가 왕이 되었다… 否가 죽자 그 아들 準이 왕위에 올랐다(《三國志》 권 30, 魏書 30, 烏丸鮮卑東夷傳 30, 韓 인용 《魏略》).

③ 그 후 40餘世가 지나 朝鮮侯 準이 참람되게 王을 칭하였다(《三國志》 권 30, 魏書 30, 烏丸鮮卑東夷傳 30, 濊).

④ 準이 이미 왕을 僭稱한 후에 燕의 亡人인 衛滿의 공격을 받아 왕위를 빼앗기고 좌우의 宮人을 이끌고 바다로 달아나 韓地에 살면서 스스로 韓王이라 하였다(《三國志》 권 30, 魏書 30, 烏丸鮮卑東夷傳 30, 韓).

⑤ 朝鮮王 滿이라는 사람은 옛날 燕지역 사람이다(《史記》 권 115, 列傳 55, 朝鮮).

위의 사료에 조선후가 스스로 왕을 칭하였다는 기사가 있는데 이는 전국시대 燕과의 대결에서 나타난 것으로서 기원전 4세기 경의 일로 이해되고 있다. 또 조선왕 否가 나오는 것으로 보아 왕을 칭하였다는 것은 중국과의 대결 과정에서 성장하는 조선의 정치 역량을 나타내주는 좋은 자료라고 볼 수 있을 것이다.

그런데 위의 자료를 보면 왕호를 칭하게 된 상황이 "스스로 왕이라 이름하였다"라든가 또는 "함부로 왕이라 칭하였다"고 되어 있다. 즉 중국적 입장에서 볼 때 이들의 칭왕 사실은 중국에 복속되거나 포섭되어 그 대가로 왕호를 하사받은 것이 아니라 독자적인 성장을 통하여 自稱한 것으로 되어 있다. 이 같은 사실은 중국과는 일정한 거리를 유지하면서 독자적 문화기반을 통하여 정치적 성장을 이룩한 이들이 나름의 역량을 확보한 상태에서 중국과 대등한 정치·군사적 수준에서 교류하였음을 보여주는 것이다. 즉 朝鮮侯의 自稱爲王과 否, 準으로 세습되면서 僭號稱王하였다는 것은 이들이 통치하고 있는 사회의 역량이 왕을 칭할 수 있는 수준의 정치적 성장을 이루었으며 이같은 사실을 중국사회가 인정하였다는 것을 보여주는 것이다. 또한 정변을 통해 準王을 축출하고 권력을 장악한 衛滿에 대해서도《史記》朝鮮傳에 '朝鮮王'으로 기록하고 있다는 것은 이같은 사실을 재차 확인시켜주는 것이다.

한편 준왕이 위만의 공격을 피해 南奔하여 삼한지역에 와서 '自號韓王'하였다는 기사를 위의 사정과 연결시켜 보는 것이 이해에 도움이 될 것이다. 준왕이 칭왕하였다는 기사는 앞에서 보았거니와 좌우궁인을 거느리고 남쪽으로 피해 와서 스스로 韓王이라고 하였다는 것은 피난해 오기 이전의 자기가 칭왕한 것을 마한지역에 와서 그대로 따른 관행이 아니었을까 하는 느낌이 든다.

삼한 지역과 관련된 왕으로는 辰王이 대표적 존재이다

⑥ 辰王이 目支國을 다스렸다(《三國志》권 30, 魏書 30, 烏丸鮮卑東夷傳 30, 韓).

⑦ 弁辰韓은 24國이다… 그 12國은 辰王에게 속하였다(《三國志》권 30, 魏書 30, 烏丸鮮卑東夷傳 30, 弁辰).

사료 ⑥의 진왕은 목지국을 다스리는 왕으로 나오고 있어《後漢書》동이전에 나오는 '三韓의 總王'이라는 기록과는 큰 차이가 있다. 그러나《삼국지》의 기록이 원형을 보여주는 것이므로 결국 이러한 진왕과 결부된 나라가 삼한의 군장사회에서 국가로 나아가는 모습의 일부라고 여겨진다.

한편 부여의 경우 君王이라는 표현이 보이고 있다.

⑧ 나라에는 君王이 있다(《三國志》권 30, 魏書 30, 烏丸鮮卑東夷傳 30, 夫餘).

⑨ 戶數는 5千이다. 大君王은 없지만 대대로 邑落에는 각각 長帥가 있다(《三國志》권 30, 魏書 30, 烏丸鮮卑東夷傳 30, 東沃沮).

위의 사료에서 부여의 경우 군왕이 있음에 비해 동옥저에는 大君王이 없고 단지 長帥들만 있다고 한 것으로 보아 '君王'이라는 존재가 곧 왕이라는 사실을 알 수 있다. 이는 왕이라는 표현이 결코 형식적인 것이 아니라 실질적인 정치적 발전 수준을 반영해 주고 있는 것이며, 이들 사회가 국가 수준에 도달해 있음을 보여주는 중요한 징표라고 할 수 있다.

한편 왕과 관련된 기사와 달리 君長 관계 기사는 예가 많아 훨씬 분명한 뜻을 전해 주고 있다. 이를 열거해 보면 다음과 같다.

B-① 遼東太守는 곧 滿을 外臣으로 삼을 것을 약속하여 국경 밖의 오랑캐를 지켜 변경을 노략질하지 못하게 하는 한편 모든 蠻夷의 君長이 天子를 뵙고자 하면 막지 않도록 하였다(《史記》 권 115, 列傳 55, 朝鮮).

② 馬韓은 서쪽에 있고… 각각 長帥가 있는데 큰 자는 스스로 臣智라고 이름하였다(《三國志》 권 30, 魏書 30, 烏丸鮮卑東夷傳 30, 韓).

③ 그 풍속은 기강이 없어서 國邑에 비록 主帥가 있어도 邑落에 섞여 있어 능히 잘 제어하지 못하였다(《三國志》 권 30, 魏書 30, 烏丸鮮卑東夷傳 30, 韓).

④ 弁辰 또한 12國인데 또 여러 작은 別邑들이 있다. 각각 渠帥가 있는데 큰 자를 臣智라 하였다(《三國志》 권 30, 魏書 30, 烏丸鮮卑東夷傳 30, 弁辰).

⑤ 大君長이 없고 邑落에는 각각 大人이 있다(《三國志》 권 30, 魏書 30, 烏丸鮮卑東夷傳 30, 挹婁).

⑥ 廉斯鑡는 辰韓 右渠帥이다(《三國志》 권 30, 魏書 30, 烏丸鮮卑東夷傳 30, 韓 所引 《魏略》).

①의 자료는 위만이 外臣으로 있으면서 여러 蠻夷의 군장들이 천자를 뵙고자 할 때 이를 금지하지 않토록 한다는 내용을 담고 있다. 여기의 군장들은 주변 사회의 지도자를 가리키는 것으로서 다음 사료의 내용과 연결된다.

眞番 옆의 여러 나라들(衆國)이 글을 올려 天子를 알현코자 하였으나 또 막혀서 통하지 못하였다(《史記》 권 115, 列傳 55, 朝鮮).

이것은 한나라가 위만조선 침공의 명분으로 내세운 내용으로서 남쪽의 여러 나라(衆國)들이 천자를 뵙고자 할 때 길을 가로막았다는 뜻이다.[15] 이러한 점에서 이 문구는 B-①의 문장과 매우 유사하다는 것을 알 수 있다. 이 두 경우를 대비해 보면 다음과 같다.

---

15) 판본에 따라 衆國이라는 표현은 辰國으로도 나타나고 있다. 그러나 여기서는 진국도 衆國의 일부분이란 점에서 衆國의 의미로 파악하고자 한다.

여러 오랑캐의 君長들이 (中國에) 들어가 天子를 알현코자 하였다.
眞番 옆의 여러 나라들(衆國)이 글을 올려 天子를 알현코자 하였다.

위에 보이는 여러 오랑캐의 군장이라는 대상 속에는 진번 옆의 여러 나라들도 포함되는 광의의 해석이 가능하고, 범위를 좁힌다 하더라도 진번이나 衆國도 역시 군장이라는 지도자가 이끄는 단계의 사회였다고 할 수 있다. 이들 중에서도 사회의 규모와 세력에 차이가 있었을 것이고, 왕이 존재한 나라도 있었지만 대체적인 추세는 군장이 지배하는 가운데 점차 왕이 출현하는 과정이었다고 생각된다. 또한 B-②에서 ⑥까지의 자료는 각 지역 사회의 정치 지도자를 어떻게 명명하였는가를 보여주고 있거니와 명칭이 다양함에도 불구하고, 공통적으로 나타나는 특징은 국가의 특성을 단적으로 보여주는 요인들이 거의 보이지 않는다는 점이다. 또한 이들을 개별적으로 표현한 渠帥·長帥 등이 포괄적으로 군장이라는 표현으로 망라되고 있음을 사료 ①에서 볼 수 있다.

한편 삼한사회가 국가 형성을 지향한 여러 정치체의 복합체임을 감안할 때 이 사회들의 정치적 성격에 부응하는 지배체제는 국가 수준에는 이르지 못하였지만 이와 유사한 통치형태를 예상할 수 있다. 즉 目支國을 통치하는 辰王과 같은 존재는 특수한 경우이고 대부분은 아직 왕에 이르지 못한 거수라는 존재가 통치하였다. 이들의 명칭을 馬韓의 경우 큰 자를 臣智, 그 다음을 邑借라 하였으며[16] 辰弁韓의 경우에도 큰 자를 신지라 하고 그 다음을 險側, 그 다음을 樊濊, 그 다음을 殺奚, 그 다음을 邑借라 하였다.[17] 즉 삼한의 대부분 '국'에는 거수로서 신지·험측·번예·살해·읍차 등으로 지칭되는 존재가 지배체계를 형성하여 누층적 구조를 가지고 있었다.[18]

---

16) 《三國志》 권 30, 魏書 30, 烏丸鮮卑東夷傳 30, 韓.
17) 위와 같음.
18) 그런데 이같은 양상을 보다 구체화시켜 주는 것으로서 중국이 삼한의 거수들에게 사여한 관작 명칭이 있다. 景初年間(237~239)에 魏가 낙랑, 대방지역에 대한 지배권을 장악하고 삼한사회에 대하여 관작과 인수를 사여하여 간접적 통제를 강화하였는데 이 때 邑君과 邑長의 명칭이 보이고, 보다 구체적인 관작으로서 魏率善邑君·歸義侯·中郎將·都尉·伯長 등이 언급되고 있다(《三國志》 권 30, 魏書 30, 烏丸鮮卑東夷傳 30, 韓).
여기서 귀의후·왕·읍군·읍장 등은 독립된 정치세력의 지배자에게 주어진 작

따라서 삼한 각국의 내적 통치체계는 적어도 신지를 정점으로 하고 읍차에 이르기까지 몇 개의 서열화된 단계가 있었으므로 이는 정치조직의 발전단계에 있어 상당한 수준에 도달한 것이었다고 할 수 있다. 특히 이들의 체계가 중국세력에 의해 인정되어 그들의 위상에 대응하는 작호가 사여되었다는 사실은 이들의 서열화된 명칭이 실질적인 기능과 의미를 가지고 있었음을 반영하는 것이라 하겠다.

이러한 사정과 관련하여《삼국지》동이전 濊條에는 우리의 관심을 끄는 다음과 같은 몇 가지 자료가 있다.

C-① 大君長은 없다. 漢나라 이래로 그 관작은 侯와 邑君과 三老가 있어 下戶를 통할하였다.
② 그곳의 渠帥를 봉하여 侯로 삼았다. 지금 不耐濊는 모두 그 種族이다.
③ 正始 6년 樂浪太守 劉茂가… 군대를 일으키자 不耐侯 등이 고을을 들어 항복하였다.
④ 正始 8년 다시 조공을 바쳤으므로 不耐濊王으로 봉하였다. (불내예왕은) 백성들 사이에 섞여 살았다.

C-①에서는 濊에는 君長이 없다는 점을 명기하고 있고, ②에서는 渠帥를 侯로 임명하였다는 것이며 ③에서는 不耐侯의 한 단면을 설명하고 있다. 그리고 ④에서는 不耐濊王으로 삼고 있음을 보여주고 있다. 우리는 이 자료를 통하여 정치적인 변화에 따라 지배자의 호칭이 달라지고 있음을 알 수 있는데 이러한 현상은 다른 집단의 정치발전 단계를 이해하는 데 커다란 참고가 된다. 앞에서 본 準侯·準王에 관한 기사를 참조하면 이와 같은 성격의 선상에서 유사점을 쉽게 발견할 수 있다. 그렇다면 최소한 侯나 王의 칭호는 중국과의 정치적 관계를 고려해서 융통성있게 운영되었다고 볼 수도 있고, 다

호로 각 세력간의 정치적 위치를 감안하여 사여된 것으로 보여진다. 그런데 중랑장·도위 등의 작호는 군태수와 비슷한 위계의 관직명이고 백장의 경우 더 하위의 직명으로, 이들 관작을 받은 존재는 독립된 정치세력의 지배자라기보다는 신지 이하에 예속된 읍차 등과 같은 통치체계의 하위 서열자들에 대한 사여로 이해된다. 특히 경북지역에서 발견된 '魏率善韓佰長' 銅印과 '晋率善穢佰長' 동인의 존재 그리고 평양지역의 '夫租穢君' 동인 및《삼국사기》의 '濊王之印' 등의 예를 볼 때 실제로 작호의 사여와 인수의 제공이 있었음이 확인된다.

른 한편으로는 위계질서가 서있었다는 증거로 볼 수도 있다. 그러나 분명한 것은 군장이라는 칭호는 왕이나 후와 동일한 선상에 올려놓고 대비해야 하는 존재는 아니라는 점이다.

이상에서 문헌 자료를 통해 정치적 단위를 추정할 수 있는 지배자의 칭호 문제를 간단히 살펴보았다. 이러한 문제가 고고학의 입장에서 검토되고, 또 고고학의 도움을 받을 수 있다면 문헌 사료의 결핍에서 오는 한계를 극복하고 국가의 발달 단계를 구체적으로 추정해 볼 수 있을 것이다. 한 예로 夫租薉君의 印章은 이러한 문제를 푸는 하나의 실마리가 될 수 있다. 1958년 평양 貞柏洞의 목곽묘에서 '부조예군'이라는 銀印이 나온 바 있는데 함께 반출된 유물로는 銅劍·銅鉾·鐵劍·馬具·車具·土器 등이 있다.[19] 이 유물들을 보면 곧 토광묘 계통에서 출토되는 유물들과 매우 유사하다는 것을 알 수 있다. 동검과 철검이 동시에 나온다는 것은 철기 위주의 토광묘가 아니라 지난날 청동기문화 일부를 답습하고 있던 시대의 문화임을 나타내는 것이다. 인장이 출토된 무덤이 단순한 토광묘가 아니라 곽이 있는 토광묘라고[20] 알려지고 있어 문화의 계통도 알 수 있게 되었다. 여하튼 토광묘에서 부조예군이라고 쓰여진 은인이 출토되었다는 것은 이 무덤의 피장자가 부조예군임이 분명하고, 또한 함께 출토된 유물로 보아 그가 韓人이었다는 것도 거의 틀림없는 사실로 보여진다.[21] 그러므로 이 인장은 부조의 군장이 어떤 문화 단계의 사회에서 살았던 사람인가를 알려주는 좋은 자료의 하나라고 볼 수 있다. 夫租라는 이름은 《漢書》 지리지에 보이는 낙랑 동부7현 가운데 하나인 夫租縣 그것이며 시기는 대개 기원전 1세기 경으로 보고 있다.

위의 사실과 연관되는 유물이 1961년 정백동 목곽분에서 나온 바 있다. '부조예군'이라는 인장이 나온 곳에서 100m 정도 떨어진 곳에서 '夫租長印', '高常賢印'이라는 은인이 나온 바 있는데, 이 인장은 이 시기의 사정을 파악하는 데 더없이 귀중한 자료이다. 이 무덤에서는 鏡·馬面·車馬具·黑漆蓋

19) 백련행, 〈부조예군도장에 대하여〉(《문화유산》 2, 1962), 61쪽.
이순진, 〈부조예군무덤에 대하여〉(《고고민속》 4, 1964), 39쪽.

20) 金貞培, 〈君長社會의 發展過程 試論〉(앞의 책), 206~207쪽.

21) 岡崎敬, 〈夫租薉君銀印をめぐる諸問題〉(《朝鮮學報》 46, 1968), 49~60쪽.
金基興, 〈夫租薉君에 대한 고찰〉(《韓國史論》 12, 서울大, 1985), 3~34쪽.

등이 細形銅劍과 함께 출토되었다. 夫租長印은 夫租縣長의 의미이고 高常賢印은 고상현의 인장을 뜻하므로 이 무덤은 고상현의 무덤이라고 보는 것이 순리이다. 이 무덤에서 세형동검이 출토되었다는 것은 매우 이채로우며 여타의 중국계 유물과 혼재하고 있는 것은 더 검토할 여지가 있다. 고상현을 낙랑 토호인 중국인으로 보는 의견이 있지만 세형동검이 반출되었다는 사실과 부조예군의 경우를 참조하여 더 신중하게 해석할 필요가 있다. 이처럼 고고학의 처지에서 기원전 1세기 경의 유물의 종류와 성격을 이해하고 문헌에 보이는 군장 단계의 사회를 연결해 보면 군장사회와 국가의 단계를 어떻게 어느 선에서 나눌 것인가 하는 문제에 대한 대체적인 윤곽을 잡을 수 있을 것이다.

한편 삼한사회에 존재하였던 여러 정치체들은 국가 성립 직전의 정치체의 양상을 이해하는 데 중요한 자료를 제시해 주고 있다. 즉 앞서 언급하였던 국가(State)의 개념을 감안할 때 삼한사회에 존재한 78개의 '國'들은 대부분이 국가사회를 형성하기 전단계의 정치적 존재였다고 볼 수 있다.[22] 그런데 이들 삼한사회의 국들에 대해서는 인구구성과 관련된 기록들이 전해지고 있다. 즉 馬韓의 경우 "50여 국으로 大國은 萬餘家 小國은 數千家로 총 십여 만 호"[23]라고 하였고, 辰弁韓의 경우 "弁辰은 12국으로 또 여러 작은 別邑이 있다. 대국은 四五千家 소국은 六七百家로서 총 四五萬戶이다"[24]라고 기록되어 있다. 인구수는 해당 정치체의 수준이 어느 정도인가를 추론할 수 있는 하나의 근거로서 오늘날 세계 학계에서도 국가의 기원문제를 언급할 때에 매우 중요한 요소로 간주하고 있다.[25] 또한 인구수는 해당 지역의 규모와도 밀접한 관련이 있어 정치체의 전반적 규모를 확인하는 데 매우 유용하게 활용된다.[26]

사료에서 보듯이 마한의 소국 수천 가의 규모는 辰弁韓의 대국 사오천 가

22) 金貞培, 앞의 글(1979), 229쪽.
23) 《三國志》 권 30, 魏書 30, 烏丸鮮卑東夷傳 30, 韓.
24) 《三國志》 권 30, 魏書 30, 烏丸鮮卑東夷傳 30, 弁辰.
25) Oberg, K., "Types of Social Structure among the Lowland Tribes of South and Central American", *American Anthropologist* 57, 1955, pp.472~487.
26) 金貞培, 앞의 글(1979), 224~225쪽.

의 규모와 거의 일치하는 것으로서 동일한 정치체의 양상을 보여준다고 할 수 있다. 따라서 삼한사회에 존재한 여러 정치체는 일단 人口構成면에서 적어도 내용을 달리하는 네 개의 정치체의 양상을 가정하게 한다. 이같은 양상은 《삼국지》 동이전과 《三國史記》 등의 문헌에서 볼 수 있는 여러 정치체의 규모와 성격을 구분한 내용과 연결된다.[27]

우선 가장 선진적인 정치발전 양상을 보여주고 있는 단계에 해당하는 정치체는 마한의 대국 규모의 존재로서 만여 가의 인구구성을 보여주고 있는 사회이다. 삼한사회의 1家의 규모는 삼한지역의 주거지 발굴을 통해 구성인원이 약 5명 내외임이 밝혀져 있다.[28] 이에 의거한다면 만여 가의 사회는 인구 5만여 명을 포용한 사회로서 상당히 규모가 큰 집단이었다고 할 수 있다.[29] 이같은 규모는 삼한 전체에서 몇 개 이상 상정하기는 곤란하므로 문헌상에 나타나는 마한지역의 目支國과 伯濟國, 진한지역의 斯盧國, 변한지역의 狗邪國 등이 이에 해당될 가능성이 있다. 이들은 결국 다양한 정치체간의 통합과정의 결과로 나타나게 된 존재로서 국가형성을 지향하고 있었다고 할 수 있다. 이들 가운데 백제·사로·구야는 각각 百濟·新羅·加耶로 발전하였지만 삼한사회에서 가장 먼저 발전된 사회로 이해되었던 마한의 목지국은 백제에 의해 병합되어 연속성을 상실하였다.

두번째로 상정되는 삼한사회의 정치체는 마한의 소국과 진변한의 대국 규모의 정치체로서 인구 규모가 약 2만여 명 내외의 사회이다. 이같은 규모에 해당되는 정치체는 구체적으로 언급된 바는 없으나 신라에 복속된 주변 세력 중 상당한 규모로 이해되고 있는 押督國·召文國·甘文國·沙伐國 등과 마한사회의 乾馬國을 이같은 정치체에 비견해 볼 수 있다. 이들 정치체는 신라에 복속되면서 '郡'으로 편제되었다는 사실을 통하여 그 규모가 상당하였음을 알 수 있다. 건마국의 위치는 전통적으로 전북 益山郡 金馬面 일대로

---

27) 金貞培, 〈「三國史記」에 보이는 '國'의 解析問題〉(앞의 책), 223~240쪽.

28) 金正基, 〈無文土器文化期의 住居地〉(《考古學》 3, 1974).

29) 일반적으로 군장사회의 인구 규모는 1만여 명 내외로 보고 있는데 아메리카 인디언의 경우 5만 명이나 되지만 군장사회 단계로 이해되고 있음에서 그 범위를 짐작케 한다. 이는 삼한의 대국 규모의 성격을 이해하는 하나의 자료로 이해될 수 있다(金貞培, 앞의 글, 1979).

비정하여 왔다.[30] 건마국과 관련된 문헌 자료는 보이지 않으나 익산 일대에서 확인되는 상당량의 청동유물은 바로 이곳이 건마국이 있던 곳이 아닌가 하는 짐작을 하게 한다. 즉 금마면·王宮面·八峰面·三箕面·完州郡 上林里 등지에서 발견된 琵琶形銅劍·粗文鏡·桃氏劍·細形銅劍·後漢鏡 등의 유물은 이것을 반출하는 분묘의 주인공이 삼한사회의 정치적 지배자라는 사실을 나타내는 것으로서, 이는 곧 건마국의 군장과 관련된 일정한 영역과 위상을 알려주는 것으로 생각된다. 특히 도씨검과 후한경의 존재는 건마국의 군장이 내부적인 통치뿐만 아니라 중국과의 교섭에서도 중심 인물로 활동했음을 보여주는 것으로 이해된다.[31] 이같은 청동유물의 집중적인 반출과 그 문화의 성격 및 규모를 감안할 때 건마국과 같은 정치체는 앞에서 본 대국에는 미치지 못하지만 바로 그 다음 단계의 존재로 볼 수 있을 것이다.

세번째로 상정되는 辰弁韓의 소국에 해당하는 정치체는《삼국사기》에서 산견되는 소규모의 '國'들이 이에 해당하지 않을까 한다. 즉 신라의 경우 주변의 정치체들을 복속시키는 과정에서 郡에 속하는 縣으로 편제된 세력들이 이같은 소국에 해당하리라 생각된다.[32] 마지막으로 상정되는 '諸小別邑' 단계의 정치체는 최소한의 독자성을 가지고 있었다고도 보기 힘든 존재로서 주변의 강력한 정치세력에 거의 귀속된 상태, 또는 완전 예속된 형태가 아니었을까 생각된다.

이같이 인구구성을 기준으로 하여 삼한사회의 정치체들의 성격을 살펴보면 비록 각 세력간의 격차는 존재하지만 各國數와 人口數를 대비해 볼 때 만여 명 내외로 구성된 정치체가 평균적 수준임을 알 수 있다. 또한 삼한사회에서 볼 수 있는 蘇塗와 天君의 존재는 이들 사회가 상당히 발전된 수준이었음을 나타내는 것이다. 즉 정치적 지도자와는 별도로 제사를 담당하는

30) 金貞培, 앞의 책, 229~230쪽.

31) 金貞培, 위의 책, 230~238쪽.

32) 義昌郡에 편제된 音汁火縣은 婆娑王 때 음즙화국을 취해 편제한 것으로 후에 安康縣에 속하는 규모이며 臨皐郡에 배속된 臨川縣은 助賁王 때 骨火小國을 정벌해 대치한 것으로 그 규모가 군으로 대치할 수준이 못되는 소규모의 정치체였다고 생각된다. 신라가 주변세력을 복속시킬 때 沙伐國은 尙州로, 召文國은 義城郡으로 甘文國은 開寧郡으로 편제한 것과 비교할 때 그 규모가 소규모였음을 알 수 있다.

천군이 있었다는 것은 삼한사회의 분화 발전을 보여주는 것이며, 특히 종교의례를 수행하기 위한 별도의 지역으로서 소도가 존재하였다는 사실은 정치적 발전수준이 높았음을 나타내주는 것이다.[33] 특히 소도나 천군과 관련되는 劍·鏡·玉 등의 유물이 확인되고 있다는 사실은 이들의 성격을 보다 구체화시켜준다고 하겠다.[34] 이상에서 본 것처럼 삼한사회의 '국'으로 표현된 존재는 우리가 일반적으로 이해하는 '국가(State)'의 개념에 해당되는 존재가 아니라 일정 영역의 정치체로서 아직 국가 단계에는 이르지 못한 군장사회 단계(Chiefdom Level)라고 해야 할 것이다.

〈金貞培〉

---

33) 金貞培, 〈蘇塗의 政治史的 意味〉(《歷史學報》 79, 1978 ; 앞의 책, 141~166쪽).
34) 金貞培, 〈劍·鏡·玉과 古代의 文化와 社會〉(위의 책, 209~222쪽).

Ⅱ. 고 조 선

1. 고조선의 국가형성
2. 고조선의 변천
3. 고조선의 문화와 사회 경제

Ⅱ. 고조선

1. 고조선의 국가형성

1) 고조선의 건국신화

古朝鮮은 우리 민족사의 첫 출발이라는 점에서 학계뿐 아니라 일반의 관심이 지대한 분야로서 이에 관하여 그 동안 많은 연구가 진행되어 왔다. 특히 고조선의 출현시기·강역·주민구성·정치사회적 성격문제 등이 주요 쟁점으로서 활발한 논의가 이루어졌다. 이같은 고조선에 대한 여러 문제에 대해서는 대체로 다음과 같은 두 가지 방법으로 연구가 진행되어 왔다. 첫째는 문헌을 충실하게 이용한 연구방법이었다. 여기에 대해서는 역사와 신화를 혼용하였다든가, 역사적 측면의 인정이 소홀하였다는 등의 비판이 가해질 수 있으나, 고조선에 관한 자료를 고증·비판하였다는 점은 하나의 성과라고 할 수 있다. 둘째로 문헌은 문헌대로 이해하면서 考古學이나 人類學 등 인접 학문의 성과를 도입·접목시키려는 연구방법이었다. 이것은 前者의 연구성과를 부분적으로 수용하면서 새로운 해석을 내놓았기 때문에 전자의 처지에서 보면 견해 차이가 있었고, 때문에 때로 논란이 되기도 하였다.[1]

문헌 위주의 연구방법은 주로 조선 후기 實學者들에게서 그 맥을 찾을 수 있으며, 이를 계승한 民族主義 史學者 및 일제 강점기의 日本人學者와 그들과 연관된 학자들을 중심으로 진행되었다. 문헌과 고고학 등을 접목시키려는 연구방법은 해방 이후 남북한학계가 각각 기왕의 연구전통을 이어받아 새롭게 축적된 고고학적 성과를 이용하면서 고조선에 대한 보다 다양한 해석과

1) 金貞培, 〈古朝鮮의 再認識〉(《韓國史論》 14, 國史編纂委員會, 1984 ; 《韓國古代의 國家起源과 形成》, 高麗大 出版部, 1986), 4쪽.

견해를 내놓았다. 특히 북한학계는 1960년대 이후 고조선문제에 대한 집중적인 연구를 통하여 기존 문헌자료를 정밀하게 검토하고 나름의 고고학적 연구결과를 접목시켜 고조선의 중심지를 遼東地域에 설정하였다. 그런데 최근에는 檀君陵을 평양 주변에서 발견하였다는 발표를[2] 통해 종래의 견해를 바꾸었는데 향후의 입장정리가 주목된다.

우리 학계에서는 고조선의 문화적 複合性을 주목하여 고조선이 문화 단계별로 성격을 달리하는 사회형태로 발전하였다고 보고, 정치발전 형태에 대한 인류학이론을 도입하여 새로운 해석을 하는 등 다양한 견해가 제기되었다.[3] 특히 1980년대 이후 고조선의 강역문제가 새로운 쟁점으로 부각되어 최근까지 이에 대한 논란이 계속되고 있다.[4] 이는 북한학계의 입장이 일부 수용되고 중국학계의 요동·요서 등지의 고고학적 발굴성과가 국내학계에 전해지면서 나타난 결과이다.[5] 이러한 연구경향에서 유의해야 할 것은 고조선을 하나의 집단으로만 이해하거나, 그러한 이해방식에 또다른 미화작업을 가할 때 고조선의 역사는 물론 한국사의 전체 흐름에 대한 올바른 歷史像이 부각될 수 없다는 점이다. 또한 檀君朝鮮이나 이른바 箕子朝鮮 그리고 이와 연결된 衛滿朝鮮을 정도 이상으로 내용을 축약하는 것 역시 바른 연구태도가 아니라는 사실을 유념해야 할 것이다. 이 점을 강조하는 것은 그 동안의 고고학의 성과를 외면해서는 안된다는 의미에서 뿐만 아니라, 오히려 적극적으로 고고학이 쌓아 놓은 업적을 채용하지 않고서는 보다 긍정적인 역사해석을 도출할 수 없기 때문이다.

사실 고조선을 구체적으로 어떻게 파악하는냐에 따라 이 시대의 성격과

---

2) 사회과학원, 《단군릉 발굴 학술보고집》(과학백과사전출판사, 1993).

3) 金貞培, 〈古朝鮮의 住民構成과 文化的 複合〉(《韓國民族文化의 起源》, 高麗大出版部, 1973).

4) 徐榮洙, 〈古朝鮮의 위치와 강역〉(《韓國史 市民講座》 2, 1988).
盧泰敦, 〈古朝鮮 중심지의 변천에 대한 연구〉(《韓國史論》 23, 서울大, 1990).

5) 李基東, 〈北韓에서의 古朝鮮 硏究〉(《韓國史 市民講座》 2, 1988), 89~108쪽.
權五榮, 〈古朝鮮硏究의 動向과 그 內容〉(《北韓의 古代史硏究》, 一潮閣, 1991), 25~70쪽.
趙法鍾, 〈北韓의 古朝鮮史 認識體系에 對한 考察〉(《북한의 우리 고대사 인식》 1, 대륙연구소 출판부, 1994), 138~157쪽.

역사의 흐름이 판이하게 달라지게 된다. 즉 고조선의 존재시기와 시대성격을 어떻게 규정할 것인가라는 문제가 선결되지 않는다면 많은 혼란이 있으리라는 것은 명백하다. 일반적으로 고조선은 青銅器文化를 바탕으로 하여 성립된 사회라고 일컬어지고 있다. 그러나 고조선의 일정 시기는 청동기문화를 향유하였다고 파악되지만, 단순히 고조선과 청동기문화의 단계만을 연결시키는 것은 再考의 여지가 있다. 그러므로 청동기시대 초기나 그 이전 단계의 우리 사회는 어떤 사회였는가 하는 물음에 대하여 고고학만이 아니라 문헌이나 고대사의 입장에서도 답이 있어야 하는 것이다.

우선 고조선을 이해하기 위해서는 기본적으로 '古朝鮮'이라는 명칭에 대한 검토가 필요하다. 중국측 사료에서는 '朝鮮'이라는 표현이 시종 유지되고 있음에 비해, 우리의 전통 史書에서는 '고조선'이라는 표현이 주로 나타나고 있다. 고조선이라는 표현은《三國遺事》에 처음으로 나오는데 즉 紀異篇의 고조선條에 檀君朝鮮과 箕子朝鮮을 함께 서술하고 위만조선조를 별도로 구분하여 수록하고 있다. 한편《帝王韻紀》에서는 前朝鮮이라는 항목에서 단군조선에 대한 내용을 기록하고 後朝鮮 항목에서 기자조선을 언급하여 후속하는 衛滿朝鮮과 함께 三朝鮮으로 구분하여 파악하는 인식을 보여주고 있다. 이러한 두 사서의 서술상의 차이는 이후 학자들에게 고조선으로 망라되는 역사체의 구체적 범위와 내용에 대한 견해차를 가져오게 하였다. 즉 고조선을 단군·기자·위만조선이 모두 포괄되는 것으로 이해하는 일반적 견해와,《삼국유사》의 고조선조에 서술되어 있는 단군조선과 기자조선으로만 보는 견해,[6] 또는 단군조선만으로 한정하여 보고자 하는 견해[7] 등으로 나뉘어지게 되었다. 그런데 고조선이라는 표현에만 한정한다면《삼국유사》에서 말하는 고조선은 넓은 의미에서 위만조선까지 포괄하는 개념은 아니다.[8] 그러나 여기에서는 단군조선·기자조선·위만조선의 3단계로

---

6) 金貞培, 앞의 책(1986), 9쪽.

7) 李基白, 〈古朝鮮의 國家형성〉(《韓國史 市民講座》 2, 1988), 2쪽.

8) 《三國遺事》 古朝鮮條에서는 檀君의 建國神話와 箕子에 대해서만 싣고 있으므로 고조선에 衛滿까지를 포함시킬 필요는 없다. 그렇다면 고조선은 우리가 흔히 생각해온 것처럼 후대의 조선과 구별하여 고조선이라고 한 것이 아님을 알 수 있다. 왜냐하면 고려시대에는 아직 조선이 건국되지 않았기 때문이다. 따라

구분하여 보는 전통적 이해방식을 받아들여 각각의 역사체를 포괄하여 논의하고자 한다.

조선이라는 명칭의 유래에 대해서는 다음과 같은 여러 견해가 있어 왔다. 먼저 중국측 기록인《史記》朝鮮傳을 주석한《史記集解》에서는 3세기경의 魏나라 張晏의 견해를 인용하여 조선에는 濕水·洌水·汕水 3개의 江이 있는데 이들이 합쳐져서 洌水가 되었으며 樂浪과 조선이라는 명칭은 이 강들의 이름에서 따온 것 같다고 하였다.[9] 또《山海經》의 註釋者인 4세기 초의 郭璞은 "조선은 遼東에 있던 낙랑과 동의어"라고 하였다.[10] 이같이 중국의 사서류에 나타나 있는 조선의 명칭은 지리적 위치가 중심이 된 해석을 보여주고 있다.

한편 우리의 전통 역사서에서는 다음과 같은 내용을 보여주고 있다. 즉《新增東國輿地勝覽》에서는 "동쪽 끝에 있어 해가 뜨는 지역이므로 조선이라 불렀다"고 하였으며,[11]《東史綱目》에서는 "鮮卑의 동쪽에 있으므로 조선이라 칭하였다"고 하였다. 이같이 우리의 전통 역사서에서 '조선'이라는 명칭은 지리적 요소와 함께 종족적 성격이 포함된 것으로 나타나고 있다. 그리고 申采浩와[12] 鄭寅普는[13] 조선을 '같은 소속'을 의미하는 滿洲語의 珠申에서 온 것으로 해석하였다.[14] 그리고 고대 조선족은 태양숭배 신앙을 가지고 이동하면

서《삼국유사》에서 말하는 고조선은 일단 단군과 기자조선을 말하는 것임이 분명하다. 적어도 위만조선보다 더 오랜 조선이라는 뜻에서 고조선이라고 하였을 것임을 짐작할 수 있다. 물론 고조선조는 단군과 기자에 대해서 언급하였지만 내용면에서 檀君神話의 서술이 큰 비중을 차지하고 있다. 여하튼 고조선조에는 단군과 기자에 대해서 언급해 놓았으므로 고조선에 관한 초점은 이 두 가지 문제에 모아져야 할 것이다.

9) 《史記》 권 115, 列傳 55, 朝鮮.

10) 《山海經》 권 12, 海內北經 및 권 18, 海內經.

11) 《新增東國輿地勝覽》 권 51, 平壤府 郡名.

12) 申采浩, 《朝鮮上古文化史》(《丹齋申采浩全集》 권 上, 1972), 351~369쪽.

13) 鄭寅普, 《朝鮮史硏究》(서울신문사, 1947), 51~52쪽.

14) 《滿洲源流考》에서는 원래 滿洲語로 '所屬'을 의미하는 말이 珠申이라고 하였는데 肅愼은 주신이 轉音된 것이라고 하였다. 이에 근거하여 '소속'을 '管境'과 뜻이 통하는 것으로 해석하여 주신은 곧 국호의 의미를 지녔을 것으로 이해하였다. 옛 문헌에 보이는 朝鮮과 숙신은 동일한 뜻을 지닌 다른 호칭이었으므로 결국 조선의 명칭은 주신에서 유래하였을 것이라고 하였다.

서 도처에 '밝'이나 '새'라는 지명을 남겼을 것으로 보고, 朝를 '밝'으로 鮮을 '새'로 해석하여 조선을 '밝새'로 본 견해도 있다.[15] 한편 《삼국유사》 고조선조에 "阿斯達에 도읍하고 나라 이름을 조선이라 하였다"라는 대목에 주목하여 아사달과 조선이 同意語일 것으로 보고, '조선'은 곧 고대 조선의 단어 '아사달'의 중국식 모사라고 한 견해도 있다.[16] 한편 북한학계는 기본적으로 장안의 설을 받아들이고 있으나 약간의 이견을 보이고 있는데, 습수·열수·산수 등의 명칭으로부터 肅愼·息愼·稷愼 등 숙신족의 여러 명칭이 배태되었다고 보면서, 조선은 결국 위의 水名으로부터 온 것이지만 직접 온 것이 아니고, 숙신이라는 종족명칭을 통하여 온 것이라고 하였다.[17]

이같이 조선이라는 명칭에 대한 여러 견해는 지리적 특성을 반영한 지역명칭으로 이해하는 경우와 종족적 특성을 반영한 種族名으로 파악하는 경우로 대별된다. 따라서 조선이라는 명칭에 대해서는 지역적 특성과 함께 종족적 특성이 고려되어야 함을 알 수 있다. 그런데 지역적 특성을 강조한 견해는 江과의 관련성이 언급되고 있는 점이 주목된다. 물론 당시 가장 대표적인 지형적 특성으로서 강의 존재가 중시되었겠지만, 특히 조선이라는 명칭과 관련하여 세 개의 강이 거론되고 있음은 고조선의 위치 비정에 특히 유념하여야 할 사항이다.

고조선의 단군신화가 실려 있는 현존 자료로는 고려시대 一然의 《三國遺事》[18]와 李承休의 《帝王韻紀》[19] 및 조선 초기의 《世宗實錄地理志》,[20] 權擥

15) 梁柱東, 《古歌硏究》(博文出版社, 1957), 380~391쪽.

16) 李丙燾, 〈檀君說話의 解釋과 阿斯達問題〉(《서울大論文集》 人文社會科學 2, 1955; 《韓國古代史硏究》, 博英社, 1976), 27~43쪽.

17) 리지린, 《고조선연구》(사회과학출판사, 1964), 11~20쪽.

18) 《삼국유사》의 편찬 연대는 일연(1206~1289)이 만년에 麟角寺에서 저술하였던 사실을 감안할 때 70세 중반경인 1280년대인 것으로 파악된다.
崔南善 編, 《新訂 三國遺事》(三中堂書店, 1941).
리상호 역, 《삼국유사》(과학원 출판사, 1960).
金相鉉, 〈三國遺事의 書誌學的 考察〉(《三國遺事의 綜合的 檢討》, 韓國精神文化硏究院, 1987), 17~28쪽.

19) 《帝王韻紀》의 편찬연대는 李承休의 自序에 至元 24년(1287)으로 나타나 있어 《삼국유사》와 거의 비슷한 시기에 편찬되었음을 알 수 있다.

20) 《世宗實錄地理志》는 단종 2년(1454)에 편찬된 것으로 平壤府條에도 단군신화의 내용이 수록되어 있는데 이는 《帝王韻紀》의 내용과 유사하다.

의 《應製詩註》가[21] 가장 대표적인 것이다. 이들 가운데서 고조선에 대한 기술은 《삼국유사》의 기록이 보다 원형에 가까운 것으로 보인다. 《삼국유사》의 고조선조에 실려있는 단군신화는 桓雄이 熊女와 혼인하여 檀君을 낳았다고 되어 있는 데 비하여, 《제왕운기》에는 웅녀가 나오지 않고 孫女가 人身이 되게 하여 檀樹神과 결합하여 단군을 낳은 것으로 되어 있다. 후자는 웅녀를 감추고 있는 것으로 고려시대의 두 기록에도 차이가 있음을 드러내는 것이다. 이러한 상이한 내용은 조선 초에 편찬된 사서에도 그대로 반영되어서 《세종실록 지리지》는 《삼국유사》를, 《웅제시주》는 《제왕운기》의 기사를 각기 채록하고 있다.[22]

먼저 《삼국유사》에 실려 있는 단군신화는 그 내용이 〈魏書〉와 〈古記〉라는 데에서 인용하고 있음을 밝히고 그 내용을 다음과 같이 소개하고 있다.

> 魏書에 이르기를 지금으로부터 2000년 전에 壇君王儉이 있었다. 阿斯達에 도읍을 정하고 새로 나라를 세워 나라 이름을 朝鮮이라 하였는데 이는 堯임금과 같은 시대이다(《三國遺事》 권 1, 紀異 2, 古朝鮮).

《삼국유사》에서 인용하고 있는 〈위서〉라는 책은 중국의 삼국시대에 존재한 魏에 관한 역사책으로서 위나라 때부터 2000년 전이라는 연대를 감안할 때, 적어도 기원전 1700~1800년 전으로 단군의 존재시기를 설정할 수 있다. 뿐만 아니라 단군을 중국의 전설적인 왕인 요임금과 같은 시대라고 함으로써 그 연대의 사실성을 강조하고 있다. 즉 이 기록에서는 요임금의 존재시기를 전제로 하여 단군왕검을 부각시켰고, 지리적 위치로서 아사달이라는 구체적 지명까지 언급하고 있다.

그런데 이 기사의 신빙성과 관련하여 〈위서〉라는 기록이 과연 존재하는 것인가라는 문제가 제기되었다. 즉 현존하는 위나라 관련 역사서에서는 이같은 내용을 확인할 수 없기 때문에 이것이 허구일 가능성이 있다는 점이 지

---

21) 《應製詩註》는 조선 초기의 權近(1352~1409)이 지은 시에 손자인 權擥(1416~1465)이 주석을 가한 책으로서 〈古記〉를 인용하고 있는 부분은 《三國遺事》에 실려 있는 단군신화의 내용과 상당부분 일치하고 있다.

22) 金廷鶴, 〈古朝鮮의 青銅器文化〉(《한국사》 2, 국사편찬위원회, 1978), 49쪽.

적되었다.[23] 그러나 〈위서〉라는 사서는 중국의 여러 사서들 가운데 매우 다양한 異本이 있을 뿐만 아니라, 저자의 이름만 전해지는 〈위서〉라는 서명이 여러 종류인 점을 감안할 때, 단지 현존하지 않는다는 이유만으로 이를 부정하거나 허구적인 것으로 치부할 수는 없다고 생각된다.[24]

한편 〈고기〉의 내용은 다음과 같이 인용되고 있다.

> 古記에 이르기를 옛날 桓因의 庶子 桓雄이 자주 천하에 뜻이 있어 인간세상을 지망하였다. 그 아버지가 아들의 뜻을 알고 아래로 三危 태백땅을 내려다 보니 널리 인간들에게 큰 이익을 줄만 하였다. 이에 天符印 세 개를 주어 가서 다스리게 하였다. 환웅이 무리 三千을 이끌고 太伯山 꼭대기에 있는 神壇樹 아래로 내려와 그 곳을 神市라 하였으니 이가 바로 환웅천왕이다. 그는 風伯과 雨師와 雲師를 거느리고 곡식과 생명과 질병과 형벌과 선악을 주관하고 인간의 360여 가지 일을 주관하여 세상에 살면서 교화를 베풀었다.
>
> 이 때에 곰 한 마리와 호랑이 한 마리가 같은 동굴에서 살고 있었는데 항상 神雄에게 기도하여 사람되기를 원하였다. 이 때 신웅이 신령스러운 쑥 한줌과 마늘 20개를 주며 말하기를 "너희들이 이것을 먹고 햇빛을 백일 동안 보지 않으면 곧 사람이 될 것이다"라고 하였다. 곰과 호랑이는 이것을 얻어 먹고 21일 동안 삼가니 곰은 여자의 몸으로 변했으나 호랑이는 능히 삼가지 못해 사람이 되지 못하였다. 웅녀는 혼인해서 같이 살 사람이 없으므로 날마다 신단수 아래에서 아기갖기를 빌었다. 환웅이 잠시 변하여 혼인하였더니 이내 잉태해서 아들을 낳았으니 이름을 壇君王儉이라 하였다. 그는 요임금이 즉위한 50년 庚寅年에 평양성에 도읍하고 비로소 조선이라 일컬었다(《三國遺事》 권 1, 紀異 2, 古朝鮮).

이와 줄거리는 비슷하지만 《제왕운기》는 〈本紀〉를 인용하여 다음과 같이 전해주고 있다.

> 本紀에 이르기를 上帝인 桓因에게 서자인 雄이 있었다. …(아버지가) 일러 말하기를 "내려가 三危太白에 이르러 널리 사람에게 도움을 주라"고 하였다. 이 까닭에 웅이 天符印 3개를 받고 鬼 3천을 거느리고 太白山 꼭대기 神檀樹 아래에 내려오니 이를 일러 檀雄天王이라 하였다. …손녀로 하여금 약을 먹고

23) 今西龍, 〈檀君考〉(《朝鮮古史の硏究》, 近澤書店, 1937), 8~9쪽.

24) 崔南善, 〈三國遺事解題〉(《啓明》 16, 1927;《新訂 三國遺事》, 三中堂書店, 1941, 42~48쪽).
李丙燾, 앞의 책, 28쪽.

사람의 몸으로 되게 하고 檀樹神과 혼인하여 아들을 낳았으니 이름이 檀君이었다. 朝鮮의 지경에 웅거하여 왕이 되었다. 이 까닭에 尸羅·高禮·南北沃沮·東北扶餘·穢와 貊이 모두 단군의 후손이었다. 1,038년을 다스리고 阿斯達山에 들어가 신이 되니 죽지 않기 때문이다(《帝王韻紀》 권 下).

이같이 단군신화를 전하고 있는 《삼국유사》와 《제왕운기》는 각각 전대의 문헌기록을 인용하고 있다. 즉 삼국유사는 〈고기〉를, 제왕운기는 〈본기〉를 인용하여 단군신화를 수록하고 있는 것이다. 따라서 13세기 당시의 고려에는 이미 단군신화에 대한 기록으로서 〈고기〉로 지칭된 것과, 〈본기〉로 불려지는 것 등 두 가지 종류가 병존하고 있었음을 알 수 있다. 이같은 명칭과 내용의 상이에 관해서는 《삼국사기》에 앞서 존재한 《舊三國史》와 〈고기〉의 성격 문제와 관련이 있는 것으로 보고, 이들 사서를 동일한 것으로 보는 견해도[25] 있으나 일단은 구분되는 것으로 이해된다.[26] 또한 〈고기〉의 단군관련 기사가 여러 기록 가운데서 가장 원형에 가까운 모습을 보여주고 있으므로 단군신화가 실려 있던 고기는 바로 〈三韓古記〉일 가능성이 높다고 한다.[27]

이상에서 보았듯이 단군에 관한 내용을 전하고 있는 고려시대의 두 기록은 기본적인 내용에서는 비슷하나 세부적인 면에서는 차이가 있다. 먼저 단군을 표현하는 데도 《삼국유사》에서는 제단 '壇'자로 壇君을 표기하고 있는데 비해, 《제왕운기》에서는 박달나무 '檀'자로 檀君이라 표기하고 있다. 일반

---

25) 〈고기〉와 《구삼국사》가 동일하다는 견해는 김부식의 〈進三國史記表〉에 〈고기〉를 인용하였다는 대목과, 이규보의 《東明王篇》 序에 김부식이 《구삼국사》를 축약하여 《삼국사기》를 찬술하였다는 기록에 의거하여 제시되었다.
김영경, 〈「삼국사기」와 「삼국유사」에 보이는 '고기'에 대하여〉(《력사과학》 2, 1984), 28~31쪽.
鄭求福, 〈고려 초기의 「삼국사」 編纂에 대한 一考〉(《國史館論叢》 45, 國史編纂委員會, 1993), 163쪽.

26) 〈고기〉와 《구삼국사》는 김부식이 구삼국사를 축약하여 《삼국사기》를 편찬할 때 기년문제를 해결하기 위해 별도로 〈삼한고기〉 및 〈해동고기〉를 인용한 것으로 믿어지므로 이들 사서는 별개의 것으로 보아야 할 것이다(金貞培, 〈檀君記事와 관련된 「古記」의 性格〉, 《韓國 上古史의 諸問題》, 韓國精神文化硏究院, 1987, 163쪽).

27) 金貞培, 위의 글, 173쪽.
李康來, 〈三國遺事 引用 古記의 性格〉(《三國史記 典據論》, 民族社, 1996), 193~207쪽.

적으로 학계에서는 후자를 사용하고 있다. 또한 내용에 있어서도 《삼국유사》에는 곰이 변한 熊女가 桓雄과 혼인하여 단군을 낳은 것으로 기록되어 있는데 비하여, 《제왕운기》에는 환웅이 손녀에게 약을 먹여 사람으로 변하게 한 뒤 檀樹神과 혼인하여 단군을 낳은 것으로 기록하고 있다. 이같은 차이는 두 기록이 쓰여진 연대가 10여 년 정도 시차가 있다는 사실을 감안할 때 각각 전거를 달리했던 때문으로 여겨진다. 즉 《삼국유사》가 참고한 〈고기〉가 원형에 가까운 모습을 유지하고 있다면 《제왕운기》가 참고한 〈본기〉의 내용은 보다 후대의 기록일 가능성이 크다. 즉 웅녀의 존재를 강조하는 내용과 이를 환웅의 손녀로 바꾸어 놓은 것은 儒家的 觀念에 의해 분식되었을 가능성이 높다고 생각된다. 이상에서 보았듯이 학계에서는 여러 자료들 가운데에서 《삼국유사》의 기록을 중시하였지만 여기에 기술된 檀君神話에 대해서 비판이[28] 전혀 없는 것은 아니다. 조선 후기 또는 20세기 초의 기록이라고 하는 《揆園史話》는 《삼국유사》의 단군에 관한 기록이 원형과는 많은 차이가 있음을 지적하고 있다.[29]

이같은 단군신화에 대한 기왕의 견해로는 다음과 같은 것들이 있다.

崔南善은 단군신화에 등장하는 곰과 호랑이에 주목하여 이들 동물을 대상으로 한 토테미즘의 존재를 강조하였다. 특히 熊母의 존재를 중시하여 이를 母系的 사실의 투영으로 이해하였다. 그리고 단군의 어원을 巫인 '당굴'에서 찾아 단군은 즉 事天者를 뜻하며, 王儉은 왕호 특히 巫君的 칭위라고 하여 檀君王儉이 天君 또는 무군을 의미한다고 하였다.[30] 이같은 최남선의 견해는 韓民族의 밝사상과 그 문화의 전파 범위를 논한 그의 不咸文化論과[31] 관련

---

28) 北崖, 《揆園史話》.

29) 단군관련 기사로서 대표적인 재야사서인 《桓檀古記》, 《檀奇古史》 등의 서적은 후대의 위작이란 사실에 대부분의 학자가 동의하고 있다. 그러나 《揆園史話》의 경우 道家類 사서로서 조선 숙종년간의 저술로 파악하는 견해와 20세기 초의 작품이라는 견해가 병립하고 있다.
李相時, 《檀君實史에 대한 문헌고증》(가나출판사, 1987).
趙仁成, 〈揆園史話와 桓檀古記〉(《韓國史 市民講座》 2, 1988), 71~88쪽.

30) 崔南善, 〈檀君及其硏究〉(《朝鮮及朝鮮民族》 1, 1927 ; 李基白 編, 《檀君神話論集》, 새문出版社, 1990, 14~19쪽).

31) 崔南善, 〈不咸文化論〉(위의 책).

되어 있는 것으로서 비록 언어적인 풀이가 많지만 당시의 연구수준을 알려주는 것이다.

申采浩는 고조선을 신·불·말조선, 즉 삼조선으로 구성된 역사체임을 전제로 하여 이들의 중심 무대가 遼西·遼東지역이라는 관점에서 단군신화를 이해하였다. 특히 단군을 삼조선 분립 이전인 신수두를 개창한 영웅적인 대추장이며 종교적으로는 천신인 光明神을 섬기는 존재로 파악하였다.[32] 또한 儒敎와 佛敎에 대응하는 우리 민족의 고유신앙인 郎家思想의 연원을 단군에서 구하고 있다.

한편 산동반도지역에서 발견된 武氏祠堂 畵像石에 나타나 있는 그림내용을 주목하여 이를 단군신화와 연관지어 파악한 견해도 있다. 이에 의하면 화상석에 나오는 그림의 내용이 호랑이로 묘사된 부분을 제외하면 상당 부분 단군신화에 나오는 내용과 일치하며 이는 단군신화가 북방계의 곰의 獸祖神話와 연결된다는 것이다.[33]

또한 단군신화는 天神族인 환웅이 地神族인 고마족의 웅녀와 결혼하여 단군을 낳았다는 것을 설화화한 것이라고 보기도 한다. 이에 의하면 《삼국유사》의 웅녀를 《제왕운기》에서 환인의 손녀라 고친 것은 동물의 熊자를 피하기 위하여 개작한 것으로 이는 원형을 잃은 설화라고 한다. 또한 단군이라는 표현은 제사장의 의미를 가지고 있으며 왕검은 정치적 군장을 의미한다고 하였다. 따라서 祭政一致時代에는 단군뿐이었으나, 제정이 분리된 후에는 제사단체의 장은 단군이라 하고 정치단체의 장은 왕검이라 하여 각기 맡았던 지역도 달랐던 것으로 이해한 견해도 있다.[34]

그리고 문헌과 인류학의 성과를 연결시킨 연구도 있다. 단군신화를 三神思想의 한 표현으로 보면서 구체적으로는 태양신화와 토테미즘의 두 계통의 신화가 결합된 것이 단군신화라고 보는 것이다.[35] 즉 이 신화는 삼신사상의

32) 申采浩, 《朝鮮上古史》(《丹齋 申采浩全集》 권 上, 1972).

33) 金載元, 《檀君神話의 新硏究》(正音社, 1947), 45~49쪽.
한편 이같은 견해에 대해 무씨사당 화상석의 내용이 단군신화와는 관련이 없다는 비판이 제기되었다(金元龍, 〈武梁祠 畵像石과 檀君神話에 대한 再考〉(《考古美術》 146·147, 1980;《韓國美術史硏究》, 一志社, 1987).

34) 李丙燾, 앞의 책, 29~34쪽.

표현으로서 환인은 여신으로서 천제인 태양신이며 그의 아들이 神雄이고 그의 孫이 인신으로 세상을 다스렸다는 天孫思想과, 곰과 호랑이에 대한 숭배인 토테미즘이 결합된 것이라고 한다. 단군신화는 환인-웅-천손으로 이어지는 태양신화와 웅녀-단군으로 이어지는 토테미즘의 두 계통의 신화가 합쳐진 것으로 보고 있다. 이러한 결합은 신화를 달리하는 두 부족이 정치적 또는 사회적으로 통합되었을 때 두 부족의 始祖神話가 합쳐졌기 때문이라고 한다. 한편 이 신화는 고조선의 一部族的 시조신화였던 것인데 삼국통일과 고려시대를 거치면서 민족의식이 고조되어 한민족 전체의 시조신화로 확대되었다고 한다.[36]

나아가 단군신화 속에서 샤마니즘의 종교적 세계를 찾아 볼 수 있고 또한 토테미즘이라는 사회적 요소도 찾아 볼 수 있다는 견해도 있다. 그리고 단군은 三韓의 天君과 같은 의미를 지니고 있었으며 천군은 종교적 제사장이었다고 하였다. 환인은 불교의 東方護法神을 나타내는 불교용어이고 이를 오늘날의 하느님과 같은 의미를 지닌 것으로 보고 있다. 즉 환인은 하늘 위에 있는 광명의 신으로서 이는 태양숭배를 나타내준다고 하였다. 그리고 환웅은 巫로서의 기능을 가졌고 王儉을 정치적 통치자로 보는 견해를 따르고 있다.[37] 특히 이와 관련하여 箕子朝鮮은 일체 인정하지 않고 단군조선을 곧 고조선으로 파악하면서 단군신화가 고조선의 건국과 더불어 성립한 것으로[38] 이해하였다. 이것은 문헌의 입장에 선 해석이며 기자조선이 존속한 기간은 고조선이 그대로 자리를 점한다는 시간 관념을 갖고 있다.

이와는 달리 韓民族의 형성과정에서 先住漁獵民인 고아시아인과 後來農耕民인 북몽골인의 두 계통의 동화 내지 교체가 진행되었다는 견해를[39] 수용하여, 단군신화에는 한민족의 원형인 韓·濊·貊이 형성되는 과정과 농경민의 등장에 의하여 농경문화가 개시된 것을 본격적으로 반영한 것으로 보는 견해가 있다. 즉 단군조선은 곰과 범을 상징으로 하는 두 개의 族團이 先住

35) 金廷鶴, 〈檀君說話와 토오테미즘〉(《歷史學報》 7, 1954).
36) 金廷鶴, 위의 글, 281~287쪽.
37) 李基白, 〈檀君神話의 問題點〉(《增補版 韓國古代史論》, 一潮閣, 1995), 14~15쪽.
38) 李基白, 〈古朝鮮의 諸問題〉(위의 책), 21~29쪽.
39) 金貞培, 앞의 책(1973), 160~209쪽.

하고 있었는데 그 곳에 천제의 아들을 自任하는 어떤 지배자와 족단이 동방으로 이주하여 선주민을 동화 또는 정복하였다고 한다. 단군은 처음에는 고조선지역의 어느 대표적인 족단의 지배자였는데 뒤에는 그 족단의 조상신이 되었고, 그 후의 역사 전개에 따라 단군은 점차 한반도와 만주 방면 주민이 공통으로 섬기는 조상신이 되었다고 한다. 따라서 단군신화에 나오는 단군은 곰과 범(선주의 어렵민)과 천제의 아들(후래의 농경민) 사이의 동화 내지 교체를 보여주는 것으로 오늘날 한민족의 직계조상이 형성되는 과정과 우리 역사에서 농경문화가 본격적으로 시작되는 단계를 반영한 것이라고 한다.[40]

그리고 단군관련 기록은 신화라는 점을 분명히 하고 단군신화의 연대는 후대에 소급하여 놓은 것이라고 보는 견해도 있다. 이에 따르면 고조선의 국가 형성 시기는 고조선지역에 중국계의 이주민이 등장하여 정치적인 자극과 압력을 가하게 된 기원전 12세기 말 전후라고 한다. 또한 고조선의 先住세력은 곰집단으로 표현되고 중국계의 이주민집단은 범집단으로 표현되고 있으며, 곰집단과 관계를 맺은 중국계 이주민집단은 환웅집단으로 표현되었다고 보고 이들 환웅집단이 국가를 형성하였다고 한다.[41] 이같은 인식은 중국계의 존재를 부각하면서 단군의 성격을 중국과의 관련하에서 설정한다는 문제를 안고 있다.

단군신화에 나오는 세력집단을 고고학적 자료와 연관시켜 일정한 종족집단으로 이해하는 견해도 제시되었다. 이 견해는 고조선으로 지칭되는 역사체의 사회·문화적 성격을 단군조선·기자조선·위만조선으로 나누어 역사적 의의를 밝히고 있다. 단군신화는 우리 나라 신석기시대인의 문화와 사상을 반영한 것으로서 곰숭배를 하던 古아시아族(Paleo-Asiatics)의 일파가 남긴 문화라고 보았다. 즉 단군조선은 신석기시대에 고아시아족의 一種族이 담당한 문화이며, 이른바 기자조선의 주민은 고아시아족이 아니라 알타이계의 無文土器人들이었다고 하였다. 이같은 사실은 고조선의 문화가 단일 문화현상이 지속된 것이 아니라 신석기문화와 청동기문화의 변환 속에서 형성된 것이며,

40) 千寬宇, 〈古朝鮮의 몇가지 問題〉(《韓國上古史의 諸問題》, 一潮閣, 1987), 121~138쪽.

41) 李鍾旭, 《古朝鮮史硏究》(一潮閣, 1993), 67~73쪽.

특히 청동기문화를 담당한 주민들은 중국 사서에 자주 나오는 濊貊族으로서, 箕子가 東來한 사실은 믿을 수 없으므로 예맥족이 담당한 조선이라는 의미에서 箕子朝鮮을 '濊貊朝鮮'으로 달리 불러야 한다고 보았다. 또한 이들 예맥조선의 문화가 청동기문화로서 이 기간에 주로 支石墓와 石棺墓가 축조되었다고 한다. 한편 중국문화의 영향은 전국시대 이후 조금씩 보이고 있으나 그 이전에는 중국문화와의 관련성이 상대적으로 낮다고 파악하였다. 기자조선에 대하여도 고고학적으로 기자의 동래에 대한 증거가 전혀 나타나지 않고 있으므로 그 존재를 부인하고 있다. 이와 함께 기자조선을 韓氏朝鮮이라고 하는 주장도 인정하지 않고 있다. 한편 위만조선은 중국의 영향을 받아 이루어진 철기문화를 수용하였으며 그 지배자와 주민은 巨石文化와 청동기문화를 계승한 濊貊人이 틀림없다고 하였다.[42] 이같은 견해는 고조선을 단군조선·기자조선·위만조선의 셋으로 나누어 각기 고고학적 자료와 연관시키고 그 종족의 계통을 다루고 있다는 점에서 주목된다.

이상에서 보았듯이 단군에 관한 이해는 문헌과 고고학적 성과를 연관시켜 단군신화가 반영하는 역사상을 파악하는 것이 합리적임을 알 수 있다. 즉 단군신화에 나타나 있는 사회상이 고고학적으로 어떠한 문화를 내포하고 있는가 하는 문제에 대한 이해가 필요함을 보여주고 있다. 단군을 중심으로 볼 때 熊女의 존재는 곰의 자손이라는 생각이 중심을 이루고 있다. 그러므로 이 신화의 내용을 동북아시아지역과 연결시켜 고아시아족의 존재를 주목할 필요가 있다. 고아시아족은 자신들을 곰의 자손이라고 믿는 시조신화를 갖고 있었기 때문이다. 또한 고아시아족은 곰숭배사상과 함께 샤머니즘이라는 종교적 요소도 가지고 있었다. 하늘 또는 최고의 샤먼을 지칭하는 명칭인 '텡그리'라는 표현은 단군과 유사할 뿐만 아니라, 샤먼의 기능과 관련된 世界木觀念이 단군신화에 神檀樹 등으로 나타난 것으로 볼 수 있다. 따라서 이러한 여러 가지 사실을 통하여 단군신화의 내용이 고아시아족과 관련되어 있음을 알 수 있다. 더욱이 우리의 신석기문화가 시베리아지역과 연결되는 것이고 시베리아 신석기문화의 담당자가 고아시아족이라는 사실은 단군신화가 신석

42) 金貞培, 앞의 책(1973), 160~209쪽.

기문화와 관련되어 있음을 말해주는 것으로 볼 수 있다. 이는 또한 단군기원 연대로서 제시되고 있는 '唐高 卽位後 50年'이란 기록과도 연관이 된다. 즉 기원전 2333년이라는 연대는 우리의 청동기문화가 기원전 10세기를 전후한 시기부터 시작된다는 고고학계의 견해를 참고할 때, 이 시기는 고고학상으로 신석기시대에 해당하므로 단군신화는 신석기문화와 관련되는 것이라고 볼 수 있을 것이다.

지금까지 단군조선을 보는 시각과 그에 따르는 문제점을 일별하여 보았다. 위에서 살펴본 바와 같이 연구자에 따라서는 단군조선은 실재하지 않았던 신화일 뿐이라고 보는 경우도 있다. 또 단군조선과 고조선이 동일한 실체인 것으로 간주하면서도 단군신화를 건국신화로만 인식하는 경우도 있다. 단군조선을 역사적으로 실재한 것으로 인정하는 경우에도 세부적으로는 역시 차이가 있다. 이같은 현상은 결국 고조선을 이해하고자 할 때는 역시 전통적인 사료와 해석을 일단 존중하면서 시기를 구분해야 한다는 사실을 다시 한번 일깨워주는 것이다.

한편 고조선과 관련되어 나타나는 箕子의 東來에 관한 기사에 대해서도 학자들 사이에서 많은 논란이 있었다. 기자는 殷代의 賢人으로 《史記》 宋微子世家條와 《尙書大全》에 관련 전설들이 보이는데 은의 마지막 왕인 紂王과 관련되어 나타나고 있다. 특히 기자가 은이 멸망하는 시기에 '朝鮮'지역으로 망명하였다는 것이 관심의 초점인데, 《漢書》 地理志에 구체적으로 나타나 있는 기자의 조선 교화기사가 그것이다.[43] 그러나 이는 중국인의 中華思想에 의한 서술일 뿐이고, 기자의 동래는 역사적 사실로 받아들여지지 않고 있다. 그리고 箕子東來說은 역사적 진실이 아닐 뿐만 아니라, 이른바 기자조선은 개아지조선,[44] 또는 韓氏朝鮮,[45] 濊貊朝鮮[46] 등으로 파악할 수 있다는 견해에 의해 극복된 설이다. 그런데 이와 관련하여 주목되는 사실은 기원전 12세

43) 《漢書》 권 28 下, 志 8 下, 地理.
"殷道가 쇠하자 箕子가 朝鮮에 거하여 그 백성에게 禮義, 田蠶, 織作을 가르치고 樂浪朝鮮民에게 犯禁八條를 가르쳤다…".

44) 崔南善, 《兒時朝鮮》(東洋書院, 1927), 33~36쪽.

45) 李丙燾, 앞의 책, 47~55쪽.

46) 金貞培, 앞의 책(1973), 210~221쪽.

기를 전후한 시기에 중국사회의 경우 殷·周의 교체가 있었으며, 우리 나라에서는 신석기문화 단계에서 새로운 청동기문화가 개시되면서 濊貊族으로의 種族交替가 진행되었다는 점이다.47) 또한 시베리아지역에서는 기원전 13~12세기를 전후하여 유럽종의 안드로노보문화에서 몽골종의 카라수크 청동기문화로 종족과 문화의 변동이 있었다.48) 이같은 사실은 이 시기를 전후하여 동북아시아 전체에서 종족과 문화의 변동이 대규모로 진행되었다는 점을 보여주는 것이다. 따라서 한국사에서 기자동래설은 인정할 수 없는 것이지만 이 시기에 기자의 동래가 있었다고 한 것은 우리 민족사의 전개에서 문화 단계에 하나의 큰 변동이 있었음을 반영하는 것이라 하겠다.

2) 동이족과 그 문화권

우리 나라의 청동기 유물은 琵琶形青銅短劍과 여기서 발전된 細形銅劍 및 銅鏡 등이 대표적인 것이며, 이러한 유물들은 현재 중국의 동북지방에서 나타나는 청동단검 등의 유물과 친연성이 있다. 우리 나라 청동기시대의 대표적 묘제인 石棺墓에서는 劍·鏡·玉이 출토되고 있는데 이는 우리 나라에만 국한된 현상이 아니고 중국의 동북지방도 이와 비슷한 양상을 보이고 있다.49) 따라서 한반도 청동기문화의 구체적 성격과 내용 및 연원을 파악하기 위해서는 遼河를 중심으로 하는 청동기문화와, 朝陽을 중심으로 하는 청동기문화 및 赤峰 등지의 문화와도 비교하여 한반도 것과 어떤 연관이 있는지를 검토해야 한다.

그런데 고조선의 기반이 된 문화는 청동기문화로서 고조선사회의 발전에 따라 철기문화로 바뀌고 있다. 따라서 고조선의 문화적 범위를 설정할 때에는 청동기문화에서 철기문화로 변천·발전하였다는 점을 인식하는 것이 중요하다. 고조선이 토대를 두고 있는 청동기문화를 이해하기 위해서는 일차적으로 대표적 유적·유물에 대한 검토가 이루어져야 하는데 기왕의 논의에서

47) 위와 같음.
48) 金元龍, 《韓國考古學概說》(一志社, 1986), 62~64쪽.
49) 金貞培, 〈中國에서 發見되는 우리나라 青銅遺物의 問題－石棺墓의 劍·鏡·玉을 중심으로－〉(《先史와 古代》 1, 韓國古代學會, 1991), 55~66쪽.

중시된 것은 비파형동검이었다. 이와 함께 토기문화로서 美松里式土器와 매장유적으로서 이들 유물을 반출한 묘제 즉 石棺墓·石槨墓·土壙墓 등이 주요한 논의의 대상이었다. 그런데 최근 이같은 문화현상에 대한 검토과정에서 고조선의 기반이 된 문화의 하나의 표지유물로서 요하를 경계로 하여 중국 동북지역과 한반도 전역까지 연결되는 支石墓의 분포가 주목되고 있다. 따라서 여기서는 고조선의 문화권을 이해하기 위한 하나의 방법으로서 지석묘와 비파형동검 등을 중심으로 살펴보고자 한다.

(1) 지석묘문화

중국의 지석묘는 주로 遼寧省에 집중적으로 분포되어 있으며 그 중에서도 요동반도가 중심권을 형성하고 있다. 요동반도의 지석묘는 남으로 大連·金縣·新金·復縣·蓋縣·庄河·岫岩·營口·海城에서부터 북으로는 淸原縣·新賓縣·開原縣에 이르는 일대에 분포하고 있다. 최근에는 吉林省의 樺甸縣에도 지석묘가 있는 것으로 알려지고 있다. 즉 중국의 지석묘는 남으로는 대련·영구와 丹東지구, 북으로는 길림성의 通化와 길림지역까지 분포되어 있다.[50] 그런데 주목되는 것은 현재까지의 조사에서 遼河 서쪽의 錦州·阜新·朝陽지구에서는 지석묘가 발견되지 않는다는 사실이다.[51] 향후에 발견될 가능성은 있지만 현재까지의 조사에서 요하 이서에서는 지석묘가 발견되지 않는다는 잠정적인 결론은 큰 의미가 있다.[52] 이는 곧 요령성 지석묘의 경우 서쪽 한계가 요하에서 멈추고 있다는 뜻이 되며, 이러한 사실은 요령 일대의 지석묘문화는 물론 청동기문화 전반을 이해하는 데도 하나의 중요한 단서가 된다. 또한 지석묘의 존재가 종래 알려져 있던 요동반도 일부에 국한된 것이 아니라 길림지역까지 100기 이상이 분포되어 있다는 것 또한 동북지역의 청

---

50) 許玉林, 〈遼東半島石棚之硏究〉(《北方文物》 3, 1985), 17쪽.

51) 위와 같음.

52) 한편 절강성 일원에서 변형 지석묘(소위 남방식 지석묘)가 40여 기 확인되어 향후의 비교검토가 요망된다.
安志敏, 〈中國東南部的支石墓〉(《第38回 全國歷史學大會 發表要旨》, 1995), 102~103쪽.
陳元甫, 〈河姆渡遺蹟 주변의 支石墓遺蹟에 대하여〉(《제7회 韓國古代學會 學術發表》, 1995).

동기문화를 이해하는 데 시사하는 바가 많다. 요동반도의 지석묘는 전형적인 지석묘가 주류를 이루고 있는데 한반도의 이른바 北方式 지석묘와 상통하는 것이다. 이는 곧 요동반도와 한반도의 주민이 동일한 문화권에서 생활하였음을 나타내주는 것이라고 할 수 있다. 따라서 지석묘는 요동반도와 한반도에 걸쳐 살았던 같은 주민이 남긴 유물로서, 동일한 하나의 문화권을 설정케 하는 고고학 자료라고 볼 수 있다. 그리고 이 지석묘는 또한 청동기시대의 주민인 濊貊族의 문화유산으로 이해된다.[53]

중국학계에서는 돌멘(Dolmen)을 石棚이라고 부르고 있는데 그 형태나 구조는 우리의 북방식 지석묘와 비슷한 것이며, 작은 지석이 있는 변형 지석묘도 석붕의 범주에 넣고 있다. 그러나 지석이 없고 지상에 蓋石만 있는 유형은 우리의 분류와는 달리 蓋石式 지석묘라 하지 않고 '大蓋石墓'라 명명하고 있다.[54] 어쨌든 지석묘가 변화를 거듭하여 석관묘 형태로 나타나고 있다는 점에서 단순히 묘제의 외양에만 초점을 맞출 것이 아니라 반출되는 유물을 고려하여 역동적인 사회변화 양상을 추구해야 한다.[55]

요동반도의 지석묘에서 나오는 유물의 양은 한반도의 지석묘와 마찬가지로 매우 적은 편이다. 청동기시대의 유물들이 출토되고 있지만 비파형동검과 같은 표지적인 유물들은 별로 보이지 않는다. 요동반도지역의 지석묘에서 반출된 유물들은 石斧·紅陶片·石鏃·紡輪 등인데[56] 이들은 모두 청동기시대

---

53) 金貞培, 앞의 책(1973), 160~209쪽.
———, 〈韓國和遼東半島的支石墓〉(《韓國學論文集》 4, 北京大學韓國學硏究中心, 1995), 95~105쪽.

54) 許玉林, 앞의 글, 18~19쪽
———, 《遼東半島石棚》(1994), 66~67쪽.

55) 북한학계에서는 도유호가 지석묘를 전형 지석묘와 변형 지석묘로 분류한 바 있는데 이후 이를 대신하여 유적이 나타난 지명을 따서 沈村型 지석묘(소위 남방식 ; 변형), 五德型 지석묘(소위 북방식 ; 전형)로 구분하고 전자에서 후자로 발전한 것으로 이해하고 있다. 또한 침촌형 지석묘는 돌상자무덤 즉, 석관묘에서 기원하였다고 파악하여 우리 학계의 인식과는 큰 차이를 보여주고 있다(석광준, 〈우리나라 서북지방 고인돌에 관한 연구〉, 《고고민속론문집》, 1979, 1~112쪽). 그러나 지석묘는 전형적인 지석묘에서 변형 지석묘로 발전되었으며 아울러 지하에 묘장이 형성되는 석관묘로 변화되었다고 보아야 할 것이다(金貞培, 앞의 글, 1995, 99쪽 및 金貞培, 〈韓國과 遼東半島의 支石墓〉, 《先史와 古代》 7, 1996, 34쪽).

의 유물이며 한반도의 지석묘에서 출토되는 유물들과 유사하다. 그러므로 한반도의 지석묘와 요동반도의 지석묘는 전형적인 지석묘의 경우 반출하는 유물들로 보아 거의 동일한 시기의 유적임을 알 수 있다. 한반도의 지석묘가 뒤에 변형 지석묘 등으로 변화·발전되어 간 것처럼 중국도 대개석묘 등으로 변화를 해나간 것은 이 역시 같은 문화권 내에서의 변화를 보여주는 것이다. 뒤이어 靑銅短劍 등이 공통의 문화요소로 등장하는 것과 석관묘가 공통의 묘제로 자리잡는 것도[57] 한반도와 요동반도의 청동기문화가 동일한 권역임을 나타내는 것이라 하겠다. 그리고 요동반도 및 한반도의 거대 지석묘로 구분되는 것은 대부분 평지보다 20~30m 높은 산등성에 독립적으로 존재하고 있다. 또한 한반도의 지석묘는 요동반도 남부의 析木城 石棚山 지석묘들과 함께 渤海灣을 끼고 環狀的인 배열을 하고 있는데, 이같은 사실은 이 지역이 동일한 문화권이었음을 보여주는 것이다. 이 지역은 東夷族이 살고 있었던 것으로 믿어지는 하나의 권역으로서 이곳의 지석묘는 구체적으로 濊貊族이 남긴 문화로 볼 수 있을 것이다.

지석묘의 분포가 요하를 넘지 않는 범위였다는 사실은 그 시기에 넓은 의미에서 고조선의 문화가 일정한 지역에서 공통의 청동기문화를 향유하고 있었음을 나타내는 것이라 할 수 있다. 변형 지석묘에서 비파형동검 등이 출토되고 있으며 그에 후속되는 석관묘에서 검·경·옥을 위시한 각종 청동유물들이 반출되고 있다. 석관묘는 변형 지석묘의 지하구조로부터 등장하였는데, 한국과 중국 동북지방에 분포하는 석관묘에서 공통적으로 청동단검 등의 유물이 반출된다는 것은 지석묘 단계보다 석관묘문화가 지역적으로 더 확산·발전되었음을 말해주는 것이다. 석관묘가 요하 서쪽의 요서지방에서도 보인다는 것은 지석묘의 분포가 요하 동쪽에 국한되어 있었다는 사실과는 다른 점이다. 이는 지석묘의 하부구조로부터 발생한 석관묘문화가 주위의 새로운 문화와 융합하여 더 넓은 지역으로 확대되었음을 뜻하는 것이다. 예맥족이 지석묘문화를 형성시키고 석관묘문화를 담당하였다는 것은 한국에서 나타나

---

56) 宋延英, 〈遼東半島的石棚文化－析木城石棚－〉(《社會科學輯刊》 5, 1987), 72~73쪽. 許玉林·許明綱, 〈遼東半島石棚綜述〉(《遼寧大學學報》 1, 1981), 10~17쪽.

57) 金貞培, 앞의 글(1991), 55~66쪽.

는 고고학 자료로 보아 재론의 여지가 없다. 현재까지의 자료에 근거할 때 지석묘에서 석관묘로 이행하는 시기는 바로 요하라는 문화의 경계를 넘어가는 시기와 일치한다. 이 지역이 예맥족의 활동영역에 속하므로 이같은 변화양상은 고조선의 단계적인 변천을 밝히는 데 있어 매우 중요한 사실이다. 지석묘는 청동기문화의 대표적인 묘제로서 특히 당시 지배자의 무덤이라는 점에서 지석묘가 지역적으로 산재해 있다는 사실은 君長社會의 지배자가 일정 지역을 영유하고 있었음을 반영하는 징표이다.

(2) 비파형청동단검문화

고조선의 고고학적 문화성격을 설정함에 있어 지석묘와 함께 가장 중요한 논거로 제시된 것은 琵琶形靑銅短劍[58]으로 대표되는 청동기문화이다. 비파형동검은 발생시기와 분포양상 및 담당종족의 성격이 고조선문화의 내용과 상응하고 있다는 점에서 고조선을 대표하는 문화로 파악되고 있다. 즉 지석묘에서 발전된 석관묘와 석곽묘 계통의 분묘에서 주로 출토된 비파형동검은 이들 묘제가 지석묘를 계승하여 발전된 형태라는 점과, 대부분의 지역이 이들 지석묘문화와 중첩되며 일부 지역적 확장형태를 나타내고 있다는 점에서 매우 주목된다.

기원전 10세기경부터 遼東과 遼西를 포괄하는 요령지역 및 內蒙古와 연결되는 지역, 그리고 한반도의 청동기문화는 殷·周靑銅器文化와는 구별되는 비파형청동단검문화로 바뀌게 된다.[59] 이 문화는 남부 시베리아 청동기문화의 영향[60] 아래 요하를 중심으로 발전된 문화로서 요서지역의 夏家店 上層文化[61], 요동지역의 비파형동검문화, 길림지역의 西團山文化,[62] 한반도의 청

58) 이 청동단검은 만주식 동검, 요령식 동검, 곡인검 등으로 불려지던 것이다.
59) 林　沄, 〈中國東北系銅劍初論〉(《考古學報》 80－2, 1980).
內蒙古지역 靑銅器文化와의 관련성은 차후 보다 구체적인 검토가 이루어져야 할 것이다(李康承, 〈遼寧地方의 靑銅器文化〉, 《韓國考古學報》 5, 1979).
60) 金貞培, 앞의 책(1973), 170～209쪽.
61) 靳楓毅, 〈夏家店上層文化及其族屬問題〉(《考古學報》 87－2, 1987).
朱　泓, 〈夏家店上層文化居民的種族類型及相關問題〉(《遼海文物學刊》, 遼寧省博物館四十周年紀念特刊, 1989－1).
62) 李健才, 〈關于西團山文化族屬問題的探討〉(《社會科學戰線》 85－2, 1985).

동기문화 등으로 구분되는 양상을 보이며 발전하였다.[63]

하가점 상층문화로 대표되는 요서지역의 청동기문화는 은·주청동기문화와 연결되면서도 遊牧과 定住農業의 생활양식을 보여주는 지역적 특색을 가지고 있다. 주거 형태에서는 竪穴住居와 지상가옥 형태를 보이며 토기에 있어서도 중국계의 三足土器 형식인 鼎·鬲과 함께 북방 유목민 계통의 銅器와 動物形狀 및 북방식 동검 등의 양식도 보여주고 있다. 이들의 주요 묘제는 土壙竪穴墓와 석곽묘 두 종류인데 석곽묘가 다수를 차지하고 있다.[64] 이 문화는 요서지방과 내몽고자치구의 騷奧達盟 및 河北省 일부까지를 포괄하는 지역에 분포되어 있는데, 大凌河·小凌河유역과 북으로는 老哈河·西喇木倫河유역, 서남으로는 灤河유역을 망라하며 동으로는 요하를 경계로 하고 있다.[65] 대부분의 유적이 산지와 평야가 연결되는 丘陵지역에 자리잡고 있다는 특징을 보여주고 있다. 이 문화의 주인공에 대해서는 東胡 계통으로 파악하는 견해가 중국학계의 지배적 입장이기는 하지만,[66] 춘추시대나 전국시대의 동호족은 현재의 동몽고지방에서 만주지방의 서북부에 걸쳐 있었으며 현재의 요령지방까지 남하하지는 못하였다[67]는 사실과, 요서지역 청동기문화의 성격이 고조선의 청동기문화 내용을 그대로 반영하고 있다는 점에서 오히려 고조선 계통으로 상정하는 것이 적절하다고 생각된다.

요동지역의 비파형동검문화는 요서지역에 비해 분묘에서 출토된 유물 중심으로 연구가 진행되었다. 이 지역에서 가장 연대가 올라가는 유적은 新金

---

63) 靳楓毅, 〈論中國東北地區含曲刃青銅短劍的文化遺存〉(上·下)(《考古學報》 82－4·83－1, 1982·1983).
박진욱, 〈비파형단검문화의 발원지와 창조자에 대하여〉(《비파형단검문화에 관한 연구》, 과학백과사전출판사, 1987).

64) 靳楓毅, 위의 글.
朱 泓, 앞의 글.
황기덕, 〈료서지방 비파형단검문화의 성격〉(《조선고고연구》 86－1, 1986).

65) 대표적인 유적은 적봉 홍산후, 하가점 상층, 영성 남산근, 대릉하유역의 조양 십이대영자, 사아보, 금서오금당, 심양 정가와자 등지이다.

66) 秋山進午, 〈中國東北地方の初期金屬文化の樣相〉(《考古學雜誌》 53－4·54－1·4, 1968·1969).
靳楓毅, 앞의 글(1982·1983).
尹武炳, 〈遼寧地方의 青銅器文化〉(《韓國上古史의 諸問題》, 1987).

67) 金廷鶴, 《韓國の考古學》(河出書房, 1972).

縣의 雙房類型으로 석관묘와 지석묘가 대표 유적이다. 이 유형의 분포는 旅大지구로부터 요하 지류인 渾河 북안에 이르고 있는데 비파형동검과 銅斧를 표지유물로 하고 있다. 또 이 지역은 미송리형토기로 대표되는 토기문화 형식을 보여주고 있다.[68] 二道河子 석관묘에서는 銅斧와 銅鏃鎔范이 출토되었고 崗上과 樓上유적은 積石墓群으로서 火葬과 多人葬이라는 특색을 보여주고 있다. 특히 북한학계는 이 다인장을 殉葬으로 파악하여 고조선의 노예국가적 성격을 뒷받침하는 중요한 논거로 삼고 있다. 이 문화의 주인공을 東夷族 또는 濊貊 등으로 파악하여 고조선계로 이해하는 데는 이견이 없다.

西團山文化는 길림·長春지구를 중심으로 하여 요령의 撫順까지 포함하는 지역에 분포되어 있었는데 주로 석관묘와 甕棺墓·토광묘 등의 묘제를 보여주고 있다. 이 지역의 초기 유적은 영길 星星哨·西團山·騷達溝지역 등에서 볼 수 있는데 초기 형태의 비파형동검은 많지 않은 편이다. 중국학계의 경우 서단산문화를 肅愼族과 연결짓고 있으며 북한학계에서는 夫餘와의 관련성을 언급하고 있다.

한반도에서 발견된 비파형동검은 현재 그 출토예가 약 54개 정도 확인되고 있는데 석관묘·지석묘·토광묘 등의 분묘에서 주로 발견되었다.[69] 관련 유물은 동검·銅鉾·동촉과 동부 등이며 동검의 경우 磨製石劍·石鏃·石斧 등의 석기와 함께 출토되는 특성을 보여주고 있다. 비파형동검은 현재까지 한반도에서 출토된 것이 양과 내용의 면에서 요동이나 길림·장춘지구보다 풍부한 것으로 보아 한반도가 주요한 중심지 가운데 하나였음을 알 수 있다.

이같은 지역적 차이를 염두에 두고 이들 지역에서 출토된 청동제품들을 구분해 보면 다음의 〈표〉와 같은 특성이 나타나고 있다.[70]

---

68) 鄭漢德, 〈美松里型土器の生成〉(《東北アジア考古硏究會二十周年紀念論文集》, 1990).
———, 〈紀元前 2千年期 後期 및 1千年期初 遼寧東部地方의 考古學〉(《先史와 古代》 5, 1993).
미송리형 토기는 평북 의주군 미송리 동굴유적에서 발견된 토기로 기형은 표주박형으로 긴목에 평평한 바닥을 특징으로 한다(사회과학원 출판사, 〈미송리형호〉, 《고고민속》 1967-2).

69) 李健茂, 〈韓國의 靑銅器文化〉(《特別展 韓國의 靑銅器文化》, 國立中央博物館, 1992), 126~132쪽.

70) 岡內三眞, 〈東北アジアにおける靑銅器製作技術〉(《古代東アジアの靑銅製作技術の硏究》, 1990), 627쪽.

〈표〉 한반도와 중국 동북지방의 청동유물 출토 상황

유물 / 지역	청동용기	청동무기류	청동공구류	청동장식품	청동거마구
요서	鼎, 鬲, 尊, 卣, 簋, 盤, 簠, 罐, 豆	劍, 矛, 戈, 鏃, 鉞, 甲, 冑	斧, 刀子, 鑿	泡, 多鈕鏡, 帶鉤, 銅飾	鑣, 銜, 鈴, 鏡形飾, 車軸頭
요동		劍, 矛, 戈, 鏃	斧, 刀子, 鑿, 錐, 釣針	泡, 多鈕鏡, 釧, 銅飾	鑣, 銜, 鏡形飾, 喇叭形銅器
길림·장춘		劍, 矛, 鏃	斧, 刀子	多鈕鏡	
한반도		劍, 矛, 戈, 鏃	斧, 刀子, 鑿, 錛, 釣針	泡, 多鈕鏡, 銅飾, 異形銅器	圓盤形銅器, 喇叭形銅器, 車軸頭

비파형청동단검문화의 이같은 지역적 분포는 출현시기와 발원지에 관한 논란을 가져왔다. 즉 청동기문화의 대표적 유물인 비파형동검에 대해서는 그 문화의 발원지와 중심지가 어디이며 그 창조자와 담당자가 누구인가라는 문제가 주로 논의되고 있다.

이 문제에 관하여 북한학계에서는 비파형동검의 분포범위와 문화적 특징에 따라 요동 및 서북조선지방·요서지방·길림 및 장춘지방의 셋으로 나누어 설명하고 있다. 요동지방의 청동단검문화는 기원전 12세기경, 길림·장춘은 기원전 11세기경, 요서지역은 기원전 9세기 중엽경 등으로 편년하여 요동지역의 雙房-二道河子형식을 가장 오래된 것으로 보고 있다. 그리고 비파형청동단검문화는 요동지역으로부터 요서지역으로 발전되어 나간 것으로 보고 있다. 또한 이 문화를 고대 조선족의 문화로 파악하여 요서지방과 요동지방 사이에 존재하는 문화적 차이도 인정하고 있다. 또 요동지방의 문화적 특징으로 비파형동검·선형동부 및 미송리식토기를 들고 이 지역을 고조선의 영역으로 이해하였다.[71]

이에 대해 중국학계에서는 南山根-十二臺營子형식을 가장 오래된 것으로 보고 이 문화가 요서지역에서 요동지역으로 전파되어 나간 것으로 간주하고 있다. 청동단검의 편년에 대해서는 학자들 사이에 각기 다른 견해가 제기되기

---

71) 박진욱, 앞의 글, 42~58쪽.

도 했으나[72] 대부분의 중국학자들은 요서지구가 기원전 9세기경, 요동지구가 기원전 7세기, 길림·장춘지구는 기원전 5세기경으로 보고 있다. 또한 이들은 族屬문제에 있어 요서지역의 문화를 東胡族의 문화로, 요동지역을 東夷族의 문화로 보는 입장을 나타내고 있다.

국내학계에서는 고조선의 영역 및 중심지문제와 관련된 각자의 입장에 따라 북한학계의 주장을 받아들이거나 중국학계의 견해를 수용하는 등으로 여러 의견이 엇갈려 있다. 그러나 비파형동검문화는 중국의 청동기문화와 구별되는 독특한 문화로서 요하를 중심으로 한 주변지역에 분포하며 가장 초기적 형식이 요동지역에서 나타나고 있고,[73] 또 그 기반이 되는 문화로서 지석묘문화의 범위가 이 지역과 일치하고 있다는 사실을 주목할 필요가 있다. 앞서 지적하였듯이 지석묘가 석관묘로 발전되었다는 사실과 이들 석관묘에서 비파형동검이 집중적으로 출토되고 있다는 사실은, 결국 요동지역을 중심으로 지석묘로 대표되는 초기 청동기문화의 지속적 발전이 비파형동검을 반출하는 석관묘문화를 형성하였으며, 이들 문화의 영역이 요서·길림·한반도지역으로 확대되었다고 보아야 할 것이다. 이같은 과정에서 濊·貊·韓으로 대변되는 고대 한민족의 문화범주가 형성되었으며, 특히 중국과의 영역확정 과정에서 다양한 형태의 접촉이 나타났고, 그같은 전후 과정이 '箕子傳說' 및 《管子》를 비롯한 先秦文獻 등에 나타나기 시작한 고조선 관련기사로 파악된다.

한편 최근에는 청동유물에 대한 성분분석을 통해서[74] 한반도 청동기문화의 내용이 보다 심도있게 검토되고 있다. 특히 비파형동검 및 동모와 세형동검 등에 대한 납의 同位元素比에 의한 분석 결과, 청동 원료의 원산지로서

---

72) 林 沄, 앞의 글.
霍德芳, 〈中國北方地區青銅短劍分群硏究〉(《考古學報》 88-3, 1988).
霍德芳의 연구는 1980년 林沄이 제기한 曲刃短劍의 遼東起源說을 보완한 것으로 중국학계의 遼西起源說을 정면으로 반박하고 있다.

73) 霍德芳, 위의 글.
박진욱, 〈고조선의 성립에 대하여〉(《조선고대 및 중세초기사연구》, 교육도서출판사, 1992), 3~8쪽.

74) 崔 炷·金秀哲·金貞培, 〈韓國의 細形銅劍 및 銅鈴의 金屬學的 考察과 납同位元素比法에 의한 原料産地 推定〉(《先史와 古代》 3, 1992), 189~213쪽.
崔 炷, 〈슴베에 홈이 있는 琵琶形銅劍 및 琵琶形銅鉾의 國産에 대하여〉(《先史와 古代》 7, 1996).

요령지방과의 연계성이 확인되고[75] 있을 뿐만 아니라 비파형동검이 한반도에서 자체적으로 제작·생산되었음을 알 수 있게 되었다.[76] 아직까지는 전체 유물에 대한 종합적 검토가 이루어지지 않았지만 비파형동검의 경우 슴베에 홈이 있는 동검을 납의 동위원소비를 측정하여 남한·북한·요령성·길림성 및 중국 남부와 북부 등지의 광석의 동위원소비와 비교분석한 결과, 검토 대상이었던 한반도 출토유물은 모두 남한지역의 납을 사용한 것으로 나타났는데 이는 남한지역의 銅과 朱錫을 사용한 현지 제조품임을 보여주는 것이다.[77] 또한 납 동위원소비의 수치는 일본 연구 자료와도 비교되는데[78] 검토 대상인 세형동검 2례는 후대 자료이기는 하지만 경북 연화광산의 광석을 썼을 가능성이 크며, 세형동검 1례와 銅鈴은 중국 북부산으로서 요령성 청성자 광산의 납과 비슷한 점으로 보아 요령성산임을 알 수 있다.[79] 이같은 사실은 한반도의 비파형동검문화가 단지 비파형동검문화의 유물 확산 차원에서 나타난 현상이 아니라, 자체의 생산기술과 원료조달을 위한 광산까지 확보한 단계였음을 보여주는 것이라 하겠다.

3) 고조선의 주민과 예맥

우리 민족의 선조로 중국의 사서에 종종 등장하는 예맥문제에 관해서는 문헌 자체에 대한 고증과 해석의 관점에 따라 여러 가지 의견이 개진되어 왔다.[80] 이들 예맥으로 나타나는 존재는 우리 민족 형성의 근간이 되었으며

---

75) 전남지역 출토로 전해지는 세형동검 3개와 동령 1개에 대한 성분을 분석한 결과 한국 세형동검은 Cu 75%, Sn 15%, Pb 10%로 구성되어 있었던 것으로 추정되고 있다. 그런데 중국 및 오르도스 출토의 銅利器와 비교하면 밀접한 관련성은 찾아볼 수 없으며 중국 주대 청동기의 경우 Sn이 대개 15%인 것으로 보아 한국 세형동검은 오르도스보다 중국의 영향이 큰 것으로 추정된다.

76) 崔 炷, 앞의 글, 202쪽.

77) 위와 같음.

78) 馬淵久夫·平尾良光,《アジア·中近東地域鑛床鉛の鉛同位體比システマティクス》(文部省科學硏究費 補助金, 一般硏究 C, 1984).

79) 金正耀, 〈晩商中原靑銅器的鑛料來源〉(第三屆國際科學史會議, 1985).

80) 金庠基, 〈韓·濊·貊移動考〉(《史海》1, 1948 ;《東方史論叢》, 서울大 出版部, 1974, 366쪽).

특히 고조선 주민구성의 중심적 존재라는 점에서 관심이 증대되어 왔다. 문헌에 나타나 있는 우리 민족에 대한 최초의 지칭어는 '濊貊'·'濊'·'貊' 등으로서 西周 초기부터 중국측 문헌에 보인다. 우리 학계에서는 동북아시아 민족이동의 관점에서 고아시아족과 알타이어족의 이동을 염두에 두고, 청동기문화의 주역으로서 예맥족이 신석기문화의 담당주민이었던 고아시아족을 흡수·통합하는 과정이 우리 민족의 형성과정이라고 인식하고 있다.[81] 이에 대해 북한학계는 구석기인의 인골분석 등을 통하여 한민족의 체질적 특징은 한반도와 만주의 구석기시대 사람에서부터 형성되기 시작하였으며 그들의 후손이 계속 성장하여 한민족을 출현시켰다고 보고 있다.[82] 또한 우리 학계에서도 주민 교체에 의한 문화변천이라는 기왕의 주장에 대하여 의문을 제기하기도 하였다.[83] 한민족의 형성과정에 관한 여러 견해 가운데 한반도 본토기원설에 입각한 단일민족설은 보다 구체적인 자료검토와 보완이 필요한 것으로 생각되며, 또한 기왕의 견해에 대한 일부 비판만으로 새로운 주장을 내세우는 것 역시 아직 미흡하다는 느낌이 든다.[84]

우리 민족을 지칭하는 예맥이라는 표현이 單稱인지 또는 連稱인지에 대해서는 약간의 논란이 있었지만 대체로 예와 맥의 연칭으로 보고 있다. 이들은 한반도와 요령·길림성 등 현재의 중국 동북지역에 살고 있던 주민으로서

―――, 〈東夷와 淮夷·西戎에 대하여〉(《東方學志》 1·2, 1954·1955 ; 《東方史論叢》 서울大 出版部, 1974).

金廷鶴, 〈韓國民族形成史〉(《韓國文化史大系》 I, 高麗大 民族文化硏究所, 1964).

尹武炳, 〈濊貊考〉(《白山學報》 1, 1966).

三上次男, 〈東北アジアの古代文化と穢人の民族的性格〉(《古代東北アジア史硏究》, 吉川弘文館, 1966).

文崇一, 〈濊貊民族文化及其史料〉(《中央硏究院 民族學硏究所集刊》 5, 1958).

金貞培, 〈韓國民族과 濊貊〉(앞의 책, 1973).

81) 金貞培, 앞의 책(1973), 5~45쪽.

―――, 〈韓民族의 起源과 國家形成의 諸問題〉(《國史館論叢》 1, 1989), 2~14쪽.

金元龍, 앞의 책(1986), 66~67쪽.

82) 사회과학원 력사연구소, 〈조선사람의 기원과 인종적 특징〉(《조선전사》 1, 과학백과사전출판사, 1979), 307~360쪽.

장우진, 《조선사람의 기원》(사회과학출판사, 1989).

83) 李鮮馥, 〈신석기·청동기시대 주민교체설에 대한 비판적 검토〉(《韓國古代史論叢》 1, 韓國古代社會硏究所, 1991), 41~66쪽.

84) 金貞培, 앞의 글(1989), 14쪽.

구체적으로 예족은 길림지역의 송화강 및 嫩江유역과 한반도 일부에 분포하고 있었으며, 맥족은 산동과 요동 및 한반도에 분포한 것으로 이해되고 있다. 이들 예·맥은 이후 고조선·부여·고구려 등의 역사체 형성의 근간이 되었다. 이들 예맥의 분포범위와 존재시기는 고고학상으로 비파형동검문화의 연대 및 범위와 일치하므로 이들 예·맥족이 바로 고조선을 구성한 중심세력이었다고 볼 수 있다.

선진문헌에서부터 濊와 貊의 표기는 동일음을 취하여 여러 가지로 나타나고 있다. 濊는 穢·薉·獩·蘂 등으로, 貊은 貉·狢·栢·沐 등으로 쓰기도 하였다.85) 예맥에 관한 사료로 선진문헌에 가장 먼저 보이는 것은 다음의 자료이다.

> 커다란 저 韓의 城은 燕의 백성들이 완성시킨 것.
> 선조들이 받으셨던 명을 받들어 수많은 오랑캐들을 다스리신다.
> 왕께서는 韓의 侯에게 追와 貊을 하사하셨다.
> 북쪽의 나라들도 모두 다 받아 그 곳의 우두머리가 되셨다.
> (《詩經》 大雅 韓奕篇)

이 구절에 보이는 韓은 우리와는 무관한 존재이며 관심의 대상은 追와 貊이다. 추는 '되'·'퇴'의 음을 갖고 있으며 濊의 본음도 '회'·'외'이기 때문에 이는 同音異字로 파악된다.86) 따라서 '추'는 곧 '예'를 지칭한 것으로 볼 수 있다. 또한 선진시대 문헌에 나타나 있는 표현들87)을 보면 예와 맥은 따로 나뉘어져 언급되고 있다.88) 그러므로 《詩經》 한혁편에 나오는 추와 맥은 바로 예와 맥을 일컫는다고 이해할 수 있다. 이같이 예맥은 일찍부터 중국에 알려져 있었는데 이 시기 예맥의 지리적 위치는 《管子》에 나타난 사료로 보아 山戎·孤竹·令支 등과 밀접한 관계가 있다.

---

85) 金貞培, 앞의 책(1973), 24쪽.
86) 金庠基, 앞의 책.
87) 《逸周書》 王會解 "稷愼大塵 穢人前兒 良夷在子.
《尙書》 권 6 "華夏蠻貊 罔不率俾 恭天成命.
《詩經》 魯頌篇 "淮類蠻貊".
88) 金貞培, 앞의 책(1973), 25쪽.

桓公… 북으로 孤竹과 山戎과 濊貊에 이르렀다.

(《管子》 小匡篇)

이는 예맥이 燕의 동북인 산융의 동쪽에 있었다는 내용으로 예맥의 중심지가 어디인가를 보여주는 것이다. 또 《呂氏春秋》에서는 보다 구체적으로 예맥이 '北海之東'으로 언급되어 있어 그 위치가 요령지역임을 암시하고 있다. 이같이 예맥에 관한 초기 기록은 예맥이 종족명칭으로서 고조선의 토대를 이루고 있는 비파형동검문화가 분포한 지역의 주민이었음을 보여주고 있다.

이후 예맥 관련 명칭이 구체적으로 중국사에 등장하기 시작하는 것은 다음과 같은 漢代 이후의 문헌이다.

① 북쪽으로는 烏丸·夫餘와 인접해 있고 동쪽으로는 穢貉·朝鮮·眞番에서 利를 취했다(《史記》 권 129, 列傳 69, 貨殖).
② 여러 左方의 王將들은 동쪽에 위치해 있는데 上谷을 거쳐 곧바로 가면 동으로 穢貊·朝鮮과 맞닿는다(《史記》 권 110, 列傳 50, 匈奴).
③ 彭吳가 예맥조선을 물리치고 滄海郡을 설치하자 燕과 齊의 사이가 모두 들고 일어났다(《漢書》 권 24 下, 志 4 下, 食貨).

이들 사료에서는 예맥이 夫餘·朝鮮과 함께 언급되어 있는데 특히 '濊貊朝鮮'이라는 연칭으로 나타나고 있는 점이 주목된다. 즉 이전까지의 조선이라는 명칭은 지역적 성격이 강한 표현이었는데, 새로이 등장하는 예맥조선이라는 표현은 종족명칭이 부가되었다는 점에서 '예맥족이 사는 조선'이라고 이해할 수 있을 것이다.[89] 즉 예맥은 기본적으로 고조선을 구성하는 중심 종족으로서 중국의 동북방면에 위치한 조선지역에 존재하였다는 사실이 한대에는 보다 명확하게 나타나고 있다.

또한 이 시기 예맥의 구체적 위치는 《史記》 匈奴列傳에서 흉노가 東胡를 멸망시킨 다음 동쪽에서 예맥조선과 접했다고 한 사실을 통하여 흉노와 인접한 지역이었음을 알 수 있다. 이후 《後漢書》나 《三國志》 등에 나타나는 예맥은 부여와 고구려의 先住種族을 지칭하는 것으로 이해되는데, 이는 예맥족

89) 도유호, 〈예맥조선에 대하여〉(《문화유산》 6, 1962).

이 지역적으로 각각 성장하는 과정을 나타내주는 것으로 볼 수 있다. 즉 가장 초기에 요하유역의 세력이 고조선으로 구체적인 정치체를 형성하였고 이후 지역적 분화를 통하여 부여와 고구려 등의 후속 정치체로 이어졌다고 해석되고 있다.

4) 고조선의 건국연대

고조선이 역사적으로 실재한 국가였음을 구체적으로 실증하기 위해서는 그 존재시기에 관한 정확한 연대규명이 요구된다. 고조선의 연대에 관한 실마리는 《三國遺事》에 인용되어 있는 고기록들에서 찾을 수 있다. 고조선조의 〈魏書〉를 인용한 부분에서는 "지금부터 2천 년 전에 壇君王儉이 있어 도읍을 阿斯達에 정하고 나라를 개창하여 朝鮮이라 일컬었으니 중국의 高(堯)임금과 같은 때이다"라 하였다. 또한 계속해서 〈古記〉를 인용한 부분에서는 "단군왕검이 唐高(唐堯)가 즉위한 지 50년인 庚寅年에 平壤城에 도읍하고 비로소 조선이라 일컬었다"라고 하였다. 먼저 〈위서〉의 연대는 앞서 살핀 바와 같이 〈위서〉가 曹魏시대의 것인지 또는 拓跋魏시대의 사서인지 알 수 없으므로 구체적인 기준연대를 확정할 수는 없으나[90] 가장 늦은 연대로 잡더라도 기원전 1500년경으로 단군의 연대를 설정할 수 있다. 한편 〈고기〉에서는 중국의 三皇五帝 중 하나인 요임금의 재위연대를 비교대상으로 삼아 단군의 연대를 설정하고 있다. 그런데 이에 대해 一然 자신이 주석을 달아 "당고의 즉위년은 戊辰이니 50년이 되는 해는 丁巳年으로 庚寅은 잘못된 것 같다"는 견해를 밝히고 있다. 요임금이 즉위한 해의 간지는 문헌에 따라 여러 설이 제기되고 있는데 일연이 취하고 있는 戊辰說은 《資治通鑑外紀》에 근거한 것으로 이해된다.

---

90) 曹魏時代는 그 연대가 220~265년이고 拓跋魏時代는 386~534년이다. 한편 이 魏書를 《三國志》 이전에 존재했던 魏書로 이해하는 경우도 있다(리지린, 앞의 책, 104쪽). 한편 2000년 전이라는 연대를 근거로 〈魏書〉는 기원전 4~2세기 경의 역사로서 구체적으로는 《삼국유사》에 나타나 있는 '魏滿朝鮮'의 역사를 기록한 국내문헌일 것이라고 보는 견해도 있다(丁仲煥, 〈三國遺事 紀異篇 古朝鮮條에 引用된 魏書에 대하여〉, 《大丘史學》 12·13, 1977).

한편 李承休의 《帝王韻紀》에서도 요의 즉위연대를 무진으로 보고 帝釋天의 손자 단군이 요와 같은 무진년에 즉위하였다는 견해를 제시하였다.[91] 또 《世宗實錄地理志》 平壤府條와 《應制詩註》에도 단군이 중국의 당요와 같은 날 즉위했다고 되어 있다. 그런데 이와는 달리 《東國通鑑》에서는 무진년을 당요의 원년이라 하지 않고 25년이라고 하였다.[92] 檀紀를 처음으로 사용한 것은 고려 恭愍王 10년(1361) 白文寶가 공민왕에게 개혁을 상주하면서 지금이 단군으로부터 3600년이 되어 周元의 기회가 되었음을 강조한 내용에서 볼 수 있다.[93] 이상에서 보았듯이 단군 관련 문헌에 나타나 있는 연대는 약간의 차이는 있지만 기본적으로 기원전 2300여 년 전이라는 시대관을 보여주고 있다.

그런데 이같은 우리 나라의 史書에 나타나 있는 단군과 관련된 고조선의 연대는 중국 사서에 보이는 고조선의 시대상과는 상당한 차이가 있다. 고조선에 관하여 언급한 중국 기록으로 가장 이른 시기의 것으로는 《山海經》과 《관자》를 들 수 있다. 《산해경》의 연대가 기원전 8세기에서 기원전 1세기에 걸친 시대를 포괄하고 있고 《관자》의 내용도 기원전 7세기 것으로 전하지만, 실제 그 편찬 연대는 기원전 5~3세기에 걸쳐 있어 구체적 연대를 확정하기는 어렵다. 그러므로 어떤 자료에 근거해서 고조선의 출현시점을 논의하느냐에 따라 연대에 상당한 차이가 있게 된다는 것을 알 수 있다.

종래 우리 학계에서는 구체적 정치체가 등장하기 위한 전제요소인 農耕 및 靑銅器의 출현, 즉 청동기문화의 개시연대와 연결시켜 《삼국유사》 등에 나타나 있는 단군 관련 연대를 신화적 성격의 것으로 파악하였다. 그런데 이를 보다 면밀히 검토하면 단군 관련 연대는 단순히 신화 차원의 그것이 아니라 보다 실제적인 내용을 일정하게 유지하고 있다고 판단된다. 즉 단군신화의 내용은 한반도의 신석기문화를 담당한 고아시아족의 문화양상을 그대로 반영하고 있는 것으로 보인다. 다시 말하면 곰숭배적 요소와 아울러 샤먼적 성격을 갖고 있는 단군의 존재는 고아시아족의 문화내용을 대표하는 것으로서, 비록 구

91) 《제왕운기》에는 단군이 堯 원년 戊辰年에 즉위하여 殷 무정 8년에 퇴위한 것으로 기록되어 있는데 이에 의하면 단군의 건국은 기원전 2353년이 된다.

92) 이같은 견해는 西晋 皇甫謐의 唐堯 元年 甲子說에 의거한 것으로 25년은 戊辰이 된다.

93) 《高麗史》 권 112, 列傳 25, 白文寶.

체적 정치체로 등장한 단계는 아니지만 단군 관련 연대는 결코 신화적 성격의 그것으로 이해할 수는 없다고 하겠다.

5) 고조선의 위치와 강역

(1) 고조선의 위치문제

고조선의 중심지문제는 고조선과 관련된 여러 논의 가운데 가장 많은 논란이 있었다. 고조선의 중심지에 대한 논의는 이미 조선 후기 實學者들의 역사지리 관련 논고에서 遼東中心說·平壤中心說·移動說 등이 제기된 이후 이를 부연 설명하면서 다양한 견해가 제기되었다.[94] 이같은 논란이 계속되고 있는 이유는 관련 문헌이 중국측 자료들이 대부분인 데다가 단편적으로 나름의 논리를 전개할 수 있는 여지들이 있기 때문이다. 즉 고조선 관련 사료의 성격이 몇 부류로 나뉘어질 수 있기 때문에 이같은 논란이 더욱 심해졌으며, 특히 문헌 자체의 기록시기와 대상시기가 서로 다른 데서 이런 현상이 두드러지게 나타나게 되었다. 여기서는 이같은 견해들을 일별하여 관련 내용과 문제점을 중심으로 살펴 보고자 한다.

가. 대동강중심설

고조선의 중심을 大同江유역에서 찾는 견해는 중국측 학자들과 대부분의 우리 나라 전통 학자들에게서 발견할 수 있다. 중국학자의 견해 가운데 가장 큰 영향력을 끼치고 있는 것은 《水經》에 주석을 가한 《水經注》의 저자 酈道元이다. 역도원은 北魏時代(469~527) 사람으로 북위에 온 고구려 使臣에게 樂浪의 위치가 平壤城이라는 것을 확인하였다는 기록을 남겨[95] 고조선 평양중심설의 가장 확실한 근거를 남겨 놓았다. 이같은 견해는 이후 고조선 평양중심설의 가장 중요한 논거가 되었다.

---

94) 고조선의 중심지 문제에 대한 기왕의 연구동향에 대해서는 다음의 글이 참고된다.
徐榮洙, 앞의 글, 24~36쪽.
趙法鍾, 앞의 글, 138~154쪽.

95) 酈道元, 《水經注》 浿水.

한편 우리 나라 기록 가운데 가장 오래된 것은《삼국유사》에 나타나 있는 一然의 견해이다. 즉 일연은 단군조선에 관한 서술에서 〈魏書〉 및 〈古記〉를 인용하였는데 관련 지명들에 관한 주석에서 대부분의 지명을 평양과 그 인근 지역에 비정하였다.[96] 이는 결국 이같은 인식이 고려시대에 존재하고 있었음을 보여주는 것이다. 조선 초기에 편찬된《東國通鑑》이나《東國輿地勝覽》[97]에서도 고조선의 중심지는 鴨綠江 이남으로 비정되고 있다. 이후 조선 중기의 대표적 지리서인 韓百謙의《東國地理誌》에서는 고조선과 三韓이 漢江을 경계로 존재하였다는 체계를 세움으로써 이후 고조선의 강역이 압록강 이남 지역 즉 한반도에 국한되어 있었다는 견해가 일반화되었다.[98] 이러한 견해는 安鼎福의《東史綱目》에도 그대로 유지되었고 한편 일부 학자에 의해 제기되었던 요동설에 대한 비판도 이루어졌다. 그리고 19세기의 丁若鏞은 고조선의 중심지는 한반도안에 있었으며 후에 영토를 확장하여 遼西를 점령하고 燕과 국경을 접하였다는 보다 새로운 견해를 제시하였다. 또한 韓致奫의《海東繹史》와 韓鎭書의《海東繹史續》에서는 고조선의 강역은 요서지방을 훨씬 넘어섰으나 그 수도는 평양이었다는 견해를 보여주었다.[99]

고조선의 대동강중심설은 일제강점기를 통하여 일본인 학자 및 우리 학자들에 의하여 체계화되었다. 일본인 학자들은 이를 식민지배의 역사적 설명도구로 활용하기도 하였는데 특히 1930년대에 집중적으로 발굴된 평양 일대의 중국계 유물·유적을 결정적 증거로 활용하였다.[100] 우리 나라 학자들은 아사달을 현재의 평양으로 보고《史記》의 浿水를 淸川江으로,《魏略》의 滿潘汗을 博川江 일대로,《漢書》의 列水를 大同江으로 보아 고조선의 강역을 지

96)《三國遺事》권 1, 紀異 2, 古朝鮮.
일연은 阿斯達을 開城주변, 太白山을 妙香山으로 비정하고 檀君이 도읍한 平壤城을 西京 즉 현재의 평양으로 보았다.

97)《東國輿地勝覽》권 51, 平壤府 建置沿革條.

98) 韓百謙,《東國地理誌》後漢書 三韓傳.

99) 이같은 조선 중후기의 한반도를 강조하는 분위기는《滿洲源流考》로 대표되는 만주사 부각에 대한 학문적 반박으로 파악되고 있다(韓永愚,《朝鮮後期 史學史研究》, 一志社, 1989, 432쪽).

100) 趙法鍾, 〈樂浪問題(平壤地域文化)에 대한 日本歷史學界의 認識檢討〉(《宋甲鎬教授停年退任記念論文集》, 1993), 551~555쪽.

금의 평안남도지역으로 비정하였다.[101] 한편 북한학계에서는 1960년대 초반 일련의 고고학 관련 학자들이 평양지역의 유적·유물을 근거로 평양중심설을 주장하였으나, 공식적 입장이 요동설로 정리된 이후 이같은 견해가 자취를 감추었다가 최근 檀君陵 발견이 공식적으로 공표되면서 다시 등장하고 있다.[102]

나. 요동중심설

고조선의 중심지가 요동지역에 있었다고 보는 견해는 權擥의 《應制詩註》에 잘 나타나 있다. 권람은 낙랑을 압록강 북쪽에 있었던 것으로 보고 箕子의 건국지를 靑州(遼東, 遼西)로 비정하여 고조선의 중심지를 요동지역으로 파악하였다. 이후 洪汝河는 《東國通鑑提綱》에서 眞番을 遼陽에 비정하고 浿水도 遼河로 비정하여 고조선의 요동중심설을 주장하였다. 또한 申景濬과 李瀷 등도 고조선의 중심을 요동지역으로 비정하였다.[103] 이러한 견해는 申采浩·崔南善·安在鴻·鄭寅普로 이어졌다. 고조선의 중심지가 요동에 있었다는 요동중심설은 1960년대 이후 북한학계에서 정설로 받아들이고 있다.[104] 북한학계에서는 고조선의 중심지에 관하여 요동설·평양설·이동설 등이 제기되어 논란을 벌였는데 그 결과 요동설이 채택되었다.[105] 북한학계의 공식

---

101) 그런데 이러한 李丙燾의 견해는 그가 주로 이용한 자료가 古朝鮮의 위치비정에 가장 중요한 사료가 되는 《史記》의 朝鮮列傳이 아니라 《한서》 지리지이고 또 위치비정을 위한 언어학적인 고찰도 방법상 문제가 있음이 지적되었다(徐榮洙, 앞의 글, 24~29쪽).

102) 북한의 사회과학원은 평양 근교의 강동군 강동읍의 대박산에 있는 무덤에 대하여 〈단군릉 발굴보고〉(1993. 10. 2)를 발표하고 곧이어 10월 12일 〈단군 및 고조선에 관한 학술 발표회〉를 개최하여 이 무덤이 단군릉임을 확정지었다. 종래 이 무덤은 《동국여지승람》에 속설로서 단군릉이라고 일컬어져 오던 것으로, 기왕에 주장되었던 고조선 요동중심설과 어떤 식으로 연결될지 앞으로의 귀추가 주목된다. 이른바 단군릉과 관련하여 다음 자료가 참조된다.
이형구 편, 《단군을 찾아서》(살림터, 1993).
북한문제연구소 편, 《북한의 단군릉 발굴관련 자료》(1993).

103) 韓永愚, 앞의 책, 207~217쪽.

104) 徐榮洙, 앞의 글, 28~32쪽.

105) 김기웅 정리, 〈고조선문제에 대한 토론개요〉(《력사과학》 6, 1961).
장주협 정리, 〈고조선령역에 대한 학술토론회〉(《력사과학》 2, 1963).
리병선 정리, 〈고조선문제에서 제기되는 몇가지 문제에 대한 학술토론회〉(《력사과학》 5, 1961).

적 견해로 자리잡은 요동중심설은 실학자들의 연구성과와[106] 이를 계승한 민족주의 사학자로 지칭되는 신채호와 정인보 등의 견해를 계승한 것이다. 또한 평양설[107] 및 이동설도[108] 정약용과 안정복 등 실학자들의 견해를 바탕으로 하여 일본인 학자들의 고고학적 발굴성과를 인정하는 선상에서 제기된 것으로서 이 주장을 반드시 민족의 자존심과 연결시켜 생각할 필요는 없을 것이다.

요동중심설은 大凌河를 고조선의 국경선인 浿水로 보고 於尼河를 王儉城의 沛水라고 비정하여 고조선의 중심지를 오늘날의 蓋平으로 보는 견해이다. 그리고 기원전 7세기 이전에는 蓋國·靑邱國·肅愼國 등의 국명이 있었으나 기원전 7세기 이후에는 조선만이 보이는데 이는 여러 나라를 통일한 후이기 때문이라고 하고 있다. 또한 그 시기는 알 수 없으나 灤河 좌안지대인 昌黎에 고조선의 도읍지가 언제인가 있었다고 보았다.[109] 이같은 견해는 북한학계의 공식적 주장으로서 관련 유적·유물 등에 대한 고고학적 재해석 등이 보완되어 나름의 체계를 견지하며 최근까지 유지되었다. 우리 학계에서는 일부 학자가 이같은 견해를 수용하여 이를 부연하였다.[110]

다. 중심지이동설

고조선의 중심지이동설은 요동중심설과 대동강중심설의 절충적 측면이 강한 견해로서 두 지역에 공존하는 고고학적 자료와 고조선 관련 문헌의 합리적 해석을 위한 방안으로 제시된 것이다. 즉 전기 고조선의 중심지는 요동지역이었으나 후기에는 중국세력의 확장에 따라 그 중심지를 한반도 서북지역

허종호 정리, 〈고조선의 위치와 령역에 대한 학술토론회〉(《력사과학》 5, 1961). 趙法鍾, 〈북한 학계의 고조선연구〉(《북한의 고대사 연구와 성과》, 대륙연구소, 1994), 134~171쪽.

106) 성호 이익, 박지원, 이규경 등이 요동설을 주장하였다.

107) 북한학계의 대표적인 평양설 주장자는 도유호를 중심으로 한 고고학 및 민속학 연구소의 성원들로서 세형동검으로 대표되는 劍鉾文化와 평양 일대에서 발굴된 중국식 유물 등을 주요 논거로 들었다.

108) 북한학계에서 이동설을 주장한 대표적인 학자는 정찬영을 들 수 있다. 그는 고조선의 초기 중심지가 요동지역에서 중국세력의 확장에 의해 현재의 평양지역으로 이동하였다는 입장을 피력하였다.

109) 리지린, 앞의 책, 83~96쪽.

110) 尹乃鉉, 《古朝鮮硏究》(一志社, 1995).

으로 이동하였다는 논리이다. 이같은 주장은 최근 국내학계의 주도적 견해이며 북한학계에서는 1960년대 초반 소수의 견해로 제기된 바 있다.[111)]

고조선의 중심지이동설은 우선 사료에 나타나는 이른바 箕子東來說을 중시하여 이를 기자족의 이동이라는 관점에서 이해하고 있다. 즉 기자가 殷人으로서 중국인을 구성하는 일부였지만 동래한 후에 이들 기자족은 한국인을 구성하는 많은 요소 중의 극히 일부가 된 것으로 보고 있다. 기자와 箕侯의 실재를 인정하며 기자를 東夷로 보고, 기자는 개인보다는 집단으로 파악되어야 한다고 하였다. 또한 기자족의 일파는 난하 하류의 孤竹國 근처에 한동안 정착하였는데 바로 이 기자가 머문 지역이 조선이며, 조선왕의 舊都를 뜻하는 王儉·險瀆도 요서·요동에 있었다고 한다. 그런데 기자족은 고죽국을 떠나 요서·요동으로 이동하면서도 계속 조선이라고 불렀으며, 기자족은 기자의 사후에도 기자족단이라는 혈연의식을 가지고 殷末·周初로부터 여러 세기가 지난 뒤에 평양지역에 도달하였고 그 직후 또는 여러 세기가 지난 후에 단군조선과 대체되었다고 한다.[112)]

이와는 달리 요령지방 청동기문화의 담당자는 조선족이었고 燕의 동방진출에 의하여 고조선의 중심지가 동쪽으로 이동하였다고 파악하는 견해가 있다. 즉 요령지방의 청동기문화는 朝陽·요동반도·요동지방에 각각 읍락국가의 정치·문화적 중심이 있었는데 당시에는 고조선을 맹주국으로 하는 연맹국가를 이루고 있었다고 한다. 그러나 연의 침략으로 고조선의 세력이 약해져서 동쪽으로 이동하게 되었고 기원전 4~3세기경에는 고조선의 영역이 요동에서 한반도의 서북부에 걸쳐 있게 되었다고 하였다.[113)]

고조선은 그 초기에 중심지가 요동지역이었으나 후기에는 대동강유역의 평양지역으로 이동하였다고 보는 견해도 있다. 이에 의하면 전성기의 고조선의 강역은 대체로 요동반도를 중심으로 서쪽으로는 大凌河유역에서 東胡와 접하였고 남쪽으로는 대동강유역을 경계로 辰國과 이웃하였으며 북쪽과 동쪽으로

---

111) 김기웅, 〈고조선문제에 대한 토론개요〉(《력사과학》 1961-6).
정찬영 정리, 앞의 글.
112) 千寬宇, 《古朝鮮·三韓史硏究》, 一潮閣, 1989), 10~13쪽.
113) 金廷鶴, 《韓國上古史硏究》(범우사, 1990), 177쪽.

濊貊·夫餘·眞番·臨屯·肅愼과 접했다고 한다. 또한 고조선은 城邑國家·聯盟王國·執權的 領域國家의 단계를 거쳐 발전하였으며, 최초의 조선의 위치는 阿斯達이라고 하였으므로 초기 고조선은 아사달을 중심으로 한 도시국가였다고 보았다. 그리고 우리 민족 최초의 국가인 고조선의 위치는 요동의 險瀆에서 그리 먼 곳이 아니라고 보고, 험독의 위치는 잘 알 수 없으나 대체로 요하 이동 天山 이서의 어느 지역일 것으로 추정된다고 하였다.[114]

한편 중심지이동설의 관점에서 고조선의 변천을 다음과 같이 보는 견해도 있다. 우선 周初인 기원전 11세기경 연의 세력이 대릉하 중·상류유역에까지 진출하였다고 보고, 이러한 연의 세력은 기원전 8세기경에 비파형동검문화가 발달하면서 남쪽으로 밀려났다고 한다. 그리고 기원전 7세기를 전후한 시기에 요서지방에는 山戎의 여러 집단이 활동하였고 이들과 비파형동검문화가 연결된다고 한다. 또한 기원전 3세기에 요서지방은 東胡의 지역이었고 요하 이동이 고조선지역이었으므로, 기원전 3세기 초까지 고조선의 중심부는 요동에 있었다고 보아야 한다는 것이다. 이후 연의 기습적인 공격을 받은 고조선은 그 중심지를 이동하게 되었으며 滿潘汗이 고조선의 중심지였거나 중심지의 동쪽 외곽이었고, 전기 고조선의 중심지는 海城縣의 서남쪽과 蓋平縣을 포괄하는 지역의 어느 곳에 있었다고 보았다.[115]

한편 발해연안의 초기 청동기시대의 연대는 기원전 2000~1700년경이고 요동반도의 청동기유적의 연대는 기원전 1500~1300년경이며,[116] 夏家店 下層文化와 상층문화는 서로 계승관계가 없고 그 사이에 과도기적인 시기가 있었는데, 이 시기의 청동기유적은 주로 대릉하유역에 분포되어 있다고 한다. 특히 喀左의 北洞遺跡과 山灣子遺跡·小轉山子遺跡·小波汰溝遺跡 및 朝陽地區, 義縣 俏戶營子遺跡의 청동기들 가운데, 특히 孤竹銘과 箕侯銘 청동기를 주목하여 고죽국의 위치 및 기후(箕子)와 기자조선의 실체에 대하여 논하고 있다. 이에 따르면 殷代 고죽국의 범위는 대체로 난하 하류로부터 동으

114) 徐榮洙, 앞의 글, 45~49쪽.

115) 盧泰敦, 앞의 글, 42~53쪽.

116) 李亨求, 〈韓國民族文化의 시베리아起源說에 대한 再考〉(《東方學志》 69, 1990), 12쪽.

로 대릉하 하류의 조양지구에 이르고, 남으로는 산해관 동쪽의 금서현 전위, 북으로는 객좌현에 이른다고 한다. 그런데 周初의 기자는 바로 이 고죽국으로 피신하였고, 당시 기자의 세력이 강력하였으므로 주의 무왕은 그 세력을 인정하게 되었다고 한다. 그리고 은말·주초에 周族으로부터 밀려난 殷王族인 기자를 대표로 하는 은의 유민들이 대릉하유역에서 기자조선을 건국하였다고 보았다. 또한 기자조선은 기원전 12~11세기경 기자의 이주로부터 시작하여 기원전 2세기 초 조선왕 準에 이르기까지 거의 천 년을 이어 온 것이라고 하였다.117)

중심지이동설의 또다른 견해로는 고조선의 발전과 전개과정을 기왕에 진행한 신라형성사 연구의 틀을 원용하여 검토하는 과정에서 고조선의 위치문제에 대해 이동론적 입장에서 서술한 것을 들 수 있다. 즉 초기 고조선의 중심지는 요동이었는데 뒤에 燕將 秦開의 공격에 의해 평양지역으로 이동하였다고 본 것이 바로 그것이다. 따라서 이 주장은 고조선 후기에 중심지가 이동하였다는 견해에 동조하고 있는 셈이다.118)

이상에서 살펴본 바와 같이 고조선의 중심지문제는 결국 고조선 관련 자료의 대부분이 중국과의 접촉에 관련된 지명들이므로 이들 자료를 어떻게 이해하는가에 따라 서로 다른 견해가 나타나게 된 것이다. 고조선 관련 사료 가운데 중국세력과의 관계에서 대표적으로 부각되는 지명은 燕과 秦長城·浿水·王儉城 등이라고 할 수 있다. 이들의 위치와 아울러 漢에 의해 설치된 漢四郡, 특히 樂浪郡의 위치문제 등이 곧 고조선의 영역과 직결되어 있다.

(2) 문헌에 나타난 고조선의 영역

가. 춘추전국시기 고조선의 영역

고조선과 관련된 문헌의 내용을 자세히 살펴보면 중국사의 전개과정에서 등장한 여러 국가들과의 관계속에서 고조선의 존재 시기와 정치적 성격 및 지리적 위치를 짐작할 수 있다. 중국문헌 가운데 조선이라는 명칭이 가장 먼저 등장하는 것은 《管子》인데, 춘추시대 齊나라 宰相인 管仲의 저작으로 알

117) 李亨求, 위의 글, 11~33쪽.
118) 李鍾旭, 《古朝鮮史硏究》(一潮閣, 1993), 170~181쪽.

려져 있는 《관자》는 기원전 7세기경에 중국인들에게 이미 조선의 존재가 인식되고 있음을 보여주고 있다.

① (제나라의) 桓公이 管子에게 "내가 듣건대 海內에 귀중한 예물 일곱 가지가 있다고 하는데 그것에 대해 들을 수 있겠소"라고 하니 管子가 "陰山의 유민이 그 한 가지요, 燕의 자산 백금이 그 한 가지요, 發과 朝鮮의 文皮가 그 한 가지요…"라고 답하였다(《管子》 권 23, 揆道篇).

② 桓公이 말하기를 "사방의 오랑캐가 복종하지 않는 것은 아마도 잘못된 정치가 천하에 퍼져서 그런 것이 아닌가 걱정인데… 發과 朝鮮이 朝勤을 오지 않는 것은 문피와 태복을 예물로 요청하기 때문입니다. …한 장의 표범 가죽이라도 여유있는 값으로 계산해 준다면 8천 리 떨어진 발과 조선도 조근을 오게 될 것입니다"라 하였다(《管子》 권 24, 輕重甲篇).

위의 사료는 조선의 존재가 이미 중국 춘추시대에 알려져 있음을 보여주는 것이다. 《관자》의 상당수 내용이 전국시대에 저술되었다고는 하지만 당시에 이같은 전승이 수록되었다는 것은 이 시기를 내려가지는 않는다고 할 수 있다. 특히 관중이 山戎族들을 축출하기 위해 燕지역까지 왔던 사실을 감안할 때 조선의 존재와 함께 그 위치에 대한 인식이 있었다고 생각되며, 그 내용으로 보아 조선이 연 등의 지역과 연결되어 있음을 알 수 있다.

또한 기원전 4~3세기경 이미 간행되었으나 뒤에 郭樸(276~324)에 의해 다시 편찬된 《山海經》 海內北經에는 "조선은 列陽의 동쪽에 있는데 海의 북쪽이며 山의 남쪽이다. 열양은 燕에 속한다"라고 하여 구체적으로 조선이 연에 인접한 것으로 묘사되어 있다. 그리고 《戰國策》 燕策에도 "蘇秦이… 燕文侯(기원전 361~333)에게 말하기를 연의 동쪽에 조선 요동이 있으며"라 하여 기원전 4세기경 연의 동쪽에 조선이 있었음이 언급되어 있다. 이같이 조선이 연과 지리적으로 인접하였음이 부각되어 있고 관련 지명으로 '遼東'이 나타나 있다. 따라서 선진시대 문헌에 나타나 있는 조선은 적어도 기원전 7세기경 춘추시대의 중국인들이 교역을 한 대상이었으며 정치적 복속문제도 염두에 두고 있는 존재였다. 또한 전국시대 문헌에서는 보다 구체적으로 연나라와의 지역적 인접성이 강조되면서 관련 지명으로 '열양'·'요동' 등이 나타나 있다.

그런데 이 시기부터 중국세력과 고조선과의 본격적인 정치·군사적 갈등이 전개되고 있음이 《史記》 朝鮮傳과 《三國志》 東夷傳 韓條에 인용되어 있는 《魏略》에 잘 나타나 있다. 우선 관련 부분을 제시하면 다음과 같다.

③ 옛 箕子의 후예인 朝鮮侯는 周나라가 쇠약해지자 燕나라가 스스로 높여 王이라 칭하고 동쪽으로 침략하려는 것으로 보고, 그도 역시 스스로 王號를 칭하고 군사를 일으켜 연나라를 逆攻하여 주 왕실을 받들려고 하였는데 그의 大夫 禮가 간하므로 중지하였다. 그리하여 예를 서쪽으로 파견하여 연나라를 설득하게 하니 연나라도 전쟁을 멈추고 (조선을) 침공하지 않았다(《三國志》 권 30, 魏書 30, 烏丸鮮卑東夷傳 30, 韓 인용 《魏略》).

④ 그 뒤에 자손이 교만하고 포학해지자 연은 장군 秦開를 파견하여 조선의 서쪽지방을 침공하고 2천여 리의 땅을 빼앗아 滿番汗에 이르는 지역을 경계로 삼았다. 마침내 조선의 세력은 약화되었다(《三國志》 권 30, 魏書 30, 烏丸鮮卑東夷傳 30, 韓 인용 《魏略》).

⑤ 조선왕 滿은 옛날 연나라 사람이다. 처음 연나라의 전성기부터 일찍이 眞番과 朝鮮을 침략하여 복속시키고 관리를 두어 국경에 障塞를 쌓았다(《史記》 권 115, 列傳 55, 朝鮮).

위의 사료에 나타나 있는 바와 같이 전국시대부터 조선과 중국의 정치체들이 본격적인 관계를 가지기 시작하였다. 먼저 연과 고조선은 정치적 대립과 갈등을 겪었으며 급기야 군사적 충돌까지 일으켰는데, ③에서는 연이 稱王하는 시기에 조선도 함께 칭왕하고 있음을 보여주고 있다. 왕을 칭한 시기는 연의 易王(기원전 332~321)이 처음으로 왕칭호를 사용하고 있으므로[119] 대체로 기원전 4세기 후반일 가능성이 높다. 기원전 4세기 후반에 조선은 이미 왕을 칭하며 신하인 大夫 禮를 연에 파견하여 외교적 공세를 펼치고 군사적으로 맞대응할 정도로 국가적 체제를 확립하고 있었던 것이다.

한편 ④와 ⑤에는 이같은 고조선의 성장에 대한 연의 구체적 공세과정, 즉 고조선의 영역축소와 관련된 중대 사건인 燕將 秦開의 고조선 西邊 2천 리 공취사건이 나타나 있다. 이는 진개가 東胡를 치고 천 리를 개척하여 5군을 설치하였다는 《사기》 匈奴傳에 나타나 있는 내용과 관련된다.

119) 전국시대 중국의 稱王은 齊나라가 기원전 334년, 秦과 韓은 기원전 325년, 魏·趙·燕 등은 기원전 323년으로 이해되고 있다.

> 그 후 燕에는 현명한 장수 秦開가 있어 東胡에 인질로 갔었는데 동호가 그를 상당히 신임하였다. 진개가 돌아와 동호를 습격하여 그들을 敗走시켜 천여리 땅을 빼앗았다. …연은 또한 長城을 쌓았는데 朝陽으로부터 襄平에 이르렀다. 그리고 上谷·漁陽·右北平·遼西·遼東郡을 설치하여 동호에 대항하였다(《史記》 권 110, 列傳 50, 匈奴).

위의 사료에는 구체적으로 진개와 고조선과의 관계는 언급되어 있지 않으며 단지 연이 長城을 쌓았다는 사실과 5郡을 설치하였다는 내용만이 보이고 있다. 그런데 《鹽鐵論》에 나타나 있는 다음 내용은 연이 동호를 공격하면서 함께 요동지역을 넘어 조선을 공격하였음을 보여주고 있다.

> 燕이 東胡를 습격하여 바깥으로 천 리를 물러나게 하였으며 遼東을 지나 동쪽으로 朝鮮을 공략하였다(《鹽鐵論》 권 8, 伐攻篇).

이 사건은 고조선의 영역을 이해하는 데 있어 매우 중요한 사실이다. 즉 기원전 3세기경 요동 서쪽까지 뻗어 있던 고조선의 영역은 진개의 공격에 의해 2천 리를 상실하는 상당한 타격을 받았던 것이다. 이는 고조선이 遼河線까지 유지하고 있던 영역 가운데 요동지역 거점을 상실하였음을 보여주는 것이다.

앞의 사료 ④에 '滿番汗'이라는 곳을 경계로 하여 연이 고조선과 접하고 있다는 점이 강조된 것으로 보아 새로 설치된 5군 가운데 요서·요동군지역은 고조선과 관련이 깊은 곳임을 알 수 있다.[120] 이 만번한이 구체적으로 어디인가에 대하여 많은 학자들이 논란을 벌여 왔다. 만번한을 《漢書》 地理志에 나타나 있는 前漢代 요동군의 속현인 文縣과 番汗縣의 연칭으로[121] 이해하는 데에 대부분의 학자들이 동의하고 있다. 문제는 이들 지역이 현재의 어디인가인데 이에 대해서 《讀史方輿紀要》에서는 文縣故城이 蓋州衛 서쪽에 있

120) 《遼東志》를 토대로 하여 북경에서 산해관까지 670리, 산해관에서 심양까지 810리, 심양에서 압록강까지를 600리라고 보고, 압록강에서 북경까지 2천 리가 된다는 사실에 근거하여, 이는 정약용이 義州에서 北京까지의 거리가 2천 리라고 한 것과 합치한다면서 고조선의 영역이 요서, 요동에 걸쳤다고 보는 견해도 있다(리지린, 앞의 책, 17쪽).

121) 《漢書》 권 28 下, 志 8 下, 地理.

다고 하였다. 그러므로 문헌은 오늘날 요동반도의 蓋平 서쪽으로 비정할 수 있으며, 《한서》 지리지 번한현조에 나오는 沛水는[122] 淤泥河로 볼 수 있으므로 번한현은 현재의 요동 海城縣 및 蓋平 일대로 볼 수 있다.[123]

따라서 기원전 7세기경의 춘추시기부터 나타나고 있는 고조선과 중국과의 관계는 다음과 같이 정리할 수 있다. 전국 초기의 고조선은 燕에 대하여 적극적인 공세와 대등한 정치·군사적 역량을 보여주는 등 연에 대한 위협세력으로 존재하였다. 그러나 기원전 3세기 중반 연의 昭王 때에 이루어진 진개에 의한 동호 공략과 고조선 공략으로 고조선은 연에 의해 서쪽 경계의 영역을 축소당하는 커다란 변화를 겪었던 것이다.

나. 진의 중국통일과 고조선의 영역

秦에 의한 중국의 통일시기에는 앞서 연의 동방침략에 의해 구축된 고조선과의 경계가 그대로 유지되면서 정치적 관계가 보다 밀접하게 전개되었다.

> ①-ⓐ 秦나라가 천하를 통일한 뒤에 蒙恬을 시켜서 長城을 쌓게 하여 요동에까지 이르렀다. 이 때에 조선왕 否가 왕이 되었는데 진나라의 습격을 두려워한 나머지 진나라에 복속을 하였지만 조회에는 나가지 않았다. 부가 죽고 그 아들 準이 즉위하였다.
>
> ⓑ 그후 20여 년이 지나 중국에서 陳勝과 項羽가 起兵하여 천하가 어지러워지자 燕·齊·趙의 백성들이 괴로움을 견디다 못해 점차 準에게 망명하므로 준은 이들을 서부지역에 거주하게 하였다(《三國志》 권 30, 魏書 30, 烏丸鮮卑東夷傳 30, 韓 인용 《魏略》).
>
> ② 秦이 燕을 멸한 뒤에는 (그 곳을) 遼東外徼에 소속시켰는데… (《三國志》 권 30, 魏書 30, 烏丸鮮卑東夷傳 30, 韓 인용 《魏略》).

사료 ①-ⓐ와 ②는 秦이 연에 의해 점령되었던 고조선의 서변지역을 遼東外徼에 속하게 하였으며 고조선왕 否에 대한 朝覲을 강제하는 단계에까지 이르렀음을 보여주고 있다. 그런데 이 과정에서 고조선이 군사적 대응도 하고 있어 모종의 갈등이 있었음을 《魏略》 기사와 《鹽鐵論》 기사에서 유추

122) 《漢書》 권 28, 志 8 下, 地理 遼東郡.
123) 盧泰敦, 앞의 글, 49~51쪽.

할 수 있다. 즉 진이 장성을 수축하면서 고조선의 경계에까지 이르게 되었고 그 와중에 진의 공격을 막기 위해 고조선왕 부가 복속을 자청한 것처럼 되어 있다. 그러나 《염철론》에서는 沛水를 넘어 진이 고조선을 직접 공략하였다고 했으므로 그 결과 고조선왕 부가 臣屬하게 되었다고 생각된다. 따라서 고조선은 진이 등장한 시기에 타협적 관계를 유지하였으며 이같은 입장과 정책은 이후에도 기본적으로 유지되었다고 이해된다. 다음의 자료는 그 예이다.

③ 효문제가 즉위하였을 때에 장군 陳武가 아뢰기를 "南越과 朝鮮은 진나라의 전성기 때에 내속하여 신자가 되었는데 뒤에 병사를 끼고 험한 곳에 의지하여 관망하고 있습니다"라 하였다(《史記》 권 25, 書 3, 律).
④ 秦이 천하를 통일한 뒤 동쪽으로 沛水를 넘어 朝鮮을 멸하였다(《鹽鐵論》 권 8, 誅秦 44).

그런데 진이 중국을 통일한 이후의 강역을 설명한 아래 사료에서도 조선은 진과 국경을 접하고 있는 것으로 되어 있다. 즉 과거에 연과 접하고 있던 조선이 진과도 영토적으로 접하게 되었음을 보여준다. 보다 구체적으로는 長城의 동쪽 끝부분이 조선과 연결되고 있음을 말하고 있다. 그리고 진의 영토를 설명하면서 요동지역과 沛水가 제시되고 있는데 沛水는 浿水의 이칭으로 믿어진다.

⑤ (秦의) 땅은 동쪽으로는 바다에 이르렀고 朝鮮에 미쳤다. 서쪽은 臨兆·羌中에 이르렀고 남쪽으로는 北嚮戶에 이르렀으며 북쪽은 황하에 의거하여 요새를 삼고 음산과 나란히 遼東에 이르렀다(《史記》 권 6, 本紀 6, 秦始皇).
⑥ 城을 쌓았는데 서쪽으로는 流沙에 이르고 북쪽으로는 遼水와 만나며 동쪽은 朝鮮과 연결되어 있다(《淮南子》 18, 人間訓).

결국 秦代 고조선의 지리적 위치는 이 시기 요동의 위치와 秦 長城의 동쪽 끝이 어디인가라는 문제로 집약된다. 기본적으로 진 장성은 앞서 연나라가 쌓았던 鄣塞와 관련되는 것으로 장성의 동쪽 끝에 대해서는 요동설·요서설·한반도 서북부설 등이 제시되어 왔다.

요서설은 《水經注》에 나타나 있는 碣石山[124]이 장성의 기점이라는 견해에 바탕을 두고 있는 것으로 진 장성이 현재의 山海關지역의 갈석산까지 연결된다는 입장이다. 이 견해는 북한학계의 통설로서[125] 특히 魏晋南北朝期의 北齊와 北周 및 隋代의 장성이 갈석에 이르러 요서의 해안에 달하였다는 사실과 관련되어 있다.[126] 한편 한반도 서북부설은 낙랑군 遂成縣이 진 장성의 기점이라는《晋書》지리지의 기사를 논거로 하여 제시된 것인데, 현재 관련 유적이나 당시 장성의 수축 목적이 유목세력을 염두에 둔 것이었다는 점을 고려할 때 적절한 견해가 아니라고 판단된다.[127]

요동설은《사기》흉노전 등에 "장성이 臨兆에서 시작되어 요동에 이르렀는데 만여 리이다"[128]라는 기사를 근거로 제시된 견해인데, 특히 최근 보고되고 있는 연과 진의 장성유적지에 관한 고고학적 발굴성과가 이를 뒷받침하고 있다. 중국 고고학계가 보고하고 있는 요령성지역의 장성은 남북으로 두 개의 줄기를 이루며 동서로 뻗쳐 있는데, 북쪽 遺址는 英金河 北岸을 따라 赤峰縣·敖漢旗를 횡단하고 吉林省 奈曼旗·庫倫旗 남부로부터 阜新縣으로 연결되는 것이 확인되었다. 남쪽 유지는 喀喇泌旗와 적봉현 남부를 거쳐 老哈河를 넘어 建平縣 북쪽과 오한기 남부를 통하여 北票縣으로 진입하고 있다.[129] 이같은 고고학 자료는 연과 진 장성의 동쪽 끝이 현재의 요하에 이르고 있음을 보여주는 것이며, 또한 연과 진에 의해 축소된 고조선의 경계가 어디인가를 짐작하게 해주는 것이다.

124) "시황이 태자 부소와 몽염에게 명하여 장성을 쌓게 하였다. 장성은 임조에서 시작하여 갈석에 이르렀는데…"(《水經注》1, 河水).

125) 리지린, 앞의 책, 71쪽.
강인숙, 〈기원전 4~3세기 고조선의 서변〉(《비파형단검문화에 대한 연구》, 1987).
리상호, 〈기원전 4세기이전 고조선의 서단과 중심지에 대하여(하)〉(《력사과학》 1964-3).

126) 盧泰敦, 앞의 글, 21쪽.

127) 松井等, 〈秦長城東部の位置〉(《歷史地理》13-3, 1909).
稻葉岩吉, 〈秦長城東端及王險城考〉(《史學雜誌》21-2, 1910).
李殿福, 〈東北境內燕秦長城考〉(《黑龍江文物叢刊》82-1, 1982).

128)《史記》권 110, 列傳 50, 匈奴.

129) 文物編輯委員會,《文物考古工作三十年》(1979), 92~93쪽.
中國社會科學院 考古硏究所 編,《新中國的考古發現和硏究》(1984), 400~406쪽.

한편 秦·漢代 요동의 위치는 고조선의 영역을 이해하는 데 중요한 문제이기 때문에 학계에서는 요동의 위치비정을 둘러싸고 다양한 논의가 전개되어 왔다. 종래 고조선의 영역을 압록강 이남지역에서 찾은 견해에 의하면 진·한대 요동은 현재의 요하에서 압록강에 이르는 지역이 된다. 이와는 달리 고조선의 영역을 청천강 이남으로 이해하는 견해를 따른다면 요동의 위치는 요하 이동에서 청천강에 이르는 지역이 된다. 따라서 이같은 견해에 의하면 진·한대 요동군의 영역은 요하 이동지역이 되며 요동과 요서의 경계가 현재의 요하로 파악되는 셈이다.

한편 《전국책》 燕策의 "蘇秦… 說燕文侯曰 燕東有朝鮮遼東"이라는 기록을 '조선의 요동'으로 이해하고, 이 지역에 점차 진의 세력이 침투하여 한나라 초기에 '燕分爲遼東'이라고 한 사실130) 등에 근거하여 진나라와 한나라 초에는 遼東國과 遼東郡이 따로 있었다고 보는 견해도 있다. 즉 燕王 韓廣이 요동왕이 되어 無終에 도읍하였고 燕將 臧荼가 연의 왕이 되어 薊에 도읍한 것으로 보아131) 요동국과 요동군이 따로 존재하였는데 연과 구별되는 요동은 灤河 이동에 있었던 것으로 간주하고 있다. 또한 秦二世가 갈석산에 다녀온 사실을 요동에 갔다온 것으로 이해하여,132) 현재의 산해관에 존재하는 갈석산의 위치에 의하여 그 사실을 확인할 수 있다고 하였다. 그리고 현재의 난하를 당시에는 遼水로 칭했음을 논증하면서 이를 보강하여 진·한 초의 요동은 현재의 난하 이동을 가리키는 것으로 보았다.133) 이같은 견해는 최근 일부 학자에 의해 부연되고 있는데,134) 이러한 견해에 대해서는 사료해석에 나타나는 논리적 비약과 문제점들이 지적되고 있다.135)

한편 고조선의 중심이 요동에서 대동강유역으로 이동하였다는 최근에 제기된 견해에 의하면, 燕代의 요동군은 요하 중류의 군사기지에 불과한 것이었으며 秦代에는 그 범위가 압록강까지 확대되었으나 군현지배가 본격적으로

130) 《史記》 권 16, 表 4, 秦楚之際月 義帝 元年.
131) 《史記》 권 7, 本紀 7, 項羽.
132) 《史記》 권 6, 本紀 6, 秦始皇.
133) 리지린, 〈진·한대 요동군의 위치〉(《력사과학》 1963-1), 55~64쪽.
134) 尹乃鉉, 앞의 책.
135) 徐榮洙, 앞의 글, 32~34쪽.

이루어진 것은 漢代부터이므로, 燕將 秦開 침입 이전의 고조선 영역은 요동을 중심으로 하여 대릉하유역에까지 이르렀다고 한다.[136]

이와 같이 진·한대 요동의 위치에 관한 현재의 논의는 그 西邊이 현재의 요하라는 견해와 난하라는 견해로 나뉘어짐을 알 수 있다. 이는 고조선의 중심지가 한반도인가 또는 현재의 요동지역인가라는 문제 및 고조선의 강역이 어디까지 미쳤는가라고 하는 문제와 직결되는 중요한 쟁점이다. 그런데 최근의 요동지역의 고고학적 발굴성과와 문헌고증에 의거할 때 고조선의 초기 중심지는 아무래도 현재의 요동지역으로 보는 것이 옳으리라 생각된다. 특히 대릉하 이동지역에서 고조선의 독자적 문화를 볼 수 있으므로 향후 이에 대한 충분한 검토와 계속적인 발굴이 요망된다고 하겠다.

고조선과 진과의 관계는 진나라 말기에 가서 변화를 보이고 있다. 즉 진이 와해되는 계기가 된 陳勝·項羽의 난 이후 접경지역이 空地化하여 망명자들이 대거 유입되었을 뿐만 아니라, 고조선이 적극적인 공략을 통하여 과거에 잃어버렸던 지역을 일부 회복하는 양상이 나타나고 있다.

> 大夫가 말하기를 옛적에 四夷가 모두 강하여 (중국에) 쳐들어와 도둑질하였는데 朝鮮은 徼를 넘어 燕나라의 동쪽 땅을 빼앗았다(《鹽鐵論》 권 7, 備胡).

위에서 말하는 '옛적'이라는 시기가 구체적으로 언제인지는 알 수 없으나 漢 武帝 때 鹽鐵專賣문제를 논의하면서 옛날이라는 표현을 사용하고 있는 것은 분명하다. 또한 '徼'를 넘어와 燕의 동쪽을 빼앗았다는 것은 과거 秦의 遼東外徼를 넘었다는 것으로 이해된다. 즉 위의 사료는 진이 붕괴되는 시기의 상황을 보여주고 있다고 생각되는데, 이 때 고조선은 중국의 통제력이 약해진 틈을 타서 과거 연에게 빼앗겼던 失地를 회복하였음을 알 수 있다.

결국 고조선은 중국세력과의 끊임없는 갈등 속에서 때로는 일시적으로 복속되기도 했지만 한편으로는 대립을 견지하면서 계속 연·진세력과 국경을 접하고 있었음을 알 수 있다. 이는 곧 이 시기에 고조선의 정치·군사적 역량이 연·진과 같은 중국세력을 상대할 만큼의 국가적 수준이었음을 나타내주는 것으로 볼 수 있다.

---

136) 徐榮洙, 앞의 글, 41~42쪽.

다. 한과의 관계와 위만조선의 영역

秦·漢교체의 혼란기에 고조선지역으로 대규모 流民이 이동해온 것과 때를 같이하여 성립된 위만조선을 통하여 고조선의 지리적 상황을 보다 구체적으로 알 수 있다. 우선 관련 사료를 보면 다음과 같다.

① 漢이 일어나서는 (遼東外徼가) 멀어 지키기 어려운 까닭에 다시 遼東故塞를 수리하고 浿水에 이르는 곳을 경계로 하여 燕지역에 부속시켰다(《史記》 권 115, 列傳 55, 朝鮮).

② 燕王 盧綰이 漢을 배반하고 匈奴로 들어가자 滿도 망명하였다. 무리 천여 명을 모아 상투를 틀고 오랑캐의 복장을 하고서 동쪽으로 도망하여 요새를 나와 浿水를 건너 秦의 옛 空地인 上下障에 居하였다. 점차 眞番과 朝鮮의 蠻夷 및 옛 燕·齊의 망명자를 복속시켜 거느리고 왕이 되었으며 王險에 도읍하였다(《史記》 권 115, 列傳 55, 朝鮮).

③-ⓐ 한나라 때에 이르러 盧綰으로 燕王을 삼으니 朝鮮과 燕은 浿水를 경계로 하게 되었다.

ⓑ 盧綰이 漢을 배반하고 匈奴로 도망한 뒤 연나라 사람 衛滿도 망명하여 오랑캐의 복장을 하고 동쪽으로 패수를 건너 準에게 항복하였다(《三國志》 권 30, 魏書 30, 烏丸鮮卑東夷傳 30, 韓 인용 《魏略》).

위의 사료에는 위만이 전국시대의 燕지역 사람으로서 漢과 고조선의 완충지대에서 나름대로 세력을 성장시켜 이를 바탕으로 準王을 축출하는 과정이 나타나 있다. 먼저 위만의 망명 경로를 보면 ㉠ 동쪽으로 塞를 나와, ㉡ 浿水를 건너(《魏略》에는 溴水로 나와 있지만 이는 浿水의 誤記로 생각된다), ㉢ 秦故空地 上下障에 거하면서, ㉣ 준왕을 몰아내고 王險에 도읍한 것으로 되어 있다. 이는 고조선의 준왕이 장악하고 있던 지역을 위만조선이 그대로 이어받아 영역의 변동이 없었음을 나타내주는 것이다. 한편 관련 지명으로서 浿水·王險 등이 언급되고 있는 것이 주목된다.

패수는 한과 조선의 국경으로 나타나 있는데, 위만의 망명뿐만 아니라 뒤에서 보게 될 한 무제의 조선침공 및 한사군 설치 등과도 관련이 있는 중요한 지역이다. 패수의 위치에 관해서는 대동강설·청천강설·압록강설 및 요동지역설 등이 있으며 요동방면설로는 灤河·大凌河·渾河說 등이 제시되어 있다. 대동강설은 酈道元의 《水經注》 이래 《隋書》·《新唐書》·《通典》 등의 중국사서에 한결같이 유지되고 있는 견해이다. 한편 패수를 압록강·대동강·요동 이하·猪灘水 등으로 각기 달리 비정한 한국의 전통사학자들의 견해를 언급하여 패수에 관한 이해가 다양하였음을 보여준 정약용은 압록강설을 견지하였다.137)

일제 강점기 우리 학자에 의해 제기된 청천강설은 洌水을 대동강으로 보고 평양지역을 고조선의 중심지로 이해하는 입장에서 제시된 것이다.138) 한편 申采浩는 軒芋濼을,139) 정인보는 於泥河(大凌河)說을140) 제기하여 패수가 요동방면에 있었다고 주장하였다. 이와 같은 요동방면설은 북한학자들에 의해 대릉하설로 이어졌다. 즉 패수에 관한 최초의 언급인《水經》浿水條의 "浿水出樂浪鏤方縣 東南過臨浿縣 東入于海"라는 기사를 근거로 하여, 현재의 요동과 요서지역에서 동남쪽으로 흐르다가 하류에 가서 다시 동으로 흘러 바다로 들어가는 강은 대릉하 밖에 없으며, 또한 대릉하의 옛 명칭이 白狼水였으므로 패수는 곧 대릉하라는 것이다. 특히 漢代 鏤方縣이 대릉하유역에 있었음을 고증하여 이같은 견해를 제시하였다.141)

한편《漢書》地理志 遼東郡 番汗縣조의 註를 인용하여 浿水라는 명칭이 보통명사로 파악된 연유 등을 설명하면서 패수를 난하로 이해한 견해도 있다.142) 그러나 고조선의 서쪽 국경인 패수와 고조선의 중심부에 있었던 洌水가 모두 난하라는 견해는 수긍하기 어려운 것으로 보인다.《사기》에 따르면 패수는 遼東故塞와 고조선의 중심지인 열수의 사이에 있는 것으로 되어 있기 때문이다. 따라서 요동고새를 秦 長城의 동쪽 끝에 위치한 것으로 보고, 열수를 요하로 파악한 견해에 의하면 패수는 자연히 대릉하로 비정될 수밖에 없다.143) 한편 고조선의 중심이 이동함에 따라 열수의 명칭도 옮겨졌으리라고 보는 견해를 따른다면 열수는 대동강에 비정될 수 있으므

137) 丁若鏞,《與猶堂全書》6, 疆域考 浿水辯.
138) 李丙燾, 〈浿水考〉(《青丘學叢》13, 1933 ; 앞의 책).
139) 申采浩,《朝鮮史研究草》(《丹齋申采浩全集》권 下, 1972), 45~65쪽.
140) 鄭寅普, 앞의 책.
141) 리지린, 앞의 책, 72~83쪽.
142) 尹乃鉉, 앞의 책, 11~250쪽.
143) 리지린, 앞의 책, 80~83쪽.

로 패수는 대동강과 요하 사이의 강이 된다. 이처럼 패수에 대해서는 여러 가지 견해가 제시되었는데 대표적인 것은 청천강설과 압록강설이라고 할 수 있다.

그러나 《사기》의 내용을 면밀히 검토해보면 패수는 요동고새(燕의 鄣塞)와 秦故空地 사이의 강이 된다. 연의 동방진출시 조선과의 국경선이었던 만번한이 하나의 界線이었다면 패수는 이와 병행하는 강으로 볼 수 있다. 만번한이 천산산맥 주변지역에 비정되므로 고조선의 이동과 관계없이 패수는 요동지역에 있던 강으로 보는 것이 옳을 것이다. 이 《사기》의 패수와는 다른 강으로 《한서》 지리지에 보이는 패수가 있다. 《한서》에 나타나는 패수는 조선계 지명으로 흔히 고조선의 수도 근처를 흐르는 강으로 이해되고 있다. 《한서》 지리지에 나오는 평양 남쪽의 후일의 패수는 바로 고조선 말기의 중심지였던 대동강을 일컫는 것이 분명하므로 《사기》의 패수와는 다른 것으로 보아야 할 것이다.

한편 패수와 함께 위만의 도읍지로 등장하는 王險[144]의 위치에 대해서도 많은 논란이 있었다. 왕험의 위치는 고조선이나 위만조선의 강역은 물론, 위만조선 멸망 후 그 지역에 설치된 한사군의 위치비정에 있어서도 매우 중요한 문제인데, 관련 주석 자료 사이에도 상호 차이가 있다.[145] 고려시대 이후 조선 후기 실학자들에 이르기까지 왕험의 위치는 현재의 평양으로, 또 고조선이나 한사군의 위치는 한반도 북부로 이해하여 왔다.[146] 이에 대해 요동군의 속현인 險瀆을 조선계 지명인 검터의 한자어 표기인 儉瀆으로 이해하고 이를 왕검성에 비정하여 고조선과 위만조선의 도읍이 계속하여 요동에 있었다고 본 견해가 있는데, 북한학계에서는 현재의 蓋平지방으로 그 위치를 비정하고 있다.[147]

144) 《삼국사기》, 《삼국유사》에서는 王儉으로 표기하고 있다.
145) 《史記集解》에서는 '昌黎有險瀆縣也'라는 서광의 말을 인용하고, 《史記索隱》에서는 '遼東險瀆縣 朝鮮王舊都'라는 응소의 주를 인용하고 있다. 한편 《漢書》 地理志 遼東郡 險瀆의 注에는 '朝鮮王滿都也 依水險 故曰險瀆'이라는 응소의 견해와 '王險城在樂浪郡 浿水之東 此者是險瀆也'라는 臣瓚의 해석이 부기되어 있다.
146) 丁若鏞, 《與猶堂全書》 6, 疆域考 朝鮮考.
147) 리지린, 앞의 책, 83~96쪽.

한편 고조선의 중심지이동설에 의하면 험독은 고조선의 도읍지를 가리키는 조선계 지명으로서, 고조선의 도읍은 요동의 험독에서 평양의 험독으로 이동하였다고 한다. 따라서 고조선의 초기 도읍지는 요동의 험독이 분명하지만 그 정확한 위치는 알 수 없고, 대체로 요하 이동 천산 이서의 어느 지역일 것으로 추정된다고 하였다. 또한《사기》에 나오는 王險城은 진고공지를 지나서 있었던 것이 분명하고 고조선이 요동의 험독에서 그 중심지를 옮긴 이후의 도읍지를 가리키는 것이므로 후기 고조선의 중심지는 평양지역이 유력하다고 보았다.

〈金貞培〉

2. 고조선의 변천

1) 고조선사회의 국가적 성장

중국문헌 가운데 朝鮮이라는 명칭이 가장 먼저 등장하는 기록은《管子》로서 기원전 7세기경의 중국인들에게 이미 조선의 존재가 인식되고 있었음을 앞에서 보았다. 이 시기의 고조선은 이른바 箕子朝鮮[1] 즉 濊貊朝鮮 단계였다고 할 수 있다. 또한 앞에서 살펴본 것처럼《山海經》과《戰國策》등에 의하면 보다 구체적으로 조선은 기원전 4세기경 燕의 동쪽에 존재한 것으로

1) 箕子朝鮮의 실체에 대해서는 전통적으로 箕子東來에 입각한 인식이 제시되었으나 이에 대한 학계의 입장은 기자동래를 부정하고 대신 그 실체의 성격에 대해 李丙燾의 '韓氏朝鮮說', 金貞培의 '濊貊朝鮮說', 千寬宇의 '箕子族團移動說' 등의 견해가 제시되어 있다.

李丙燾, 〈三韓問題의 新考察〉(《震檀學報》3, 1935;《韓國古代史硏究》, 博英社, 1976).

金貞培, 〈古朝鮮의 住民構成과 文化的 複合〉(《白山學報》12, 1972;《韓國民族文化의 起源》, 高麗大 出版部, 1973).

———, 〈準王 및 辰國과 '三韓正統論'의 諸問題〉(《韓國史硏究》13, 1976;《韓國古代의 國家起源과 形成》, 高麗大 出版部, 1986).

千寬宇, 〈箕子攷〉(《東方學志》15, 1974;《古朝鮮·三韓史硏究》, 一潮閣, 1989).

되어 있다. 이들 先秦시대 문헌에 나타나 있는 고조선은 적어도 기원전 7세기경 춘추시대의 중국인들이 교역을 행하는 대상이었으며 정치적 복속문제도 염두에 두고 있는 존재였다. 그러나 이들 선진시대 문헌에는 고조선의 존재만이 나타나고 있을 뿐이어서 구체적인 사회수준이나 성격은 파악할 수 없다. 이 시기 고조선사회의 성격의 일단을 보여주는 것으로 다음 사료가 참고된다.

> 옛 箕子의 후예인 朝鮮侯는 周나라가 쇠약해져 燕나라가 스스로 높여 王이라 칭하고 동쪽으로 침략하려는 것으로 보고, 조선후도 역시 스스로 王號를 칭하고 군사를 일으켜 연나라를 역공하여 주 왕실을 받들려고 하였는데 그의 大夫 禮가 간하므로 중지하였다. 그리하여 예를 서쪽으로 파견하여 연나라를 설득하게 하니 연나라도 전쟁을 멈추고 (조선을) 침공하지 않았다(《三國志》 권30, 魏書 30, 烏丸鮮卑東夷傳 30, 韓 인용 《魏略》).

위와 같은 일이 일어난 시기는 燕이 王을 칭하는 기원전 4세기 후반경인데, 연과 정치·군사적 갈등을 보이고 있다는 사실을 통하여 당시 고조선사회의 수준을 대강 짐작할 수 있다. 즉 연과 함께 고조선이 왕호를 취하고 있으며 신하인 大夫의 존재가 나타나고 있는 점이나, 연과의 전쟁도 불사하는 외교적 강경조치를 강구하는 것으로 보아 이 시기 고조선의 세력이 연에 버금가는 것이었음을 알 수 있다. 따라서 기원전 4세기경의 예맥조선 후기 단계에 이르게 되면 이미 고조선이 국가로서 발돋움하고 있었다고 볼 수 있는 것이다. 기원전 3세기 중반의 연의 昭王代에 秦開가 조선을 공략하여 2천여 리라는 광대한 지역을 빼앗았으며, 이후 秦이 중국을 통일한 후에 조선왕 否가 복속의 예를 갖추었다는 후속 사료에서 더욱 이러한 사실을 확인할 수 있다. 즉 연에게 빼앗긴 고조선의 일부 영역이 2천 리라는 사실은 그 나머지 영역이 매우 광대하였으며, 진이 중국을 통일한 후에 조선에 대한 정치적 복속을 강요한 것은 고조선의 세력이 상당한 수준이었음을 반증하는 것이라고 볼 수 있다.

이같은 고조선사회의 보다 발전된 모습을 위만과 관련된 사료에서 볼 수 있다. 즉 위만과의 관계에서 볼 때 후기 예맥조선은 이미 초기국가적 성격을 띠고 있는 존재로 여겨진다.[2] 예맥조선 말기의 여러 양상은 그 단계를 初期國家(Pristine State)로 규정하게 하는데, 사회계급이 발생하였다는 사실 이외에 국가가 성립될 때 지니게 되는 여러 면을 일차적으로 보여주고 있기 때문이다. 따라서 예맥조선은 君長社會(Chiefdom)의 단계가 아니라 초기국가 단계라고 보아야 할 것이다.

이처럼 한국사에서 국가의 기원과 형성문제는 고조선에서 그 시발을 찾을 수 있다.[3] 고조선으로 지칭되는 우리 역사 최초의 정치체는 기본적으로 '檀君朝鮮'·'箕子朝鮮'·'衛滿朝鮮' 등으로 구별되는 정치체를 포함하고 있는 사회로서 이들의 사회적 수준을 어떻게 규정하느냐 하는 문제가 하나의 논란거리이다. 특히 이들의 존재 시기와 중심지 및 사회성격 등과 관련한 논의는 현재까지도 상당한 견해차를 보이며 진행되고 있는 실정이다.[4] 실제로 우리 나라의 국가 기원 및 형성문제에 관한 논의는 이른바 기자조선과 관련된 자료를 근거로 하여 이루어지고 있다.[5] 즉 위만조선의 성립 이전 이른바 기자조선 후기 단계에 이미 국가로서의 조직체가 갖추어진 것으로 보고 있는 것이다.

고조선이 국가로서 출발한 시점은 연과의 관련성 등을 감안할 때 기원전 4~3세기를 전후한 시기로 짐작되는데, 국가적 정치조직체의 편린을 엿볼 수 있는 자료로서 다음과 같은 것을 지적할 수 있다. 우선 '朝鮮侯'라는 최고의 정치적 존재가 '王'[6]을 자칭하였으며 그 신하로서 '大夫'라는 존재가[7] 나타나

---

2) Fried는 階層社會(Stratified Society)와 國家(State)의 단계를 더 설정하고 있는데 후자의 두 단계는 구별에 신중을 기해야 된다고 보고 있다. 그런데 Fried는 국가를 初期國家(Pristine State 이를 原初 또는 原生國家라고 번역할 수도 있다)와 二次國家(Secondary State)의 두 가지 형태로 나누어서 고찰하고 있다. 초기국가는 그 지역에서 발생·발전된 것이며, 2차국가는 외부로부터 물리적 힘에 의해서 형성된 국가이다(Service, E.R., *Origins of the State and Civilization*, W. W. Norton & Company Inc., 1975, p.304 및 金貞培, 앞의 책, 1986, 180쪽).

3) 金貞培, 〈韓國 古代國家의 起源論〉(《白山學報》 14, 1973 ; 위의 책, 1986).

4) 盧泰敦, 〈古朝鮮史硏究의 現況과 課題〉(《韓國上古史》, 民音社, 1989).

5) 金貞培, 〈衛滿朝鮮의 國家的 性格〉(《史叢》 21·22, 1977 ; 앞의 책, 1986, 24~45쪽).

6) '王'은 조선후가 참칭한 것으로 묘사되고 있는 데서 알 수 있듯이 周代의 경우 최고의 통치권자에 대한 칭호로 사용되었으며 漢代에는 諸侯國의 통치권자를 지칭하는 용어였다. 특히 조선왕 否의 왕위가 아들 準에게 계승되고 있는 사실

고 있다. 또한 준왕은 위만이 망명하여 오자 그를 '博士'[8]로 임명하여 '圭'를 하사하고 백 리의 땅을 봉하여 주며 서쪽 변경을 지키게 하였다.[9] 따라서 고조선사회의 통치체계는 왕을 정점으로 하여 왕의 명령을 받고 조언하는 중앙 행정 관리로서 '대부'가 있었으며, 지방 통치를 대행하는 존재로서 '박사'가 있었음을 알 수 있다. 그러므로 위만이 망명하기까지 고조선사회의 통치구조는 왕과 중앙의 대부, 왕과 지방의 박사 등으로 연결되어 있는 체제였다고 볼 수 있다. 또한 陳勝의 亂 이후 고조선이 중국의 수만에 달하는 피난민을 무리없이 수용하고 있는 사실을 통하여 상당히 규모가 큰 통치구조를 갖추고 있었음을 짐작할 수 있다.

그러나 준왕이 위만에게 축출되는 과정을 보면 군사적인 역량에서는 오히려 위만세력보다 미약했던 것으로 짐작된다.[10] 당시의 법속 또한 고대사회에 널리 퍼져 있던 萬民法 차원의 성격으로 이해되는데, 국가의 구성요건 가운데 하나인 법에 관한 것이 발달되어 있지 않았다는 점에서도 미흡함을 지적할 수 있다.[11]

을 통하여 부자상속체계가 이루어지고 있었음을 알 수 있다. 더욱이 준왕까지의 계보로서 40여 세대의 존재가 인식되고 있었다는 《三國志》 東夷傳 濊條의 기록은 이같은 부자상속에 의한 왕위계승이 훨씬 이전부터 확립되었음을 보여주는 것이라 하겠다.

7) '大夫'라는 표현은 제후국 지배계층의 총칭으로서 周代의 경우 세부적으로는 卿·大夫·士 등으로 구분되어 있었다. 조선왕이 燕을 공략하려고 하자 대부 禮가 이를 만류하였다는 사실을 통하여 고조선의 대부라는 명칭도 이같은 직임에 걸맞는 존재임을 알 수 있다.

8) '博士'는 일반적으로 전문적인 직임이 부여된 직능인으로 이해되고 있다. 이는 漢 武帝가 五經博士를 설치하고 있는 데서 잘 알 수 있다. 그러나 박사라는 칭호는 전문적인 직능인 외에 중앙에서 특별히 파견하는 지방관을 지칭하는 경우도 있다. 즉 한대에 중앙의 정책이 지방에 철저하게 수행되지 않는 것을 보완하기 위해 파견한 자가 박사였으며, 홍수가 난 地方民에 대한 특별 조치를 취할 때 파견된 자를 박사라고 하였다. 즉 박사는 당시 최고 통치권자의 명을 받아 지방에 대한 통치권을 행사하는 직임이었다. 그러므로 위만이 부여받은 '박사'라는 직함도 특정사항에 제한된 단순한 전문 기능인이라는 의미가 아니라 중앙에서 특별히 파견된 지방관을 뜻하는 것으로 보아야 할 것이다(趙法鍾, 〈한국고대신분제연구〉, 《國史館論叢》 52, 國史編纂委員會, 1994).

9) 《三國志》 권 30, 魏書 30, 烏丸鮮卑東夷傳 30, 韓 인용 《魏略》.

10) 위와 같음.

11) 《漢書》 권 28 下, 志 8 下, 地理 燕.
《三國志》 권 30, 魏書 30, 烏丸鮮卑東夷傳 30, 濊.

이상에서 살펴본 칭왕 사실이라든가 官階조직·法俗·軍事·문화 단계 등을 통하여 예맥조선 말기에 와서 강력한 왕권이 확립되어 있던 흔적을 찾아볼 수 있다. 특히 이 시기는 고고학적으로 청동기문화를 거쳐 철기문화의 단계에 진입하였고 기원전 4~3세기에는 철제의 도끼류 등이 생산되고 있음도 확인되고 있다.[12] 그러나 이들 유물은 강력한 무기와는 일정한 거리가 있는 것이어서 그 한계성이 지적되고 있다. 한편 망명한 위만집단이 숙위를 자처하였던 점으로 미루어 보아 준왕의 군사조직이 그리 강력한 것은 아니었음을 알 수 있다. 그러므로 이른바 기자조선 후기의 양상은 위만조선과 비교할 때 프리드가 상정한 초기국가적 성격이 강한 것으로 볼 수 있다.[13]

2) 위만조선의 성립과 변천

(1) 위만조선의 성립

춘추 전국시대 및 진의 통일시기까지 독자적인 국가체제를 유지하였던 고조선은 진·한교체의 혼란기에 대규모 유민의 유입으로 기왕의 정치체계에 많은 변화를 겪게 되었다. 그 중에 가장 대표적인 것이 정권담당 세력의 교체였다. 즉 否王과 準王으로 이어졌던 예맥조선은 衛滿의 정권찬탈로 인하여 정권담당자가 교체되면서 국가체제가 보다 체계화되었다. 다음의 사료가 이를 보여준다.

① 燕王 盧綰이 漢을 배반하고 匈奴로 들어가자 滿도 망명하였다. 무리 천여명을 모아 상투를 틀고 오랑캐의 복장을 하고서 동쪽으로 도망하여 요새를 나와 浿水를 건너 秦의 옛 空地인 上下障에 居하였다. 점차 眞番과 朝鮮의 蠻夷 및 옛 燕·齊의 망명자를 복속시켜 거느리고 왕이 되었으며 王險에 도읍하였다(《史記》 권 115, 列傳 55, 朝鮮).

② 한나라 때에 이르러 盧綰으로 燕王을 삼으니 朝鮮과 燕은 浿水를 경계로 하게 되었다. 노관이 漢을 배반하고 匈奴로 도망한 뒤 연나라 사람 衛滿도 망명하여 오랑캐의 복장을 하고 동쪽으로 패수를 건너 準에게 항복하였다.

---

12) 金貞培, 〈韓國의 鐵器文化〉(《韓國史硏究》 16, 1977 ; 앞의 책, 1986).

13) 金貞培, 위의 책, 45쪽.

(위만이) 서쪽 변방에 거주하도록 해주면 중국의 망명자를 거두어 조선의 藩屛이 되겠다고 준을 설득하였다. 준은 그를 믿고 사랑하여 博士로 임명하고 圭를 하사하고 百里의 땅을 봉해주어 서쪽 변경을 지키게 하였다. 위만이 망명자들을 유인하여 그 무리가 점점 많아지자 사람을 준에게 파견하여 속여서 말하기를 "한나라의 군대가 열 군데로 쳐들어 오니 (왕궁에) 들어가 숙위하기를 청합니다"하고는 드디어 되돌아서서 준을 공격하였다. 준은 만과 싸웠으나 상대가 되지 못하였다(《三國志》 권 30, 魏書 30, 烏丸鮮卑東夷傳 30, 韓 인용 《魏略》).

위만조선과 관련하여 우선 위만의 출자에 대한 논의가 있어 왔다. 즉 그를 古朝鮮系 流民으로 보기도 하고,[14] 漢系 燕人으로 보는[15] 등 여러 의견이 제시되었다.[16] 또한 위만의 원래 이름은 滿으로 그를 연의 朝鮮故地 점령에 의해 연인이 된 토착세력의 후손으로 보는 견해도 있다.[17] 즉 중국식의 衛氏姓을 가진 위만은 최초 사료에서 '만'으로만 나타나고 있어 그 성격이 보다 비중국적일 뿐만 아니라, 과거 연의 조선침공에 의해 복속된 고조선지역의 토착적 존재로서 조선계로 파악된다는 것이다.

한편 위의 《魏略》에는 위만이 조선으로 들어오는 과정이 비교적 상세하게 기술되어 있다. 그는 중국에서 망명하여 와서 조선의 준왕에게 西界에 거주할 것을 요청하고 아울러 그 대가로 조선의 藩屛이 될 것을 맹세하였으므로 준왕은 그를 믿고 박사에 임명한 후 백 리의 땅을 주었다고 하였다. 준왕이 변방의 長에 임명된 위만에게 박사라는 칭호를 준 것을 주목할 필요가 있다. 박사는 앞에서 본 대부와 대비되는 표현으로서 예맥조선 후기 단계에 보다 구체적인 관직적 성격의 칭호가 있었음을 보여주는 것이다. 특히 박사라는 칭호는 당시 중국사회에서는 지방의 현안을 해결하기 위해 중앙에서 파견된

---

14) 李丙燾, 〈衛氏朝鮮興亡考〉(앞의 책), 78~82쪽.
15) 三上次男, 〈衛氏朝鮮の政治社會的性格〉(《古代東北アジア史硏究》, 吉川弘文館, 1966).
16) 위만을 殷人의 후예로 보거나(金哲埈, 〈古朝鮮硏究의 回顧와 展望〉, 《제1회 韓國學國際學術會議論文集》, 仁荷大 韓國學硏究所, 1987), 중국 정치세력의 일환으로 보아 한국사에서 제외하려는 입장(尹乃鉉, 〈衛滿朝鮮의 再認識〉, 《史學志》 19, 1985)도 제기되었다.
17) 박시형, 〈만조선(滿朝鮮)왕조에 관하여〉(《력사과학》 3, 1963).
서영수, 〈고대국가 형성기의 대외관계〉(《한국사》 2, 한길사, 1994), 256~259쪽.

관리들의 직함으로 사용되었는데[18] 위만에게 사여된 박사라는 칭호도 이와 상통하는 것으로 짐작된다.

위만에 의해 국가체계의 변화를 가져온 고조선사회는《사기》조선전에 나타나 있는 바와 같이 주변 정치체들을 복속시켜 征服國家的 성격을 띠게 되었으며,[19] 한편 주변 나라들과 한과의 경제적 교섭을 중계하여 富를 증대시켜 나갔다.[20] 이같은 고조선의 정치·군사 및 경제적 성장은 결과적으로 한의 중국 재통일 이후 동방에 대한 중국의 확장정책과 대립하게 되어 동북아시아의 패권을 장악하려는 한나라와 전면적인 전쟁을 치루어야만 했다. 위만조선은 진·한교체기에 요동일원을 중심으로 한 遼東故土에 대한 회복을 추진하였으며 燕·齊지역의 망명자들을 수용하여 동북아시아의 중요한 변수로 등장하게 되었다. 중국계 유이민은 秦始皇의 6國 정벌을 통한 통일과정에서 나타나기 시작하여, 특히 기원전 226년경에는 연지역을 중심으로 집단적으로 발생하였으며, 이후 몽염의 長城수축 등과 같은 대규모 노역동원에 따라 더욱더 증가하였다. 특히 기원전 210년 진시황의 사후에 일어난 진승·항우의 난으로 전국적인 혼란이 가중되자, 연지역뿐 아니라 제·조지역의 민까지 대량으로 망명해 왔으므로 고조선의 서부지역은 이들 유민과 기존 고조선 주민들을 중심으로 새로운 정치거점으로 부상하였다. 이같은 상황은 위만으로 대표되는 독자적인 세력집단을 형성하여 이들 집단이 결국 고조선의 준왕을 축출하고 정권을 장악하였던 것이다. 다음 사료는 정권을 장악한 위만이 어떻게 주변지역에 세력을 뻗쳐나갔는가를 잘 보여준다.

> 孝惠高后의 시대를 맞아 천하가 처음으로 안정되자 遼東太守는 국경 밖의 오랑캐를 지켜 변경을 노략질하지 못하게 하는 한편, 모든 蠻夷의 君長이 天子를 뵙고자 하면 막지 않도록 할 것을 조건으로 滿을 外臣으로 삼을 것을 약속하였다. 천자도 이를 듣고 허락하였다. 이로써 만은 우수한 무기와 재물을 얻어 주변의 小邑들을 침략하여 항복시키자 眞番과 臨屯도 모두 와서 복속하게 되니 사방 수천 리의 나라가 되었다(《史記》 권 115, 列傳 55, 朝鮮).

---

18) 趙法鍾, 앞의 글, 113쪽.
19) 金貞培, 앞의 책(1986), 35~41쪽.
20) 崔夢龍, 〈韓國 古代國家形成에 대한 一考察－衛滿朝鮮의 例－〉(《金哲埈博士華甲紀念史學論叢》, 知識産業社, 1983).

위만을 외신으로 책봉한 것은 기원전 193~192년경 사이로 추정된다.[21] 위만은 준왕을 축출한 직후 준왕을 정점으로 형성되어 있던 고조선과 주변 정치세력과의 갈등의 소지를 완전히 해소하고 새로운 국가체계를 정비하기 위하여 요동태수를 통해 한의 조공외교권에 편입되었던 것으로 이해된다. 즉 위만은 '外臣'이라는 형식적 예속방식을 통해 한에 대해서는 주변세력의 침략 방지를 보장해주는 한편 그 반대급부로 漢의 철제무기 등을 공급받아 주변세력을 장악하는 기반을 확보하였던 것이다. 이같이 위만은 한의 책봉체제에 형식적으로 편입됨으로써 한과의 긴장요소를 제거하고 한나라의 우수한 무기와 물자를 공급받았다. 이를 기반으로 하여 주변세력에 대해서는 급속한 팽창을 도모하여 眞番·臨屯 등의 주변정치체를 복속시키고 중국에 대한 새로운 위협세력으로 급부상하였다. 이같은 상황은 다음 사료에 잘 나타나 있다.

> 孝文帝가 즉위하였을 때에 장군 陳武 등이 의논하여 말하기를 "南越과 朝鮮은 秦의 전성기에 내속하여 신하가 되었었는데, 그 후에 병력을 갖추고 험한 곳에 의지하여 (중국을) 엿보고 있습니다"라 하였다(《史記》 권 25, 書 3, 律).

이같은 언급이 효문제(기원전 179~157) 즉위시에 나타나고 있는 것으로 보아 한의 책봉체제에 편입되어 외신으로 인식되었던 위만조선이 약 20여 년이 지난 뒤에는 중국에 대한 위협적 존재로 뚜렷이 부각되었음을 알 수 있다. 특히 당시 한은 匈奴의 팽창에 매우 긴장하고 있었고 東胡를 격파한 흉노가 이미 濊貊·朝鮮과 접하고 있었으므로[22] 文帝시기에는 조선을 흉노의 '왼쪽 팔'로 인식하는 상황으로 발전하였다.[23] 사료상에 더 이상의 구체적 내용은 나타나 있지 않지만 위만조선은 중국과의 '외신'관계를 통하여 일정한 안전장치를 마련해 놓은 상태에서, 주변의 정치체를 복속시켰을 뿐만 아니라 흉노세력과도 적극적으로 관계를 개선하여 협조체제를 유지하였을 가능성이 높다고 생각된다.

---

21) 國史編纂委員會, 《譯註 中國正史朝鮮傳》 1(1989), 91쪽.

22) 《史記》 권 110, 列傳 50, 匈奴.
위의 사료에 나타난 匈奴의 單于 冒頓이 東胡를 파하고 穢貉朝鮮과 접한 시기는 기원전 209년이다.

23) 《漢書》 권 73, 列傳 43, 韋賢.

이같은 위만조선의 팽창은 중국뿐만 아니라 기존 토착사회의 여타 정치세력에게도 위협세력으로 인식되었다. 이같은 상황이 구체화된 사건이 濊君 南閭의 漢 遼東郡 내속이었다.[24] 28만여 口에 이르는 대규모의 집단을 거느리고 있던 존재인 예군 남려의 이탈은 위만의 팽창과정에서 야기된 갈등의 일례이다. 이를 기화로 漢 武帝는 기원전 128년 蒼海郡을 설치하여 위만조선의 팽창을 제지하려 하였으나 2년 뒤의 창해군의 폐지는[25] 한의 이같은 의도가 실현되지 못하였음을 보여주는 것이다.

(2) 위만조선의 국가적 성격

위만은 처음에 準王·치하의 조선의 西界에서 藩屛으로서 기능하였으나 점차 토착민과 유이민 및 亡民을 수습하여 인구가 급증하였다. 즉 제한된 영역에서 인구가 급증하였는데 이러한 현상은 국가의 기원과 형성과정에서 나타나는 하나의 중요한 특징으로 간주되고 있다. 국가의 기원과 형성에 관한 '征服理論'은 국가의 기원을 해명하는 유일한 이론은 아니지만 국가의 형성과정에서 정복이 차지하는 비중이 결코 작지않음을 시사하는 것이다. 특히 카네이로(R. L. Carneiro)에 의하면 농경민의 옥토가 주변의 자연환경, 즉 산이나 바다·사막 등으로부터 침식되거나 제한을 받게 되면 결과적으로 인구의 압박을 가져오게 되고, 그와 같은 인구의 압박은 결국 전쟁을 유발하게 된다고 하는데[26] 위만의 국가형성을 이해함에 있어 이 점 시사하는 바 크다. 즉 위만은 제한된 영역에서 증가하는 인구의 압력을 받아 돌파구를 찾아야 했으며, 당시 중국과의 관계 및 위만의 위치를 감안할 때 준왕을 공격할 수밖에 없었다고 이해된다. 이같은 상황이 위만조선을 정복국가적 성격을 갖게 한 것으로 보여진다.

국가의 기원문제와 관련하여 위만조선이 성립된 이후의 관직명과 관위체계 등을 주목할 필요가 있다. 위만조선사회의 상층 지배집단으로는 王·太子

---

24) 《漢書》 권 6, 本紀 6, 武帝 元朔 元年 秋.
《後漢書》 권 85, 列傳 75, 東夷 濊 元朔 元年.

25) 《史記》 권 112, 列傳 52, 平津侯主父 元朔 三年(기원전 126).

26) Carneiro, R. L., "A Theory of the Origin of the State", *Science,* Vol. 169, No. 3947, 1970, pp.733~738.

・裨王[27]・相・大臣・卿・將軍 등의 명칭이 나타나고 있다.[28]

위만은 앞서의 준왕보다 한 차원 높은 단계의 왕격을 유지하였던 것으로 생각된다. 즉 준왕은 중국사회에 '朝鮮侯'로 인식되던 상황에서 王을 '自稱'한 것임에 비해, 위만의 경우 이미 왕으로서 손색없는 수준이었음을 보여주고 있다.[29] 특히 위만은 주변지역 사방 수천 리를 장악하여 眞番・臨屯・沃沮지역이 모두 위만조선의 통치영역에 포섭되어 있었다.[30] 따라서 위만조선 당시의 왕은 명실상부한 왕의 지위를 유지하였으며, 특히 '太子'라는 칭호가 사용되고 있는 점으로 보아 독점적이고 안정적으로 왕위를 계승하는 왕실이 존재하였음을 알 수 있다. 이는 왕권이 단순한 제후왕보다 훨씬 강화되었음을 보여주는 것이다.[31]

왕・비왕과 함께 최상위 신분층과 관련된 명칭으로 '相'이 있다.[32] 위만조선의 상은 '朝鮮相'과 '尼谿相' 등에서 알 수 있듯이 위만조선이 포괄하고 있는 지역의 책임자로서의 기능을 수행한 존재로 짐작된다. 이들은 君主와는 기본적으로 혈연관계는 없지만 지역분담을 통해 군주의 통치를 대행하는 존재였던 것으로 믿어진다. 따라서 이들은 중앙의 왕실과는 별도로 지방에 토대를 두고 성장한 세력가들로서 독자적인 행동역량도 갖고 있는 존재였다고 할 수 있다.

---

27) 한편 王과 함께 정치 외교에 관여한 것으로 짐작되는 裨王이 있는데 비왕은 후속하는 정치체의 최상위 통치체계 구성에 있어 二元性을 보여주는 고구려의 古雛加나 신라의 葛文王과 같은 존재의 原形이 아닐까 생각된다.

28) 《史記》 권 115, 列傳 55, 朝鮮.

29) 위와 같음.

30) 《三國志》 권 30, 魏書 30, 烏丸鮮卑東夷傳 30, 東沃沮.

31) 《史記》 권 115, 列傳 55, 朝鮮.

32) 중국 周代에 처음 나타나는 相은 君主의 사사로운 지시에 따라 祭祀 또는 儀禮를 담당 수행하는 군주 개인의 고용인이었다. 그런데 이 상은 춘추시대 齊 桓公의 정치개혁을 주도한 管仲에 의해 전체 관직을 총괄하는 수상의 기능으로 변모하였다. 한편 전국시대에는 魏 文侯가 이를 설치한 이후 군주를 보좌하여 정부의 백관을 통솔하고 국무를 총괄하였으며 군주와는 비혈연관계로 군주를 보좌하는 보필자였다. 특히 춘추시대의 상은 '入則相 出則將'이라는 표현에서 보듯이 文武를 겸하였으나 전국시대에는 기능이 분화되어 상과 장군이 따로 있었다. 그리고 秦代에는 이를 계승하여 국정을 총괄하는 丞相으로 발전하였다(李春植, 《中國古代史의 展開》, 신서원, 1988).

위만조선의 군사조직은 치안을 유지하고 정복활동을 수행하는 기능을 담당하였는데, 이와 관련된 장군이라는 명칭을 찾아볼 수 있다. 원래 장군은 전국시대 이후 文武職이 분화되면서 이전에 '相'이 겸하였던 무관직이 분리되어 전문무관이 나타나게 되자 이들을 일컫는 용어였다. 따라서 위만조선에 상과는 구별되는 장군이 별도로 존재하였다는 것은 당시의 고조선사회가 상당한 직능분화가 진행된 정치체임을 나타내 주는 것으로 볼 수 있다. 특히 '浿水上軍'·'浿水西軍' 등이라 일컫는 단위부대가 있었다는 것은 고도로 편제된 군사조직체계가 있었음을 보여주는 것이다. 더욱이 漢과의 화의가 논의될 때 중국측에 군량과 馬 5,000필 및 10,000여 명의 병사를 제공하려고 했던 사실은 당시 위만조선의 군사력이 어떠하였는지를 단적으로 드러내주는 것이라 하겠다. 결국 이는 위만조선사회가 한이라는 대제국의 군사력을 충분히 감당하고도 남을 만큼 막강하였음을 잘 나타내주는 것이다.

따라서 이상의 자료에서 확인된 고조선사회의 상층 지배체계는 중앙의 경우 왕을 정점으로 하여 태자 등을 포함한 왕실이 있고, 副王的 존재인 裨王이 존재하였으며 大臣으로 지칭되는 상·장군 등이 중앙통치의 주요 직능을 분담하였다. 또한 지방의 경우 상·卿 등의 존재가 지역적 기반을 바탕으로 왕의 통치에 포섭되어 있었으며 박사 등의 명칭을 갖는 존재들이 중앙의 통치력을 대행하였던 것으로 생각된다. 이같은 상층 지배층과 관련된 자료에서 보듯이 위만조선은 정복국가적 성격을 띠고 있었으며, 이후의 발전과 한과의 대규모 전투를 수행하는 과정에서 나타난 국가조직 및 역량으로 보아 고도로 발전된 국가였음을 알 수 있다.

한편 이들 상층 지배층과는 달리 지배구조의 일부를 구성하고 있던 하위 지배계층에 속하는 존재를 볼 수 있다. 즉 準王의 피난시에 同行했던 '宮人'과 같은 존재는 통치계급의 일부로서 그 지위가 일반 피지배층 신분과는 구별되었던 것으로 믿어진다. 따라서 비록 더 구체적인 자료는 없으나 지배계층의 하위를 구성하는 궁인과 같은 중간신분 집단의 존재를 통하여 위만조선의 국가조직이 정연하게 정비되어 있었음을 알 수 있다.[33]

33) 《三國志》 권 30, 魏書 30, 烏丸鮮卑東夷傳 30, 韓 所引 《魏略》.
《史記》 권 115, 列傳 55, 朝鮮.

고조선사회에서 피지배층을 구성하고 있는 것은 民이었다. 다음의 자료는 이들의 실체를 보여주는 것이다.

> 樂浪朝鮮에는 犯禁 8條가 있다. 서로 죽이면 그 때에 곧 죽인다. 서로 상하게 하면 곡식으로 배상한다. 도둑질한 자는 남자는 그 집의 家奴로 삼고 여자는 婢로 삼는다. 奴婢에서 벗어나기를 원하는 자는 50萬錢을 내야 하는데 비록 면하여 民신분이 되어도 사람들이 이를 부끄럽게 여겨 장가들고자 하여도 결혼할 사람이 없다. 이런 까닭에 그 백성들이 끝내 서로 도둑질하지 않았고 문을 닫는 사람이 없었다. 婦人들은 단정하여 음란한 일이 없었다. …商人들이 왕래하면서 밤에는 도둑질을 한 까닭에 민심이 점차 각박해졌다. 지금은 犯禁이 점차 많아져 60여 조항에 이르렀다(《漢書》 권 28 下, 志 8 下, 地理).

위의 사료는 피지배의 대상으로서 '민'이 존재하였다는 사실과 범법자의 경우 최하위 신분인 '奴婢'로 전락시키고 있음을 보여주고 있다. 이들 민은 기본적으로 자유로운 신분이었는데 노비의 처지와 대비해보면 그 위상을 보다 잘 파악할 수 있다. 이들 민은 蒼海郡으로 편성되었던 濊君 南閭의 28萬口의 대부분을 차지하는 존재였을 것이며, 고조선과 한과의 전투시에 등장하고 있는 태자를 호위한 人衆 萬餘人, 그리고 浿水上軍과 浿水西軍 등 중심 전투력의 대부분을 구성하고 있었을 것이다. 특히 이들 민은 고조선이 漢에게 패한 후 설치된 한사군의 규모로 보아 대개 20~30만 명을 한 단위로 하여 편성되어 있었던[34] 것으로 짐작된다. 20~30만이라는 단위는 국가에 상당하는 규모이므로 이들 집단이 기왕에 독립적인 정치체였음을 감안할 때 상당히 분화·발전된 조직체계가 이 당시 형성 유지되었음을 알 수 있다.

이들 민 신분 이하의 존재로 '노비'가 있었다는 사실이 주목된다. 노비의 존재는 마르크스의 유물사관에 입각하여 한국사를 재구성하는 관점에서는

準王이 피난할 때 '左右宮人'을 이끌고 갖다고 기록되어 있는데 이를 '左相과 右相 및 宮人'으로 보아야 할지 또는 단순히 '左右의 宮人'으로 해석해야 할지 명확하지 않지만 어느 경우에도 '궁인'이라는 존재가 있었던 것은 분명하다. 물론 이들 궁인이 어떠한 신분에 속해 있었는지는 잘 알 수 없으나 일반 민 신분과는 일단 구별되는 존재로 생각된다. 위만이 준왕에게 허위로 漢兵이 공격한다고 보고하게 한 존재와, 朝鮮相 등이 樓船將軍과 휴전논의를 진행하기 위해 보냈던 존재 등이 궁인과 같은 부류가 아닐까 생각된다.

34) 《漢書》 권 28 下, 志 8 下, 地理.

노예제사회의 존재를 상정하게 하는 요소로서 이에 관해서는 기왕의 연구자들이 많은 논란을 벌여 왔다.[35] 노비는 사회의 최하층 신분으로서 국가체 구성과 관련된 피정복민 및 범법자에 대한 처벌의 결과로 나타나게 되었으며 피지배층을 구성하는 유력한 존재였다는 데에는 의견의 일치를 보이고 있다.

한편 위만조선이 한반도 북쪽의 지리적 요충지에 자리잡음으로서 그 이점을 최대한으로 이용한 중계무역으로 막대한 흑자를 보았으며 이를 토대로 국가를 성립시키고 성장시켰다고 보는 견해가 있다. 이는 위만조선이 중계무역을 통하여 국가로 성장한 것으로 이해한 경우인데[36] 위만조선의 성격을 파악하는 데에 참고된다. 이상에서 보았듯이 고조선사회는 이른바 기자조선 후기 단계에는 초기국가적 양상을 띠고 있었으며, 위만조선의 성립과 더불어 정복국가적 성격이 나타났고, 중국과 대립·갈등을 일으키고 있었다는 사실을 통하여 강력한 국가로 존재하였음을 알 수 있다.

고고학적으로도 기원전 3~2세기에 요하에서 청천강에 이르는 지역에는 細竹里-蓮花堡文化로 불리는 독특한 유형의 철기문화가 전개되는데 그 성격에 대해서는 몇 가지 견해들이 제시되었다. 이 지역의 철기문화를 고조선과 연의 무역 등 양국의 교섭에 의해 나타난 고조선문화로 보는 견해가 있으며[37] 연·진세력의 동진에 의한 중국문화의 확산으로 이해[38]하기도 한다. 최근에는 明刀錢을 중심으로 한 이들 유물들이 내륙이나 산간 등지에서 退藏유물적 성격이 강한 것으로 나타나고 있음을 주목하여 연·제·조의 유이민의 문화일 것으로 보는 견해[39]도 있다. 또한 고조선 후기의 대표적 유물인

35) 趙法鍾, 〈韓國古代奴婢의 發生 및 存在樣態에 대한 考察〉(《百濟文化》 22, 1992).
36) 崔夢龍, 앞의 글.
37) 崔夢龍, 〈古代國家成長과 貿易〉(歷史學會 編, 《韓國 古代의 國家와 社會》, 1985).
38) 윤무병, 〈청동기〉(《한국사》 1, 국사편찬위원회, 1980), 326~330쪽.
盧泰敦, 앞의 글, 28쪽.
李鍾旭, 《古朝鮮史硏究》(一潮閣, 1993), 180~181쪽.
39) 서영수, 앞의 글, 254~255쪽.
명도전은 대부분 해안가나 내륙 산지에서 단지 등에 담겨져 돌각담이나 돌칸무덤에서 다량 출토되고 있으며, 명도전과 함께 나타나는 승석문토기도 중국과는 다른 독자성을 보인다. 또 연화보-세죽리유형의 문화가 1세기간의 짧은 기간 존속하였다는 사실은 이 문화가 고조선의 유민과 중국계 망명인의 과도기적 복합문화가 아닐까 하는 짐작을 하게 한다.

세형동검문화는 요동지방에서 시작하여 한반도 서북부지역에 이르러 완성형을 이루는 것으로 보고 있는데, 그 범위가 세죽리－연화보유형문화와는[40] 구별되고 있다. 즉 요동에서 청천강으로 연결되는 세죽리－연화보유형문화와 세형동검문화는 일부 중첩되기는 하지만 기원전 4세기 이후의 세형동검유적이 요동지역에서는 발견되지 않는다. 또한 청천강을 경계로 하여 그 이북지역에서는 명도전이 출토되고 있고, 발전된 형식의 세형동검이 평양 일대에서 집중적으로 출토된다. 이같은 사실은 세죽리－연화보유형문화와 세형동검문화가 구별되는 존재임을 보여주는 것이다. 이에 대하여 북한학계에서는 기원전 3~2세기의 고조선을 요하유역 이동과 청천강 이북지역의 서북조선, 청천강 이남의 동부조선으로 나누어, 전자를 고조선왕의 직할지라 보고 후자를 독자성을 가진 소국의 영역이었다고 하는 견해를 제시하였다.[41] 이에 비해 국내학계에서는 이 문화를 연의 세력이 확산되어 이루어진 것으로 보는 의견이 일반적이지만, 당시 중국과의 활발한 교섭을 염두에 둘 때 향후의 발굴성과를 통한 신중한 검토가 필요하다고 생각된다.

3) 위만조선과 한의 전쟁

위만이 기원전 4~3세기 이래 초기국가로서 존재해오던 濊貊朝鮮(종래의 箕子朝鮮)을 攻滅하고, 강력한 정복국가인 위만조선을 수립한 것은 기원전 2세기경이었다. 그런데 이 위만조선은 위만의 손자인 右渠대에 와서 발달된 철기문화를 기반으로 한 강력한 군사력을 가지고 있었다. 이를 배경으로 하여 위만조선은 주위의 변방 정치집단들의 對漢交易을 매개함으로써 중계무역의 이익을 독점하기 위하여 그들의 대한무역로를 차단할 것을 기도하였다. 이는 주변 정치집단뿐만 아니라 한나라에게도 위만조선이 하나의 위협세력으로 인

---

40) 세죽리－연화보유형문화는 기원전 3~2세기로 편년되는 평북 영변 세죽리와 요령성 무순시 연화보유적으로 대표되는 유형의 문화를 일컫는 것으로 명도전과 철기유물의 출토를 특징으로 한다.

41) 박진욱,《조선고고학전서》(과학백과사전종합출판사, 1988), 68쪽.
이같은 견해는 1960년대에 고조선의 중심지에 관한 논쟁이 벌어졌을 때 김석형이 제시하였던 것이다.

식되도록 하는 결과를 가져왔을 것이다. 바로 이 무렵에 우거가 한 무제의 정치·군사적 압력을 견제하기 위하여 匈奴와 일종의 군사적 제휴를 모색하였을 가능성은 충분히 상정될 수 있다. 이러한 우거[42] 치하의 위만조선이 한나라와 제반 이해관계에서 충돌하게 된 상황이 한 무제로 하여금 조선정벌을 단행케 한 결정적 계기가 되었을 것이다.

> 자식에게 전해지고 손자인 右渠에게 이르렀는데 漢의 亡人들을 꾀어 모은 자가 자못 많았고 또 일찍이 天子에게 입조하지 않을 뿐만 아니라 眞番 옆의 여러 나라들이 글을 올려 천자를 알현코자 하여도 가로막아 통하지 못하게 하였다(《史記》 권 115, 列傳 55, 朝鮮).[43]

위의 사료는 한과 위만조선이 갈등을 일으키게 된 계기가 위만조선이 주변 정치세력을 장악한 패자로 등장한 데에 있음을 보여주고 있다. 즉 그 동안의 위만조선은 주변 정치세력의 중국 來往을 보장하는 漢의 外臣으로 규정되어 있었는데, 이제 그같은 형식적 복속과 中繼者로서의 위치를 거부하고

---

42) 종래에는 우거를 단순히 衛滿의 손자 이름으로 보아 왔으나, 최근의 언어학적 연구에 의하면 우거는 고조선시대 공동체 혹은 생활 공동체 연합체의 우두머리를 일컫는 말이거나, 또는 사람의 뜻을 지닌 보통명사라는 견해도 있다(조승복, 〈Reflection upon The Ko Tsosen Word/UK〉, 《국내외에 있어서 한국학의 현재와 미래》, 한국정신문화연구원, 1987).

43) 이 사료에서는 眞番과 인접한 국가들을 衆(무리)과 國(나라)의 두 글자로 표기하고 있다. 한편 《사기》에서의 衆國이라는 표현은 다른 사료들, 특히 《한서》와 《자치통감》에 비추어 보아, 한반도 남부의 진국을 의미하는 것으로 보는 견해도 있다(李丙燾, 〈蓋國과 辰國〉, 앞의 책, 238~241쪽). 그러나 진국이라는 나라 하나만이 존재하였다고 보는 것은 해석상 난점이 없지 않으며, 설사 진국으로 해석한다고 하더라도 그것은 여러 나라 가운데서 하나인 진국이지, 옛 삼한땅에 진국만이 있었다고 보는 것은 무리라고 생각된다. 어쨌든 근본적인 문제는 진국이냐 중국이냐라는 것이 아니라 당시 존재하였던 정치집단의 성격규명에 있는 것이다. 즉 진번 등의 이름이 아울러 나타나는 것은 조선과 衆國 혹은 진국 뿐만 아니라 진번도 문제의 대상이 됨을 뜻한다. 다시 말하면 중국 가운데 하나인 진국으로 해석할 경우 그것은 진번과 대비되는 정치발전상의 의미를 내포하게 되는 것이다. 일반적으로 진국설을 주장하는 입장에서는 본 사료를 진번의 위치비정에 있어 매우 중요한 사료로 활용하고 있고, 또한 진번을 예로 들어 당시의 정치발전 단계를 고려함이 없이 국명으로서 진국을 주장하고 있다. 결론적으로 중국인가 진국인가 하는 문제는 중국 가운데 하나인 진국이라고 보는 것이 합당할 것이다.

실질적으로 주변지역을 장악하여 이들을 통제하고 있었던 것이다. 위만조선이 단순한 중계무역의 기능을 가진 것이 아니라 정치·군사적 패자로서 한에 대한 위협적 존재로 성장하였음을 보여주고 있는 것이다.

이러한 상황에서 한은 匈奴에 대하여 적극 공세를 취하여 河西四郡을 설치하고, 위만조선과의 관계를 재정립하기 위하여 涉河를 사신으로 파견하였으나 회담은 결렬되었다. 한이 전송하던 朝鮮 裨王을 살해하고 귀국한 섭하를 遼東東部都衛에 임명하여 위만조선측을 자극하자, 위만조선은 한을 공격하여 섭하를 살해하였으므로 양측간에 전면전이 개시되게 되었다.[44]

한은 흉노와 南越에 대한 정벌이 일단락된 뒤 기원전 110년부터 전쟁준비에 착수하여 기원전 109년 가을 수륙양군을 동원하여 조선을 침공하였다. 樓船將軍 楊僕은 齊兵 7천을 거느리고 산동반도에서 渤海를 건너 王險城으로 공격하여 들어왔고 左將軍 荀彘는 요동지역의 병사 5만을 거느리고 출동하였다. 한의 水軍은 주력군인 육군과 합동작전을 펼치기 위해 列口에서 기다리기로 하였으나 육군의 진격이 늦어져 단독으로 왕험성을 공격하다 조선의 수군에게 패하였다. 육로군도 요동병이 먼저 국경인 패수방면에서 위만조선군에게 격파되었으며 본진도 浿水西軍에게 격퇴되어 교착상태에서 양국간에 화의가 추진되었다. 한무제는 衛山을 파견하여 화의를 타결코자 하였으나 화의 진행과정에서 나타난 상호불신과 이에 따른 위만조선의 강경자세, 그리고 위산의 소극적 태도로 인하여 화의는 결렬되었다. 그러자 한은 齊南太守 公孫遂를 파견하여 위만조선을 다시 공격하였다. 이후 계속된 1년여에 걸친 전쟁에서 위만조선은 결국 지배층의 분열과 右渠王의 피살 및 主和勢力의 망명 등에 의해 세력이 급격히 약화되었다. 최후까지 항전하였던 大臣 成己 등의 노력도 성과없이 기원전 108년 위만조선은 붕괴되고 말았다.[45]

그런데 《史記》 朝鮮傳에 나타나 있는 전쟁 이후의 관련자 처리내용을 살펴보면 한 무제의 위만조선 공략은 사실상 遠征이 실패하였음을 보여주고 있다. 즉 원정사령관 가운데 수군을 지휘한 누선장군 양복은 초기 전투에서의 실패와 불성실한 행위로 인하여 斬刑을 간신히 면하고 庶人으로 신분이

44) 서영수, 앞의 글, 255~260쪽.
45) 《史記》 권 115, 列傳 55, 朝鮮.

강등되었으며, 육군을 지휘한 좌장군 순체는 공을 다투어 서로 협력치 않고 갈등을 초래하였다 하여 斬하여 저자거리에 시신을 내다버리는 棄市刑에 처해졌다. 또한 화의 추진의 책임자였던 위산 역시 일을 그르친 책임을 물어 참형에 처해졌다. 더욱이 마지막에 파견되어 재침공을 주도하였던 제남태수 공손수도 화의를 진행하려던 누선장군을 감금하고 재공격을 하는 도중에 역시 참형을 당하였다. 이같은 사실에 대해 司馬遷은 위만조선 정벌에 참가한 장군들이 모두 極刑을 당하였고 兩軍이 모두 욕을 당해 전투에 참가한 將率 가운데 侯에 오른 이가 하나도 없었다라고 하였다.46)

위만조선 원정과 관련된 한나라의 4명의 장군들 가운데 3명이 참형이라는 가장 극악한 형벌을 당하였고 단 1명만이 살아남아 서인으로 신분이 강등당하는 처벌을 받았던 것이다. 이러한 사실은 비록 위만조선이 군사적으로 패배를 당한 것으로 나타나 있지만 전투과정 및 이후 전개된 상황으로 보아 결코 완전한 패배가 아니었음을 말해주는 것이다. 일부 지휘부 사이의 갈등으로 인하여 우거왕으로 대표되는 주전파세력이 몰락하고, 그 대신에 朝鮮相 路人·尼谿相 參·相 韓陰·將軍 王唊 등의 주화파세력이 중국과의 화의를 통해 새로이 중심세력으로 부상하였다. 이후 중국의 직접적 통제를 위하여 위만조선사회는 '四郡'으로 재편되었지만 사실 그 실상은 기존의 토착세력이 그대로 유지된 것으로 이해되고 있다.

4) 한사군의 설치와 그 변천

(1) 한사군의 설치와 구성

한의 고조선 공략에 따라 나타난 결과는 한의 직접통제를 전제로 한 漢四郡의 설치였다. 종래 한사군 관련 연구는 대부분 위치문제에 관심이 집중되었을 뿐 그 성격과 구체적인 사실에 대해서는 심도있게 검토되지 못하였다. 이는 위만조선의 붕괴를 같은 시기에 존재했던 여타의 모든 정치체의 소멸로 이해하는 선입관과, 이를 대신하여 설치된 樂浪郡으로 대표되는 한

46) 《史記》 권 115, 列傳 55, 朝鮮.

군현의 실체가 보다 과장된 데에 기인한 것이다. 그러나 위만조선의 붕괴는 중국세력과의 갈등해소 방식에 대한 위만조선 지도부의 의견차이에 따른 정권재편이라는 측면에서 검토되어야 한다. 비록 기존의 정치형태가 중국의 직접 지배형태인 군현체제로 재편되었지만, 실질적으로는 기존 토착세력에 의해 유지되었고, 또한 토착세력의 반발에 의해 낙랑군을 제외한 나머지 3군은 곧 폐지되거나 중국내로 이동함으로서 결국 축출되었다는 사실을 주목해야 한다. 한편 고조선의 중심지문제와 관련된 논의의 연장으로서 이들 한군현의 위치문제에 관해서도 요동설과 한반도설 등 많은 의견이 제기되었다.

한은 위만조선을 멸한 후 그 영역에 낙랑군을 설치하고 위만조선에 복속되었던 지역에 臨屯郡·眞番郡을 설치하였으며 다음해에는 玄菟郡을 설치하였다. 이에 대해 《史記》 朝鮮傳에는 한 무제가 元封 3년(기원전 108) 조선을 평정하고 4군을 설치하였다는 사실만 나타나 있고 군이름은 보이지 않는다.[47] 그런데 《漢書》 武帝本紀에는 4군의 명칭이 낙랑·임둔·현도·진번으로 되어 있다. 우리가 일반적으로 말하는 이른바 한사군의 명칭이 처음으로 나타나 있는 셈이다. 한편 《한서》 지리지에는 낙랑·현도의 2군만 나타나 있고, 《한서》 五行志에서는 원봉 6년조에 "전에 두 將軍이 조선을 평정하여 3郡을 두었다"라고 기술하고 있어 논란이 있어 왔다. 즉 당대 자료에 나타나 있는 군현개설내용이 서로 상치되고 있는 것이다. 이같은 사정은 《사기》의 다른 기록에 한군현 관련 명칭이나 기사가 나타나지 않는다는 사실과도 무관하지 않을 것이다. 이는 위만조선 공략과정과 투항한 위만조선 지배층의 전후 처리내용이 상세히 설명되어 있는 것과 비교해 볼 때 상당한 차이가 있다. 즉 이같은 기록상의 차이는 과연 한군현이 후속사료에 나타나는 것처럼 실제로 설치되었고 직접 통제방식에 의한 편제가 이루어졌는가에 의문을 갖게 한다. 다시 말하면 《한서》 등에 나타난 내용은 당시의 상황을 그대로 반영했다기 보다는 후대에 중국적 天下支配 관념을 바탕으로 위만조선의 지역명칭을 그대로 한군현으로 연결시켜 재구성하였을 가능성이 높다고 이해된다.[48]

47) 《史記》 권 115, 列傳 55, 朝鮮.
48) 서영수, 앞의 글, 267쪽.

실제로 한사군은 사료상에 약 26년 동안 존재했던 것으로 나타나고 있다. 즉 진번의 경우 《한서》 昭帝本紀에 始元 5년(기원전 82)에 儋耳郡과 함께 폐지된 것으로 되어 있으며, 임둔도 이 때에 함께 파해진 것으로 나타나 있다.[49] 그리고 현도군의 경우도 소제 元鳳 6년(기원전 75)에 그 위치를 이동하고 있다. 따라서 이같은 짧은 기간 동안 실질적으로 군현을 설치하여 해당지역을 통제한 것으로 보기는 어렵다고 생각된다. 그러므로 진번·임둔군의 경우 앞서 위만조선에 복속되었던 주변의 정치세력인 임둔·진번지역에 군현을 설치하려고 했던 계획이 마치 설치된 것처럼 기록했을 가능성이 있다. 즉 기왕에 민족주의 사학자들이 지적했던 것처럼 이들 군현의 설치는 하나의 圖上作戰이었을 가능성이 높다.[50] 또한 현도군은 고구려세력과 밀접한 관련이 있었는데 고구려세력의 지속적인 반발에 의해 결국 축출되는 상황을 보여주고 있다.

이상에서 본 것처럼 한사군을 중국의 직접통치를 받는 지역으로 이해하는 견해가 있고, 이와는 달리 고조선세력과의 계속적인 군사분쟁상태에서 설치하려고 계획만 했지 실제로는 존재하지 않은 것이라고 이해하는 견해가 있는데 후자가 오히려 타당성이 있다고 생각된다. 따라서 이들 한사군으로 통칭되는 고조선지역의 중국군현 가운데 낙랑군으로 대표되는 위만조선 중심지의 군현 이외에는 실질적인 존재가 아니었으며, 현도군의 경우 고조선과의 관계보다는 중국내의 군현으로서 존재하였던 것으로 보아야 할 것이다.

한군현의 통치구조는 郡의 長으로 太守가 존재하였으며 그 밑에 丞을 두고, 변두리 군에는 長史를 두었다. 규모가 큰 군의 경우 몇 개의 속현을 다스리는 都尉를 두고 縣에는 만 호 이상의 경우 縣令, 그 이하의 경우 縣長을 두었고 그 밑에는 丞과 尉를 두었다. 사료에 나타난 바에 의하면 이들 지방관은 중앙에서 파견되었다. 그런데 이들은 임명된 이후에도 현지에 부임하지 않은 경우가 있는 것으로 보아 군현민에 대한 실질적인 통제가 잘 이루어지지 않았던 것으로 보인다. 특히 고구려가 요동군을 침공하여 帶方令을 죽이고 樂浪太守의 妻子를 사로잡았다고 하는 사실은[51] 낙랑과 대방의 최고 책

---

49) 《後漢書》 권 85, 列傳 75, 東夷 濊.
50) 申采浩, 《朝鮮上古史》 上.
51) 《三國志》 권 30, 魏書 30, 烏丸鮮卑東夷傳 30, 高句麗.

임자들이 자신들의 부임지가 아닌 요동지역에 머물고 있었으며, 따라서 군현 통제의 내용 또한 실질적인 것이 아니었음을 보여주는 것이다. 또한 초기에는 요동군으로부터 관리의 파견이 있었던 것으로 보이며, 후기에는 중국계 주민들이 군의 속리직을 담당하였던 것으로 보인다.[52] 또한 낙랑군 내부의 사정도 복잡하여 土人인 王調가 난을 일으켜 낙랑태수를 자처한 사건이 있었는데,[53] 후한 때 公孫氏가 요동을 장악하였던 시기(189~238)에는 별도세력에 의해 이 지역이 통제되었음을 보여주는 것이다.

또한 한사군의 위치문제는 고조선의 중심지가 어디였는가라는 문제와 결부되어 있어 이에 관해서도 다양한 의견이 개진되었다. 특히 진번의 위치에 관해서는 한사군의 명칭으로서 존재하기 이전의 진번 위치와 관련하여 다기한 견해가 제시되었다. 즉 在北說과 在南說로 크게 나뉘어져 전통사학자들 사이에 많은 논란이 있었다.[54]

(2) 한사군의 성격과 변천

한사군의 설치는 앞서 검토한 바와 같이 중국의 직접적 통제를 위한 것이라기보다는 위만조선 사회내부의 지배세력 재편과 연결되어 나타난 정치변

52) 權五重, 《樂浪郡硏究》(一潮閣, 1992), 72쪽.

53) 《後漢書》 권 76, 列傳 66, 循吏 王景.

54) 韓百謙은 《東國地理誌》에서 이를 貊國舊地 즉 강원도 춘천부로 이해하였고, 李瀷은 《星湖僿說類選》에서 眞番을 요하 이서 지역으로 보았다. 한편 洪萬鍾은 《旬五志》에서 진번이 어느 지역인지 알 수 없다고 하였으며, 丁若鏞은 《我邦疆域考》에서 재북설을 제시하였다. 이같은 견해는 柳得恭의 《四郡誌》에 계승되었고, 韓鎭書의 《海東繹史地理考》에도 그대로 유지되고 있다. 한편 일인학자 가운데 那珂通世와 白鳥庫吉은 이를 압록강 이북지역에서 찾았으며, 稻葉岩吉은 충청도지역에서, 今西龍은 충청·전북 등지에서 진번의 위치를 찾았다. 이병도는 대방군 영토에서 이를 찾아 재남설을 강조하였다. 그리고 북한의 도유호는 진번이 현재의 함경도 북동쪽에 위치해 있다가 예군 남려의 반란후 기원전 128년에 잠시 존재했던 창해군 영토의 임둔군과 나란히 있었다는 견해를 제시하였다. 이같이 진번군의 위치가 문제되는 것은 앞서 강조되었듯이 한사군 설치 이전에 연의 침입을 받았던 진번, 조선과 위만조선에 복속되었던 소읍으로서의 진번, 임둔 및 한과 직접 교역코자 하였던 '眞番傍衆國' 등의 존재 때문이다. 따라서 진번의 위치가 어디였느냐에 따라 한사군의 위치는 여러 가지로 비정될 수 있는데, 이는 고조선의 중심지가 현재의 평양인가 요동지역인가라는 문제와 결부되어 더욱 복잡하게 전개되고 있다(國史編纂委員會, 앞의 책, 44쪽).

화로서 親中國勢力이 중심이 된 정권재편의 일환이었다.

한사군의 변화는 屬縣의 규모와 소속의 변동을 통하여 파악할 수 있다. 즉 《한서》 지리지에는 낙랑군에 25개의 현이 있었다고 되어 있는데 이같은 속현의 수는 한의 昭帝 始元 5년에 임둔군과 진번군을 파하여 낙랑과 현도에 편입시킨 이후의 것이다. 더욱이 소제 元鳳 6년에는 현도군이 관할 토착민들의 반발에 의해 그 치소를 옮기고 있다.

> 한 무제 元封 2년 조선을 벌하여 滿의 손자인 右渠를 죽이고 그 땅을 나누어 4군으로 만들었는데 옥저성으로 현도군을 삼았다. 후에 이맥들의 침입을 받아 군을 句麗의 서북으로 옮겼으니 지금 이른바 현도고부가 그 곳이다. 옥저는 다시 낙랑에 속하였다(《三國志》 권 30, 魏書 30, 烏丸鮮卑東夷傳 30, 東沃沮).

즉 기원전 108년 설치되었던 한사군 중 기원전 82년에 임둔군과 진번군이 폐지되어 낙랑군과 현도군에 합쳐졌고 기원전 75년에는 현도군이 고구려의 서북지역으로 쫓겨갔으며 옥저의 경우 낙랑에 속하는 등의 변화가 나타나게 되었다. 또한 후한 건무 6년(기원후 30)에는 옥저지역의 東部都尉가 폐지되었으며 《後漢書》 지리지에 나타나는 낙랑군의 18성이라는 기록은 계속적인 축소상황을 보여주고 있는 것이다. 이같은 상황은 한군현이 토착사회의 강력한 반발에 의해 실질적인 기능을 수행하지 못하였을 뿐만 아니라 축출되었음을 말해주는 것이다.

이후 한군현 관련 기록은 거의 나타나지 않다가 후한 말 요동지역에서 자체 역량을 강화하던 공손씨가 韓濊 등에 대한 세력강화를 목적으로 후한 헌제의 建安연간(196~220)에 낙랑의 屯有縣 이남지역에 帶方郡을 설치함으로서 기록에 다시 나타난다. 《晋書》 地理志에는 낙랑군에 6개 현이, 대방군에 7개의 현이 배속되었음을 보여주고 있어 이들의 영역이 계속 축소되고 있음을 알 수 있다. 이후 낙랑군과 대방군은 고구려의 성장과 공격으로 313~314년 사이에 각각 소멸되었다.

한군현은 물론 후대 사료에 나타나 있는 것처럼 중국의 통제와 관리의 파견 등에 의해 직접적 통제가 이루어졌던 것으로 파악되기도 한다. 그러나 낙랑을 제외한 3군이 설치된 후 20여 년만에 폐지되거나 축출되었다는 사실은 이들 군현이 기왕의 고조선 전체지역을 실질적으로 장악하여 직접 통제를 한 것이 아니었음을 말해주는 것이다. 즉 이들 가운데 낙랑군만이 위만조선의 일부지역에 한정된 영향력을 행사했을 뿐이다. 또한 그 존속기간이 길었던 낙랑군에 대해서도 종래에는 초기의 낙랑군의 성격이 소멸될 때까지 시종일관 유지된 것으로 이해하여 왔다. 그러나 낙랑군은 중국의 직접통치를 받는 군현적 성격을 띄기도 하였지만 그러한 성격은 전한시대에 한정되며, 이를 제외한 거의 대부분의 기간 동안은 중국계 유이민집단의 자치도시적 성격을 갖고 있는 존재였다. 즉 종래 이들 군현의 성격에 대해 일인학자들은 중국의 직접지배에 의한 통제를 상정하여 한군현의 성격을 중국의 식민지라는 측면에서 이해하였다. 그러나 한군현의 성격을 이같이 볼 수는 없으며 이들은 중국과 밀접한 관련을 맺고 있던 유이민집단의 자치도시이거나 무역을 위한 조계지와 같은 성격의 존재로 보아야 한다는 의견이 유력하다.[55]

한편 고구려의 大武神王대에 멸망한 樂浪國의 존재를 통해서도 한사군의 성격의 일단을 유추할 수 있다. 즉 고구려는 대무신왕 20년(37)에 崔理의 낙랑국을 멸망시켰는데[56] 이는 낙랑이 중국 군현으로서 존재한 것이 아니라 독립적 정치체로서 존재하였다는 사실을 보여주는 것이다. 최리의 낙랑국은 기왕에 있었던 낙랑군이 종래에 이해되어온 것처럼 중국의 직접적 통제방식에 의해 유지되어 온 것이 아님을 보여준다고 하겠다. 즉 초기의 군현 설치시기에 구상되었던 통제방식이 실효를 거둘 수 없게 된 상황에서 결국 土着社會의 자립적 성장이 이를 대치하였고, 이들이 고구려의 세력확장에 밀리게 되면서 결국 고구려에 복속되었던 것이다. 이같은 상황은 기왕에 확보되었던 중국의 교두보 상실이었으며, 비록 직접적 통제지역은 아니었지만 계속 성장하는 고구려에 대한 견제세력의 상실과 함께 한반도 중남부지역에서 성장하는 백제 및 신라 등에 대한 통제기반의 몰락이었다. 그러자 後漢의 光武帝는 이들에 대한 영향력을 확대시키기 위하여 곧 군현을 부활시켰다(44).

---

55) 金元龍, 〈三國時代의 開始에 關한 一考察－三國史記와 樂浪郡에 대한 再檢討－〉(《東亞文化》 7, 1967 ; 《韓國考古學硏究》, 一志社, 1987, 525~533쪽).

56) 《三國史記》 고구려본기에 나타나 있는 낙랑의 복속과정에 보이는 樂浪王 崔理는 독립적 정치세력의 왕으로 되어 있음이 주목된다.

> 가을 9월 後漢의 光武帝가 군사를 보내어 바다를 건너와서 樂浪을 치고 그 지역을 탈취하여 郡縣을 삼으니 薩水 이남이 한나라에 속하게 되었다(《三國史記》 권 14, 高句麗本紀 2, 大武神王 27년).

이같은 후한의 대처는 이후 고구려의 요서진출 등 적극적 대응에 의해 실효를 거두지 못하였다. 후한은 그 대신에 한반도 중남부지역의 백제 등의 韓사회에 대한 통제로 정책을 선회하여 한사회의 君長들에게 爵號와 의복과 印綬 등을 지급하였다. 이와 관련된 당시 상황을 나타내는 대표적인 사례가 廉斯鑡설화이다. 즉 王莽의 地皇年間(20~23)에 辰韓 右渠帥인 염사치가 낙랑의 땅이 비옥하여 사람들의 생활이 풍요롭고 안락하다는 소식을 듣고 낙랑지역으로 투항하려 하였다는 것이다. 염사치가 그 과정에서 만난 진한의 포로노예로 있던 중국인 好來 등 1,500명의 존재와, 建武 20년(44) 韓廉斯人 蘇馬諟가 낙랑군을 찾아 韓廉斯邑君으로 봉해진 사실 등은[57] 후한과 이들간에 상당한 교류가 있었음을 보여주는 것이다. 즉 중국 군현이 고구려를 중심으로 한 세력의 성장에 의한 갈등증대로 인하여 주된 관심의 대상을 韓濊세력으로 바꾸었음을 보여주고 있다. 桓帝·靈帝 말기에 한예가 강성하여 漢의 군현이 이들을 제대로 통제하지 못하였다는 점과, 公孫氏에 의한 帶方郡의 설치 및 景初年間(237~239)에 대방태수와 낙랑태수를 파견하여 두 군을 평정한 사건 등은 이같은 사실을 잘 나타내준다. 특히 辰韓의 臣智가 部從事 吳林과의 대립으로 대방군 崎離營을 공격하여 대방태수 弓遵이 전사한 사실은 이같은 갈등의 대표적 사례이다.

요컨대 한군현은 초기 고조선지역 및 고구려 등의 세력에 대한 통제와 견제를 목적으로 설치되어 직접적인 지배를 기도하였으나, 이같은 초기의 목적은 점차 토착사회의 반발과 공격에 의해 대부분이 축출·쇠퇴되고 그 성격마저도 토착사회와 병존하면서 중국계 유이민의 자치세력 또는 中繼貿易의 중심지 등과 같은 형태로 유지되었다. 특히 후한대에는 고구려 등의 성장에 의해 더 이상 기왕의 고조선지역에 대한 통제력을 상실하고 韓·濊·倭 등의 세력과 朝貢貿易 등의 중계지로서 기능하면서 점차 그 세력이 축소·해

57) 《後漢書》 권 85, 列傳 75, 東夷 韓.

체되었다. 그러므로 낙랑 등의 존재는 정치적 의미에서 평가되기보다는 文化中繼地의 성격을 갖고 있었다는 점에 그 의의를 두어야 할 것이다.

〈金貞培〉

3. 고조선의 문화와 사회 경제

우리 나라 최초의 국가인 衛滿朝鮮을 포함하는 고조선의 문화내용과 성격을 규명하는 데는 부족한 문헌사료보다는 고고학적인 자료에 더 의존하고 있다. 그러나 고고학 자료라는 것도 그 자체의 확실한 명문이 나와 있지 않는 한, 그 주체가 고조선인지 아닌지를 밝혀내기 어렵다. 하지만 문헌사료에서 일정한 범위가 정해지면 그 지역의 문화상이 어떠한지 고고학에서 잘 밝힐 수 있다. 그러나 현재까지의 고조선 연구는 문헌사료가 부족하여 고고학적 자료를 통해서 고조선의 강역을 추정하는 등의 예가 많다. 이러한 탓으로 고조선 연구는 어려움이 많은 편이다. 우선 고조선의 문화상을 밝히려할 때 먼저 해결되어야 할 몇 가지 문제가 있다.

첫째, 우리 나라에서는 고조선을 檀君朝鮮·箕子朝鮮·위만조선의 3단계로 인식하고 있는데, 일반적으로 사용되고 있는 고조선이라는 용어와 이 세 가지의 조선과 어떠한 관련이 있는지부터 정리할 필요가 있다. 일례로 북한에서는 기자와 위만조선을 인정하지 않고 고조선이 청동기시대에 출현한 국가라고 언급하고 있으며, 그 존속시기를 기원전 1000년대 전반기의 청동기문화에서 시작하여 철기문화시기까지 계속 이어지는 것으로 보고, 이들의 표지적인 문화로 각각 美松里(평북 의주군)－崗上(遼寧 旅大市)시기(전기 : 기원전 8~7세기)와 細竹里(평북 영변군)－蓮花堡(遼寧 撫順市)유형(후기 : 기원전 3~2세기)으로 나눈 바 있다.[1] 그러나 이러한 편년은 미송리－강상시기와 세죽리－연화

1) 이순진·장주협, 《고조선문제연구》(사회과학출판사, 1973).
최택선·이란우, 《고조선문제연구론문집》(사회과학출판사, 1976).
사회과학원 력사연구소, 《조선전사》 2 고대편(과학백과사전종합출판사, 1991).

보유형문화 사이에 4세기 정도의 시간폭을 대표할 만한 문화의 공백에 대한 뚜렷한 해석이 없어, 고조선이라는 하나의 정치체가 일관되게 존재하였다고 보기는 어렵다. 그리고 두 문화 사이에 많은 차이가 있으므로 최근에는 이러한 용어를 사용하지 않고 고조선의 고고학적 문화를 고조선 전기문화의 형성(미송리－강상시기)→고조선 전기문화의 발전→고조선 후기문화의 형성→고조선 후기문화의 발전(세죽리－연화보유형문화, 평양지역의 세형동검문화)으로 이해하여 이전 연구의 단점을 보완하고 있다.[2] 이에 비하여 남한에서는 고조선에 단군조선과 기자조선을 포함시키는 견해가 있는가 하면,[3] 고조선에 단군조선만을 포함시키는 등[4] 여러 의견이 있어서 그 용어의 사용에 혼란을 초래하고 있다. 이러한 혼란을 줄이고 기본적인 개념을 확정시키는 일이 고조선 연구에 필요할 것이다.

둘째로 고조선의 강역문제는 고조선에 관한 여러 문제 중 가장 이견이 많은 부분이라고 할 수 있다. 이 문제는 문헌 자료로 볼 때 여러 가지 이견이 있을 수 있으며, 이와 관련하여 고고학적인 강역의 추정에도 여러 이견이 있다. 대체로 積石塚(돌무지무덤)과 石棺墓(돌상자무덤), 미송리형토기, 細文鏡(잔 줄무늬거울), 琵琶形銅劍(요령식 또는 만주식 동검)의 분포가 고조선과 깊은 관련이 있을 것으로 보고 있다. 하지만 일부의 주장처럼 비파형동검과 같은 하나의 유물로만 고조선의 영역을 추정하는 경우 문제점이 많은 것으로 보여진다. 그리고 고고학적으로 고조선의 중심지라고 할 수 있는 유적을 발굴하지 못했다는 점에서 기본적인 한계가 있다. 중심지와 관련된 문제는 고고학적 발굴뿐 아니라 문헌 자료가 절대로 부족하다. 그나마 남아있는 자료도 대부분 단편적이고 애매모호하여 고조선의 실체(정치체제)를 규명하기 어렵다는 한계가 있다.

---

2) 박진욱, 《조선고고학전서 : 고대편》(과학백과사전종합출판사, 1988).

3) 金貞培, 〈古朝鮮의 再認識〉(《韓國古代의 國家起源과 形成》, 高麗大 出版部, 1985). 김정배는 고조선을 단군조선과 기자조선(濊貊朝鮮)으로 나누어 보았다.

4) 李基白, 〈古朝鮮의 國家형성〉(《韓國史 市民講座》 2, 1988). 고조선에 단군조선만을 포함시키는 견해는 기자의 東來를 부인하고 기자조선이라고 되어있는 사서의 기록을 단군조선 이래의 고유의 왕조가 지속되었다고 보는 것이다.

세번째로 문헌에 나타나는 고조선의 시간적·공간적 범위와 고고학상 나타나는 문화적인 영역의 시간적·공간적인 범위는 반드시 동일할 수 없으므로 이러한 차이에 대하여 어느 정도 고려하는 것이 필요하다는 점이다. 고조선의 강역에 관해서 학자간에 어느 정도 합의가 이루어져야만 더욱 심도있게 그 문화와 사회에 대한 연구가 진행될 수 있을 것이다. 문헌에 나타나는 고조선은 단군조선－기자조선－위만조선으로 정치적인 변화를 거치는데 이러한 변천과 아울러 고고학적인 문화도 청동기시대에서 철기시대로의 변화가 이루어진다. 문화의 변화와 단군조선－기자조선－위만조선으로의 변천 또는 발전과정 사이에 어떠한 연동관계가 있는지에 대한 이해도 필요하다.

그러자면 우선 고고학상에 보이는 고조선과,《史記》朝鮮列傳 등의 여러 문헌에 등장하는 우리 나라 최초의 국가인 위만조선과의 관계를 문헌과 고고학 자료를 통해서 해결하여야 할 것이다. 고고학적으로 볼 때 비파형동검(또는 遼寧式銅劍)의 사용이 끝날 무렵인 기원전 5~4세기경에는 요동지방과 우리 나라 서북지방에 철기가 도입되기 시작하고,[5] 기원전 3~2세기부터는 明刀錢과 고도의 철제 농기구가 나오는 세죽리－연화보유형의 문화와 細形銅劍문화가 발생한다. 비파형동검과 세형동검은 고고학상으로 청동기시대와 철기시대 전기(종전의 초기 철기시대)로 나누어지는 지표유물이 된다. 특히 세형동검의 경우 한반도에 국한되어 나타나며 요령지방과는 문화적으로 많은 차이를 보인다. 이러한 차이는 당시 한반도에도 정치·문화적으로 일정 정도 변혁이 있었을지 모른다는 가능성을 제시하고 있다. 그래서 고고학적인 문화의 변화와 문헌상에 보이는 정치적인 변화의 관계를 규명하는 것도 중요한 과제이다.

위만조선까지 포함하는 문헌상의 고조선의 변천은 크게 3단계로 나눌 수 있다. 첫번째 시기로 先秦文獻에 단편적으로 보이는 고조선의 이름을 들 수 있다. 대표적인 기록으로《管子》揆道편과 輕重甲편에 고조선의 특산물에 대해서 언급하고 있는 것을 들 수 있다.[6]《관자》가 쓰여진 것은 기원전 4세기

---

5) 崔盛洛,〈鐵器文化를 통해서 본 古朝鮮〉(《國史館論叢》33, 國史編纂委員會, 1992), 59쪽.

이지만 이 기록의 무대는 기원전 7세기이므로 적어도 기원전 7~4세기 무렵에 고조선이 존재하여, 중국과 교역도 하였음을 알 수 있다. 다음 두번째 시기로 燕과 본격적으로 전투를 벌이는 시기이다. 그것은 《三國志》에 인용된 魏略에서 볼 수 있는데, 연이 稱王하자 고조선도 왕을 칭하고 연과 대립하다가 燕將 秦開의 침략을 받고 그 세력이 한풀 꺾이는 시기를 말한다. 물론 기록에서 특정한 시기를 언급하지 않았으나, 연의 전성기가 昭王대임을 감안한다면 기원전 4세기 무렵이라고 볼 수 있다. 아마도 이 시기를 전후해서 연의 철기 제작기술이 도입되었다고 보여진다. 마지막 시기는 準王이 衛滿에게 왕위를 빼앗기고 위만조선이 개창된 시기로 볼 수 있다. 위만조선은 기원전 198년에 성립되어 기원전 108년까지 존속하였다.

한편 고고학적 자료를 근거로 하여 고조선의 발전과정을 5단계로 추정한 견해도 있다. 小國 형성 이전의 族長社會를 기원전 15~12세기, 소국시기의 고조선을 기원전 12세기 말~9세기, 소국연맹시기의 고조선을 기원전 8~5세기, 소국병합시기의 고조선을 기원전 5세기 말~4세기 말로, 평양으로 이동한 후의 고조선을 기원전 4세기 말~위만조선 이전으로 보는 것이다. 이러한 편년 설정은 현재까지의 고고학적 자료와 문헌사료를 조화시키려 한 것으로 보이나 소국의 개념이 무엇인가에 대한 규정에 관하여 또다른 논의를 불러올 수 있다. 이를 다시 고고학적 문화로 분류한다면 요동지역의 청동기문화의 발전이 소국 이전의 족장사회, 고조선 이전의 비파형동검문화를 소국발전시기, 비파형동검의 典型과 변형이 쓰여지는 시기가 소국연맹시기, 초기 세형동검 또는 중간형의 동검이 쓰이는 시기가 소국병합시기이며, 그 이후 평양천도 후의 고조선은 세죽리-연화보유형문화와 평양지역의 세형동검문화로 이분된다.7)

---

6) 《管子》 揆道 "吾聞海內玉幣有七莢… 發朝鮮之文皮".
《管子》 輕重甲 "桓公曰 四夷不服… 發朝鮮不朝… 一豹之皮, 然後八千里之 發朝鮮可得而朝".
《山海經》에도 조선의 위치에 대한 언급이 있다.
《山海經》 海內北經 "朝鮮在列陽東 海北山南 列陽屬燕".
《山海經》 海內經 "東海之內 北海之隅 名曰朝鮮天毒 其人水居 畏人愛之".
7) 李鍾旭, 《古朝鮮史研究》(一潮閣, 1993).

강역에 대해서는 학자간에 너무나 많은 의견이 존재해서 여기에서는 일일이 소개할 수 없지만, 대체로 요하 이동에서 평양지역까지를 고조선으로 보고 있다. 따라서 이 글에서는 요하 이동에서 평양지역의 청동기문화의 발생·발전과 철기문화의 도입을 중심으로 살펴보겠다.

1) 고조선 전기와 청동기문화

요동지구의 청동기문화는 (1) 비파형동검 이전의 청동기문화, (2) 비파형동검이 쓰이지만 고조선이 출현하지 않은 시기, (3) 비파형동검 전형이 쓰이는 고조선 초기, (4) 비파형동검 변형과 墨房里(평남 개천군)형 토기가 쓰여지는 고조선 중기 등으로 크게 나눌 수 있다고 한다.[8)]

(1) 비파형동검 이전의 청동기문화

요동지구의 청동기문화는 비교적 최근에 알려지기 시작하였는데, 각 지역마다 독특한 문화가 펼쳐진 것으로 밝혀지고 있다. 예컨대 遼寧 동부지구의 廟后山과 望花유형의 문화 등이 존재했으며, 瀋陽지역은 高台山·新樂上層·요령 북부지역에는 順山屯文化 등이 알려져 있다. 요령 남부지구의 경우 于家村과 雙陀子遺蹟을 들 수 있다.[9)]

고조선과 관련이 있는 문화로는 구체적으로 적석묘를 들 수 있다. 이 지역의 청동기시대의 시작은 적어도 기원전 13세기는 될 것으로 보여진다.[10)] 이 시기에 청동기시대가 시작되면서 사회발전이 진행되어 씨족공동체 안에서의 빈부의 차이와 불평등관계가 보인다. 대표적 유적으로 절대연대가 기원전 13세기인 大連 우가촌의 砣頭積石塚을 들 수 있는데, 58개의 석곽이

---

8) 이와 같은 분류는 朴淳發, 〈한강유역의 청동기·철기시대〉(《한강유역사》, 민음사, 1993)를 참조하였다.

9) 孫 力, 〈試談遼寧地區的商周文化〉(《北方文物》 85-3, 1985).

10) 于家村 상층의 경우 3280±85, 3230±150(《考古》 80-4, 《文物》 79-12), 쌍타자 상층의 경우 3135±90의 연대가(《考古》 72-4) 나왔다. 물론 이를 수륜보정한다면 기원전 15세기까지 소급할 수 있지만 현재까지의 연구성과와 문헌 자료 등을 참고한다면 대체로 13세기 정도로 보는 것이 무난하리라 생각된다.

한 적석내에 분포되어 있어서 같은 친족관계에 있음을 말해준다. 또한 이 안에서 보이는 무덤간의 부장품의 차이는 재산상의 불평등 및 사회적인 신분의 차이를 말해주는 것이다. 적석묘는 주로 요동반도지역에 한정되어 분포되어 있는데, 이후의 시기에서도 계속 사용되어, 崗上·樓上·臥龍泉 등 비파형동검을 반출하는 적석총도 존재한다. 이외에 고인돌의 존재도 비교적 최근에 확인되고 있는데, 이 시기의 고인돌은 크게 두 가지로 나뉜다. 소위 북방식(황해북도 연탄군 五德型 : 전형 고인돌)과 남방형(황해북도 황주군 沈村型 : 변형 고인돌)이라고 하는 것이 같은 시기에 공존하는 것으로 보여진다.[11] 적석묘가 요동반도에 집중되었던 것에 비하여 고인돌은 요동지역뿐만 아니라 한반도 전역에 분포되어 있다. 蓋石墓(큰돌뚜껑무덤) 역시 요동지방을 중심으로 비슷한 지역에 분포하는데 이들의 연대는 아직 절대연대가 확실하지 않지만, 고인돌의 경우 청동기가 출토된 예가 없고 개석묘의 경우 많은 청동기가 반출되는 것으로 보아 적석묘가 더 일찍 출현한 것으로 보인다. 서북지방과 한반도 전역에 존재하는 고인돌은 이보다 시기가 떨어지는 것으로 보여진다.

(2) 비파형동검시기의 고조선문화

비파형동검은 한반도를 비롯하여 요동과 요서에 주로 분포되어 있으며 길림·장천·하북성 일대에서도 그 존재가 확인되고 있다. 비파형단검의 가장 큰 특징은 비파형으로 생긴 칼날과, 손잡이가 별도로 주조된 조립식이라는 점이다. 즉 손잡이 부분을 따로 주조하여 칼－칼자루－칼자루마추개－칼자루－劍把頭飾으로 검이 이루어져 있다. 같은 시기에 내몽고지역에 분포해 있던 오르도스(Ordos)식의 경우 조립식이 아니며, 손잡이에 동물문양을 한 비수모양을 하고 있다. 중국의 경우도 양자강유역을 중심으로 분포해 있는 桃氏劍의 경우 손잡이까지 한번에 주조하여 비파형단검과 확연히 구분되고 있다.

---

11) 중국에서는 五德型을 石棚, 沈村型을 大蓋石墓라고 한다. 遼寧 新金縣 雙房의 경우 두 묘제가 혼재한다.

비파형동검의 기원에 대해서는 크게 두 가지 설이 있다. 첫번째로 요서지방에서 요동지방으로 전파되었다는 주장으로 南山根·十二臺營子의 유적으로 보아 이 문화의 주체는 東胡이며 크기가 큰 것에서 작은 것으로 나아갔다는 주장인데 이는 중국측 학자들의 설이다. 반면에 북한의 경우 요동에서 발생하여 서쪽으로 전파되었다고 보며, 기술의 발전상 작은 것에서 큰 것으로 발전했다고 본다. 이 문제는 단지 검의 형태만으로는 해결하기 어려우며 문화상의 전반적 고찰 및 확실한 절대연대가 확보되어야 할 것이다.

비파형동검의 사용 주체에 대해서도 여러 의견이 있다. 비파형동검 출토지역이 고조선의 영역에 준하며 따라서 고조선인이라고 보는 견해를 비롯하여 동호족 또는 東胡-山戎이 공유했다는 견해가 있다. 이 밖에 朝鮮·眞番·濊貊이 공유했다는 견해와 동호에서 조선·진번·예맥으로 전파되었다는 견해가 있다.

비파형동검의 연대는 1970년대 초기까지만 하더라도 기원전 7~8세기로 보았다. 그러나 1980년대 초에 雙房돌무덤을 비롯한 몇 곳에서 더 이른 식의 비파형동검이 출토되어 그 절대연대를 기준으로 기원전 12세기 정도로까지 소급하는 견해도 있다. 이에 따라 비파형동검이 고조선의 시작과 동시에 발생했다는 견해에서 한 걸음 더 나아가 최근에는 고조선 성립 이전에 비파형동검이 사용되었다고 보는 견해도 제기되었다. 그 연대를 보면 대체로 비파형동검 古式은 기원전 11~9세기이며, 다음으로 典型은 기원전 8~7세기, 변형은 기원전 6~5세기이며, 이후는 세형동검이 사용된 4~3세기라고 보는 것이 일반적이다.

비파형동검문화는 크게 요서지방의 夏家店 상층문화·요동지방-서북한지방의 미송리형토기문화·한반도 남부의 지석묘·길림지방의 西團山文化 등으로 나눌 수 있다. 여기에서는 요동지방-서북한지방의 비파형동검과 미송리형토기문화를 중심으로 살펴보되, 주변지역의 문화도 간략하게 알아보겠다.

가. 비파형동검이 쓰이나 고조선이 출현하지 않은 시기(기원전 11세기~9세기)

비파형동검이 만들어지지만 아직 고조선이 출현하지 않은 시기가 있다. 이를 북한의 경우 '小國'이 형성되었다고 보고 있으나, 어떤 성격인지는 확실하지가 않다.[12] 북한에서 가장 이른 시기의 동검이라고 보고 있는 것은 쌍방 6호 돌무덤에서 나온 것인데 쌍방 6호는 부장품이 풍부하며 절대연대는 기원전 12세기에 해당한다. 이후 비파형단검과 미송리형단지가 부장되는 석관묘가 이 지역의 대표적인 주묘제로 등장하게 된다.

이 시기의 미송리형단지는 북한에서 '전형'이라 부르는 것이며 대표적인 新岩里유적의 경우 전형 미송리형토기(단지)가 나오지만 줄무늬가 3~4줄이고 손잡이도 위를 향하고 꼭지손잡이는 없으며, 겹아가리의 심발형토기도 이와 함께 출토되고 있다. 新金縣 쌍방 6호 석관묘의 경우 '전형 미송리토기(단지)', 겹아가리의 심발형토기와 함께 초기 형태의 비파형단검이 발견되었다. 비파형단검의 경우 북한학자의 분류에 따르면 첫째 부류에 해당되는 것으로, 단검의 길이가 짧고 양쪽의 돌기와 불루기가 뚜렷하며 피홈이 검끝에서 시작되는 것이다. 주요 유적은 요령성에서는 신금현 쌍방·遼陽縣 二道河子·吉林省 星星哨·淸原縣 門臉과 李家堡·盤石縣 小西山 등으로 모두 석관묘이다.[13]

나. 고조선 초기(기원전 8~7세기)

대표적 유적으로 崗上무덤을 들 수 있다. 무덤구역은 20m×28m이며 그 안에는 20여 개의 무덤구덩이가 있고 위에는 막돌을 덮은 돌무지무덤이다. 중앙에 돌곽을 중심으로 백수십 명의 순장노예가 있었는데, 이들 순장노예는 학자에 따라서 노동노예라고 보기도 한다. 부장품은 불에 맞은 흔적이 있으

12) 북한에서는 요동지방의 오덕형 고인돌 중에서 대형이 고지에 단독으로 위치하며, 여러 지역을 포괄하여 하나만 있는 것으로 보아 종족연합 추장(군사령관 또는 족장)의 무덤이라고 보고 있다. 그러나 이러한 추장이라고 한다면 반드시 세습되었을 것인데 무덤이 하나밖에 없다는 것은 이상하다. 오히려 다른 제사나 신앙의 용도로 사용되었을 가능성도 배제할 수 없다고 하겠다.

13) 북한이 설정한 고조선 이전의 비파형동검기에 대해서는 아직 해결되지 않은 문제가 있다. 첫째로 절대연대를 들 수 있는데, 그 예가 많지 않은 데다가 유물간의 상대연대가 치밀하지 않으며, 그나마도 몇 가지 유물에 한정되어 있다는 점이다. 두번째로 북한은 요동기원설에 따라 요동지역의 비파형단검을 요서지방보다 소급시켜서 보기 때문에 요서기원설의 중국과는 다른 연대관을 보여준다. 여하튼 북한이 설정한 고조선 성립 이전의 초기 비파형동검이 과연 시기차이인지 아니면 동시기에 공존한 형식상의 특징인지는 아직 속단을 내리기 어렵다.

며 6자루의 비파형동검, 26개의 청동기 등이 출토되었다. 중심에 2개의 돌곽을 중심으로 작은 돌곽들이 배열되어 있다. 강상이나 樓上유적은 지방 귀족의 무덤으로 추정되고 있으며 중앙의 대노예소유자들은 이보다 훨씬 거대한 분묘를 축조했을 것이라고 여겨지나 아직 발굴된 예는 없다.

이 시기의 비파형동검은 그 길이가 길어지고 비파형단검의 폭은 상대적으로 이전 시기보다 좁다. 미송리형토기와 공반되는 경우는 거의 없으며, 피홈은 약간 내려와서 시작한다. 유적으로는 강상·十二臺營子·南山根 101호·錦西縣 烏金塘·建坪縣 孤山子와 大拉罕溝 등이 있다.

다. 고조선 중기(기원전 6~4세기)

비파형단검은 돌기와 단검 하반부의 폭이 좁아진다. 길이는 길어지며 피홈은 상당히 내려와서 시작하는 퇴화형으로 세형동검과 그 형태가 비슷해진다. 대표적인 유적으로 瀋陽 鄭家窪子 1지점·6512무덤·錦州縣 寺兒堡·旅大市 官屯子·海城縣 大屯·撫順·樓上·臥龍泉·喀左縣 南洞溝 등이 있다. 대부분 청동검파두와 공반이 된다.

이 시기의 토기는 서북지방의 경우 묵방리형토기가 공반되며, 요동지방은 정가와자의 경우와 같이 長頸壺와 공반이 된다. 정가와자 제3지점의 경우 목곽무덤으로 강상이나 누상과는 형식도 다르며 순장한 예도 없다. 특징적인 유물로 수십 개의 청동단추를 붙인 활집과 가죽장화를 들 수 있다.

라. 주변지역의 비파형동검문화

가) 하가점 상층문화

고조선의 성립과 직결되는 비파형동검과 관련하여 요서지방의 夏家店(내몽고 赤峰) 상층문화를 살펴보아야 할 것이다. 하가점 상층문화는 중국에서는 東胡의 것으로, 북한에서는 貊(=동호)과 發族의 것으로 보고 있다. 이 문화의 비파형동검은 요동과 비교해서 길이가 긴 것만 발견되며, 銎柄式이 보인다는 특징이 있다.

〈표 1〉 하가점 상층문화의 시기구분[14)]

초 기	비파형단검 발생 이전시기(적봉 紅山後, 河北省 小官壯, 내몽고 宇城縣 南山根, 하가점의 돌상자무덤과 일부의 돌곽무덤)
중 기	첫째 부류의 단검(남산근 101호, 十二臺營子 1·2호, 烏金塘 3호, 대랍한구 741호)
후 기	둘째 부류의 비파형단검(朝陽縣 木頭溝 1호, 喀左縣 南洞溝, 北標縣 河家溝, 錦州縣 寺兒堡)

주요한 유물로는 부채살 주머니도끼(扇形銅斧)·톱날자루식 칼·세문경·석관묘·석곽묘가 있으며 주거지는 원형의 竪穴주거지로 이 안에 저장공 등이 있다. 전체적으로 오르도스-카라수크, 황하의 중국문명과 인접하여 요동의 것과 다른 모습을 보여준다. 전체적으로 이 지역의 여러 유적에서는 북방의 청동단검과 중국의 은·주시대의 청동기가 공반되는 양상이 있는 반면, 요동문화와 관련이 있는 유물로 선형동부·圓板형기·세문경 등이 있어서 주변지역의 여러 문화적 특징이 복합되어 나타난다. 대체로 하가점 상층문화와 고조선의 문화는 직접 관련은 없으나, 일정 정도 유사한 청동기문화권에 속함을 알 수 있다. 요서지역의 비파형단검문화는 요동지방이나 한반도지역과는 달리 본격적으로 세형동검으로 발전되지는 않았다.

나) 서단산문화

吉林지역의 西團山문화의 범위는 길림성의 길림·長春지구, 四平지구 이외에 서쪽으로는 요령 무순지역까지 펼쳐져 있는 문화로서 이 지역 청동기문화를 대표한다. 서단산문화의 묘제는 대부분 석관묘이며 후기에 들어서 옹관묘나 토광묘가 일부 사용된다. 서단산문화는 그 문화상이 비교적 최근에 알려진 것으로, 절대연대 자료나 층위적인 증거가 적어서 학자간에 문화발전에 대한 견해차가 많지만 대체로 보아 3시기로 나눌 수 있다.[15)] 초기는 서단산·星星哨·騷達溝·小西山 등의 유적으로 대부분 箱式棺이며 부곽을 배치한 예

14) 황기덕의 분류에 따른 것인데, 황기덕은 하가점 상층문화가 비파형동검이 나온 시기와 그렇지 않은 시기로 대별된다고 보고 있다(황기덕, 〈료서지방의 비파형단검과 그 주민〉,《비파형단검문화에 관한 연구》, 과학·백과사전출판사, 1987).
15) 董學重, 〈試論吉林地區西團山文化〉(《考古學報》 83-4, 1983).

가 많다. 상한 연대는 성성초의 절대연대에 따라 기원전 12세기(樹輪補正을 하면 13세기)로 본다. 청동기는 성성초와 소달구에서 소수 발견되었는데 모두 초기 형식이다. 토기는 저화도 소성의 褐色 砂質土器로 기형은 매우 간단하다.[16] 중기는 兩伴山 · 갈석산 · 장사산 · 泡子沿前山 · 騷達溝 · 小西山 등을 들 수 있으며 연대는 장사산의 절대연대가 기원전 4세기 말(2340±75, 수륜보정 연대로 기원전 390년)로 전국 중기에 해당하는 것으로 본다. 막돌을 쌓아 만든 석관묘가 많으며 묘광바닥에는 황토를 깔았다. 이러한 석관묘를 토광묘로 이행하는 과정중에 간략화된 것으로 보기도 한다. 청동기는 비파형동검은 나오지 않으나 琵琶形銅鉾가 나온다. 그 밖에 斧와 刀 등의 생산공구나 청동단추 · 連珠장식 등의 장식품이 증가된다. 토기는 초기와 거의 비슷하다. 후기는 土城子 · 東團山 · 楊屯 등이 있는데, 양둔의 탄소연대가 2165±75로 이들은 秦 · 漢시기에 해당되는 것으로 보고 있다. 묘제는 석관묘 이외에 토광묘나 옹관묘가 출현하게 된다. 이 시기에 들어서면 청동기의 예가 적어지는데 아마 철기 사용에 따른 결과로 보여진다.

일반적으로 이들 유적은 고조선의 문화와 비슷한 점이 많으나 직접적인 관련은 없으며, 북한의 경우 夫餘, 그리고 중국의 경우 肅愼 · 挹婁 등의 문화와 관련이 많은 것으로 보고 있다. 그런데 흥미있는 것은 이 지역의 문화를 요서지방의 하가점 상층문화와 관련시키는 주장인데,[17] 이것은 요서지방과 이 지역과의 문화적 교류를 암시하는 것이다.

다) 한반도지역

남한지역의 비파형동검 출토는 비교적 최근에 알려지고 있다. 현재까지 출토된 것은 약 44예로[18] 남한 역시 비파형동검문화권에 포함될 수 있음을 시사하는 것이다. 그리고 그 형태적 특징으로 볼 때 쌍방이나 성성초와 같은

---

16) 북한의 경우 초기 문화 중에 비파형동검을 부장하지 않은 묘장만을 西團山문화로 간주하고 나머지는 길림지역의 비파형동검문화라고 본다. 따라서 청동기가 나오지 않은 서단산 · 소달구 등만을 서단산문화로 규정하고 있다(황기덕, 〈길림장춘지방 비파형단검문화의 성격〉, 《조선고고연구》 86-3, 1986).

17) 董學重, 앞의 글.

18) 이영문, 〈韓半島 出土 琵琶形銅劍 形式分類 試論〉(《博物館紀要》 7, 檀國大 中央博物館, 1991).

초기 형식만을 제외하고 전형·변형·초기 세형동검(경기도 양주 上紫浦里式) 등도 모두 출토되고 있어서 비교적 이른 시기부터 비파형동검을 제작·사용했음을 알 수 있다. 특히 松菊里의 경우 석관묘에서 동검이 나왔으며, 주거지에서는 비파형동검의 공반유물인 선형동부의 거푸집까지 나와서 비파형동검을 제작·사용하였음이 더욱 확실해졌다. 아직까지는 전남을 중심으로 하는 남해안 일대에 편중되어 있다는 한계가 있지만, 앞으로 연구가 진행되면 더욱 자세한 자료가 나타날 것으로 생각된다.

2) 후기 고조선과 철기문화(기원전 4~2세기)

고조선 후기[19]의 문화는 고고학상에서 볼 때 철기시대 전기(종래의 초기 철기시대)에 해당하는 시기로서 철제 무기의 사용이 일반화되었으며, 車馬具가 존재하는 등 전쟁도구도 발달이 되었던 것으로 보여진다. 또한 상당히 보편화된 철제 농기구는 당시 농업생산력을 제고시켰을 것으로 생각된다. 그리고 중국의 화폐가 대량으로 발견된 점은 그러한 발달된 생산력을 토대로 하여 주변지역과 교역이 활발했던 증거로 볼 수 있다. 철기의 제작은 철기 그 자체로도 중요할 뿐 아니라 철광의 발견과 확보, 채광 등과 무기의 제작 등을 위해서 직업의 전문화도 이루어졌을 것으로 생각되는 점에서 중요하다.

따라서 여기에서는 위만조선을 포함한 고조선 후기의 고고학적 연구를 서북지방과 요동지방의 철기문화의 발전과 관련하여 살펴보겠다. 이 시기의 문화는 크게 (1) 기원전 4세기의 비파형동검－세형동검의 중간형이 보이고 철기가 조금씩 등장하는 시기, (2) 기원전 3~2세기의 세죽리－연화보문화와 세형동검문화가 전성기를 맞은 때로 구분할 수 있다. 이 두 시기를 문헌과 관련시킨다면 연과 맞서서 稱王을 하며 대립한 시기와 準王－위만조선의 시기라고 할 수 있다.

우리 나라에 처음으로 철기가 도입된 시기에 관하여 북한에서는 기원전

---

19) 후기 고조선에 위만조선이 포함된다.

8~7세기에 이미 철기시대가 시작되었다고 한다.[20] 이 연대를 인정할 경우 우리 나라는 동아시아에서 가장 이른 시기에 철기 제작기술을 가졌다고 할 수도 있다. 그러나 이에 대해서는 여러 가지 의문점이 많아서 인정되지 않고 있다. 남한에서는 대체로 위만조선 이전에 철기가 도입되었을 것으로 보고 있다. 그런데 위만조선기에 해당하는 기원전 3~2세기 문화에서는 철제 농기구와 무기가 제작되는 등 철기문화가 사회의 전반적인 발전 및 생산력의 증가를 가져온다.

고조선의 철기는 기본적으로 燕나라에서 도입된 것으로 보여진다. 연나라는 전국시대 말기부터 선진적인 철기문화를 보유하고 있었고, 그 문화는 크게 2단계로 주변지역에 전파된 것으로 보고 있다.[21] 1단계는 연의 전성기인 昭王대에 행해진 것으로 秦開의 동호와 조선공략이 계기가 되었고, 2단계는 진의 건국 후 연의 유이민이 이주한 것이 계기가 된 것으로 보는 것이다. 즉 연나라에서는 4세기대에 중국에서 가장 선진적인 제철기술을 가졌고, 그러한 기술이 우리 나라에 전파된 것이 세죽리-연화보유형문화의 기원이 된 것으로 보인다. 그리고 길림지역은 연나라와는 직접적인 관련이 없이 독자적인 철기문화의 형성이 이루어졌다고 보고 있다. 위에서 말하는 2단계의 철기문화의 전파는 고조선의 철기문화를 설명하는데 비교적 설득력이 있을 것으로 생각된다.

(1) 기원전 4세기 고조선지역

기원전 4세기의 경우 남한에서는 중간형,[22] 또는 변형 비파형동검, 북한에서는 초기 세형동검이 보이는 시기라고 한다. 이 시기의 무덤으로는 석곽묘와 적석묘가 있다.

---

20) 철은 기원전 8~7세기에 이미 압록강과 두만강유역에서 생산되었으며, 연철 단계는 기원전 8~7세기, 고온환원법의 발전된 방법은 기원전 3~2세기에 시작되었다고 보았다(박영초, 〈고조선시대에서의 제철 및 철제가공기술〉, 《조선고고연구》 89-1). 물론 이 연대는 지나치게 올라간 것이나, 燕에서 전파된 발전된 방법 이전에 독자적인 제철기술이 함경도지방에 있었던 것으로 보인다.

21) 이남규, 〈燕國鐵器考〉(《第35回 全國歷史學大會 發表要旨》, 1992).

22) 李淸圭, 〈청동기를 통해 본 고조선〉(《國史館論叢》 42, 1993).

석곽묘로는 旅大市 尹家村 하층이 대표적인데, 목관을 쓰고 그 주위에 석곽을 쌓은 것이다. 이 외에 丁峰里도 있다. 적석묘는 비교적 최근에 알려진 묘제로 강상·누상과 같은 적석묘의 전통이 이어진 것으로 보인다. 대표적인 예로 五道嶺溝門의 유적은 고구려식의 적석총과 매우 비슷한 형태로, 이 유적에서 발견된 동검은 가운데 절대 부분에서 동검의 폭이 넓어진 채로 동검 끝까지 가는 독특한 형태이다. 이 밖에 토광묘로 孤山里와 遼陽 亮甲山 二道河子 등이 있으며, 옹관묘로 정가와자 2호와 明沙里 등을 들 수 있다.

이 시기의 문화는 동검의 특징에 따라 크게 2개군으로 분류할 수 있다. 요령－서북한지역의 유적으로는 윤가촌·이도하자·정가와자 등으로 동검의 하반부가 불룩하며 ㅗ자형의 검파두 등 비파형단검의 잔재가 보이는 것이며, 길림－집안지역에는 大青山과 오도령구문 등에서 나오는 특이한 비파형동검이 보인다. 윤가촌의 경우 동경·동모·동부 등이 공반되는데, 대청산과 오도령구문의 경우 그러한 예가 없다는 지역적 특성이 보인다.[23] 토기의 경우 윤가촌식에서만 많이 나오는데, 호·발·豆形토기 등이 보이며, 대청산식에서는 토기 출토예가 거의 없다.

연의 철기도입과 윤가촌 하층의 연대는 비파형동검과 세형동검기의 가운데 단계임을 알 수 있다. 이에 따라 비파형의 하한이 기원전 5세기이며 청천강 이북지역에 명도전이 본격적으로 보급된 이후에는 세형동검이 사용되지 않는다는 것을 감안한다면 대체로 4세기경으로 보여진다.

(2) 기원전 3～2세기의 철기문화

이 시기가 되면 요동－서북지방의 문화는 크게 두 지역으로 구분된다. 이와 관련하여 제기될 수 있는 문제는 고고학적인 문화에서 나타나는 지역성과 위만조선의 정치적인 강역을 어떻게 대비하여야 하는가의 문제이다. 즉 위만조선 및 후기 고조선(진개의 침략 이후)의 강역으로 생각되는 지역은 학자간에 이견이 있으나 대체로 요하 이동～평양지역, 또는 압록강～평양에 이르는 지

---

23) 李淸圭, 위의 글.
반면에 박진욱은 대청산과 윤가촌 식을 시기차의 반영으로 보았다(박진욱, 앞의 책).

역으로 보고 있다. 이 지역의 문화는 크게 두 가지로 나뉜다. 즉 요하 이동~청천강까지는 세죽리-연화보유형의 문화가, 평양지역은 세형동검문화가 발달하였다. 세죽리-연화보유형문화지역에서는 철제로 만든 농기구 및 무기가 많이 제작되고, 明刀錢이 대량으로 발견되나 무엇보다도 평양지역이나 남한에서 보이는 전형적인 세형동검은 출토되지 않는다. 바로 전시기인 기원전 5~4세기에는 윤가촌 등에서도 세형동검 1식(남한에서는 변형 비파형동검이라고도 함)이 보이는 점을 감안한다면 중국의 영향으로 기존의 문화가 상당히 변화했음을 알 수 있다. 반면에 평양지역은 남한에서 일반적으로 보이는 세형동검이 제작되고 토광묘가 발달한다. 그러나 세죽리-연화보문화 지역과는 달리 명도전이 발견되지 않으며, 철기시대에 진입했음에도 불구하고 여전히 부장품에서는 청동장식이나 세형동검과 차마구 등 청동기가 주류를 이룬다. 이 지역에서 철기가 주류를 차지하게 되는 시기는 낙랑군 설치 이후이다.

이러한 고고학적인 문화에서 보이는 차이에 주목하여 청천강 이북지역만을 고조선의 강역으로 보거나,[24] 평양지역의 세형동검문화만을 고조선의 것으로 인정하는 견해[25]가 있다. 이것은 기본적으로 이질적인 두 문화가 하나의 정치적 집단을 이루기 어렵다는 전제하에서 나온 견해이다. 물론 이러한 견해는 고고학적 자료를 가지고 역사적 기록에 나타나는 실체에 대해 구체적인 접근을 한다는 점에서 상당한 설득력이 있다고 보여지지만, 속단을 내리기에는 몇 가지 문제가 남아 있다.

첫번째로 문헌 자료를 보자. 위만조선의 국가적 성격 자체가 이주민집단과 토착집단으로 이루어진 것으로, 그 내부에서도 토착적인 문화와 이주민의 문화가 공존할 가능성이 있다. 즉 《史記》 朝鮮列傳에 나오는 王儉城의 위치로 알려진 평양지역에서 세형동검문화가 영위된 것은 토착적인 문화가 계속 유지된 것으로 볼 수 있다. 그리고 청천강을 경계로 명도전이 출토되고

---

24) 尹乃鉉, 《韓國古代史新論》(一志社, 1986).
윤내현은 그 후에 그의 견해를 수정하여 한반도 전역을 고조선의 강역으로 보고, 그 남쪽 경계를 한반도 남해안에 이른다고 하였다(尹乃鉉, 《한국고대사》, 삼광출판사, 1989).

25) 李淸圭, 앞의 글.
李鍾旭, 앞의 책, 147쪽.

있고[26] 발전된 철기문화인 세죽리－연화보유형의 문화가 존재함을 볼 수 있는데, 이는 준왕이 위만으로 하여금 지키게 한 서변지역에서 중국의 선진적인 철기가 많이 쓰이는 이질적인 문화가 영위된 것으로 생각할 수 있다.

두번째로 고고학적으로 보아서 세죽리－연화보문화지역은 철기 이외에는 토착문화와의 관련성이 많다는 점과 세죽리－연화보유형문화의 철기가 남한지역에서 발견된다는 점 등을 들 수 있다.[27]

고고학적인 문화가 곧바로 정치적인 영역으로 연결되지 않는다는 점을 감안한다면 어느 문화까지가 고조선의 후기문화라고 속단할 수는 없을 것이다. 즉 동일한 문화를 영위하는 지역내에서도 서로 다른 정치체가 존재할 수 있으며, 또는 문화적 성격이 차이가 나는 지역들끼리 하나의 정치적인 공동체로 묶일 수 있는 가능성도 있다. 문헌에 보이는 정치적인 강역의 문제를 해결하기 위하여 고고학적 자료에 나타난 문화를 정치적인 실체로 간주하고, 그것을 다시 문헌 기록과 조화시키는 작업은 신중하게 진행되어야 한다. 여기에서는 고조선 후기문화를 언급함에 있어서 세죽리－연화보유형의 문화와 평양의 세형동검문화를 살펴보겠다.[28]

가. 세죽리－연화보유형의 문화

주거유적으로 細竹里유적[29]은 신석기시대·청동기시대·철기시대에 이르는 여러 시기의 문화층이 있는 유적이다. 여기에서는 지금까지 5기의 주거지가 조사되었는데, 그 중 2기의 집자리는 구들이 사용된 지상가옥으로 드러났다. 이 유적에서는 많은 철기와 청동기가 출토되었고, 특히 제30호 집자리에서는 명도전이 발견되었다. 발견된 철기로는 호미·괭이·낫·도끼·비수 등

26) 명도전이 출토된 지역은 청천강 이북지역이기 때문에 고조선의 것이라고 보기 어렵다는 견해도 있지만, 위만이 교역을 중심으로 그 세력을 펼쳐나갔기 때문에 그러한 교역의 산물로 보는 것이 합당할 것이다.

27) 長水 南陽里와 扶餘 合松里에서 세죽리－연화보유형의 鐵斧가 발견된 바 있다.

28) 물론 이것은 잠정적인 것이며 두 문화 모두가 고조선의 것이라고 단정하는 것은 아니다. 두 문화 모두 고조선의 문화일 가능성이 크고 아직 확정된 후기 고조선의 영역에 대해서 학자간의 통일된 견해가 없다는 것을 감안한 잠정적인 안이다.

29) 김정문, 〈세죽리 유적발굴 중간보고(1)〉(《고고민속》 64－2, 1964).

이 있고, 청동기로는 동촉과 검파두 등이 있으며, 토기로는 회색의 打捺文토기가 발견되었다.

다음으로 蓮花堡[30]에서는 약 278㎡의 유적이 발굴되어 돌담과 노지 2개, 재 구덩이 등이 드러났다. 이상의 유구에 대해서는 실측도나 사진이 없어서 정확하게 어떠한 용도였는지는 알기 어렵다. 철기로는 호미·괭이·낫·도끼·송곳 등이 발견되었고, 청동기로는 활촉이 나왔다. 한편 화폐로는 半兩錢이 나왔으며, 토기는 회색으로 활석이 섞인 繩蓆文토기가 나왔다. 尹家村[31] 상층(기원전 3~2세기)에서 무덤과 함께 저장공 2개가 발굴되었는데, 움의 지름은 1.6m이며 유물은 대부분 기와와 회색 승석문토기 조각이다.

이 밖에 정식 발굴이 아니라 지표조사되거나 파괴 후 수습 조사된 유적을 보면 堂山里유적에서 불에 탄 집자리가 일부 확인되었고, 遼寧 錦州市 大泥窪 유적 등에서 명도전과 함께 생활유적의 흔적이 발견되었다.[32] 일제 강점기에 동아고고학회에 의해서 조사된[33] 豹子窩 高麗寨 및 旅順 勺家疃 牧羊城址에서도 이 시기의 유적이 발견되었으나, 층위관계가 제대로 규명되지 않은 채 여러 시기의 유물이 같이 보고되어서 정확한 문화상은 알기 어렵다.

분묘유적 가운데 이 시기의 무덤으로는 土壙墓·貝墓(조개무덤)·甕棺墓(독무덤) 등이 있다. 그 중 조개무덤은 요동지방에서만 발견되는 것으로 일본의 동아고고학회에 의해서 목양성지·윤가촌·旅大市 劉家疃 등에서 발견되었다. 이 조개무덤들은 장방형의 광을 파고 그 안에 광벽과 일정한 사이를 두고 나무판자로 곽을 만들어 시체를 안치한 것이다.

옹관묘는 정가와자와 윤가촌의 것이 대표적이다. 정가와자[34]에서는 독무덤 1기를 발굴했는데, 3개의 단지를 맞물려 놓은 것이다. 토기들은 굵은 승석문의 갈색 그릇과 가는 승석문의 회갈색 단지로 이루어져 있다. 윤가촌의 경우도 옹관은 2개 내지는 3개의 단지로 이루어져 있다.

이 시기의 철기유물은 크게 농구와 무기로 나눌 수 있다. 농구로는 호미

30) 王增新, 〈遼寧撫順市蓮花堡遺址發掘簡報〉(《考古》 64-6, 1964).
31) 朝中考古發掘隊, 〈尹家村〉(《中國東北地域發掘報告》, 1966).
32) 이순진·장주협, 앞의 책.
33) 東亞考古學會, 《豹子窩》(1929).
34) 朝中考古發掘隊, 앞의 책.

· 괭이 · 삽 · 낫 · 반달칼 · 철부 · 손칼 · 송곳 등이 나왔으며, 무기로는 창 · 단검 · 비수 · 과 · 활촉 등이 나왔다. 청동기는 철기에 비해 그 양이 훨씬 적으며, 대부분 무기류에 속하는 것으로 동촉 · 弩器 · 검파두 · 동모 등이 있다. 토기는 크게 4종류로 나눌 수 있다.[35] 첫번째로 태토가 곱고 회색이 기본인 유형, 두번째로 모래가 섞이고 승석문이 시문되었으며 돌림판을 쓴 흔적이 있는 유형, 세번째로 태토에 활석이 섞인 유형, 그리고 네번째로 전시기의 무문토기 전통이 유지되는 것으로 모래를 섞고 돌림판을 쓰지 않고 만든 토기 유형이 있다. 이 밖에 석기는 보고된 것이 그리 많지 않은데, 연화보에서 반월형석도편이 발견되었고 그밖에 石斧 · 礪石 · 鎔范 등의 발견예가 있다. 그리고 명도전이 부장된 퇴장유적이 있다.

나. 기원전 3~2세기의 세형동검문화

기원전 3~2세기의 평양지역은 요동-서북지방과는 달리 세형동검문화가 지속되며 銅戈 · 비수 · 수레부속 등이 출현하는 특징을 보인다. 이 시기의 유적으로 토성이 있는데, 현재까지 於乙洞토성, 雲城里토성, 淸山里토성 등이 알려져 있어서 위만조선 및 낙랑군의 지방행정 구역을 보여준다. 무덤으로는 움무덤과 나무곽무덤이 압도적 다수를 차지하여 석관묘나 적석총이 다수를 차지하는 전시기와 차이를 보여준다. 이 토광묘유적들은 흔히 낙랑군의 토광묘와 혼동하기 쉬우나, 세형동검과 수레부속 등의 유물은 낙랑군 이전부터 존속했던 것을 보여준다.

토광묘유적에서 낙랑의 것과 위만조선의 것을 어떻게 분리할 것인가가 큰 문제가 된다. 이와 관련하여 토광묘의 연대에 대해서 살펴볼 필요가 있다. 북한에서는 이 지역의 토광묘의 변천을 크게 움무덤-나무곽무덤-부부합장된 나무곽무덤-귀틀무덤으로 보고 있다.[36] 북한에서는 나무곽무덤을 기원전

---

35) 이 분류는 이순진 · 장주협, 앞의 책에 따른 것이다.

36) 남한의 견해를 보면 金元龍은 土壙墓-土壙木槨墓-木槨墓(낙랑시대 고분군)로 보았고, 林炳泰는 土壙木棺墓(움무덤)-土壙木槨墓(나무곽무덤)-大形木槨墓(木室墳, 귀틀무덤)이며 木槨墓와 木室墳의 차이는 單葬과 合葬에 따른 구조적인 차이라고 보았다. 이 밖에 신용민은 木槨墓를 토광묘라는 개념에 종속시켜 파악할 것이 아니라 새로운 묘제의 등장으로 파악할 것을 주장하였다.

2세기 중엽에 시작되었다고 보고 있다.[37] 북한의 편년을 전적으로 받아들인다면 위만조선시기에도 나무곽무덤이 쓰여졌다고 볼 수 있다. 그러나 북한의 주장은 위만조선의 존재를 의도적으로 부정하기 위해서 움무덤－나무곽무덤－귀틀무덤이 자체적으로 발전한다고 보기 위한 편년이므로 이를 인정할 수 없다는 견해도 있다.[38]

북한에서 위만조선 이전 시기에 쓰여진 나무곽무덤으로 생각하는 대표적 유적으로는 台城里유적이 있다. 태성리의 경우 나무곽무덤 내지는 움무덤과 같은 용어가 사용되기 이전에 토광묘라는 이름으로 발굴이 되었지만 유물상을 통해서 나무곽무덤 여부를 가릴 수는 있다. 태성리에 대해서 나무곽무덤의 일반적 특징인 화분형단지－배부른단지의 유형이 보이는 8·9·10·11·15·16호분 등은 비낙랑계의 유물로 위만조선시기의 것이라고 보고,[39] 아울러 위만조선의 묘제 역시 낙랑시기에 남겨진 것과 비슷한 중국의 이주민이 남긴 장방형의 單葬목곽묘일 것으로 보는 견해가 있다.[40] 그런가 하면 태성리를 낙랑설치 이후로 보는 견해도 제기되고 있어서[41] 논란이 되고 있다.

이상의 논란을 정리한다면 과연 낙랑군 이전 즉 위만조선시기에 나무곽무덤이 존재했겠는가의 문제로 압축된다. 이 문제는 단지 묘제만으로는 고찰할 수 없고, 유물을 통해서 고찰해야 할 문제이다. 고조선의 재래의 전통이 남아있는 대표적 유물로는 세형동검을 들 수 있다. 세형동검은 전시기인 비파형동검의 전통을 이어받은 것으로 알려지는 고조선 후기의 대표적 유물이다. 물론 세형동검은 낙랑군 설치 이후에도 일부 무덤에 쓰여지긴 했지만 퇴화된 형식으로

37) 최택선·이란우, 앞의 책, 112쪽.
이순진, 〈우리나라 서북지방의 나무곽무덤에 대한 연구〉(《고고민속론문집》 8, 1983).

38) 崔秉鉉, 《新羅古墳硏究》(一志社, 1990), 564~565쪽.

39) 田村晃一, 〈いわゆる土壙墓群について－台城里土壙墓群の再檢討を中心として〉(《考古學雜誌》 50－3, 1965).

40) 田村晃一, 〈樂浪地域の木槨墓〉(《三上次男頌壽記念論集》, 1980).

41) 西谷正은 서북지방 토광묘에서 보이는 유물상을 전국시대의 영향이 보이는 A, 한나라의 영향이 보이는 B로 나누었는데, 한나라의 영향이 미치는 낙랑설치 이후에도 A식이 함께 공존했다고 보았다(西谷正, 〈朝鮮におけるいわゆる土壙墓と初期金屬器について〉, 《考古學硏究》 13－2, 1966).

유물의 부장칸에 부장된 것이다.[42] 이 글에서는 기원전 3~2세기의 문화를 세형동검문화로 설명하였는데 여기에서의 세형동검문화는 전형적인 세형동검이 부장된 움무덤 2기와 나무곽무덤 1기를 포함하는 것이다(〈표 2〉·〈표 3〉).

〈표 2〉 움무덤의 편년표[43]

1 기	고산리, 정봉리, 천곡리	세형동검, 놋비수, 세문경	기원전 5~4세기
2 기	솔뫼골, 반천리, 석산리	전형적인 세형동검, 세형동모, 과, 철부	기원전 3~2세기

〈표 3〉 나무곽무덤 편년표[44]

나무곽무덤	1기	전형적인 세형동검, 철부, 마구, 수레구, 화분형단지, 배부른단지	부덕리, 정백동96호, 갈현리 태성리9호	기원전 2세기中~末
	2기	쇠단검, 쇠장검, 철부, 마구, 수레구, 화분형단지, 배부른단지	정백동1호·92호, 토성동4호, 복사리2호, 태성리8호, 운성리3호	기원전 2세기末~1세기中
	3기	쇠장검, 고리달린쇠칼, 철제농구, 약간의 마구, 수레구, 화분형단지, 배부른단지, 회색단지, 백색단지	정백동80, 81, 36, 49호, 태성리6호, 운성리4호	기원전 1세기中~1세기末

기원전 3~2세기의 움무덤과 나무곽무덤 1기와의 관계를 보면 철기의 수가 증가했으며 움무덤 2기에서는 거의 보이지 않던[45] 수레부속이 증가하고,

42) 대표적인 예로 귀틀무덤인 정백동 2호무덤을 들 수 있다.
43) 북한의 편년에 따른 것이다(안병찬, 〈우리나라 서북지방의 이른시기 좁은놋단검 관계 유적유물에 관한 연구〉, 《고고민속론문집》 8, 1983).
44) 이순진, 앞의 글.
45) 1956년 정오동에서 발견된 움무덤에서는 삿갓형동기와 전형적인 세형동검이 나온 예가 있으며, 북청군 하세동리에서 발견된 움무덤에서도 수레부속인 놋방울이 발견된 예가 있다(사회과학출판사, 《고고학자료집》 4, 1974).

나무곽무덤 1기에서는 전시기에 보이던 세형동모가 보이지 않는다는 특징이 있다. 이와 관련하여 세형동검문화에 대해서 4기의 문화로 보는 견해가 있다.[46] 이에 의하면 1단계는 세문경과 戈가 출토되나 수레부속은 나오지 않는 것으로 솔뫼골·반천리·석산리 등이 있다. 2단계는 마구와 수레부속이 출토되고 세문경과 과는 보이지 않는 것으로 東大院里 許山·천주리·당촌무덤 등이 있다. 3단계에는 청동기와 철기가 비슷한 비율로 발견되고 4단계부터는 철기가 다수를 차지하게 된다. 이 분류에서 기원전 3~2세기의 위만조선 및 그 관련 문화는 1·2단계이며, 3·4단계는 나무곽무덤의 사용이 본격화되는 시기, 즉 낙랑군 설치 이후의 문화 단계로 보여진다.

細形銅鉾는 길이가 짧고 너비가 넓은 1식, 길이가 넓고 너비가 좁은 2식이 선후관계를 보인다. 이 밖에 청동거울은 粗文鏡과 細文鏡으로 나뉘는데, 조문경에서 세문경으로 발전하였다. 이 시기의 특징적 유물이라 할 수 있는 마구와 수레부속은 주로 뒷시기에 많이 출토된다. 이 밖의 청동유물로 검파두·검집·동과·꺽창 등이 발견되었다. 철기는 주로 무기·마구·수레부속류가 주류를 이룬다. 토기는 주거유적의 경우는 발견예가 없어서 알기 어려우나 토광묘에서는 화분형단지와 배부른단지가 조합을 이루어서 발견된다.

이들 유적의 편년 근거는 상한의 경우 서북지방 출토인 을형·병형의 명도전 연대가 기원전 3세기이고 하한이 기원전 2세기 말인 점과, 나무곽무덤의 변천에 따르면 단장에서 부부합장으로 바뀌는 시기를 가지고 고조선의 멸망과 시기를 같이한다고 볼 수 있다.

그러나 문제는 북한에서 위만조선의 존재를 인정하지 않는 데에 있다. 즉 고조선은 멸망할 때까지 요하유역에 중심지가 있었던 것으로 주장한다. 그러나 이를 따르면 청천강 이남지역의 세형동검 및 명도전의 분포에 대한 해석의 문제가 생긴다. 이의 해결방안으로 북한은 청천강 이남지역은 상대적인 독자성을 지닌 고조선 소국의 영역으로 해석하고, 낙랑유적 역시 위만에게 망한 고조선의 일족이 만든 것으로 본다.[47] 이 점은 현재로서는 받아들이기 어려운 부분이다.

---

46) 박진욱, 앞의 책.

47) 이순진·장주협, 앞의 책에서는 평양지역의 문화를 마한의 문화로 간주하였지만, 곧 발간된 《고조선문제연구론문집》에서는 이러한 견해가 수정되어 고조선의 일파가 세운 일소국으로 바뀐 이래 지금까지 이 설이 통용되고 있다.

3) 고조선의 사회경제

(1) 사회성격

기록에 등장하는 위만조선의 인물로는 衛滿과 右渠를 비롯하여 裨王 長·朝鮮相 路人·韓陰·大臣 成己·將軍 王唊·尼谿相 參 등을 들 수 있다. 이들은 위만조선의 행정 및 군사를 담당한 고위관료들로 보인다. 이 밖에 조선상 노인의 아들 最라는 사람도 나타나는 것으로 보아서 상류층내에서도 신분의 세습이 이루어진 것으로 보여진다. 이는 위만조선에서 상류층과 평민으로 구분되는 세습 신분층이 존재했음을 말해준다.

사회구조와 관련하여 당시의 인구에 대해 알아볼 필요가 있다. 기록을 보면 歷谿卿과 함께 망명한 2천 호, 濊君 南閭의 28만 명 등이 언급되어 있는데 이들은 적어도 서너 개 이상의 부족으로 이루어진 국가라는 것을 알 수 있다. 또한 기원전 108년에 한 무제에 의해서 한사군이 설치된 이후의 상태를 기록한《漢書》地理志에 나타나는 요동, 현도, 낙랑의 인구는 〈표 4〉를 통해서도 잘 알 수 있다. 물론 위만이 멸망한 후로 상당수의 중국의 이민이 있는 등 여러 변동이 있었겠지만, 이것은 위만조선의 인구수를 추측하는 데 도움을 줄 수 있다.《後漢書》의 경우는 〈표 4〉에서 보는 바와 같이 현도군의 경우 호구당 27.1명으로 불합리한 측면이 보이며, 세 군의 전체 인구수의 합계만 이미 180만 명이나 된다는 점도 의문스러운 부분이다. 하지만 이러한 인구통계의 난맥상은 현도군과 같은 변방의 지역에 대한 정보가 소략한 탓일 가능성이 크며, 위만조선의 경우는 일찍이 중국과의 교류가 있어왔기 때문에 위만조선지역에 대한 인구수에 대해서는 비교적 정확하다고 볼 수 있다. 위만조선지역은 낙랑군지역과 일치할 것으로 보인다. 따라서 낙랑군의 인구수와 위만조선의 인구수는 대차가 없을 것으로 보아도 좋을 것이다.《한서》지리지에서는 낙랑군이 25현 62,812호로 406,748명이라고 하였고,《후한서》에서는 18성 61,492호 257,050명이라 하였다. 이러한 자료를 종합하면 위만조선 당시의 인구는 25~30만 명 정도 되었던 것으로 볼 수 있다. 遼東郡과 玄菟郡 등은 아마도 위만조선 주위의 여러 소국을 포괄한 것으로 보여진다.

〈표 4〉 《한서》 및 《후한서》에 보이는 인구통계표

군이름	시 기	戶 數		人 口 數		縣·城數		縣當人口數		戶當 人口數	
		한 서	후한서	한 서	후한서	한 서	후한서	한 서	후한서	한 서	후한서
요동군	秦	55,972	64,158	272,539	81,714	18	11	15,141	7,429	4.9	1.3
현도군	기원전 107년	45,006	1.594	221,845	43,163	3	6	73,949	7,194	4.9	27.1
낙랑군	기원전 108년	62,812	61,492	406,748	257,050	25	18	16,270	14,281	6.5	4.2

그것은 위에서 언급한 예군 남려의 망명으로도 알 수 있다. 그런데 예군 남려의 예에서도 28만 명이 망명했다는 납득하기 어려운 인구수가 나와 있다.[48] 그것은 이들 지역이 한나라와 직접적인 교류가 많지 않았기 때문에 기록이나 수치가 과장될 수 있기 때문일 것이다. 하여튼 낙랑군만의 인구를 위만조선의 경우와 대비시켜 본다면, 물론 추측이므로 그대로 믿기 어렵다 하더라도 상당히 많은 인구가 존재했음은 확실하며, 그들을 통제하기 위한 복잡한 사회조직이 이루어졌을 것은 충분히 짐작할 수 있다. 이들 기록에 나타나는 지도자들 밑에는 각각 800~3,000명 정도의 부족이 있었으며, 그 밑으로는(요즈음의 가장 기본단위인 리나 읍과 같은) 군집(band)의 단위로 이루어진다. 각각의 군집과 같은 가족공동체는 40~70명 정도의 주민들로 이루어지는 것으로 생각된다.[49]

이러한 많은 인구를 지닌 사회를 통제하기 위해서는 어떠한 수단이 필요했을까. 그것은 크게 두 가지로 나누어 살펴볼 수 있다. 첫번째로 법의 존재이고, 두번째로는 강력한 군사력의 존재이다.

위에서 본 것처럼 약 30만 정도로 추정되는 인구를 가진 고조선사회는 매우 복잡하였을 것이며, 법의 존재는 이러한 사회조직의 일단면을 보여주는

---

48) 위에서 살펴본 바와 같이 濊와 그밖의 소국은 족장사회단계로 짐작되는데, 족장사회에서 이렇게 많은 인구를 거느릴 수 있다고 보기는 어렵다.
49) 이러한 최소단위(자연부락)는 公貴里의 발굴결과에서도 보인다(사회과학원 고고학연구소, 《조선고고학개요》, 과학백과사전출판사, 1977·1990, 116쪽).

유력한 증거가 된다.《한서》지리지에 따르면 고조선에는 箕子가 만든 八條禁法이 있었는데, 이것이 후에 한나라의 영향이 미치면서 풍속이 어지러워져 60여 조의 법령이 제정되었다고 한다. 한편《후한서》동이전 濊條에서도 비슷한 기록이 보인다. 이러한 기록들로 비추어 볼 때 위만조선에 들어서면서 사회가 복잡해지고 중국과의 관계도 빈번해지면서 여러 가지 법이 제정되었을 것으로 보인다. 처음에 제정되었다는 8조금법은 만민법(jus gentium)적인 성격을 띠고 있었으나, 위만조선의 국가형성 단계에 와서 사회가 복잡해지고 여러 법령이 제정되었을 것으로 보인다. 또한 늘어난 법은 8조금법처럼 공동체에서 자연적으로 지켜지는 만민법이 아니라 복잡한 사회에 따른 여러 가지 인위적인 규정들로 이루어졌을 것이다. 이러한 법률을 시행하고 통제하기 위해서는 군사력과 경찰력이 합법적으로 사용되어야 한다. 이러한 법의 강제적 집행을 위한 군사력은 앞에서 살펴본 바와 같이 고고학적으로 발견되는 무기로 보아 충분히 갖추었으리라 여겨진다.

결론적으로 위만조선이라는 국가는 단일 요소가 아닌, 복합적인 여러 요소의 결합으로서 형성된 것으로 보인다.[50] 즉 뒤에서 설명할 장거리무역을 통하여 부를 축적하였으며, 인구증가와 그로 인한 내부적인 긴장과 갈등은 곧 토지확장과 확보, 무력에 의한 인근 부족의 정복으로 이어진 것으로 보여진다. 또한 그러한 정복은 막강한 군사력을 뒷받침으로 한 것이며, 특히 그러한 바탕이 된 것은 철제 무기의 사용인 것으로 보여진다. 철제 무기의 사용은 비록 고고학적 증거에서 명확하게 나타나지는 않았지만 철제 무기를 만들기 위한 전문인이 필요하였을 것이다. 즉 원료확보를 위한 광산의 개발과 원료의 운반 및 제련에 전문직을 필요로 하였음이 분명하다. 또한 위만조선 지역에서 발견되는 車馬具는 이들이 군사력으로 말을 이용했음을 나타낸다. 말을 키우고 먹이는 데 필요한 마장과 조련사의 확보와 같은 부수 조건도

50) 위만조선의 국가형성 및 무역과 관련하여 다음의 글이 참조된다.
崔夢龍, 〈韓國古代國家形成에 대한 一考察 - 衛滿朝鮮의 例 -〉(《金哲埈博士華甲紀念論叢》, 知識産業社, 1983).
———, 〈古代國家成長과 貿易 - 衛滿朝鮮의 例 -〉(歷史學會 編, 《韓國古代의 國家와 社會》, 1985).

필요하였을 것이다. 아울러 군사를 두기 위해서는 다수의 군사를 먹이기 위한 잉여식량의 확보와 이를 위한 집약적 농경, 철제 농기구의 사용, 오늘날의 품앗이와 같은 농업협동체계의 활용 등이 필요하였을 것으로 여겨진다.[51] 이와 같은 국가의 발달로 증가하게 된 인구는 사회를 복잡하게 했으며, 그에 따라 율령의 조목이 증가하고 군사력으로 통제할 필요도 있었을 것이다. 또한 무역이 활발해지면서 조공로 및 무역로의 통제 및 이에 따른 중간이익의 획득과 이를 운영하는 행정관료의 역할, 마차의 사용과 이에 따른 신분의 상징을 생각할 수 있다. 또한 군사력을 유지하기 위한 징병 및 징수가 있었을 것이며, 하부구조체제를 이루는 현과 같은 행정체계 및 특산물의 진상 등 이러한 여러 요인들이 체계이론에서처럼 서로 관련을 맺어 위만조선의 국가형성이라는 결과를 낳은 것으로 보여진다.

국가가 형성되기 위한 중요한 요소로는 인구증가, 전쟁, 토지의 확장, 전문직의 발생, 신분계층의 분화, 행정관료의 존재, 징세 및 징병 등을 들 수 있는데 이러한 모든 요소를 위만조선 관계 기사 및 그에 상응하는 고고학적 자료에서도 짐작할 수 있는 것이다. 특히 「국가의 정의」에 부합될 수 있는 「직업적인 계급」을 가진 「중앙관료 정부」와 「무력의 합법적인 사용」의 필요·충분조건을 갖춘 위만조선은 초기에 주위의 유이민집단을 흡수해 나간 정복국가였으며, 衛滿－子－右渠－長의 4대 87년간 왕위를 세습하면서 더욱 완벽한 국가체제를 갖추었으리라 보여진다.

(2) 경제성격

고조선의 교역의 증거는 단편적으로 보이고 있다. 그 대표적인 예로《管子》輕重甲편과《國語》에 나온 石砮歌를 들 수 있다.《관자》에서는 관자가 齊나라 재상인 桓公에게 주변지역의 주요 특산물인 7개의 보배를 언급하는 가운데 發朝鮮의 文皮를 들고 있다.[52] 그것은 조선의 물품이 교역을 통해서 중국에 수입되었음을 나타낸다. 한편 고조선은 아니지만《국어》권 5, 魯語

---

51) 아직 증명되지는 않았지만 다른 나라의 예를 볼 때 灌漑시설의 설치도 생각할 수 있다.

52)《管子》揆道篇 및 輕重甲篇.

下에는 공자가 고대의 肅愼이 西周 왕실에 진상한 石弩에 대해서 이야기하고 있다. 이러한 '進上'은 일반적으로 고대사회에 있어서 일종의 물자교역 즉 조공무역이었던 것이다. 이러한 증거들로 보아서 고조선시대에도 중국과의 교역이 있었던 것으로 보여진다. 또한 강상무덤에서 발견된 부장품 가운데 보배조개는 그 원산지가 동남아시아나 남부 중국의 아열대지방이어서 타지역과의 교역이 활발했음을 보여준다. 초기에는 이러한 단편적인 기록 및 고고학적 증거가 보이며, 본격적인 무역중심지의 역할은 위만조선시대에 시작된 것으로 보여진다.

위만조선은《史記》조선열전에서 보는 바와 같이 漢나라의 外臣이 되어 한으로부터 선진문물을 받아들였으며, 그리고 한과 한반도의 예·진국·衆國 등의 사이에서 무역을 통제하였다는 기록이 있는 것으로 보아 무역중심지 역할을 행한 것 같다. 이러한 무역 중심지로서의 역할을 통해서 위만조선은 크게 발전할 수 있었던 것으로 보여진다. 위만조선이 무역을 통해서 국가의 발전을 이루었다는 것은 크게 2가지 증거로 알 수 있다. 첫째로 중국과의 조공관계, 두번째로 명도전의 존재를 들 수 있다.

가. 조공무역

중국과 우리 나라의 조공무역에서 오고가는 품목으로서 삼국시대에는 우리 나라에서 果下馬·馬·楛矢·石弩·金·銀·珂·貢女·布·海物 등을 보냈으며, 반대로 중국으로부터 받는 물품은 穢王之印 등의 印綬·朝服衣幘·腰弩·玉匣 등이었다.[53] 이러한 목록은 우리가 실제 생활에서 이용되는 물품을 조공한 반면에 얻은 것은 인수와 의책 등 실제 생활보다는 신분의 상징에 필요한 것들임을 나타낸다.

《三國志》東夷傳 韓條에 보면 "…여러 韓國의 臣智에게는 邑君의 印綬를 더해주고 그 다음 사람에게는 邑長을 주었다. 풍속은 衣幘을 입기를 좋아하여 下戶들도 郡에 가서 朝謁할 적에는 모두 의책을 빌려 입으며 자신의 인수를 차고 의책을 착용하는 사람이 천여 명이나 된다"라는 기사가 보인다. 물론 이것은 위만조선이 아니라 더 늦은 서기 3세기경의 기록으로서 중국측에

53) 全海宗, 〈古代中國人의 韓國觀〉(《震檀學報》46·47, 1979).

서 한의 여러 신지들에게 읍군의 인수를 주고, 읍장에게도 각각 인수를 내렸으며, 한측에서도 의책을 좋아해 그러한 물품을 받으려는 사람이 천여 명이 되었다는 것이다. 이 기사는 당시 우리 나라에서 중국의 선진문화를 얻으려 하는 욕구가 많았음을 보여준다. 또 한측에서 얻고자하는 물품들은 당시에 신분을 상징하는 위세품으로서, 이러한 신분을 상징하는 위세품은 족장 단계에서 나타날 수 있는 뚜렷한 양상 중의 하나이다.[54] 이러한 증거의 하나로서 평양지역에서 출토된 인장이 있다. 그 대표적 예로 夫租薉君墓[55]와 夫租長高常賢墓[56] 그리고 위만조선시대보다는 훨씬 후에 만들어져 한반도에 유입되었으나 무역－조공관계의 상황을 잘 나타내 주는 증거품인 晋率善穢佰長 銅印[57] 등을 들 수 있다.

신분을 상징하는 이러한 물품 이외에도 선진적인 철기문화가 도입되었을 가능성도 있다. 철검과 활같은 병기를 들여오는 조공무역은 위만조선이 강력한 군사력을 가지는 토대가 되었고, 강력한 군사력을 가지게 된 위만조선은 곧 조공관계를 이행하지 않았다고 보는 견해도 있다.[58] 조선을 통하여 당시에 기승을 부리던 匈奴를 배후에서 견제하려는 목적으로 조선에 선진적인 철제 무기를 전해주었다는 가설도 성립할 수 있으며, 《사기》 조선열전에서도 한나라와 위만이 관계를 맺음에 있어서 한나라와 주변의 여러 지역과 직접 통교하는 것을 위만조선이 막지않을 것을 약속하였는데, 이는 위만조선이 그런 선진적인 철기를 바탕으로 한 군사력으로 주변지역으로 확장하는 것을 경계하는 대목으로 해석할 수 있다.

나. 명도전

후기 고조선 및 위만조선의 장거리무역을 보여주는 유물로는 명도전을 들 수 있다. 만주지방과 한반도에서 출토된 명도전의 유적 상황을 보면 대부분

---

54) 崔夢龍, 〈全南地方支石墓社會와 階級의 發生〉(《韓國史硏究》 35, 1981).
55) 백련행, 〈부조예군의 도장에 대하여〉(《문화유산》 62－4, 1962), 61쪽.
이순진, 〈부조예군의 무덤에 대하여〉(《고고민속》 64－4, 1964).
56) 사회과학원 고고학연구소, 앞의 책, 166쪽.
57) 梅原末治, 〈晋率善穢伯長 銅印〉(《考古美術》 78, 1967), 263~264쪽.
58) 李鍾旭, 앞의 책.

城址나 주거지와 같은 생활유적에서 단지나 나무상자에 담겨서 담장 옆이나 외딴 곳의 구덩이에 묻힌 경우가 대부분이다(〈표 5〉).[59]

〈표 5〉 명도전 출토 일람표(한반도 및 요동지역)

번호	출 토 지	수 량	출 토 상 황	공 반 유 물
1	자강도 자성군 서해리, 청상리	2,000여매	황철나무 껍질로 싸임	일화전 650매, 반량전 3매
2	자강도 전천군 전천읍	2,700여매	항아리 안에 들어 있음	
3	자강도 전천군 운송리	5,000여매	나무 썩은 흔적	
4	자강도 전천군 길다동	4,000여매	바닥에 나무 흔적	
5	자강도 전천군 중암리	약 250여매	적석 안에서 발견	
6	자강도 위원군 용연리	약 400매	적석 안에서 발견	청동기 2점, 철기 2점
7	자강도 회천군 청상리	약 50매	적석 안에서 발견	
8	평북 동창동 리천리	약 50매	도로공사중 발견	

59) 표의 작성에는 다음과 같은 글들을 참조하였다.
藤田亮策, 〈朝鮮發見の明刀錢と其遺蹟〉(《京城帝大文學會論纂》 7, 1937), 1~88쪽.
李進熙, 〈戰後の朝鮮考古學の發展－初期金屬文化期－〉(《考古學雜誌》 45－1, 1959), 46~64쪽.
이순진·장주협, 앞의 책.
사회과학원 고고학연구소, 앞의 책, 139~157쪽.
崔夢龍, 앞의 글(1985), 70~74쪽.
許玉林, 〈遼寧寬甸發現戰國時期燕國的明刀錢和鐵農具〉(《文物資料叢刊》 3, 1980).
王嗣洲, 〈大蓮市三處戰國貨幣窖藏〉(《考古》 90－2).
中國社會科學院考古硏究所內蒙古工作隊, 〈赤峰蜘蛛山遺址的發掘〉(《考古學報》 79－2).
曾昭藏·齊 俊, 〈桓仁大甸子發現靑銅短劍墓〉(《遼寧文物》 81－2).
何賢武·王秋華, 〈古代錢幣〉(《中國文物考古辭典》, 遼寧科學技術出版社, 1993), 344~405쪽.

번호	출 토 지	수 량	출 토 상 황	공 반 유 물
9	평북 구장군 도관리	한상자 분량	적석 안에서 발견	
10	평북 철산구 보산리, 등갑, 가도 일대	수백매		
11	평남 녕원군 온양리	수백매	채토중 발견	포전 23매
12	평남 덕천군 청송로 동자구	4,280매		일화전 91매, 포전 299, 철부 3, 철편 3
13	遼寧省 撫順市	40kg	단지 2개에 들어 있음	
14	營城子 鞠家溝	약 300매	단지 안	
15	營城子 大石橋 盤龍山	다 수	공사중 출토	
16	營城 大石橋 盤龍山	1매	진지공사중 출토	석침, 골편, 토기 등
17	豹子窩 高麗寨	10매	동아고고학회의 조사중 발견	포전, 반량전, 금전, 나무창, 동촉, 토기, 골각기 등
18	旅順勺家疃 牧羊城	3매	丁字形의 索溝에서 발견	반량전, 동촉, 철부, 철재, 석기
19	普蘭店 管內 大領屯城址	20매	대령둔성지의 시굴조사중 발견	동촉, 대구, 철부, 철창 외 철제구
20	熱河 灤平縣 承德府	1,700매	진지공사중 발견	승석문토기, 철부
21	熱河 赤峰	1매		
22	瓦家店, 態岳城 蓋平, 奉天 등	4매	출토지 미상	
23	撫順 蓮化堡		주거유적	철제농구
24	전 평양, 전 남강진 영변 도추면	소량 출토	미상	
25	灤平縣 張家溝	200斤	2개의 단지안	
26	朝陽 松樹嘴子	殘片		
27	遼寧 寬甸縣	200여편	구덩이 안에 철제농기구와 함께 발견	철부, 철제 반월도 등의 철제농구
28	遼寧 錦西縣 邵集屯	690매	채토중 발견된 항아리 안에서 발견	

번호	출 토 지	수 량	출토상황	공반유물
29	평북 영변 신현면 도광동	30매		소형석실
30	평북 영변군 세죽리 1	7매	지표채집	
31	평북 영변군 세죽리 2	2,000여매	철기시대 3층의 문화층	30호 집자리 옆에 상자에 넣어져서 보관된 것으로 보임
32	遼寧 桓仁縣 大甸子	1매		銅刀 1, 管玉
33	吉林 輯安縣 歷年	완형 2점 (대부분 파편)	채토중 발견된 항아리 안에서 발견	포전, 반량전, 오수전, 화천 등
34	旅順口區 三澗鎭 蔣家村	400여매	채소구덩이를 파다가 지표하 50㎝에서 발견	
35	瓦房店市交流島鄕 風鳴島	총 수천매	산비탈에서 발견	포전, 원전 등
36	吉林省 集安縣 太王陵 부근	匽도폐	단지 1개에 담겨 있음	포전
37	遼寧 錦州市 大泥窪	약 200매	단지마다 담겨 있음	여러 철기, 도기, 석기 등이 보임
38	遼寧 下麥窩	1매	구연부가 발견된 것으로 보아 단지에 담긴 듯함	포전 약 400여매, 원전(일화전?) 400여매
39	遼陽 沙岺房 1(渾河內, 고근좌안)	200여매(磬折刀, 弧折刀 등)		신석기시대 토기와 석기편이 공반
40	遼陽市 西北의 北園	12매(磬折刀)	단지에 담겨 있음	
41	遼陽城 西黃泥窪 頭台子	92매 (83점이 半切)	平地에서 발견	
42	遼陽 柳條寨 大新庄村	다수	단지에 담겨 있는 듯함	포전, 원전 등
43	旅順 后牧城驛 樓上 3號墓	3매	1호묘와 섞이고 출토위치도 불분명	적석총
44	赤峰 蜘蛛山 전국-한시대	3매		일화전 1매, 반량전 3매

발견된 유적들은 대부분 일제시대에 수습된 것으로, 해방 후에는 세죽리와 노남리 등에서 발견되었고, 중국에서도 근래에 많이 발견되고 있다. 요령지방에서도 旅大·營口·鞍山·瀋陽·遼陽·撫順·朝陽·錦州 등지에서 발견되었으며, 근래에는 丹東지구에서도 많이 발견된다.[60] 그런데 명도전유적은 대부분 지상에 표식이 없이 지하에 묻혀 있기 때문에 특별한 유구의 특징을 알아내기는 힘들다.

명도전이 주로 제작된 시기는 기원전 3세기 말로서 연의 소왕 때를 중심으로 한 주위와의 전쟁이 활발해지는 시기이며, 중국내에서는 趙와 동맹하여 齊와 전쟁을 하고 또 동북지역으로는 秦開가 동호와 조선을 침략하는데, 아마도 고조선지역에 명도전이 유입된 것은 이 진개의 침략을 전후한 시기로 보여진다. 명도전은 전국시대 말부터 진대에 걸쳐 북중국에서 사용된 것으로 요동지방과 한반도의 청천강과 대동강 및 압록강의 상류지방과 산간지방 즉 한반도의 서북부에 걸쳐서 발견되고 있다. 이것은 중국과 만주 및 한반도와 상업적인 빈번한 왕래 즉 교역을 뚜렷이 보여주고 있는 것이다.

위만조선시기의 고고학적 문화인 세죽리-연화보유형문화의 여러 유적에서는 명도전·포전·반량전 이외에도 고조선의 화폐라고 하는 일화전과 명화전[61]이 나온다. 그러나 요령성 서북지방과 목양성지 근처에서 출토했다는 기록만 있을 뿐 도면이나 사진이 없어 불확실하다.

위와 같이 다수의 화폐 출토지와 문헌의 기록으로 볼 때 고조선에서 화폐가 사용되었음은 확실하다. 고조선의 8조법금 중에 "남의 물건을 도둑질한 자는 그 물건주인의 노예가 되어야 한다. 속죄하려면 50만 냥을 내야 한다"라는 기록이 있는데, 이것이야말로 당시에 고조선에서 화폐제도가 널리 이용되었음을 나타내는 것이다. 또한 명도전이 출토된 유적은 대부분 화폐가 무더기로 단지속에 넣어져 외딴 곳에서 나온다든지, 또는 적석 안과 나무상자 등에 보관된 점으로 보아서 부장용이나 신분의 상징 또는 재화의 저축용으

60) 許玉林, 앞의 글.

61) 鄭德坤, 《中國考古學大系》 3(1979), 286쪽.
북한에서는 난하유역 출토에 대해 그 예가 하나밖에 없으므로 고조선과의 교역 관계 중 일부가 흘러들어 간 것으로 간주하고 있다(이순진·장주협, 앞의 책, 60쪽 및 사회과학원 역사연구소, 앞의 책, 104쪽).

로 사용되었다고 볼 수 있으며, 다른 한편으로는 이것이 중국과의 교역과정에서 획득된 것임을 쉽게 짐작할 수 있다. 가장 출토례가 많은 화폐가 연의 화폐인 명도전이라는 것은 후기 고조선과 위만조선시기에 고조선이 연과 교역을 활발히 하였을 가능성을 제시한다. 또한 출토지들이 산중에 위치하고 있지만 대부분 강을 끼고 있어서 이곳이 주변지역과의 교역의 중심지 역할을 했었다는 견해도 있다.[62] 여하튼 명도전이 무역의 중요한 수단이었음은 의심할 여지가 없다고 하겠다.

〈崔夢龍〉

62) 藤田亮策, 앞의 글(《朝鮮考古學硏究》, 高桐書院, 1948).

Ⅲ. 부　　여

1. 부여의 성립
2. 부여의 성장과 대외관계
3. 부여의 정치와 사회
4. 부여의 문화

Ⅲ. 부 여

1. 부여의 성립

1) 부여사의 성격

夫餘는 기원전 2세기경부터 494년까지 북만주지역에 존속하였던 濊貊族系의 국가였다. 흔히 부여족이라 일컬어지는 예맥족의 한 종족은 일찍부터 송화강유역을 중심으로 西團山文化라는 선진적인 문화를 영위하면서 松嫩平原 및 松遼平原을 개척하였고, 우리 역사상 고조선에 이어 두번째로 국가체제를 마련하였다.

《三國志》東夷傳 부여조에 "매우 부유하고 선조 이래 남의 나라에 패해본 일이 없었다"라는 기사처럼, 부여는 그 경제가 상당히 높은 수준에 도달해 있었고 강한 통치력과 군사력을 가지고 있었다. 중앙에는 王이 존재하여 귀족과 관리들을 거느리고 통치하였으며, 종족적 기반을 토대로 한 大加들은 왕이 살던 곳의 사방에 거주하여 연맹체적 국가를 이루고 있었다.

부여족은 긴 존속기간 동안 대체로 중국의 왕조들과는 빈번한 교류를 하면서 우호관계를 지속하였고, 반면에 북방 유목민족이나 고구려와는 대립하면서 국가적 성장을 하였다. 또한 주변의 東沃沮나 挹婁 등을 臣屬시킴으로써 동북지방 역사발전의 주동적 역할을 수행하였다. 산업에서도 기후와 토질에 알맞는 농업을 위주로 하면서 목축을 겸하였고, 말・玉・담비(貂)・구슬(美珠) 등의 특산물을 漢民族에 수출하고 錦繡 등을 수입하였다. 그러나 정치체제의 진전은 그리 빠른 편은 아니었다. 특히 주변에는 한의 현도군을 비롯하여 고구려・읍루・鮮卑 등이 있어서 이들 주변 정치세력의 消長에 큰 영향을 받게 되었다.

漢代 이후 부여는 북방의 유목민과 남방의 성장하는 고구려의 틈바구니에서 생존하기 위해서도 중국과 부단한 관계를 가지면서 국가로서 성장을 지속해 나갔다. 그러나 부여는 계속해서 서쪽에서 성장했던 鮮卑 慕容氏의 세력과 남방의 고구려의 압력을 받았다. 따라서 加耶와 마찬가지로 국가발달이 순조롭지 못하여 연맹체적 단계에서 중앙집권적 고대국가로 전환하지 못하고 멸망하고 말았다.

부여 왕조의 구체적인 변천상은 잘 알 수 없지만, 역사가 오래 지속된 만큼 주변세력의 영향을 받아 내부적으로 다양한 변화와 발전이 있었으며, 중심지에도 일련의 변동이 있었다. 이는 부여에 대한 표기가 시기와 사료에 따라 北夫餘, 부여, 東夫餘 등으로 나타나는 점에서 잘 알 수 있다. 대체로 부여는 지금의 만주 松花江유역을 중심으로 존재하였는데, 거기에서 동부여가 나오고, 그 동부여에서 고구려의 지배층이 된 朱蒙집단(桂婁部 왕실)이 나왔다. 주몽집단은 압록강 일대에 진출하여 卒本夫餘 즉 고구려를 세웠다. 이에 압록강유역에 먼저 와 살고 있던 주민의 일부가 다시 한강유역으로 남하하여 백제 건국의 주도세력이 되었다. 이들도 부여족이었으므로 백제는 그 왕실의 성씨를 扶餘氏라고 했고, 부여의 건국 시조인 東明王을 제사지내는 사당인 東明廟를 설치하였다. 또한 백제는 6세기 중반 자신들이 세운 국가의 이름을 南扶餘라고 하기도 했다.

이처럼 부여는 고구려·백제 등의 예맥족계 국가들이 등장하는 과정에서 중요한 역할을 하였다. 따라서 고구려와 백제 모두 부여의 '別種'[1]이라고 불릴 정도였다. 최근 가야지역에서 나오는 북방 유목민족이나 부여계의 유물들을 보건대, 부여 역사의 발전과정 속에서 일어난 일련의 변화나 주민이동 등이 한반도 남부에까지 미친 영향도 결코 가벼이 볼 수는 없을 듯하다. 나아가 騎馬民族 일본정복론에서는 일본황실의 시조 神武의 東征전설이 부여의 건국설화를 그대로 옮긴 주몽전설과 동일내용이라고 역설하리만치[2] 부

1) 高句麗가 夫餘의 별종임은 《三國志》 권 30, 魏書 30, 烏丸鮮卑東夷傳 30, 夫餘條에 기록되어 있고, 百濟가 夫餘의 별종임은 《三國史記》 권 23, 百濟本紀 1, 始祖 溫祚王條와 권 25, 百濟本紀 3, 蓋鹵王 18년조에 蓋鹵王이 北魏에 보낸 국서에 보인다.

2) 江上波夫, 《騎馬民族國家》(中央公論社, 1967), 173~187쪽.

여의 개국설화는 고대 동방 제민족에게 큰 영향을 끼쳤던 것이다. 고구려를 승계한 渤海 역시 大祚榮이 "부여·옥저·변한·조선의 땅과 바다 북쪽 여러 나라의 땅을 완전히 장악하였다"고 하여[3] 그 정신적 자산을 부여에서 찾고 있다. 한편《武經總要》에서는 발해가 "부여의 별종으로서 본래 예맥의 땅이었다"고 하여,[4] 발해가 고구려와 백제처럼 부여에서 갈라져 나온 것으로 이해하였다. 이로써도 발해가 고구려를 계승한 국가임을 알 수 있다.

이렇듯 부여 지배층의 분화와 발전 속에서 떨어져 나온 일부 세력집단에 의해 고구려와 백제, 나아가 발해가 건국되었다는 점에서, 부여사는 우리 나라 고대국가의 발전에 중요한 淵源을 이루고 있고, 부여족은 한국민족을 형성한 주요 종족의 하나로 자리잡고 있다. 그러나 부여의 역사에 관한 연구는 그간 별로 이루어진 것이 없었다. 최근에야 고고학적 자료의 증가에 따라 많은 관심을 갖게 되었으나 그 또한 중국학자들의 연구가 대부분이다. 현재 모든 중국학자들은 부여사를 중국 동북사의 일부로 볼 뿐이지 결코 한국사의 일부로서 부여를 지칭하지는 않는다.[5] 따라서 한국 고대사의 올바른 복원을 위해서는 부여사 연구 또한 가장 기본적으로 해결해야 될 과제로 남아 있다.

2) 부여의 기원과 건국설화

(1) 부여 명칭의 기원

'夫餘'라는 이름은《史記》권 129, 貨殖列傳에 "燕이 북으로 烏丸·부여와 인접했다"는 기록에 처음 보인다. 부여의 명칭에 대해서는《사기》이전 문헌인《山海經》에 나오는 '不與'라는 표기를 부여로 보거나,[6]《逸周書》王會篇에

3)《新唐書》권 219, 列傳 144, 北狄 渤海.

4)《武經總要》前集 16 下.
다만 이 책이 얼마나 사료적 가치가 있는지는 의문이 제기되고 있다(宋基豪,《渤海政治史研究》, 一潮閣, 1995, 37쪽).

5) 부여사를 중국 동북사의 일부로 보는 대표적 저술로는 다음과 같은 것이 있다.
傅郎雲·楊暘,《東北民族史略》(吉林人民出版社, 1983).
孫進己·馮永謙,《東北歷史地理》1(黑龍江人民出版社, 1989).
佟冬 編,《中國東北史》(吉林文史出版社, 1987).

6) 리지린은《山海經》大北荒經의 "有胡不與之國"이라는 구절의 '不與'를 扶餘로

나오는 '符婁'가 부여라는 설[7] 및 李巡의 《爾雅》釋地와 邢昺의 《論語注疏》에 나오는 '鳧臾'가 부여라는 설[8] 등이 있으나 사실 어떠한 명확한 논증은 없다. 또한 《尙書》周官篇의 "武王이 이미 東夷를 정벌하니 肅愼이 와서 朝賀하였다"는 구절에 대해 孔安國傳에는 "海東의 여러 오랑캐 駒麗·扶餘·馯貊 등은 武王이 商을 이김에 모두 길을 통하였다"라고 하여 부여가 무왕대에 이미 있었던 것으로 되어 있다. 그러나 공안국전 자체가 남북조시대에 쓰여진 僞書라는 주장도 있고, 공안국전의 내용이 무왕대의 사실로 믿기에는 어려운 점이 많아 부여에 관한 초기 기록으로는 신빙할 수 없다.[9] 따라서 막연히 부여는 기원전 119년 한나라가 匈奴의 左地를 평정한 후부터 기원전 108년 이른바 漢四郡을 설치하기 전의 어느 시기에 출현했다고 보기도 한다.[10]

부여라는 이름의 유래에 관해서는 여러 설이 있다. 부여의 원뜻이 밝(神明)에서 유래하여 개발→滋蔓→평야를 의미하는 '벌'(伐·弗·火·夫里)로 변화한 데서 연유하였다는 설이 일찍이 제기된 바 있다.[11] 그 근거는 부여의 중심지역이 송화강 연안의 동북평원 일대이고, '벌'이나 '부리'가 서라벌·古沙夫里 등 삼국시대의 지명 어미에 자주 등장하고 있기 때문이다. 이는 부여족의 일파가 세운 고구려의 句麗라는 명칭이 '큰 고을' 또는 '높은 城'을 의미하는 '忽'·'골'·'溝漊'에서 비롯되었다는 점과 관련되어 설득력을 지니고 있다.[12] 이와 달리 부여는 사슴의 뜻에서 유래했다는 주장이 있다.[13] 《資治通鑑》의 부여 멸망기사에 부여의 원 거주지로 나오는 '鹿山'이 만주어에서 사슴(鹿)을 뜻하는 말인 'puhu'와 몽고어에서 사슴을 뜻하는 'pobgo'라는 말에서 비롯하였

보았다. 그러나 不與와 扶餘를 같은 音으로 보는 데는 많은 문제가 있다.

7) 何秋濤는 符는 夫餘를 말하며 〈王會〉의 濊人이라고 보았다(何秋濤, 《周書王會篇箋釋》 권 下).

8) 《字匯補》에는 "鳧臾는 동방의 나라 이름이며 곧 夫餘를 말한다"고 기록되어 있다.

9) 盧泰敦, 〈扶餘國의 境域과 그 變遷〉(《國史館論叢》 4, 國史編纂委員會, 1989), 38쪽.

10) 孫進己, 《東北民族源流》(黑龍江人民出版社, 1987 ; 林東錫 譯, 東文選, 1992, 232쪽).

11) 崔南善, 《兒時朝鮮》(《六堂崔南善全集》 2, 玄岩社, 1973, 159쪽).

12) 노태돈, 〈삼국의 성립과 발전〉(《한국사특강》, 1990, 서울大 出版部), 52쪽.

13) 白鳥庫吉, 〈濊貊民族の由來を述べて, 夫餘高句麗及び百濟の起源に及ぶ〉(《史學雜誌》 45-12, 1934 ; 《白鳥庫吉全集》 3, 1970, 516쪽).

다는 주장이다. 이와 비슷한 입장에서 鹿의 音이 'fu'로서 '夫'와 같은 음이라는 주장도 있다.[14] 이 밖에 濊人의 '濊'는 '夫餘' 두 자의 合音으로 부여는 '예'에서 왔다는 주장[15]이 있고, 최근 한 설은 부여는 강 河流의 이름에서 온 것으로서 嫩江 중류 동측에 烏裕爾河가 있는데 이 강을 金代에 蒲與라 칭했던 점으로 보아, 부여는 '포여' 혹은 '오위르'의 同音異寫라고 주장하고 있다.[16]

이들 논의를 살펴보면, 부여라는 명칭의 기원에 관해서는 대개 평원·강이름·산이름 등에서 유래했다는 지리적인 면이 강조되고 있다. 그리고 개별 주장 모두 나름의 논리와 설득력을 가지고 있으나 분명하게 그 사실을 입증할 만한 근거는 명확하지 않다. 다만 현재로서는 선비·烏丸 등 북방 유목민족의 종족명이 대개 그들이 원래 거주한 山名에서 유래했다는 점을 염두에 둘 필요가 있다고 본다.[17] 부여가 처음에는 녹산에 거주했다는 사실과 이후의 역사인 발해에서 귀하게 여기는 것 중의 하나로 부여의 사슴을 들고 있는 점[18] 등을 고려하면 부여의 명칭 또한 퉁구스어에서 사슴을 일컫는 buyu에서 유래했을 가능성이 가장 크다고 하겠다.

(2) 부여족의 기원

부여족의 기원에 관해서는 東夷族이 동쪽으로 이동하는 과정에서 그 일부가 渤海灣 일대에서 長春·農安지방으로 이동해서 부여를 건국했을 가능성이 제기되었다.[19] 그러나 건국전설을 보면 오히려 북방계통의 그것과 밀접히 관련되어 있어 북쪽에서부터 송화강유역으로 남하한 세력에 의해서 부여가 건국되었을 가능성이 크다.

기원전 1세기 중엽 후한 때의 학자 王充이 지은 《論衡》 吉驗篇이나 《魏略》 逸文에 의하면 이른바 동명신화는 다음과 같다.

---

14) 武國勳, 〈夫餘王城新探〉(《黑龍江文物叢刊》 4期, 1983).
15) 何秋濤는 "符는 곧 夫餘이고, 〈王會〉의 '濊人'이다. …'濊'는 곧 '夫餘' 두 자의 合音이다"라고 하였다(何秋濤, 《周書王會篇箋釋》 권 下).
16) 이 주장에서는 烏裕爾河유역을 槀離國(또는 櫜離國)의 원거주지로 보고 있다(佟冬 編, 앞의 책, 337쪽).
17) 《三國志》 권 30, 魏書 30, 烏丸鮮卑東夷傳 30.
18) 《新唐書》 권 219, 列傳 144, 北狄 渤海.
19) 李亨求, 〈韓國民族文化의 시베리아기원설에 대한 再考〉(《東方學志》 69, 1990).

> 옛날 북방에 橐離라는 나라가 있었는데, 그 王의 시녀가 임신을 하였다. 王이 그녀를 죽이려 하자, 시녀는 "달걀만한 크기의 기운이 나에게 떨어졌기 때문에 임신을 하였습니다"라고 하였다. 그 뒤에 (그녀는) 아들을 낳았다. 王이 그 아이를 돼지우리에 버리자 입김을 불어주어 죽지 않았고, 마굿간에 옮겨 놓았으나 말도 입김을 불어주어 죽지 않았다. 왕은 天帝의 아들일 것이라고 생각하여 그 어머니에게 거두어 기르게 하고는, 이름을 東明이라 하고 항상 말을 사육토록 하였다. 동명이 활을 잘 쏘자, 왕은 자기 나라를 빼앗길까 두려워하여 죽이려 하였다. 이에 동명은 달아나서 남쪽의 掩淲水에 당도하여 활로 물을 치니, 물고기와 자라가 떠올라서 다리를 만들어 주었다. 동명이 물을 건너간 뒤, 물고기와 자라가 흩어져 버려 추격하던 군사는 건너지 못하였다. 동명은 부여지역에 도읍하여 왕이 되었다. 이런 고로 北夷에 夫餘國이 있게 되었다(《論衡》 吉驗篇).

이 설화에 따르면 부여의 시조는 東明으로 그는 본래 北夷 橐離[20]국왕의 시녀가 日光에 감응하여 출생한 자로서, 성장하면서 神異한 바가 많았으므로 왕에게 용납되지 못하고 남쪽으로 달아나 掩淲水[21]를 건너 부여에 와서 왕이 되었다고 한다. 이 설화는 건국자가 일광에 의해 感情出生했다고 하는 몽고·만주에 널리 퍼져 있는 이른바 '感精型' 신화의 요소를 갖고 있으며, 또한 물고기와 자라떼가 다리를 이루어 大河를 건너게 했다는 설화상의 모티브는 북방의 풍토[22]에서 생겨날 수 있는 구상으로 볼 수 있다. 물고기의 등을 다리로 해서 바다나 강을 건넜다는 이야기는 특히 북아시아의 어렵·수렵 제민족 사이에 많이 있었던 것으로, 북아시아지역에서는 얼음이 어는 겨울이 가장 교통이 편리한 때인데, 봄이 되면 얼음이 녹아 왕래가 자유롭지 못한 풍토 속에서 생겨났음직한 설화로 생각된다.[23] 결국 동명신화는 부여와 고구려인이 북아시아의 풍토적 현상을 배경으로 하여 그것으로부터 서서히

---

20) 橐離는 《魏略》에는 高(槀)離로 되어 있는데, 이것은 옛날의 高夷, 후래의 高句麗의 異寫임이 분명하여 '高離'로 표기하는 것이 보다 타당하다.

21) 이들 강 이름은 글자형이 비슷하여 轉寫의 과정에서 혼동되었던 것으로 여겨진다. 《魏書》에는 施掩水, 《後漢書》에는 掩滯水, 《梁書》에는 淹水로 나오는데 이는 〈광개토왕릉비〉에 나오는 奄利大水와 같이 '큰 물'을 의미하는 말로 생각되며, 松花江 또는 그 지류를 가리키는 것으로 추정된다.

22) 神이 大河를 건넜다는 고사는 역대 黑龍江 민간인들 사이에는 일반적으로 널리 퍼져 있었다고 한다(傅郎雲·楊暘, 앞의 책, 37쪽).

23) 三上次男, 〈「魚の橋」の話と北アジアの人人〉(《古代東北アジア史硏究》, 吉川弘文館, 1966), 483~489쪽.

발전하였음을 나타내는 것이다.

이 설화의 기본 줄기는 왕이 고리국(탁리국)에서 엄표수를 거쳐 부여까지 망명하여 도읍을 정하였다는 이른바 부족의 이주전설이라 할 수 있다. 일반적으로 자신들의 시조를 정복족장으로서 天帝의 아들이나 日月의 아들로 여기고, 자기들을 天神族 또는 신성족으로 생각하는 것은 단군신화 이래 신라의 석탈해·박혁거세설화나 가야의 김수로왕설화에도 보인다. 이들 설화의 기본 내용은 유이민 출신이 왕이 되고 왕비는 대개 토착족 출신으로 임명하는 것인데, 시기상 대개 고대국가 초기 단계의 국가건설 모습을 반영하고 있는 것으로 이해된다.[24] 부여의 동명설화도 동명으로 대표되는 집단이 고리국에서의 세력갈등을 피하여 남하·망명함에 따라 송요평원의 先住 濊族들이 이들 동명집단을 구심점으로 하여 국가를 형성하였음을 시사한다. 즉 부여의 건국자들은 '고리'라고 이름하는 송화강 북쪽 어느 곳에서 남하하여 정착한 것으로 볼 수 있다.

이러한 점과 관련하여 제1송화강과 제2송화강이 만나 이루는 嫩江지역이 일찍부터 농경이 발달하고 문화가 발전했음이 주목된다. 松嫩平原, 즉 黑龍江省의 三肇지구(肇源·肇州·肇東)와 눈강 이서지방인 길림성의 扶餘·前郭·大安·鎭賚와 乾安 등은 西周시대 이래 白金寶[25]·漢書[26]·望海屯[27] 등의 문화가 발달한 지역이다. 이들 문화유형은 시기상 백금보－한서 하층문화와 망해둔－한서 상층문화로 구분이 되지만 동일한 문화계열로 볼 수 있다.

---

24) 金哲埈, 《韓國古代國家發達史》(春秋文庫, 1975), 53쪽.

25) 黑龍江省文物考古工作隊, 〈黑龍江省肇源白金寶遺址第一次發掘〉(《考古》 4期, 1980).
郝思德, 〈白金寶文化初探〉(《求是學刊》 5期, 1982).
譚英杰, 〈白金寶遺址〉(《黑龍江文物叢刊》 3期, 1983).
賈偉明, 〈關于白金寶類型分期的探索〉(《北方文物》 1期, 1986).

26) 漢書문화는 Ⅰ·Ⅱ기로 나뉘어지는데 동일 문화가 계승발전한 것으로서, 한서 Ⅰ기(下層)문화와 백금보문화가 같은 시기이다. 연대는 상한이 西周 중기이고 하한은 한서 Ⅱ기(上層)에서 철기가 나와 전국시대 晩期에서 漢시기로 볼 수 있다(吉林大學歷史系考古專業·吉林省博物館考古隊, 〈大安漢書遺址發掘的主要收穫〉, 《東北考古與歷史》 1, 1982 및 都興智, 〈試論漢書文化和白金寶文化〉, 《北方文物》 4期, 1986).

27) 丹化沙, 〈黑龍江肇原望海屯新石器時代遺址〉(《考古》 10期, 1961).
黑龍江省博物館, 〈嫩江下游左岸考古調査簡報〉(《考古》 4期, 1960).

〈그림 1〉 중국 동북지방 고대문화 분포도

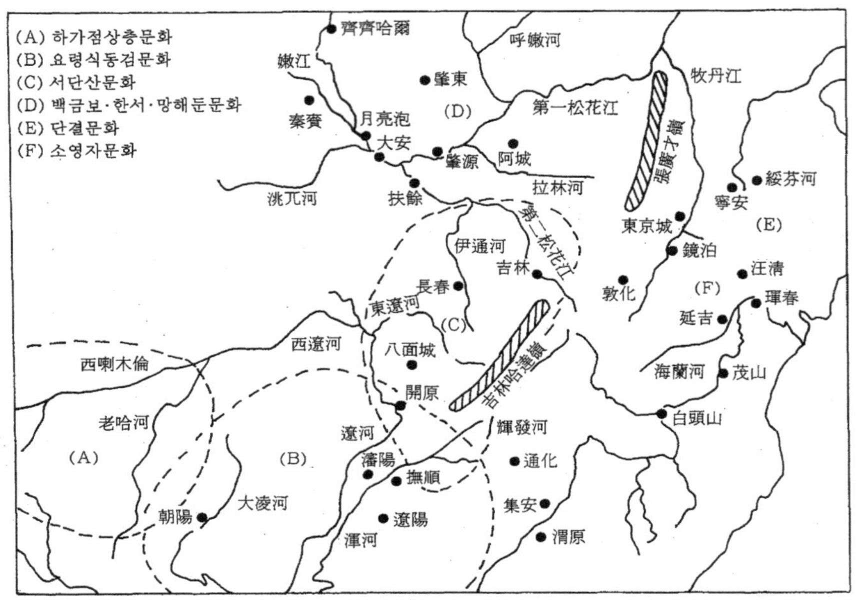

춘추시대 이전으로 비정되는 백금보－한서 하층문화의 경우 반지하식 주거지와 土壙竪穴式 매장을 특징으로 하며 三足器(鼎·鬲)·항아리(壺)·물동이(盆·罐)·잔(杯) 등의 단단한 토기와, 돌도끼·돌칼 등 많은 마제석기와 일정 수의 골기도 사용하였다. 이는 경제생활에서 농업과 목축을 병행하였음을 말해주는 것이다. 한편 한서 상층－망해둔문화는 연대가 이미 戰國에서 西漢시대에 이르며, 분포범위는 한서 하층보다 넓다. 주거지에서는 좁쌀이 나와 농경의 존재를 시사해주며, 한서 上層遺址에서는 비록 청동단검은 발견되지 않았으나 검자루맞추개돌이 나와 이 지역에서도 청동단검이 응용되었다는 사실이 주목된다.[28] 製陶業도 상당히 발전하여 생활용구와 생산공구가 모두 반출되고 있으며, 그 중에 彩繪와 紅陶가 현저히 증가하고 있다. 철기도 나오는데 주로 구멍이 있는 斧와 刀가 주종을 이루고 있으며 甲片

28) 陳相偉·李殿福 主編, 〈漢書遺址〉(《大安縣文物志》, 吉林省文物志編纂委員會, 1982), 26~30쪽.

등의 존재는 군사적인 발전을 보여주는 것이다. 또한 물고기 비늘과 토제 그물추의 대량 존재는 어렵이 발달하였음을 증명해주는 것이다.[29]

이처럼 많은 유물이 중국 한족의 선진문화의 영향을 받은 것들이고 그 연대가 서한시기에 해당되는 것으로 보아 이 문화를 담당한 족속은 당시 송눈평원 일대에서 활약하던 부여족으로 보는 설이 일반적이다.[30] 다만 그것을 부여 조기문화로 보느냐,[31] 아니면 부여 건국설화에 나오는 '고리국'의 문화로 보느냐의[32] 차이가 있을 뿐이다. 문헌에서 보면 예맥족이 하나의 단일한 종족명으로 등장한 것은 대개 춘추시대 이후의 일이다.[33] 그런데 백금보-한서 하층문화는 춘추시기보다 빠르고, 비록 다같은 예맥족의 문화이기는 하지만 눈강 이남의 吉林 일대를 중심으로 발전한 서단산문화[34]와는 다른 특성을 보이고 있어, 백금보문화는 貊人의 문화이고 서단산문화는 濊人의 문화로 보기도 한다.[35] 이 주장은 백금보-한서 하층문화가 하가점 상층문화와 유사함을 그 근거로 들고 있다. 대개 하가점 상층문화의 주인공에 대해서는 東胡族 계통 외에 貊族 계통도 있었던 것으로 보고 있는데, 이들이 청동기시대에 북쪽 초원지대를 통해 동쪽으로 이동했다는 설[36]을 염두에 둘

29) 吉林大學歷史系考古專業・吉林省博物館考古隊, 앞의 글.
陳相偉・李殿福 主編, 위의 책.

30) 눈강 일대의 문화에 대해서는 대개 한서 하층문화의 경우 그 담당자를 예맥족으로 보고, 한서 상층문화는 부여족의 문화라고 보고 있다(陳相偉・李殿福 主編, 위의 책, 25~30쪽). 혹자는 한서문화 대신 백금보문화를 부여족의 先世인 예맥족의 문화로 보기도 한다(孫秀仁, 〈黑龍江歷史考古述論〉上, 《社會科學戰線》 1期, 1979).

31) 李殿福은 한서 상층문화를 부여의 早期문화로 보고 있다(李殿福, 〈漢代夫餘文化芻議〉(《北方文物》 3期, 1985).

32) 干志耿은 백금보와 한서 하층을 早期에 설정하고, 망해둔과 한서 상층을 中期로, 濱縣 老山頭 및 望奎 厢蘭頭를 晩期에 설정하여 이들 문화 가운데 중・만기는 이미 전국-양한시기에 진입하였으므로 이는 고리문화의 존재시기와 일치한다고 보아 망해둔-한서 상층문화를 고리문화로 보고 있다(干志耿, 〈櫜離文化硏究〉, 《民族硏究》 2期, 1984).

33) 전국시대의 저술로 보이는 《管子》 小匡篇에 "桓公曰… 北至於孤竹山戎穢貊"이라고 '穢貊'이 등장한 이후, 《史記》 朝鮮列傳의 "諸左方王將居東方 直上谷以往者東接穢貊朝鮮" 등 전국시대 이후에는 濊와 貊이 '濊貊'으로 등장하고 있다.

34) 劉景文, 〈西團山文化墓葬類型及發展序列〉(《博物館硏究》 1期, 1983).
董學增, 《西團山文化硏究》(吉林文史出版社, 1994).

35) 孫進己・張志立, 〈穢貊文化的探索〉(《遼海文物學刊》 創刊號, 1986).

때 이 주장은 고려해볼 만하다고 생각된다. 그러나 비록 하가점 상층문화와 백금보문화 및 遼寧 동북부의 문화들이 매우 비슷한 점이 있기는 하지만 이들을 동일유형이라고 단정하기는 어렵다. 왜냐하면 이는 동호·산융·예맥 등 諸族이 같은 민족은 아니지만 그 원류를 따진다면 서로 관계가 있을 수 있음을 설명해주는 현상일 뿐이기 때문이다.[37]

어쨌든 한서 상층－망해둔문화는 그 시기가 부여의 명칭이 처음으로 나오는 《사기》 단계보다는 빠르다. 따라서 이는 마땅히 부여 이전의 부여와 관련된 종족이나 국가의 문화로 보아야 한다. 그리고 그 중심지역이 송화강 중하류와 눈강 하류 일대에 주로 분포하므로 이는 북부여의 先世인 濊貊族 중 한 支派의 문화일 가능성이 매우 높다. 특히 백금보－망해둔문화 이남 지역에 분포하는 서단산문화가 문화특성상 그 위 지역의 문화와 차이점을 보이다가, 기원전 4~3세기를 전후하여 토광목곽묘와 중원의 영향을 많이 받은 유물이 나오는 등 두 문화의 차이가 보이지 않는 점으로 보아 《논형》에 나오는 부여 건국설화와 부합하는 면이 많다고 본다.

(3) 부여의 선주민문화와 한대 부여문화

백금보문화가 존재한 같은 시기에 길림시 일대를 중심으로 기원전 7~3세기까지로 비정되는 청동기문화로서 西團山文化가 있다.[38] 이 문화의 성격과 족속문제에 대한 연구는 부여 및 그 先世문화를 파악하는데 매우 중요하다. 이 문화는 제2송화강을 중심으로 하여 길림시 서단산·長蛇山·兩半山·猴石山·星星哨와 土城子 등지에 집중되어 있다. 이 문화의 분포범위는 남북으로 제1송화강 이남, 張廣才嶺 이서와 柳河·휘발하 등 길림 哈達嶺 이북지구에 이른다. 이 문화의 담당 족속문제에 관해서는 종래 숙신설과 예맥설이 있었으나 지금은 예맥족으로 보는 것이 일반적인 통설이다.[39]

---

36) 황철산, 〈고조선의 종족에 대하여〉(《고고민속》 1기, 1963).
　　───, 〈예맥(穢貊)족에 대하여〉(Ⅰ)·(Ⅱ)(《고고민속》 2기·3기, 1963).
37) 孫進己, 앞의 책, 222·235~236쪽.
38) 董學增·李澍田, 〈談略西團山文化的族屬問題〉(《東北師大學報》 2期, 1984).
　　李健才, 〈關于西團山文化族屬問題的探討〉(《社會科學戰線》 4期, 1985).
　　董學增, 앞의 책.

서단산문화의 대표유적인 서단산 석관묘군은 하나의 씨족공동묘지로서 마제돌도끼·반월형석도·끌·갈판 등의 농업생산 도구가 보편적으로 발견되고 있고, 토기는 모두 모래가 섞인 삼족기(鼎·鬲)·시루(甑)·물동이(罐)·굽접시(豆)·鉢 등이 나오고 있다. 이는 《삼국지》 부여조에 "(토지가) 오곡 농사에 적합하다"는 것과 "음식을 먹는 데에는 俎豆를 사용한다"는 내용과 서로 부합한다. 한편 돼지뼈와 어망추가 많은 것으로 보아 농업·가축사육·漁獵경제의 수준이 높았음을 알 수 있다.[40] 이 서단산문화는 전성기인 천년기 중기에는 騷達溝 평정산의 山頂大棺처럼 대형 석관이 산정에 단독으로 부장되고, 銅斧나 刀子 등 청동기가 17점이나 발견될 정도로 한 지역 首長의 권한이 상당히 성장했음을 보여주고 있다. 이러한 현상은 서단산문화 晩期에 속하는 장사산[41] 및 토성자[42]나 楊屯 大海盟[43]단계(기원전 3~2세기)에 이르면 더욱 뚜렷해지고 묘제도 석관묘에서 토광묘로 교체되면서 철기가 부장되게 된다.[44] 대표적 서단산문화 후기(기원전 4~3세기)유적인 토성자·양둔 대해

39) 서단산문화의 중심 분포지역은 송화강 중류로서 땅이 비교적 平闊하며 5곡 농사에 적합하다. 이것은 《後漢書》에 기재된 "동이의 지역에서 가장 평창하고 오곡에 적합하다"는 기재와 들어맞는다. 서단산문화 유형은 대개 반지하 혹은 석축으로 주거지를 만들었다. 그리고 길림시 東團山 일대에서 漢과 한 이전의 유지중에 대략 원형을 나타내는 土城이 발견되고 있다. 이 점은 부여가 "圓柵으로 성을 쌓고 궁실·창고·감옥이 있다"는 기재와(《後漢書》 권 85, 列傳 75, 東夷夫餘國) 부합한다. 따라서 서단산문화는 예족, 즉 부여 선주민의 문화라고 보는 것이 보다 타당한 것 같다. 이에 관해서는 다음의 글이 참고된다.
리병선, 〈압록강 및 송화강중상류 청동기시대의 문화와 그 주민〉(《고고민속》 3기, 1966).
李健才, 위의 글.
정상석, 《西團山文化와 初期扶餘》(東亞大 碩士學位論文, 1996)).

40) 王亞注, 〈吉林西團山子石棺墓發掘記〉(《考古》 4期, 1960).
東北考古發掘團, 〈吉林西團山石棺墓發掘報告〉(《考古學報》 1期, 1964).

41) 장사산 촌락유적은 산 경사지의 방어적 성격을 띤 촌락으로, 5채 안팎의 가옥이 2~3m 거리로 배치되어 7개의 세대공동체가 한 고장에 자리잡은 원시공동체 말기의 촌락공동체였다는 연구가 있다(황기덕, 〈우리나라 청동기시대의 사회관계〉 2, 《조선고고연구》 4, 1987, 4~6쪽).

42) 吉林省博物館, 〈吉林江北土城子古文化遺址及石棺墓〉(《考古學報》 1期, 1957)

43) 吉林市博物館, 〈吉林永吉楊屯大海盟遺址〉(《考古學集刊》 5, 1987)
吉林省文物工作隊, 〈吉林永吉楊屯遺址第三次發掘〉(《考古學集刊》 7, 1991)

44) 장사산유적에서 발굴된 15기의 주거지 가운데는 구조가 복잡하고 유물이 풍부한 것과 구조가 매우 간단하고 유물도 매우 적은 것이 있다. 이것은 이미 이당시(기원전 5~3세기)에는 사유재산이 나타나고 그에 따라 빈부의 차이가 생

맹·농안 田家坨子유적[45] 등에서는 물동이·굽접시·사발(碗) 등의 토기가 나왔고 묘제 또한 토광목곽묘를 사용하였다. 이러한 특징은 한서 상층—망해둔문화와 기본적으로 일치하며, 조금 후대인 부여 초기단계의 것으로 비정되는 길림시 泡子沿前山유지[46]의 상층 퇴적층과 백금보문화지역에 가까운 楡樹縣 老河深유적 출토토기와도 동일하다(〈그림 2〉, 〈그림 3〉 참조).

〈그림 2〉 백금보—한서문화 토기

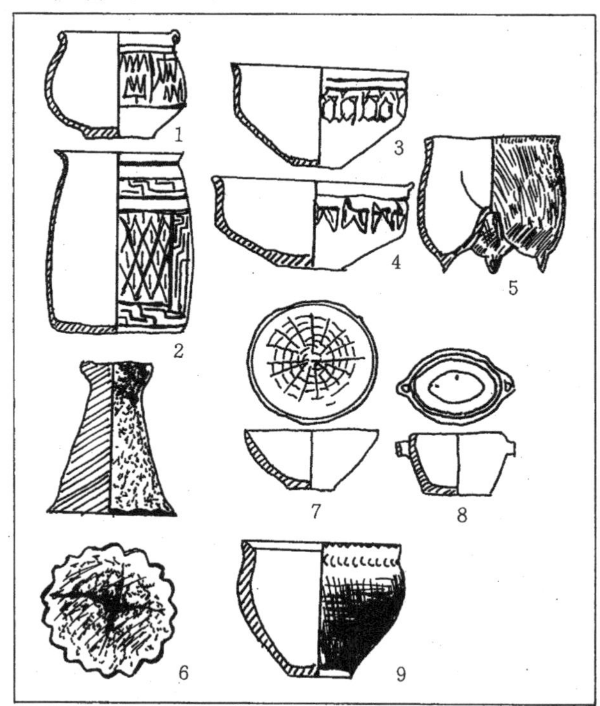

1~2. 漢書Ⅰ期, 3~5. 白金寶문화, 6~9. 漢書Ⅱ期.

겨났다는 것을 말해준다. 토성자유적(기원전 3~2세기)에서 이러한 현상은 더욱 두드러져 발굴된 24기의 석관묘에서는 반수에 달하는 무덤들에서 부장품이 하나도 나오지 않았다(吉林省文物工作隊, 〈吉林猴石山遺址及墓群發掘報告〉, 《考古》 2期, 1980 및 吉林省博物館, 앞의 글).

45) 吉林大學歷史系 考古專業, 〈吉林農安田家坨子遺址試掘簡報〉(《考古》 2期, 1979).

46) 吉林市博物館, 〈吉林市泡子沿前山遺址和墓葬〉(《考古》 6期, 1985).

〈그림 3〉 서단산문화 및 부여문화 토기

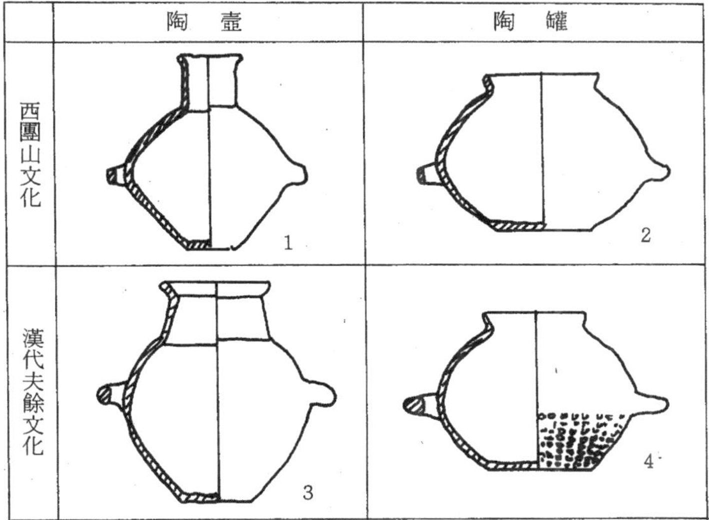

1. 長蛇山, 2. 星星哨, 3. 泡子沿前山, 4. 東團山.

포자연전산유형은 지역분포가 서단산문화와 기본적으로 중첩되는데, 이는 광범위하게 존재하는 길림지구의 서단산문화를 직접 승계한 초기 철기문화라고 볼 수 있다. 토기는 주로 항아리 · 물동이 · 굽접시 · 발 등이 항상 보이고, 가로로 붙인 橋狀耳와 젖꼭지형 손잡이가 유행하는 것으로 보아 이는 서단산문화의 주요한 특징과 淵源을 같이하는 것으로 생각된다.

유수 노하심 中層文化에서 발견된 유물은 주로 墳墓에서 출토된 것들이다. 부장토기는 거친 夾砂陶가 주종을 이루고 있는데 주로 항아리 · 물동이 · 굽접시 · 발 등이며 가로로 붙인 교상이와 젖꼭지형 손잡이가 있어 포자연전산유형과 같은 특징을 보인다. 주목되는 것은 이들 포자연전산과 노하심문화가 모두 직접적으로 동일지점에서 서단산문화를 파괴한 층위관계에서 발견된다는 점이다. 또한 포자연전산과 노하심유적에서는 모두 서단산문화에서는 보이지 않는 중국 漢代의 특징을 갖고 있는 철제 钁 · 斧 · 鍤 · 鎌 등 농업생산도구가 발견되었다.[47] 따라서 이 두 유형은 마땅히 서단산문화를 직접 계승한 한대 부여의 문화유적으로 보아야 할 것이다.

포자연전산과 유수 노하심문화유형은 그 분포가 북으로는 송화강 북안의 흑룡강성 肇源縣 望海屯유지에 이른다. 출토 토기의 재질과 기형 및 토광목곽묘라는 매장습속에 있어서도 한서 상층－망해둔유형과 동일하다. 이들은 중국 한문화의 영향을 많이 받았다. 이러한 문화의 영향 아래에서 한대 부여시기의 지배집단의 전형적 토광목곽묘가 帽兒山 등 길림시 일대를 중심으로 발전하게 되는 것이다.[48] 이는 제1송화강과 눈강 일대 및 제2송화강지역이 같은 문화권에 속해 있었고 주민집단도 어느 정도 동일하였기 때문에 나타난 현상으로 이해된다.

이상의 정황은 한서 상층－망해둔문화가 고리국의 문화이고, 그들 주민들이 제2송화강 중류로 남하하여 지금의 길림을 중심으로 한 '穢地'에서 서단산문화를 누리던 부여 선주민과 융합하여 부족국가 부여를 건립하였음을 말해주는 것으로 볼 수 있다.[49] 《삼국지》 권 30, 魏書 東夷傳에 濊人은 이전에 이미 국가를 건립하였으며, "그 도장의 문구가 '濊王之印'이라 했고, 나라에는 '故城'이 있는데 이름을 '濊城'이라고 했다. 따라서 동명은 '스스로를 일러 亡人'이라 했는데 아마도 그러한 것 같다"라고 한 것은 바로 동명의 남하와 그에 따른 고리국과 부여가 일정 기간 병존한 사실을 말하는 것으로 해석된다. 그런데 일반적으로 예성은 길림시 송화강 동안의 龍潭山山城 혹은 東團山南城子 일대에 비정되고 있으므로[50] 그 위쪽에 존재한 한서 상층－망해둔문

47) 吉林省文物考古硏究所, 《楡樹老河深》(文物出版社, 1987).

48) 토기와 묘제의 유사성이 있지만 유수 노하심유적이 부여의 유적이라고 단정하는 것은 아직 이르다. 노하심유적은 많은 부분에서 서단산문화와 차이를 보이고 있고, 특히 透雕의 金飾牌라든지 火葬에 의한 매장방식 등 鮮卑(烏丸)계통의 양식도 많이 보여주고 있어 좀더 고찰할 필요가 있다. 다만 여기에서는 이 유적이 부여의 영역내에 분포하고 있고 토기 등이 부여의 유적에서 나오는 것과 동일한 점 등에서 분석대상으로 삼았다(嚴長錄, 〈扶餘의 遺蹟과 遺物에 對하여〉, 《民族文化의 諸問題》, 世宗文化社, 1994, 204~210쪽).

49) 백금보·한서 상층문화는 부여의 원류집단인 고리국의 문화로 보는 것이 요즈음 중국학계의 입장이다(干志耿, 앞의 글 및 孫進己·張志立, 앞의 글).

50) 李健才, 〈夫餘的疆域和王城〉(《社會科學戰線》 4期, 1982), 170~173쪽.
武國勳, 앞의 글.

화는 고리국의 문화일 가능성이 높다.[51] 앞에서 보았듯이 서단산문화와 백금보문화는 토기 등의 면에서 많은 차이가 있지만, 한서 상층-망해둔문화와 서단산문화 후기단계의 묘제 및 유물은 기본적으로 같은 주민계통의 문화로 볼 수 있으므로 동일 시기에 병존한 부여 선주민의 문화로 여겨진다.[52]

(4) 건국 연대

부여 건국의 연대에 관해서는 사서에 분명하게 기록된 것이 없다. 그러나 《사기》 貨殖列傳에 나와 있는 전국 7웅의 하나인 燕에 대한 기사 가운데 고조선·진번과 함께 부여가 언급되어 있다. 이는 부여가 매우 선진적인 나라였음을 보여주는 것이다. 《삼국지》와 《후한서》에 나타나는 당시 부여의 문명정도를 살펴보면 그 기원은 상당히 오래된 것 같고, 엄밀한 의미의 건국도 고구려보다는 훨씬 앞섰을 것으로 생각된다.

지금까지 기원전 108년보다 이른 시기의 부여에 관한 분명한 문헌기록은 발견되지 않았다. 기원전 195년에 중국은 遼寧·遼西 등 4군을 정하고, 기원전 128년에 蒼海郡을 두었다. 기원전 108년에는 樂浪·臨屯·玄菟·眞番 등 4군을 두었고, 이후에 옛 연의 땅인 동북지구 남부가 비로소 "북으로 烏丸·부여와, 동으로는 예맥·朝鮮·진번의 이로움을 이었다"고 하였다.[53] 《사기》 화식열전의 이러한 기록과 《漢書》 地理志의 기사에서[54] 부여의 명확한 실체를 처음으로 확인할 수 있다. 여기서 '연'은 전국시대의 燕國이거나 또는 漢代의 燕地를 말한다. 기록에는 명확한 언급이 없지만, 연은 이미 북으로 오환과 인접했고 오환은 대략 한나라 초에 이름을 얻은 東胡族의 한 지파이므로, 이 연은 한의 연지를 가리킬 가능성이 높다. 이로써 부여는 늦어도 西漢 초부터는 존재하고 있었다고 할 수 있다.

---

51) 최근 흑룡강성 賓縣 동쪽에서 '慶華古城'이 발견되었다. 1984년 조사시에 이 성은 부여보다 빠른 古城유적으로 확인되었다. 따라서 고고유물과 방위상으로 보건대 이는 漢初에 남천한 '濊城' 이전의 古夫餘의 先世인 '槀離國'의 故地로 보는 견해가 있다(王綿厚, 《秦漢東北史》, 1994, 175쪽).

52) 馬德謙, 〈夫餘文化的機個問題〉(《北方文物》 2期, 1991), 18~24쪽.

53) 《史記》 권 129, 列傳 69, 貨殖 烏氏 倮.

54) 《漢書》 권 28 下, 志 8 下, 地理.

한편 《한서》 王莽傳에 보면 왕망이 왕위를 찬탈하고 새로이 주변 나라의 印綬를 교체하는데, 그 나라들 가운데 부여가 등장하고 있다.[55] 이처럼 왕망의 건국 이전에 이미 한나라와 모종의 교류를 가진 것으로 보아 대체로 기원전 2세기경에는 부여국이 존재하고 있었다고 할 수 있다. 또한 《사기》 화식열전에 나오는 조선과 부여는 진시황 때(기원전 246~210)의 사실을 말하는 것이므로[56] 부여가 진시황 때에 고조선과 함께 존재한 나라였음이 분명하다. 따라서 부여의 성립은 대체로 기원전 3세기 후반경으로 비정할 수 있다.

이것은 부여 선주민이라고 할 수 있는 예족의 문화인 서단산문화가 기원전 3세기부터 이전의 돌널무덤에서 움무덤으로 변화하면서 새로운 정치집단의 출현을 암시하고 있다는 점에서도 방증된다. 중국 동북지방의 경우 기원전 4~3세기를 지나면서 문화상의 큰 변화를 겪게 되는데 구체적으로는 매장양식이 돌무덤(고인돌, 돌널무덤)에서 움무덤으로 바뀌고 철기를 사용하고 있다. 그 구체적 계기는 물론 전국시대 말기의 변동기를 통해 들어온 중국문화의 영향이 가장 컸다고 생각된다. 고조선지역에서도 이러한 선진적 중국문화의 영향으로 새로이 사회적 생산력의 발전이 이루어지고 이른바 세죽리－연화보유형문화가[57] 출현하면서 국가체를 형성하고 있다.[58] 고조선 이동지역에서는 서단산문화단계를 이어 한대－부여문화라는 새로운 문화를 기반으로 하여 또 하나의 정치체가 성립하고 있다. 이것은 결국 북쪽 고리국에서 주민집단이 이동하여 부여국을 건국한다는 설화와 부합되는 면이 많다. 따라서 이 단계부터 어느 정도 지배집단을 중심으로 초기 권력집단이 길림시지역에서도 형성되고 있었음을 알 수 있다.

---

55) 《漢書》 권 99 上, 列傳 69 上, 王莽.

56) 《史記》 권 129, 列傳 69, 貨殖의 烏氏倮조에는 진나라 시황제 때 오씨현의 '倮'라는 사람이 주변 나라들과 장사를 하여 큰 이득을 본 이야기를 전하는 중에 부여라는 명칭을 썼으므로 부여는 진시황 때(기원전 246~210)에 존재했다고 본다(사회과학원 력사연구소, 〈부여사〉, 《조선전사》 2, 1979, 118쪽).

57) 세죽리－연화보문화는 기원전 4세기 말~3세기 초(燕 昭王代)의 戰國 철기문화 및 기원전 3세기 말의 秦·漢교체기, 그 이후 기원전 2세기 초 무렵의 漢初 철기문화를 포괄하고 있다(사회과학원 고고학연구소 편, 《조선고고학개요》, 1977, 139~143쪽).

58) 송호정, 〈요동~서북한지역에서 고조선의 국가형성〉(《역사와 현실》 21, 1996).

3) 부여의 영역과 지리적 특성

(1) 3세기 부여의 영역

부여는 역사가 오래 되었던 만큼 그 영역에서도 일련의 변동이 있었을 것이다. 그러나 그에 대한 명확한 기록이 없어 아직도 혼동을 겪고 있는 실정이다.

부여가 건국된 구체적 위치와 사방경역에 관해서는 班固의 서술 이전까지는 기재가 비교적 간략하였다. 다만 요동 등지를 말하면서 燕나라는 "북으로 오환·부여와 인접하였다"거나 "북으로 오환·부여와 사이를 두고 있었다"고 하였다. 반고 이후의 기록이지만 《삼국지》 동이전 부여조의 기록에 따르면 "부여는 장성의 북에 있는데 현도로부터 천 리 떨어져 있다"라고 하여 그 남쪽 경계는 漢의 동북장성 이북이었음을 알 수 있다.[59] 《삼국지》에서 말한 장성은 秦·한의 장성을 가리키는 것이다. 이 장성은 일련의 연구에 의하면 지금의 獨石口로부터 내몽고 圍場·赤峰·敖漢·奈曼·庫倫의 중부를 통과하여 동으로 彰武·法庫를 지나 開原·撫順 일대를 경과한다고 한다. 그리고 다시 남하하여 압록강 및 조선 경내에 들어간다고 한다.[60] 그러므로 부여는 지금의 법고·개원 이북에 존재하였던 셈이 된다.

부여의 위치에 관한 구체적 서술은 후한대부터 삼국시대(1~3세기)의 사실을 기록한 《후한서》와 《삼국지》에서야 비로소 나타나게 된다. 《후한서》 권 85, 東夷傳 부여조에는 "부여국은 현도 북쪽 천 리에 있다. 남쪽으로는 고구려, 동쪽으로는 읍루, 서쪽으로는 선비와 접하며, 북에는 弱水가 있다. 땅은 사방 2천 리인데 본래 예의 땅이었다. …동이의 지역에서 가장 평평한 곳으로 오곡이 자라기에 알맞다"라고 기록되어 있다. 《삼국지》 부여조에는 《후한

---

59) 《三國志》 권 30, 魏書 30, 烏丸鮮卑東夷傳 30, 夫餘.

60) 李文信, 〈中國北部長城沿革考〉(《社會科學輯刊》 3期, 1981).
文物編輯委員會 編, 《中國長城遺蹟調查報告集》(文物出版社, 1981).
李慶發·張克擧, 〈遼西地區燕秦長城調查報告〉(《遼海文物學刊》 2期, 1991), 40~50쪽.

서》와 내용이 거의 같으나 "(부여는)… 山陵과 넓은 못이 많은 곳이다"라는 표현이 첨가되어 있다. 또한 《晋書》 東夷傳 부여국조에는 "부여국은… 남으로는 선비와 접하며 북쪽에는 약수가 있다"고 하여 남쪽 경계에 고구려 대신 선비가 등장하고 있다.

부여의 위치에 관한 《후한서》와 《삼국지》의 서술은 거의 일치한다. 이것은 《후한서》나 《삼국지》가 편찬대상으로 하였던 후한~삼국시기에 부여의 위치에 큰 변동이 없었다는 것을 의미한다. 《진서》의 기록은 소략하기는 하지만 많은 점에서 《후한서》나 《삼국지》와 일치한다. 다만 부여의 남쪽에 선비가 있다고 적고 있는데, 이는 3세기 이후 부여의 서남쪽에 진출한 선비의 존재를 보고 기록한 것으로 보인다. 그러나 분명 晋시기(265~420)에도 후한·삼국시기와 마찬가지로 부여의 남쪽에는 고구려가 위치하고 있었음은 분명하다. 《삼국지》 동이전에 따르면 3세기 중엽 고구려는 남쪽으로 조선·예맥, 동쪽으로 옥저, 북쪽으로 부여와 접하였다고 한다.[61] 따라서 후한에서 진대에 걸쳐 부여의 위치는 큰 변동이 없었다고 할 수 있다.

부여의 위치와 관련하여 제일 먼저 등장하는 현도군은 원래의 압록강유역에 있던 것이 1세기 말~2세기 초에 고구려의 공격으로 渾河 연안으로 쫓겨간 제3현도군을 말한다.[62] 그 치소는 요동군(지금의 遼陽市) 북쪽 200리[63]로서 瀋陽市 동쪽 上栢官屯의 漢城[64]이나 撫順의 노동공원 漢성지[65] 등으로 비정되고 있다. 漢·魏의 200리는 지금의 150여 리에 상당하므로, 삼국시대의 현도군은 마땅히 지금의 요양 동북 150리 전후의 심양·무순 사이에서 구하는 것이 순리이다.[66] 또한 한·위시대의 천 리는 대략 지금의 700리에 해당하므로 부여 초기의 왕성은 마땅히 심양시의 북쪽 700리 되는 곳에서 찾아야 할 것이다. 그곳은 바로 지금 길림성 중부 일대에 해당한다. 혹자의 주장처럼

---

61) 《三國志》 권 30, 魏書 30, 烏丸鮮卑東夷傳 30, 高句麗·夫餘·東沃沮.
62) 《後漢書》 권 90, 志 23, 郡國 5, 玄菟郡.
63) 《三國志》 권 47, 吳書 2, 吳主傳 2, 嘉禾 2년조 所引 吳書.
64) 陳連開, 〈唐代遼東若干地名考釋〉(《社會科學輯刊》 3期, 1981).
白鳥庫吉 等, 《滿洲歷史地理》 1(東京 ; 南滿洲鐵道會社, 1913), 96~98쪽.
65) 孫進己·馮永謙, 앞의 책, 392~394쪽.
66) 王綿厚·李健才, 《東北古代交通》(1988), 121쪽.

부여의 초기 중심지로 흑룡강성 경내의 松嫩 혹은 呼嫩平原 일대를 비정하는 것은 현도 북 천 리라는 기재와 부합되지 않는다.

현도군에서 동북쪽으로 천여 리 떨어진 곳에 위치한 부여는 자연지세로 보아 '동이의 지역에서 가장 평평'한 곳이며, 또 이곳에는 '넓은 못'이 많았다. 이것은 부여가 주변 나라들보다 평야지대를 많이 차지하고 있었음을 보여주는 것이다. 따라서 흔하 연안에서 북쪽 천 리에 해당하는 곳에서 평야지대를 차지하였을 부여의 중심지를 찾는다면, 그것은 松花江유역 외에는 달리 비정할 곳이 없다.

부여의 영역으로 비정되는 길림성의 중심을 흐르는 송화강과 그 유역은 부여국의 발상지였으며 오랫 동안 그 중심지였다. 송화강유역을 중심으로 사방 2천 리의 지역을 차지한 부여는 서쪽으로 鮮卑, 남쪽으로는 고구려, 동쪽으로 挹婁와 각각 이웃하였으며 북쪽에는 弱水가 있었다고 한다.

역대로 약수라는 명칭을 가진 강은 하나만 있었던 것 같지 않으며, 그 위치에 대하여는 종래 여러 가지 해석이 있었다. 그것은 크게 눈강・송화강으로 보는 견해와 흑룡강으로 보는 견해로 나뉘어진다. 대다수의 학자들은 약수를 눈강・송화강으로 보고 있다.[67] 弱의 옛 발음이 nziak 혹은 niak이므로 약수는 송화강의 지류인 눈강(Nonni강)을 가리킨다고 보는 견해가 있고,[68] 길림 일대의 서단산문화를 기반으로 부여가 성장한 만큼 서단산문화의 분포범위를 기준으로 그것이 북으로 송화강・拉林河를 넘지 않기 때문에 당시 부여 북쪽의 경계가 되었던 강은 제1송화강과 눈강 일대가 타당하다는 것이다.[69]

약수를 흑룡강으로 보는 견해는 전성기의 부여가 2천여 리에 걸쳐 있었다는 표현과 《진서》 東夷傳 肅愼氏條에 "숙신의 북쪽은 약수를 끝으로 했다"는 점에 주목하여 약수라는 강은 부여뿐 아니라 숙신의 북쪽까지도 경유하면서 흐르는 큰 강이었으므로, 그러한 강은 흑룡강밖에 없다는 것이다.[70]

---

67) 池內宏, 〈夫餘考〉(《滿鮮地理歷史硏究報告》 13, 1932), 84쪽.
李健才, 앞의 글(1982).
王綿厚, 〈東北古代夫餘部的興衰及王城變遷〉(《遼海文物學刊》 2期, 1990).

68) 白鳥庫吉, 〈夫餘國の始祖東明王の傳說に就いて〉(《白鳥庫吉全集》 5, 1970).

69) 李健才, 앞의 글(1982).
王綿厚, 앞의 글.

부여의 북쪽 경계를 알기 위해서는 먼저 부여의 북쪽에 위치한 흑룡강성의 三肇지구(肇源·肇州·肇東)를 중심으로 그 윗쪽의 오위르강까지 분포하는 백금보·한서·망해둔문화를 주목해야 한다. 이 문화는 앞에서 보았듯이 바로 동명전설의 고리국과 관련이 깊은 것으로 보인다. 따라서 이 지역은 초기부여의 성립과 관련하여 주목되는 곳이다. 그리고 전성기 부여의 문화권에서 보면 눈강 일대의 문화권도 부여의 문화로 보는 것이 타당하므로, 그 문화권 북쪽에서 약수의 위치를 찾아야 할 것이다. 이 논리에 따른다면 약수를 흑룡강으로 비정하는 견해가 일견 타당해 보인다. 그러나 고대에는 지금의 嫩江·동류 송화강과 흑룡강 하류를 하나의 河流로 인식했다고 한다.[71] 그리고 과연 눈강에서 멀리 떨어져 있는 흑룡강까지 부여의 영역에 포괄되어 있었는지는 매우 의심스럽다. 특히 북위시대의 難河가 지금의 제1송화강과 난하를 가리키는 那河였고, 그것이 포괄하는 하류의 범위가 눈강과 제1송화강 및 흑룡강 하류였던 것으로 보아 약수의 위치는 눈강과 제1송화강 및 흑룡강 하류를 가리키는 것으로 보는 것이 보다 합리적이다.[72] 史家들도 부여의 중심지에서 북쪽에 있는 강을 약수라 하였고, 이 강은 동으로 흘러 동해로 나간다고 하였다. 그렇다면 옥저의 북쪽과 서쪽 및 부여의 북에 있는 강으로서 약수는 동류 송화강과 흑룡강 하류로 보는 것이 가장 합리적이다.[73] 과거에 약수를 지금의 結雅河와 흑룡강이 합류하는 지점의 이하지역으로 보는 견해가 있었는데[74] 합리적이기는 하나 실제와는 부합되지 않는다.

부여는 남쪽으로 삼국의 고구려와 접하고 있었다. 서한 때의 고구려는 국력이 미약하였기 때문에 그 세력은 輝發河를 넘을 수 없었고, 이러한 상황은 동한 때에도 계속된 것으로 보인다. 즉 兩漢시대의 고구려는 요동군의 동쪽으로 그 北界는 당시 휘발하를 넘지 않는 柳河·海龍·輝南 일대였다.[75] 혹

---

70) 白鳥庫吉, 〈弱水考〉(《史學雜誌》 7-11·12, 1896).
사회과학원 력사연구소, 앞의 글, 124쪽.
71) 李健才, 앞의 글(1982), 170~172쪽.
72) 《魏書》 권 100, 列傳 88, 烏洛侯·勿吉.
《太平寰宇記》 권 199.
73) 李健才, 앞의 글(1982).
田 耘, 〈西漢夫餘硏究〉(《遼海文物學刊》 2期, 1987).
74) 張博泉, 〈夫餘史地總說〉(《社會科學輯刊》 6期, 1981).

자는 길림시 龍潭山城에 보이는 고구려유물을 근거로 길림 일대까지를 고구려의 북한계선으로 보고 있으나,[76] 고구려의 경계는 대개 지금의 길림성의 휘발하 상류부근이었다고 보아야 할 것이다. 그 서쪽 경계는 대략 지금의 太子河 · 길림 哈達嶺을 일선으로 한군현 및 예맥과 접하였다고 보인다. 또한 혼하 중류지역에 있던 3세기의 고구려 '新城'(지금 撫順의 高爾山城)이 고구려 서북쪽의 요충지였다는 점에서 서북쪽으로는 渾河 중류 북쪽까지 뻗쳐 있었던 것으로 믿어진다. 결국 부여는 秦漢대의 장성이 있던 開原과 휘발하 상류를 연결하는 선보다 북쪽에 있었다고 말할 수 있다.

《한서》 地理志에서는 진시황이 연나라를 통합한 사실을 전하고 뒤이어 연이 북쪽으로 오환 · 부여와 경계를 접하였다고 하였다. 그러므로 오환과 부여는 연의 북쪽에서 기원전 3세기 말에서 기원전 1세기 말에 걸치는 시기에 서로 이웃하고 있었으며 부여의 서쪽에 오환이 있었다는 것을 알 수 있다. 그런데 기원전 3세기 말에서 기원전 2세기 초에 오환은 흉노에게 정복당한 후에도 본래 살던 지역에 그대로 있었으므로 부여와 오환과의 지리적 관계는 기원전 1세기까지도 그 전시기와 다름이 없었다. 이후 《후한서》나 《삼국지》에서 부여가 서쪽으로 선비와 이웃하였다고 한 것은 이전 흉노가 차지한 오환의 동쪽지역에서 새로 성장한 선비와 부여의 지리적 관계를 전하는 것이다.

기원 2세기 중엽 선비의 군장인 檀石槐는 흉노고지를 차지하고 그 관할구역을 동부 · 중부 · 서부의 3개 부로 나누었는데, 동부지역은 右北平으로부터 遼東에 이르러 부여 · 예맥의 20여 邑과 접하였다. 3세기 전반 軻比能 때의 선비의 동쪽 변경은 遼水界線에 이르렀다고 하는데,[77] 기원전 3~2세기의 요수는 오늘의 요하이며 이 시기의 요동도 요하 동쪽지역이다. 그런데 당시 요

---

75) 兩漢교체기에 고구려는 지금의 태자하유역에 있던 梁貊을 치고, 지금의 新濱縣 老城 부근으로 비정되는 漢의 高句麗縣을 공격하였다(《三國史記》 권 13, 高句麗本紀 1, 琉璃明王). 이후 동한 때에는 遼東 · 玄菟 兩郡을 공격하였는데(《三國志》 권 30, 魏書 30, 烏丸鮮卑東夷傳 30, 夫餘), 이로 보아 兩漢시기 부여와 고구려의 接界地는 대략 지금의 혼하 · 휘발하 상류 분수령 일대였던 것으로 믿어진다.

76) 田村晃一, 〈新夫餘考〉(《青山考古》 3, 1987), 133쪽.

77) 《三國志》 권 30, 魏書 30, 烏丸鮮卑東夷傳 30.

하 하류에는 후한과 위의 요동군·현도군 등이 있었으므로 선비의 동쪽은 서요하 이동을 가리키는 것이다.

1970년대에 내몽고 哲里木盟에서 舍根문화유형의 유적[78]을 발견하였는데 초보적인 고증에 의하면 이는 東部 선비의 유적이라고 한다. 이 밖에 1960년대에 확인된 내몽고 呼倫貝爾盟의 完工유적과 新巴爾虎右旗 札賚諾爾古墓群[79]은 토광목곽묘와 거기서 출토된 전투적인 유목민 계통의 유물들을 통해 拓跋 鮮卑의 유적으로 확인되었다. 이를 통해 선비는 대체로 동북의 서부 초원지대에 있었고, 그 동쪽은 부여, 즉 오늘의 大安·乾安·雙遼 일선에 잇대어 있었다는 것을 알 수 있다. 최근 길림성 서부의 通楡縣에서 선비문화 유적이 발견된 바 있다.[80] 그러나 통유 이동에서는 선비유적이 발견된 것이 없으므로 부여국의 西界는 대체로 白城에서 통유에 이르고 다시 쌍요·昌圖 일대에 이르렀다고 할 수 있다. 이는 황하 이동에서 陶鬲이 분포하는 지역이 바로 선비가 분포한 지역으로 동으로 송화강과 눈강까지 도력이 분포하는 것도 선비의 분포범위를 시사한다는 주장[81]과 일치한다.

부여는 동쪽으로 挹婁와 경계를 접하였다. 《삼국지》 위서 동이전에는 "읍루는 부여 동쪽 천여 리에 있고 큰 바닷가에 있으며, 남으로 북옥저와 접하였으나 그 북쪽 끝은 알 수 없다"고 하였다. 또한 "그 지역에는 험고한 산이 많으며… 산림 사이에 거처한다. 기후가 몹시 차서 늘 굴 속에서 산다"고 했다. 《후한서》 읍루전의 기록도 이와 동일하다. 이처럼 읍루는 동쪽 큰바다에 沿해 있고 남쪽으로 북옥저와 접하고 있었다. 최근 발견된 團結文化는 연대가 춘추전국시대에서 동한시대에 해당하고 그 분포범위 또한 한반도 함경북도에서 북으로는 完達山 남록 이남, 서로는 牧丹江·老爺嶺 이동에 걸쳐 있다. 이같은 시대 및 지역은 모두 문헌상의 옥저족의 분포와 부합하므로 옥저족의 유적으로 보고 있다.[82] 그런데 옥저에 대해서는 북옥저가 남옥저의

78) 張柏忠, 〈哲里木盟發現的鮮卑遺存〉(《文物》 2期, 1981).
79) 米文平, 〈鮮卑石室的發現與初步研究〉(《文物》 2期, 1981).
80) 中 樹·相 偉, 〈通楡縣興隆山鮮卑墓淸理簡報〉(《黑龍江文物叢刊》 3期, 1982).
81) 何光岳, 〈鮮卑族的來源與遷徙〉(《黑龍江文物叢刊》 4期, 1984), 24~26쪽.
82) 林 沄, 〈論團結文化〉(《北方文物》 1期, 1985).
———, 〈肅愼挹婁和沃沮〉(《遼海文物學刊》 1期, 1986).

〈그림 4〉 3세기경 부여국의 세력권(강역) 추정도

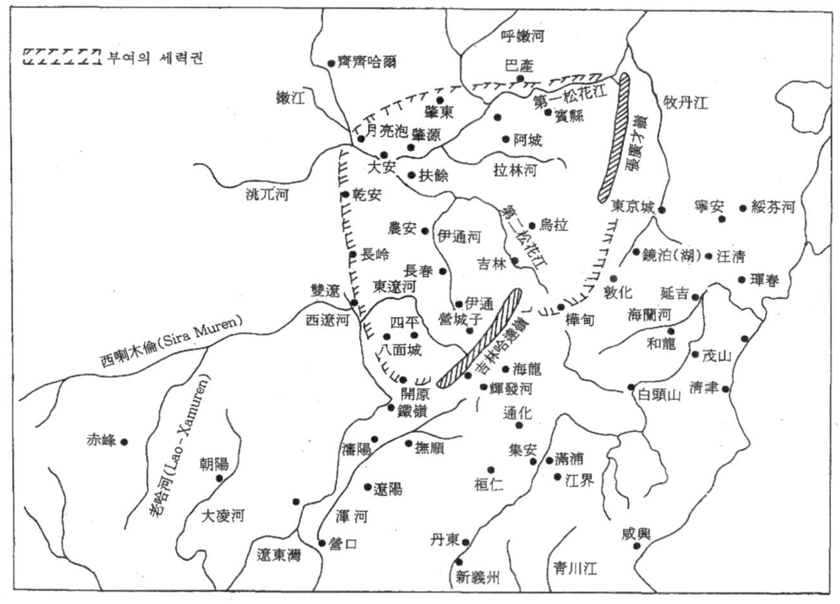

북쪽 8백 리에 위치한다고 했으므로, 두만강을 경계로 하여 그 위가 북옥저이고 그 아래가 남옥저라고 불렀다는 것이 통설이다.[83] 이처럼 북옥저가 오늘의 장백산과 낭림산맥 이동의 함경북도 북부지역과 두만강 동북쪽의 연해주 남부지역에 위치했으므로 읍루는 연해주 중부와 흑룡강 하류지역, 목단강 유역에 위치했던 것으로 볼 수 있다. 이 지역은 읍루전에서 전하는 자연지세와 기후와 풍토조건에도 부합된다.[84] 한편 《삼국지》 읍루조에 "한 이래로 부여에 臣屬했다. …黃初 중(220~225)에 배반했다"고 했으므로 부여의 동계는 220년 이전에는 읍루 땅(송화강 하류)을 포괄하고 있었다고 볼 수 있다.[85] 결

鄭永振, 〈沃沮, 北沃沮疆域考〉(《韓國上古史學報》 7, 1991), 81~91쪽.

83) 鄭永振, 위의 글, 81~91쪽.

84) 읍루지역에는 험고한 산이 많으며 주민들은 산간지대에서 산다고 하였는데 이것은 큰 산맥지대를 연상케 한다. 오늘날의 연해주 북부지역에는 씨호뗴알린산맥이 남북방향으로 가로질러 있어 역시 그러한 지세에 부합된다고 볼 수 있다.

85) 孫進己, 〈古代東北民族的分布〉(《東北地方史硏究》 2, 1985), 47쪽.

국 부여는 양한시대에 동으로 읍루를 예속시키고 있었으며, 그 경계는 張廣才嶺과 威虎嶺을 사이에 두었음이 분명하다.

이상을 통해 1~3세기의 부여국은 대략 북으로 눈강과 송화강 일대까지 포괄하면서 서쪽으로는 洮兀河 하류의 건안·장령·쌍요 등지를 경계로 하였고 서남으로는 요동의 중국세력과 접하고 있었다. 동으로는 위호령을 경계로 목단강유역에 이르고, 남으로는 길림 哈達嶺을 경계로 輝發河 이북에 이르렀다. 이 지역의 동부는 '산릉이 많고', 서부는 '넓은 못이 있고', 중부는 '동이지역에서 가장 평탄한 곳'인 송눈평원이다.

(2) 부여국 왕성의 위치

가. 부여국 전기의 왕성

부여국의 중심지역, 즉 왕성의 위치는 어디였을까. 부여 왕성의 위치는 《資治通鑑》의 기록에 따르면 후기에 서쪽으로 옮겨졌기 때문에 전·후기로 나누어 고찰해야 한다.

부여 전기의 중심지에 관해서는 西豊縣 西岔溝유적→老河深유적설[86]이 주장되기도 하고, 한서 상층(Ⅱ기)→望海屯문화→노하심설도 제기되고 있다. 북한학계의 경우에는 '예성'이 있는 곳에 부여의 수도가 있었는데, 그곳은 오늘날의 '부여' 일대에 해당하는 것으로 보고 있다.[87] 부여 전기의 왕성을 지금의 농안에, 후기 왕성은 요령성 昌圖縣 북쪽 40리의 四面城으로 비정하는 견해도 있다.[88] 이와 달리 부여 본래의 위치를 농안의 동북방, 즉 송화강 북쪽의 雙城에서부터 그 북쪽에 있는 阿勒楚喀(일명 阿什河) 일대로 비정하는 견해도 있다.[89] 그러나 이곳에서는 漢·魏시기의 古城과 유물이 나오지 않을 뿐만 아니라 현도군에서 북으로 천 리(지금의 700리) 떨어져 있었다는 사실과도

86) 孫進己·馮永謙, 앞의 책, 256~259쪽.
87) 사회과학원 력사연구소, 앞의 글.
88) 金毓黻, 《東北通史》 上編, 권 3(國立東北大學, 1977), 30~31쪽.
89) 阿勒楚喀 일대는 金朝의 발상지로 평야도 넓고 토양도 비옥하여 《魏書》 동이전에서 말하는 지세에 농안보다도 더 적합하고 녹산은 아륵초객 부근의 한 산을 일컫는 것이라고 한다. 후기의 왕성은 농안으로 추정된다고 한다(池內宏, 앞의 글, 452~454쪽).

맞지 않으며, 346년 부여가 서쪽 燕 가까이로 이동하였다고 했으므로 阿什河 일대는 그 위치가 부합되지 않는다. 따라서 대부분의 학자들은《후한서》와《삼국지》의 기록에 의거하여 부여는 초기부터 길림시를 중심으로 한 松嫩평원에 중심을 두었다고 보고 있다.[90] 그 이유는 대개 길림시 일대의 서단산문화를 부여 선주민의 문화로 보고, 이후 길림 일대의 한·부여시기의 여러 유적과 유물, 특히 동단산 南城子古城을 부여의 중심성으로 보기 때문이다. 또한 蛟河市의 新街古城址[91]와 福來東고성지[92] 등 길림시 교외에서 부여시기의 읍락으로 볼 수 있는 자료가 나와, 남성자유적을 왕성으로 주변의 고성지 유적은 하나의 읍락지역으로 볼 수 있다는 데 근거하고 있다.

먼저 부여의 중심지역으로 현도군 북쪽으로 천 리 떨어진 곳을 찾는다면 마땅히 지금의 길림성 중부 송화강 중류 일대가 된다. 특히 용담산과 동단산 일대에서는 많은 漢代 유적과 유물이 발견되었다.[93] 동단산유지에서는 한대 五銖錢을 비롯하여 청동거울 및 漢式 '長樂未央' 와당이 나왔다. 길림 동단산에서 용담산에 이르는 철길 양측에서는 한대 무덤이 발견되었고, 陶爐·耳環 등 漢나라 시기의 무덤에서 항상 보이는 明器가 출토되었다.[94] 특히 길림시 동단산에서는 남성자고성이 발견되었는데, 이 고성지는 동단산 남록의 높은 대지상에 위치하였고, 황토흙을 판축하여 주위를 두른 고성지로서 성 내부의 평면은 둥근 타원형을 띠고 있었다.[95] 성 내부에서는 대량의 토기편과 벽돌·기와 및 銅鈴·陶俑 등 한대 부여의 유물들이 출토되었고,[96] 고구려 및 발해시기의 유물

90) 李殿福, 앞의 글.
武國勳, 앞의 글.
盧泰敦, 앞의 글(1989).
91) 山本首,《蛟河敦化的古迹調査報告書》(1938 鉛印本).
張忠培, 〈吉林市郊古代遺址的文化類型〉(《吉林大學社會科學學報》1期, 1963).
92) 董學增, 〈吉林蛟河縣新街·福來東古城考〉(《博物館硏究》2期, 1989).
93) 李健才, 앞의 글(1982), 170~173쪽.
부여가 漢·魏와 관계가 밀접하여 使者의 왕래도 빈번하였기 때문에 한문화의 영향을 깊이 받아 부여 전기의 왕성은 한·위시기의 문화유물이 다수 출토하는 용담산성과 동단산 일대라고 추정하고 있다.
94) 李文信, 〈吉林市附近之史的遺物〉(《歷史與考古》1, 沈陽博物館專刊, 1946).
95) 城은 남북에 두 개의 門이 있고, 담장은 주위 1,050m, 남문 부근에는 하나의 장방형 高地가 있으며, 남북 길이 150m, 동서 너비 73m이다(董學增, 앞의 글).
96) 馬德謙, 〈談談吉林龍潭山東團山一帶的漢代遺物〉(《北方文物》2期, 1991).

이 산포하고 있었다.[97] 이 고성에서 나온 유물로 보아 남성자고성은 한과 부여 이전 시기부터 존재하였으며 하한은 고구려와 발해에 이른다고 할 수 있다.

이러한 남성자고성지를 전기 부여국의 왕성으로 보는 이유는 크게 네 가지로 정리된다. 첫째, 《삼국지》 동이전 부여조에 따르면 "부여는 현도군에서 북쪽으로 천여 리 떨어진 곳에 왕성이 있었다"고 했는데, 이곳은 바로 길림성 중부, 특히 길림시 일대에 해당한다는 것이다. 둘째, 남성자고성은 평면이 대략 원형을 이루고 있는데, 이는 "성책을 만드는데 모두 둥글게 하였으며 감옥과 비슷하다"고 한 《삼국지》 동이전 부여조의 기록과 들어맞는다는 것이다.[98] 셋째, 남성자의 지리적 환경과 문헌의 기재가 부합한다는 점이다. 부여는 "처음에 鹿山에 있었고", "산·구릉과 넓은 못이 많으며", "남녀가 음란하고 부인이 투기하면 모두 죽이는데… 시체를 國 南山에 버린다"고 《삼국지》에 기록되어 있다. 그런데 古음운학연구에 따르면 녹산은 오늘날의 동단산과 부근의 龍潭山을 가리킨다고 한다.[99] 이 일대는 산이 중첩되어 있고, 강에 면한 개활지로서 넓은 못이 많다는 기록과도 부합한다는 것이다. 또 '國의 남산'이라는 것은 왕도(수도)의 남산을 지칭하는 것으로,[100] 남성자의 동남쪽 1㎞ 떨어진 곳에 帽兒山이 있는데, 모아산 일대에서는 '有槨無棺'의 한대 봉토 토광목곽묘군[101]이 발견되었다. 이곳이 바로 왕성의 남산에 해당한다는 것이다. 현재 발굴중이지만 모아산 일대에는 약 천여 기 이상의 토광목곽묘가 존재한다고 한다.[102] 넷째, 남성자 안에서 서단산문화의 석기·토기 외에 대량의 한식이 아닌 한대 유물이 출토되었다는 사실이다.[103] 이는 예맥족계의 한 지파가 예족이 살던 '濊城'에 와서 서로 융합하여 부여를 건국하였던 사실을 반영한다는 것이다.[104]

---

97) 董學增, 〈吉林東團山原始·漢·高句麗·渤海諸文化遺存調査簡報〉(《博物館硏究》 創刊號, 1972).
98) 李健才, 앞의 글(1982), 170~173쪽.
99) 吉林省地方志編纂委員會 編, 〈古代文物遺蹟〉(《吉林省志》 권 43, 文物志, 吉林文史出版社, 1994), 102쪽.
100) 盧泰敦, 앞의 글(1989).
101) 吉林市博物館, 〈吉林帽兒山漢代木槨墓〉(《遼海文物學刊》 2期, 1988).
102) 吉林省地方志編纂委員會 編, 앞의 글(앞의 책), 102쪽.
103) 董學增, 앞의 글(1972).
104) 武國勳, 앞의 글.

〈그림 5〉 남성자 평면도 및 채집유물

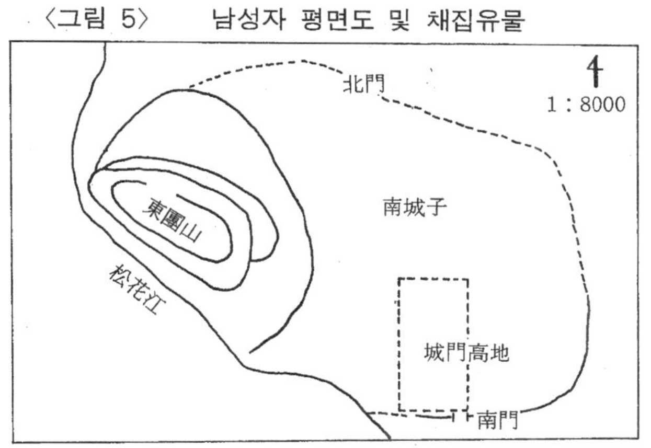

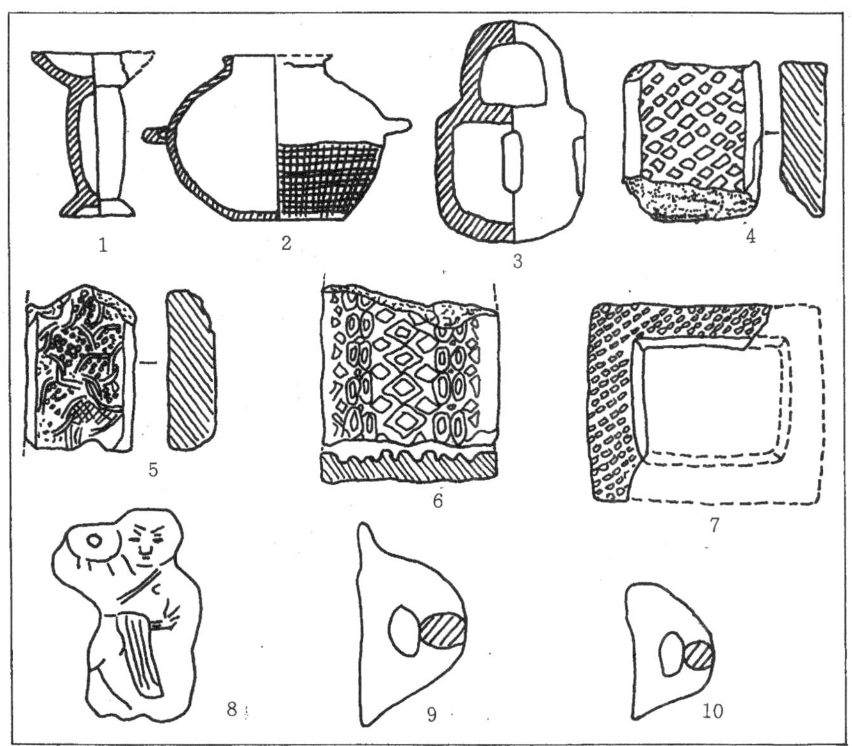

1. 陶豆, 2. 方格紋陶罐, 3. 銅鈴, 4~7. 花紋磚, 8. 陶俑, 9~10. 陶耳.

최근에는 남성자의 규모가 주위가 1㎞ 정도로 비교적 작기 때문에, 이를 부여 왕성(지금의 용담산 기차역 부근)의 衛城이라고 보는 이도 있다.[105] 대개 이러한 견해를 받아들여 최근 대다수의 학자들은 남성자는 宮城이었고 용담산역 일대는 '都城'에 해당되며, 두 성이 합쳐져서 부여 전기의 왕성을 이루었다고 이해하고 있다. 따라서 현재까지의 문헌과 고고학 자료에 의하는 한 立國 초기 및 3세기 전성시기까지의 부여 왕성은 서단산문화 이래 부여의 문화 및 중국 한대의 문화요소들이 많이 보이는 길림시 용담산·동단산 일대로 비정하는 것이 가장 합리적으로 생각된다.[106]

나. 부여국 후기의 왕성

《자치통감》晋紀의 기록에 따르면 "부여는 처음에 鹿山에 거주하였는데 東晋 永和 2년(346) 백제의 침입으로 서쪽으로 燕 가까이에 옮겼다가 연 慕容皝 자제의 공격을 받아 왕 이하 5만여 명이 포로로 잡혀갔다"[107]고 한다. 이 기사를 통하여 동쪽에 왕성을 두고 있던 부여는 346년에 백제로 표현된 세력의 침략을 받아 서쪽으로 수도를 옮겼음을 알 수 있다.

부여 전기의 중심지였던 길림 일대에서 서쪽에 위치한 후기 扶餘城의 위치에 대해서는 오늘날의 長春·農安 부근으로 비정하는 설이 일찍이 제기되었다.[108] 문헌상 뚜렷한 시기인 《삼국지》 단계의 부여국은 東遼河 상류 송화강유역 일대에 자리잡고 있었는 바, 원부여 서쪽에 해당하는 도읍은 오늘날의 장춘 북쪽 伊通河畔의 농안 부근이라는 의견이 유력하다.[109] 농안은 曹廷杰(1850~1916)의 《東三省輿地圖說》 서문[110]에서도 동삼성을 지배하려면 이 농안을 장악하여야 한다고 역설한 만주의 요충지였다. 이 지역은 일찍부터

---

105) 李健才, 앞의 글(1982).
106) 李健才, 위의 글.
武國勳, 앞의 글.
王綿厚, 앞의 글, 80쪽.
107) 《資治通鑑》 권 97, 晋紀 19, 穆帝 永和 2년 정월.
108) 池內宏, 앞의 글.
日野開三郞, 〈扶餘國考〉(《史淵》 34, 九州大, 1946), 1~104쪽.
109) 盧泰敦, 앞의 글(1989), 35~36쪽.
《中國歷史地圖集釋文彙編》 東北卷 夫餘條(中央民族學院出版社, 1988), 32쪽.
110) 傅朗雲, 〈評曹廷杰的歷史公的〉(《博物館硏究》 2期, 1989)

예족이 거주하면서 농사를 지어온 비옥한 평야지대로, 하천유역의 비옥한 땅과 넓은 초원은 농업과 목축 발전에 유리한 자연조건을 갖추고 있었다. 따라서 346년 백제로 표현된 세력의 침입으로 옮긴 부여성의 위치로 농안 일대는 최적의 조건을 가지고 있었다고 할 수 있다.

부여국의 후기 왕성과 관련하여 《遼史》 지리지의 通州와 龍州黃龍府에 관한 내용이 주목되고 있다.[111] 이 기사에 의하면 통주는 용주황룡부였고, 발해의 부여성이며 부여국의 王城이었다. 그런데 이 용주황룡부는 1020년 이후 그 위치를 동북방인 지금의 농안 일대로 옮기게 되는데, 따라서 원래의 용주황룡부는 농안의 서남쪽 부근으로 볼 수 있다는 것이다.[112] 그러나 이 기록만으로는 원래의 황룡부가 농안과 가까운 서남쪽, 즉 농안 부근에 있었다고 주장하기에는 미흡한 점이 많다.

부여가 "서쪽으로 연 가까이에 도읍을 옮겼다"는 기사를 다시 살펴보면 당시는 타국의 침략을 받아 급하게 피난을 가야만 되는 상황이었다. 그렇다면 상식적으로 생각할 때 山地가 있고 험한 곳, 방어하기에 유리한 지역으로 옮겼을 가능성이 높다. 그러므로 평야지역인 농안·장춘지역은 일단 피난지로는 부적절했다고 판단된다.

부여가 피난간 지역은 4세기 당시 연과 가까운 곳으로 뒤이어 부여는 연의 침입을 받게 된다. 346년 당시 부여 서쪽에 있던 연은 전연 모용황의 세력을 말한다. 이 당시 전연은 龍城(지금의 朝陽)으로 중심을 옮겨 서요하 이남지역과 요동의 鐵嶺·撫順·本溪를 포함하여 淸原까지 세력이 미치고 있었다.[113]

이러한 전연의 세력분포 범위를 고려한다면, 길림시 일대에 있던 부여가 왕성을 서쪽 연 근처로 옮겼다고 할 때 그 지역은 당연히 연의 以東지역과 가까운 四平·昌圖·西豊·遼源 등지였을 가능성이 오히려 높다. 이는 당시의 세력판도를 지도에 나타낸 다음의 〈그림 6〉을 보면 보다 명확해진다.

---

111) 《遼史》 권 38, 志 2, 地理 東京道 通州·龍州 黃龍府.
112) 盧泰敦, 앞의 글(1989), 34~36쪽.
113) 《中國歷史地圖集》 4, 東晋十六國 南北朝時期, 9~10쪽.

〈그림 6〉 340년 전후 동북아시아 제세력의 판도

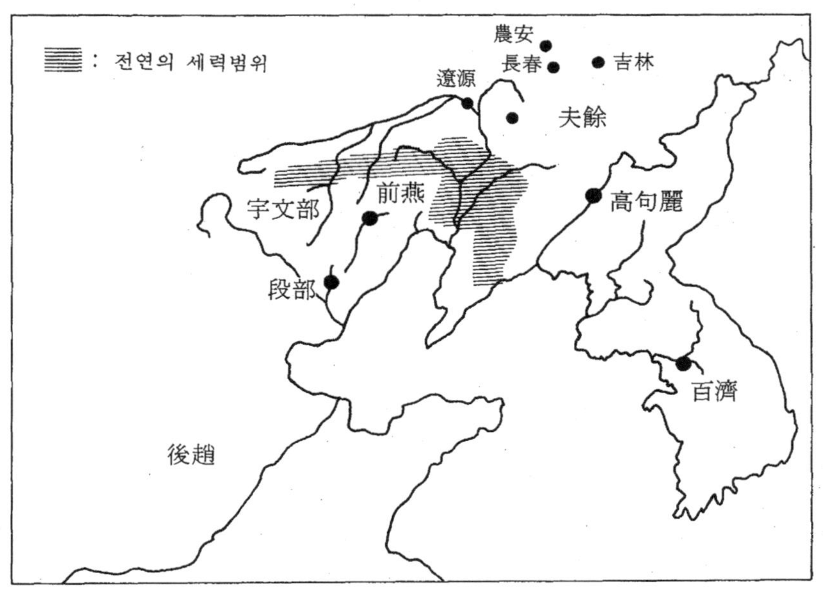

또한 346년 당시에는 길림 동북부의 挹婁 혹은 勿吉세력이 급속히 성장하여 부여의 통제에서 벗어나 있었다.[114] 그리고 도리어 부여가 물길에게 쫓기는 상황이었다. 따라서 《자치통감》에서 부여를 공격하였다는 백제는 물길, 구체적으로는 伯咄靺鞨을 가리키는 것으로 보는 이도 있다.[115]

최근 부여가 피난한 지역으로 西豊縣 城山子山城을 든 견해가 나왔는데[116] 경청할 만한 주장이라 생각된다. 이 지역에서는 漢·魏시기의 유물은 보이지 않고 주로 고구려시기의 유물이 출토되는데 이는 부여시기의 부여성을 고구려가 그대로 사용했던 데서 나타난 결과로 볼 수 있다는 것이다.

114) 《三國志》 권 30, 魏書 30, 烏丸鮮卑東夷傳 30, 挹婁.

115) 당시 史家들은 伯咄을 알지 못했기 때문에 音이 가까운 百濟를 써서 표기했다고 보는 견해도 있다(孫進己·馮永謙 主編, 《東北歷史地理》 2, 黑龍江人民出版社, 1989, 89쪽).

116) 王綿厚, 앞의 글, 83쪽.

〈그림 7〉 성산자산성 평면도

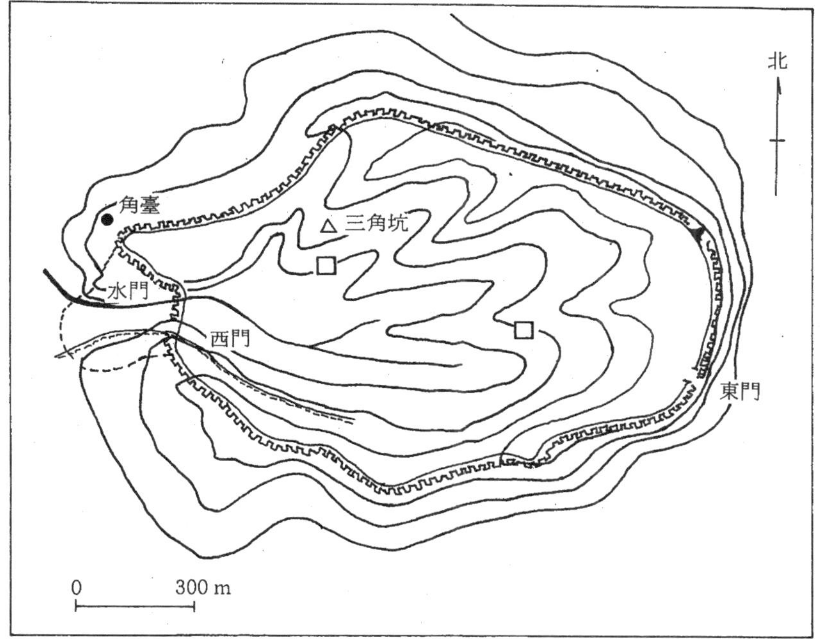

한편 길림 일대에서 서남쪽으로 이동하는 교통로를 분석한 결과 송화강 상류의 輝發河와 柳河를 따라 이동하는 것이 고대의 주된 교통로였다고 한다. 이는 346년 당시 부여의 피난경로를 추정하는 데 시사하는 바가 많으며 서풍현 성산자산성을 후기 왕성으로 비정하는 데 하나의 방증이 된다고 한다.117) 특히 4세기 이후인 慕容廆시기 연의 위치는 朝陽과 錦州를 중심으로 한 요서지역과 서요하의 동북부도 상당히 포함되어 있었다는 분석118)이 있다. 이에 근거할 때 '西徙近燕'했을 때의 부여의 위치는 길림지역의 서북쪽보다는 서남쪽인 서풍 일대라는 주장이 설득력이 있어 보인다. 또한 4세기 이후에 農安 서북지역에는 室韋나 烏洛侯의 선조들이 거주하고 있었다는

117) 王綿厚・李健才, 앞의 책, 178~185쪽.
118) 池培善, 《中世東北亞史硏究》(一潮閣, 1986), 54~56쪽.

사실은 부여인들이 이곳으로 이주하지 않았을 가능성을 더욱 높여주는 것이다.[119)]

백제의 요서진출설과 관련하여 앞으로 연구가 더 필요하겠지만 한강유역의 백제가 고구려지역을 지나서 부여를 공격했을 가능성은 매우 희박하므로 이를 기록 그대로 백제로 볼 수 없다는 것은 명백하다. 또한 백제를 단순히 고구려의 誤寫로 보는 것도[120)] 문제가 있다. 만약 당시에 남쪽에 있던 고구려의 공격으로 부여가 피난하였다면 길림 북쪽 방면으로 도읍을 옮겨갔을 가능성이 훨씬 높다. 그러므로 서쪽으로 연 가까이 옮겼다고 한 기록과는 어긋나는 셈이다.

따라서 4세기 중엽 부여는 동북쪽에 존재한 물길·읍루 등의 세력에 밀려 피난하였고 그 방향은 서북쪽이 아닌 서남쪽의 어느 지역에 비정하는 주장도[121)] 충분히 고려하여 앞으로 보다 면밀한 검토가 있어야 할 것이다.

그리고 고고학계에서 지금의 農安城지역을 수차례 조사한 결과 유물의 연대는 빨라야 발해 이후의 遼·金시대를 넘지 않으며, 근본적으로 早期 유적과 유물이 전혀 보이지 않는다는 점도[122)] 후기 왕성의 비정에 참고해야 할 것이다.

이상에서 본 것처럼 전성기인 3세기까지 부여의 영역은 길림 일대를 중심으로 하고 있었다는 주장이 가장 합리적이나, 그 이후 단계의 중심지문제는 종래의 통설을 무비판적으로 받아들이기보다는 고고학 자료를 참조하여 다시 한번 면밀히 검토할 필요가 있다고 생각된다.

〈宋鎬晸〉

---

119) 《魏書》 권 100, 列傳 88, 庫莫奚國·契丹國·烏洛侯國.
120) 盧泰敦, 앞의 글(1989), 49쪽.
121) 王綿厚, 앞의 글, 82쪽.
122) 王綿厚, 위의 글, 82~83쪽.

2. 부여의 성장과 대외관계

1) 부여의 성장

(1) 부여의 기원(부여 · 북부여 · 동부여)

기원전 2세기 말을 전후하여 槀離國에서 발생한 내분으로 東明으로 표기되는 집단이 남쪽 濊族의 先住지역에 와서 부여국을 건립하였다. 부여국은 건국 후에 매우 신속한 발전을 하여 오래지 않아 분화가 발생하였으며, 기원전 1세기경 많은 부여인들이 제2송화강을 거슬러 올라가거나, 동남쪽을 향해 遷去하였다. 이러한 면은 부여의 건국설화인 동명신화에 잘 나타나 있다. 동명신화는 夫餘族系의 제집단이 공유하였던 건국신화로서 고구려의 朱蒙神話에 그대로 적용되었는데, 고구려 주몽신화에서는 고구려의 기원으로서 '부여' 대신 '북부여'나 '동부여'라는 표현을 하고 있어 주목된다.

5세기 당시 고구려인의 기록인 〈廣開土王陵碑〉에 의하면 기록상의 첫 부여국은 北夫餘國으로 되어 있다.[1] 고구려 왕실의 북부여출자설은 4세기 후반 소수림왕대에 고구려의 성립과정에 대한 조정의 공식적인 건국전승이 정립될 때 그 일환으로 확립된 것이다.[2] 이 때에 고구려의 초기 왕계도 정립되었는데 계루집단은 압록강 중류유역에서 일어난 것이 아니라 주몽전승에

---

1) 〈광개토왕릉비〉는 여러 자료들 가운데 그 시기가 가장 이르다는 점에서뿐 아니라 고구려 사람들이 썼다는 점에서 고구려의 기원문제에 관한 가장 신빙할 만한 자료라고 볼 수 있다. 특히 고구려 건국전설 중 적어도 고구려의 기원에 대해서만은 고구려 왕실에서 가장 정확히 알고 있었다고 할 수 있기 때문에 능비의 서술은 믿을 수 있다고 본다.

2) 하느님(天帝)과 水神(=河伯)을 대신하는 人格神의 모습을 띤 해모수와 유화가 등장하는 《三國史記》 所收의 고구려 건국설화는 〈廣開土王陵碑〉 · 〈牟頭婁墓誌銘〉 · 《魏略》에 실려 있는 설화보다 후기에 형성된 것으로 여겨진다. 그리고 《삼국사기》의 설화가 전면에 등장할 때에 주몽의 출생지가 동부여라는 전승과 동부여왕 해부루와 금와왕에 관한 전승도 덧붙여진 것으로 여겨진다(박시형, 《광개토왕릉비》, 사회과학출판사, 1966, 93~114쪽 및 盧泰敦, 〈朱蒙의 出自傳承과 桂婁部의 起源〉(《韓國古代史論叢》 5, 韓國古代社會硏究所, 1993).

서 볼 수 있듯이 부여 방면에서 來住한 것으로 정리되었다.[3)]

〈광개토왕릉비〉에는 "옛적 시조 鄒牟王이 나라를 세웠는데 (왕은) 북부여에서 태어났으며, 天帝의 아들이었고 어머니는 河伯의 따님이었다. …길을 떠나 남쪽으로 부여의 奄利大水를… 건너가서 沸流谷 忽本 서쪽 산상에 성을 쌓고 도읍을 세웠다"[4)]고 전하고 있다. 이 주몽신화는 사서에 따라 구체적인 내용과 표현에는 조금씩 차이가 나지만 기본적인 줄거리는 동명신화에 바탕을 두고 있다. 그러나 《論衡》이나 《魏略》에서는 부여의 건국사실을 전하면서 북이 槀離國(또는 橐離國)을 들고 있지 북부여라는 국명은 쓰지 않고 있다. 그 원인은 어디에 있는 것일까.

종래에는 중국측 자료와 국내 자료에 나타나는 북부여를 별개의 새로운 국가가 아니라 부여와 같은 나라로 보아 왔다. 원래 부여국의 수도는 鹿山, 지금의 吉林市지역에 있었으나 그 지역이 고구려 수도에서 볼 때 북쪽에 있었으므로 북부여라고 했고, 4세기 이후 부여의 일부 세력이 두만강유역에서 자립하니 고구려측에서 이를 동부여라 하고 原부여는 계속 북부여라고 지칭하게 되었다는 것이다.[5)] 한마디로 말한다면 주몽의 "出自北夫餘"의 '북부여'는 '北部夫餘'라는 입장이다. 이것은 5세기 고구려인의 天下觀[6)]에 입각해 볼 때나 〈광개토왕릉비〉에 북부여가 부여와 함께 표기되어 있는 점 및 〈牟頭婁墓誌銘〉에 나오는 모두루의 '北夫餘守事'라는 관직이 부여지역에 해당할 것[7)]이라는 점 등에 근거할 때 매우 합리적인 주장이라 생각된다.

그러나 〈광개토왕릉비〉에는 "북부여 천제의 아들인 추모가 수레를 타고 남쪽으로 내려오다가 부여의 엄리대수를 건너 비류수 홀본 서쪽 산상에 성을 쌓고 도읍을 세웠다"고 하여 북부여와 부여를 서로 다른 나라로 구별하고 있다. 북부여와 부여를 같은 나라의 다른 표기로 볼 수도 있을 것이다. 그러나 〈광개토왕릉비〉의 내용을 그대로 따른다면 북부여에서 한 집단이 갈

---

3) 盧泰敦, 위의 글, 67쪽.
4) 〈廣開土王陵碑〉(《譯註 韓國古代金石文》 1, 韓國古代社會研究所, 1992), 3~35쪽.
5) 盧泰敦, 〈扶餘國의 境域과 그 變遷〉(《國史館論叢》 4, 國史編纂委員會, 1989).
6) 盧泰敦, 〈5세기 金石文에 보이는 高句麗人의 天下觀〉(《韓國史論》 19, 서울大, 1988).
7) 武田幸男, 〈牟頭婁一族と高句麗王權〉(《朝鮮學報》 99·100, 1971).

라져 나와 강을 건너 세운 나라가 부여로 되어 있으므로 북부여와 부여는 구별되는 국가로 보아야 할 것이다. 또한 〈광개토왕릉비〉의 내용이 기본적으로 《논형》과 《위략》의 동명설화와 같은 사실을 기록하고 있다고 볼 때, 비문에 북부여로 기록된 내용은 《위략》의 동명설화에 등장하는 북이 고리국을 가리키는 것으로 볼 수 있다. 따라서 북부여와 부여는 서로 다른 국가였기 때문에 구분하여 표기했을 가능성이 많다고 하겠다.

이같은 사실은 앞에서 보았듯이 고고학 자료를 통해서도 입증된다. 눈강·제1송화강을 중심으로 번성한 백금보-한서문화는 길림 일대의 서단산문화와 지역적·문화적 특성에서 차이를 보이다가, 부여의 전성시기에는 한서 상층-망해둔문화로 발전하고 전체적으로는 한대 부여문화에 포괄되고 있다. 이 문화는 치치하얼市·杜爾伯特 몽고족자치현·肇源縣·巴彦縣 및 湯原縣 등지에 퍼져 있으며, 주요 분포지는 제1송화강 북안과 눈강 하류 일대이다. 부여가 가장 강력했을 때 그 북쪽 강역이 대개 제1송화강 이남에 이르렀다고 한다면[8] 망해둔문화가 북부여의 문화로 이해될 여지도 있는 것이다.[9] 결국 기원 1세기 王充이 쓴 《논형》에 부여의 시조 동명이 북이 橐離國에서 왔다는 기사와, 〈광개토왕릉비〉에서 고구려의 시조 주몽이 북부여에서 왔다는 전설은 표현 형태는 얼마간 다르지만 같은 기원을 가진 전설이라고 할 수 있다. 따라서 북이의 탁리국은 부여의 북쪽에 있던 나라, 즉 북부여로 해석될 수 있다.

《魏書》 豆莫婁전에는 "두막루국은 勿吉의 북쪽 천 리에 있으며, 洛邑에서 8천 리를 가면 옛날 북부여이다"라는 기사가 있다.[10] 그리고 《新唐書》 流鬼傳에는 "두막루국은 스스로 북부여의 후예라고 하는데, 고구려가 그 나라를 멸망시킴에 나머지 사람이 那河를 건너 그 곳에 살았다[11]"고 되어 있다. 이 기록은 부여가 망한 후 부여인들이 송화강(눈강)을 건너 자기들의 故國으로 돌아가 나라를 세운 것을 전하는 것이다. 이 때 부여인들의 고국이라고 하는 나하[12] 이북지역은 바로 북부여를 말하는 것으로 볼 수 있으며, 그 중심

8) 이 책의 1. 부여의 성립 3) 부여의 영역과 지리적 특성 (1) 3세기 부여의 영역 참조.
9) 孫正甲, 〈夫餘源流辨析〉(《學習與探索》 6期, 1984), 139~140쪽.
10) 《魏書》 권 100, 列傳 88, 豆莫婁.
11) 《新唐書》 권 220, 列傳 220, 流鬼.

지역은 송화강과 흑룡강이 합류하는 근방인 松嫩平原에 비정할 수 있다. 한편 《三國史記》 고구려본기의 동명성왕조에 "그 옛도읍에는 어디서 온지 알 수 없는 사람이 天帝의 아들 解慕漱라고 자칭하면서 와서 도읍하였다"[13]라는 기록이 있다. 여기서 말하는 '옛도읍'은 부여의 이주설화로 볼 때 解夫婁와 金蛙가 통치하던 부여지역의 북쪽에 있었던 도읍을 가리키는 것으로 믿어진다. 그리고 그 지역에 부여와 또 다른 정치체가 수립되어 있었고, 그 지역이 북부여와 관련된 지역임을 말해주는 것으로 믿어진다. 즉 지금의 제1송화강이 크게 꺾이는 부근을 중심으로 그 일대와 북쪽에 고리국 또는 북부여가 존재한 것으로 볼 수 있다.

이후 북부여는 고구려의 관할하에 들어가게 되는데 고구려는 4세기 중엽 이후 송화강유역에 진출하여 왕실의 고향인 북부여를 직접 장악하게 된다. 광개토왕은 모두루를 북부여에 파견하였는데, 이는 모두루 가문이 이곳과 연고가 있었기 때문이 아닐까 한다. 모두루는 '北夫餘守事'라는 직책을 띠고 북부여의 중심지인 눈강유역 일대를 관장하는 역할을 맡게 되었다. 모두루는 북부여지역을 통제하는 감찰역이면서 북부여와 고구려를 연결시켜주는 지방관의 위치에 있었던 것으로 보인다.

이처럼 부여의 기원이 북부여에 있다는 기록과 달리 국내 사서인 《三國遺事》와 《삼국사기》는 부여의 기원을 동부여에 두고 있다. 《삼국유사》에 따르면 해모수의 아들 해부루가 이끄는 일부의 濊人이 동해가 迦葉原지방에 도착하여 동부여를 세웠다고 한다.[14] 이후 동부여는 그 왕대가 夫婁－金蛙－帶素로 이어졌다고 한다. 그러나 이러한 사실이 《삼국사기》에는 동부여가 아니라 부여에 관한 사실로 기록되어 있다.

동부여에 관한 구체적 기사는 《삼국사기》에서 잘 찾아볼 수 없다. 다만 《삼국사기》 고구려본기 가운데 동명왕본기[15]와 권 32, 雜志 祭祀조의 동명왕과 관련된 기록[16]에 동부여에 관한 기사가 보일 뿐이다. 이것은 동부여국

12) 여기서 那河는 바로 북위시대의 難河로서 눈강과 제1송화강을 가리킨다(李健才, 〈夫餘的疆域和王城〉, 《社會科學戰線》 4期, 1982).

13) 《三國史記》 권 13, 高句麗本紀 1, 始祖 東明聖王.

14) 《三國遺事》 권 1, 紀異 1, 東扶餘.

15) 《三國史記》 권 13, 高句麗本紀 1, 始祖 東明聖王.

가의 역사가 전해지지 않았다는 것을 간접적으로 말해주는 것이다. 〈광개토왕릉비〉에는 광개토왕이 永樂 20년(410)에 동부여를 정벌하였는 바 "동부여는 옛날 추모왕의 속민이었는데 중년에 배반하여 조공을 바치지 않게 되었다"고 만 하였을 뿐, 주몽이 출생한 나라라고는 하지 않았다. 이 능비 기사에 의하면 동부여는 고구려 건국 초기에 독자적인 국가로서 존재한 것이 아니라 고구려 건국 초부터 고구려에 예속된 지역이었다.

종래에는 대개 동부여를 285년 선비 모용씨의 공격으로 부여의 수도가 함락되자 그 일부 세력이 동으로 두만강유역에 피난을 갔다가 잔여세력이 남아서 건설한 국가로 이해하였다.[17] 그러나 이러한 사실을 증명할 만한 구체적인 근거는 명확하지 않다. 《三國志》 毌丘儉傳에 東川王이 魏軍에게 쫓겨 피난하였던 곳으로 되어 있는 買溝婁가 동옥저조에는 置溝婁라고 표기되어 있는데, 이곳은 바로 두만강유역의 柵城이며 〈광개토왕릉비〉에 나오는 동부여의 味仇婁와 같은 곳이므로 결국 동부여는 3세기경 두만강유역에 있었다고 보았다.[18] 그러나 《삼국사기》 기사를 따를 경우 두만강유역은 태조왕 이전부터 고구려의 지배하에 있었다고 보아야 할 것이다.

《삼국지》 동옥저조에 두만강유역의 북옥저를 치구루라고 했는데, 이곳은 바로 책성으로서 1세기를 지나면서부터 이미 두만강유역이 고구려의 세력권 아래 들어갔음을 전하는 것이다. 또한 《삼국지》 관구검전 및 동옥저조에 전하는, 동천왕이 위군에게 쫓겨 피난하였던 매구루는 바로 치구루로서 북옥저 방면이고 숙신의 南界라 하였으므로 이는 바로 두만강유역을 가리키는 것으로 보인다. 이미 이 지역이 고구려의 영향권 아래 있었던 까닭에 고구려 왕이 망명할 만한 곳으로 택할 수 있었던 것이다. 이러한 지역에 동부여가 건국될 여지는 없는 것이라 하겠다. 한편 〈광개토왕릉비〉의 미구루는 분명 부여(동부여)에 존재한 하나의 지역집단(지명)으로 책성의 의미인 치구루·매구루와는 다른 것으로 보아야 할 것이다. 지리적으로도 길림성지역은 張廣才嶺

16) 《三國史記》 권 32, 志 1, 祭祀.
17) 盧泰敦, 앞의 글(1989), 43~48쪽.
18) 李丙燾, 〈夫餘考〉(《韓國古代史硏究》, 博英社, 1976), 201~206쪽.
盧泰敦, 위의 글, 45~46쪽.

·威虎嶺·哈達嶺이 연결되어 하나의 분수령을 이루고 있어 그 이동의 목단강유역 문화와 단절·구분된다는 점에서, 북부여에서 내려온 주민집단들이 이 경계선을 넘었으리라고는 생각되지 않는다. 또한 현재 동부여지역으로 추정하고 있는 두만강유역에서 동부여와 관련되는 城이나 유적이 나오지 않는다는 사실도 이를 방증한다고 하겠다.

동부여가 '옛날 추모왕의 속민이었다'는 것을 사실로 받아들인다면 주몽이 정복하기 전에 동부여라는 나라가 존재하였다고 상정할 수도 있다. 그러나 주몽이 고구려를 건국하면서 동부여라는 나라를 실제로 정복했다고 생각하기는 어려우며 또 실제로 정복했다고 말할 수 있는 근거도 없다. 《삼국사기》 고구려본기에 주몽이 沸流國·荇人國·북옥저 등을 정복했다는 기사는 있으나[19] 동부여를 정복했다는 기사는 없다. 그러므로 〈광개토왕릉비〉의 내용은 분명 동부여의 실재를 기술한 것이 아니라, 원래 부여족의 한 지파인 동부여인이 부여 출신의 고구려 시조 추모왕과 깊은 관계에 있었다는 종족 출자의 同源性에 대한 수사적 표현으로 보아야 할 것이다. 아마도 이러한 표현을 낳게 된 배경에는 특정 시기에 있었던 동부여와 고구려 사이의 어떤 역사적 사실이 투영되었을 가능성을 배제할 수는 없다.[20] 그것이 어떤 것인지는 추단하기 어려우나 이 귀절 자체는 동부여가 원래부터 마땅히 고구려에 복속되어야 할 존재라는 의미를 담은 당시 고구려 지배층의 천하관을 표현한 면이 있다고 한다.[21] 어쨌든 주몽의 출자전승과 관련하여 살펴볼 때 능비의 동부여에 대한 표현은 고구려의 시조가 북부여에서 나왔는데 그 북부여의 일부가 갈라져 나가 동부여를 이루었다고 여겨 그런 식으로 표현하지 않았을까 한다.[22] 한편 〈모두루묘지명〉에서도 고구려의 기원을 북부여라고 하고 있어 적어도 5세기 초반까지 왕실의 공식적인 견해는 고구려의 기원을 북부여에 두고 있었음

---

19) 《三國史記》 권 13, 高句麗本紀 1, 東明聖王 2년·6년·10년.

20) 고구려시조 주몽의 출자전승 중 동부여출자설과 북부여출자설은 후자가 먼저 성립되었다고 한다. 6세기 후반 이후 해부루천도설화와 금와왕설화로 구성된 동부여 건국전승이 북부여출자설에 덧붙여져서 동부여출자설이 성립하였는데, 그것이 《新集》에 수록되어졌고, 그 계통의 사서가 이어져 《三國史記》 고구려본기의 주몽전승이 되었다고 한다(盧泰敦, 앞의 글, 1993, 44쪽).

21) 盧泰敦, 앞의 글(1988).

22) 盧泰敦, 앞의 글(1993), 45쪽.

을 알 수 있다. 그렇다면 《삼국사기》나 《위략》 및 그 이후의 사서에 주몽이 동부여 출신으로 나오는 것은 고구려가 망한 후 후세 사람들이 잘못 가필한 것이라고 볼 수 있으며,[23] 고구려 왕실에서는 〈광개토왕릉비〉에 적혀 있는 바와 같이 그들의 시조인 주몽을 북부여의 왕자로 믿고 있었다고 할 수 있다.

《삼국사기》 고구려본기의 동명성왕조에는 동명왕 10년(기원전 32)에 왕의 명령으로 북옥저를 멸망시키고, 14년에 주몽의 어머니가 동부여에서 죽었다고 되어 있다. 즉 같은 시기에 북옥저와 동부여가 병존하고 있음을 볼 수 있다. 《삼국사기》 초기 기록을 그대로 신빙하느냐의 문제는 그만두더라도 이는 분명 고구려 초기에 북옥저와 동부여가 병존하고 있었던 것이 되므로, 동부여는 3세기에 부여족이 세운 새로운 정권으로 볼 수 없는 셈이다. 그런데 북옥저는 태조왕 이전 시기에 이미 고구려에 복속되어 고구려의 지배하에 들어가 있었다. 《삼국사기》 고구려본기에 따르면 기원을 전후하여 선비족의 일부 및 太子河 상류 일대의 梁貊, 힘의 공백지대였던 함경남북도 산간지대의 행인국·蓋馬國·句茶國과 두만강 하류의 북옥저 등도 이 무렵에 고구려에 정복되거나 복속되었다.[24] 나아가 1세기 중엽 무렵에 那部체제가 수립되면서 고구려의 대외정복은 새로운 전기를 맞게 되었다.[25] 먼저 고구려는 동해안 방면의 옥저[26]와 동예[27]를 복속시키고 이 지역의 풍부한 해산물을 확보하여 확고한 배후기지로 삼았다. 이에 따라 영흥만 일대는 태조왕 이래 고구려의 변방지역으로 편입되었으며, 〈광개토왕릉비〉의 守墓人기사 중 '東海賈'가 광개토왕 이전에 정복한 舊民임을 생각한다면[28] 영흥을 비롯한 동해안 일대는 일찍부터 고구려의 영역이 되었음이 분명하다. 따라서 〈광개토왕릉비〉에 나오는 광개토왕의 동부여 원정이 舊土에 인접한 반도의 동해안지역의 원정을 의미하는 것으로 볼 수는 없다고 하겠다.

---

23) 리지린·강인숙, 《고구려역사》(사회과학출판사, 1977), 21~26쪽.
24) 《三國史記》 권 13, 高句麗本紀 1, 東明聖王 6·10년 및 권 14, 高句麗本紀 2, 大武神王 9년.
25) 余昊奎, 《1~4세기 고구려 政治體制 연구》(서울大 博士學位論文, 1997), 12~52쪽.
26) 《三國史記》 권 15, 高句麗本紀 3, 太祖大王 4년.
27) 《三國志》 권 30, 魏書 30, 烏丸鮮卑東夷傳 30, 濊.
28) 林起煥, 《高句麗 集權體制 成立過程의 硏究》(慶熙大 博士學位論文, 1995), 132~148쪽.

따라서 동부여는 동해안 일대에 실재했던 국가라기보다는 원부여의 동쪽에 있었기 때문에 붙여진 이름으로 보는 것이 합리적이라 생각한다. 즉 송눈평원 지역을 중심으로 분포하던 원부여(북부여)의 세력과 달리, 길림 일대를 중심으로 서단산문화를 조영하면서 발전하던 예족의 세력이 송눈평원 일대 예맥족계의 한 지파가 이주해 와 새로이 성장하게 되자 이를 동부여(부여)라고 불렀다고 보아야 할 것이다.[29]

(2) 부여의 성장

《삼국사기》나 《삼국유사》에 따르면 동부여(부여)는 왕위가 金蛙王에게 계승되고 이어서 帶素에게 전해졌다. 그러나 금와의 아들 대소는 22년 고구려 의해 살해되었는데 고구려는 비록 그 왕을 죽였으나 그 나라를 멸하지는 못하였다고 하였다. 한편 대소의 아우들이 추종자와 함께 鴨渌谷에 이르러 曷思水가에서 나라를 세우고 왕이 되었다.[30] 또한 대소가 피살된 후 같은 해 부여 읍락의 대부분은 고구려에 투항하여 掾那部에 안치되어 絡氏라는 성을 하사받았다.[31] 이후 매우 오랜 기간 동안 연나부의 동부여인들은 상대적인 독립상태를 유지하고 있었다. 이는 지역적으로 압록강과 가까운 지역에 위치한 동부여로 표기되는 집단의 분화 발전된 모습을 보여주는 것으로 생각된다. 이것은 고구려가 초기국가 건설과정에서 부여와의 관계에서 주도권을 잡아 나가는 것이 중요하였고, 또한 부여계의 주민집단이 고구려 국가 건설에 결정적인 역할을 하였음을 말해주는 것이다.

1세기 초부터 부여의 명칭이 중국의 역사서에 자주 등장한다. 이는 부여가 흉노나 고구려와 함께 王莽의 新(8~23)에게 위협적인 존재로 비칠 만큼 큰 세력으로 성장했기 때문일 것이다. 49년에 부여왕은 후한 光武帝에게 사신을 보내어 공물을 바쳤고, 광무제는 이에 후하게 보답하였다.[32] 늦어도 이

---

29) 이는 〈광개토왕릉비〉의 주변지역 정복 기사 중 부여에 대한 정벌을 동부여로 표기하고 있는 점에서도 방증된다. 이 당시 부여는 아마도 '西徙近燕'한 후 선비에 쫓겨 다시 길림 일대의 원부여지역에 거주하고 있었던 것으로 보인다.

30) 《三國史記》 권 14, 高句麗本紀 2, 大武神王 5년 4월.

31) 《三國史記》 권 14, 高句麗本紀 2, 大武神王 5년 7월.

32) 《後漢書》 권 85, 列傳 75, 東夷 夫餘國.

때에는 부여가 중국식 왕호를 사용하였고 중국인에게 국가적인 존재로 비칠 정도로 성장했음을 알 수 있다.

당시 중국은 부여와 관계를 맺음으로써 부여 서쪽의 선비와 남쪽의 고구려를 견제할 수 있었기 때문에 부여의 등장을 환영하였다. 한편 부여도 농업에 바탕을 둔 국가로 성장하고 있었고, 일찍부터 고구려나 서북쪽의 유목민들과는 적대적인 관계에 있었으므로 역시 중국과의 우호관계를 바라고 있었다. 한편 동일한 발전단계에 있는 고구려 및 선비족과의 빈번한 접촉, 한족과의 교류는 필연적으로 교환관계의 발전을 더욱 촉진하게 되었다. 49년 부여왕이 광무제에게 사신을 보내어 공물을 바치고 朝服衣幘을 받았는데, 이 조복의책은 한에 대한 臣屬을 의미하는 동시에 각 족장에게 무역권의 부여를 상징하는 것이다.[33] 이를 통하여 적극적으로 부를 생산하는 계급의 성장이 이루어졌음을 알 수 있다.

서기 2~3세기 초까지의 사실을 기록한 《위략》에 "그 나라는 매우 부유하고 선세 이래로 일찍이 파괴된 적이 없다"고 한 것으로 보아 부여는 그 때까지는 국가적 성장이 지속되면서 國都의 천도나 남에게 큰 타격을 입는 일이 없었던 것을 알 수 있다.

2) 부여의 대외관계

(1) 고구려와의 관계

부여와 주위의 여타 족속과의 관계 중 비교적 밀접한 것이 고구려와의 관계였다. 처음에 그들 사이에는 군사적 연맹이 성립되어 있었으나, 고구려의 역량이 부여를 능가한 이후에는 곧바로 부여를 병탄하려는 시도를 하게 되었다. 이에 따라 부여는 한과 함께 공동으로 고구려에 대항하게 되고, 그 결과 고구려와의 관계가 점차 악화되어 결국 고구려에게 병합되었다.

부여가 아직 강성하였던 기원전 1세기에 그 남쪽에서는 고구려가 새로운 세력으로 성장하기 시작하였다. 고구려의 시조 주몽은 처음 부여로부터 도망

---

33) 金哲埈, 《韓國古代國家發達史》(春秋文庫, 1975), 61쪽.

와서 계루부를 건국하였다.[34] 따라서 초기에는 부여와 새로 건국된 같은 예맥계통의 나라인 고구려는 우호적 관계였다. 부여가 고구려에 보낸 편지에서 "우리 先王(金蛙王)이 그대의 선왕인 동명왕과 서로 사이가 좋았다"[35]고 한 것은 고구려 건국 초기에 두 나라가 화친관계를 맺고 있었음을 잘 보여준다. 또한《삼국사기》고구려본기 태조대왕 25년(77)에 "부여가 사신을 보내어 뿔이 세 개 달린 사슴과 긴 꼬리의 토끼를 바쳤다"는 기사와, 같은 왕 53년에 "부여가 사신을 보내어 호랑이를 바쳤다"는 기사도 이를 잘 설명하고 있다. 그리고 태조대왕 69년(121)에 "왕이 부여에 행차하여 태후의 廟에 제사하였다"[36]는 기사를 통해서도 화친관계가 돈독했음을 알 수 있다.

건국 초기부터 예속 및 화친관계를 유지하던 고구려가 급속히 성장함에 따라 부여는 힘에 의해 고구려 왕실을 계속 예속시키려고 하였다. 처음에 부여는 고구려에 사신을 보내어 볼모교환을 요구하였다. 이 때 국력이 아직 약하였던 고구려는 하는 수 없이 태자 都切을 볼모로 보내려고 하였으나, 도절이 두려워 가지 않자 이에 분개하여 부여에서는 5만 명의 군사로 고구려를 공격하였다.[37] 그 후에도 부여는 외교적 방법으로 고구려 왕실을 계속 위협함으로써 고구려를 예속시키려고 하였다. 9년에 부여는 고구려에 보낸 편지에서 부여와 고구려를 大國과 小國의 관계로 표현하고 소국인 고구려가 대국인 부여를 섬기는 것은 응당한 도리라고 강조하였다. 계속하여 부여의 요구를 듣지 않을 때에는 고구려왕조를 더는 유지할 수 없을 것이라고 하면서 무력행사의 의사까지 드러냈다.[38] 이에 대해 고구려는 아직 부여와 싸울 만한 힘이 없었으므로 겉으로는 부여의 요구에 순종하는 것처럼 하였으나 실제로는 부여와의 정면충돌을 피하고 장차 부여와의 싸움을 위하여 국력을 키워 나가려고 하였다.[39] 그 후 고구려의 세력이 급속히 강화됨에 따라 두 나라 사이의 역량은 점차 균형상태가 이루어지게 되었다.

---

34) 盧泰敦, 앞의 글(1993), 37~68쪽.
35)《三國史記》권 13, 高句麗本紀 1, 琉璃明王 28년 8월.
36)《三國史記》권 15, 高句麗本紀 3, 太祖大王 25년 10월·53년 정월·69년 10월.
37)《三國史記》권 13, 高句麗本紀 1, 琉璃明王 14년 정월·11월.
38)《三國史記》권 13, 高句麗本紀 1, 琉璃明王 28년 8월.
39) 위와 같음.

13년 부여는 고구려를 공격하였으나 고구려군의 매복에 걸려 鶴盤嶺에서 심대한 타격을 받았다.[40] 이것은 부여의 고구려에 대한 군사적 우세가 더 이상 지속되지 않게 되었음을 보여주는 것이다. 그리하여 부여는 고구려와의 관계에서 점차 열세에 몰리게 되었다. 이러한 시기에 고구려는 부여로부터의 위협과 압력을 제거하고 그 지역을 통합하기 위한 준비를 적극적으로 추진하여 마침내 부여에 대한 대규모 공격을 하였다.

고구려군이 22년 2월에 부여의 남쪽 계선에 이르자 이에 대항하여 부여는 전국의 군사들을 총동원하였다. 그리하여 지금의 휘발하유역으로 추정되는 부여의 남쪽 진펄지대에서 두 나라 군대 사이에 큰 싸움이 벌어졌다.[41] 이 전쟁에서 부여는 비록 고구려군을 물리쳤으나 국왕과 수많은 군사들을 잃어버렸다. 또한 부여왕의 죽음을 계기로 통치층 안에서 불안과 동요가 일어났으며 그 결과 고구려로 넘어가는 자들이 늘어났다. 대소왕이 죽자 그의 동생(금와왕의 막내아들)은 22년에 曷思水에 이르러 갈사국을 세웠다.[42] 같은 해에 금와왕의 사촌동생이 1만여 명을 이끌고 가서 고구려에 투항하였다. 고구려 왕실에서는 그를 연나부지방에 안착시키고 '絡'씨라는 성을 주어 특별히 우대하였다.[43] 이같은 전쟁과 대소왕의 전사를 계기로 통치층 안에서 일어난 와해상태는 부여의 국력을 현저히 약화시켰다.

2세기를 넘어서면서 부여는 고구려의 발전을 견제하기 위하여 후한과 밀접한 외교관계를 전개하였다. 또한 평야지대이면서 농사에 유리했던 요동군 지역을 놓고 고구려와 대립하였다. 105년 고구려는 요동군의 6현을 일시 빼앗았으나 격퇴되고, 111년에는 부여가 낙랑군을 공격하였다. 118년에는 고구려가 현도·낙랑을 공격하였고, 2년 뒤인 120년에도 현도성을 공격하자 부여는 고구려 군대에 맞서 싸웠다. 120년에 부여왕이 尉仇台를 후한에 파견한 것도 고구려의 현도성 공격과 관련된 것으로, 《후한서》 孝安帝紀의 "부여왕이 아들을 보내어 병사를 거느리고 현도성을 구원하고 고구려·마한·예맥

40) 《三國史記》 권 13, 高句麗本紀 1, 琉璃明王 32년 11월.
41) 《三國史記》 권 14, 高句麗本紀 2, 大武神王 5년 2월.
42) 《三國史記》 권 14, 高句麗本紀 2, 大武神王 5년 4월.
43) 《三國史記》 권 14, 高句麗本紀 2, 大武神王 5년 7월.

을 공격하여 격파하고 마침내 사신을 보내 공헌하였다[44]"는 기사는 이를 반영하는 것이다. 《삼국사기》에도 고구려 태조왕 69년(121)에 "왕이 마한·예맥의 1만여 기를 거느리고 나아가 현도성을 포위하였다. 부여왕이 아들 위구태를 보내어 병사 2만을 거느리고 한나라 병사와 힘을 합하여 맞서 싸웠으므로 아군이 대패했다"는 기사와 또 1년 뒤에 "왕이 마한·예맥과 함께 요동을 침략함에 부여왕이 병사를 보내어 현도를 구원하는 동시에 우리 군을 깨뜨렸다"고 한 기록은[45] 고구려의 활발한 요동진출을 견제하기 위하여 부여가 후한과 밀접한 군사외교를 전개하였음을 보여주는 것이다.

이처럼 부여가 북방의 한랭한 땅인 송화강유역에서 온난한 요하유역으로 진출을 기도한 것이나, 고구려가 압록강 중류의 산간지대에서 농경지로서 혜택을 입은 요동군으로 진출하고자 했던 것은 그 경제적 기반을 확대하기 위해서는 당연한 요청이었을 것이다. 어찌보면 후한정권은 이러한 대립을 교묘하게 이용하여 이민족 지배정책을 실시해 나갔다고 볼 수 있다.[46]

그러나 부여는 3세기를 넘어서면서부터 서쪽에서 성장하는 선비의 세력과 고구려의 압력에 의하여 국가적 성장이 저지되고 국력이 점점 쇠약해졌다.

(2) 중국과의 관계

부여와 중국과의 관계는 초기 단계부터 비교적 우호적이었으며, 일시적으로 정략결혼과 공수동맹이 맺어지기도 하였다. 그러나 중국이 5호16국의 혼란기에 들어가면서 부여는 중국 동북면에서 크게 강성해진 慕容氏 燕나라의 침략을 받게 되어 그 세력이 약해지게 되었다.

서한 초에는 흉노가 강대하여 북부의 예맥족은 중국과 隔絶되어 漢왕조와는 관계가 비교적 적었다. 한 무제가 위만조선을 정복한 후에 부여와 한왕조는 점차 밀접한 관계를 맺게 되었고, 나중에는 예속관계를 맺어 부여는 한왕조로부터 그 國君에게 주는 印綬를 받았다. 서한시대 말기에 왕위를 찬탈한 王莽은 건국한 원년(기원 9)에 새로운 통치체제를 확립하고 사신을 사방에 보

44) 《後漢書》 권 5, 帝紀 5, 孝安帝 延光 원년 2월.
45) 《三國史記》 권 15, 高句麗本紀 3, 太祖大王 69년 12월·70년.
46) 井上秀雄, 《古代朝鮮》(日本放送出版協會, 1972), 39~40쪽.

내어 옛날 한의 인수를 거두어 들이고, 다시 새로운 왕실의 인수를 주었다. 이 때 "동으로 나간 사신은 현도·낙랑·고구려·부여에 이르렀다"[47]고 한다. 이 기사를 통해 부여는 이미 왕망 이전부터 서한왕조의 인수를 받았으며, 따라서 왕망 때에 이르러 改授가 있었던 것을 알 수 있다.

부여와 한왕조와의 관계가 진일보하게 된 것은 후한 초부터였다. 우선《후한서》동이열전 부여조와 본기에 의거해서 후한과의 교섭관계를 정리하면 다음의 〈표 1〉과 같다.

〈표 1〉 부여와 후한의 외교관계 기사

연 대	관 련 내 용
1. 光武帝 建武 25년(49)	夫餘王遣使奉貢 光武厚答報之 於是 使命歲通
2. 安帝 永初 5년(111)	夫餘王始將步騎七八千人 寇鈔樂浪 殺傷吏民 後復歸附
3. 安帝 永寧 원년(120)	(夫餘王)乃遣嗣子尉仇台 詣闕貢獻 天子賜尉仇台印綬金綵
4. 安帝 延光 원년(122)	夫餘王遣子(尉仇台) 將兵救玄菟 擊高句麗馬韓 穢貊 破之
5. 順帝 永和 원년(136)	其王(夫餘王)來朝京師(洛陽) 帝作黃門鼓吹角抵戲
6. 桓帝 延熙 4년(161)	(夫餘王)遣使朝賀貢獻
7. 桓帝 永康 원년(167)	王(夫餘王)夫台 將二萬餘人 寇玄菟 玄菟太守公孫域擊破之 斬首千餘級
8. 靈帝 熹平 3년(174)	(夫餘)復奉章貢獻

후한정권은 건무 8년(32)에 동북의 각 종족과 우호적인 관계를 맺고자 하였다. 祭彭은 41년에 요동태수가 되어 은혜를 베풀고 위엄을 부렸는데 이를 계기로 각 종족은 한왕조와 우호관계를 회복하였다. 동북지구에서 세력이 강대했던 부여는 49년에 한에 降附하여 후한왕조와의 관계 회복을 추진하였다.

47)《漢書》권 99, 列傳 69, 王莽.

같은 해 겨울 부여왕은 사신을 보내어 한조정에 봉헌하였는데 한의 통치자는 후하게 보답하였고, 이로 인하여 “命하여 사신이 해마다 통하게 했다”48)고 한다.

대외적으로 부여는 남으로부터 고구려의 위협과 서쪽 유목민의 압박을 받고 있었다. 부여는 이 양대세력에 대항하기 위하여 요동의 중국세력과 연결을 꾀하였다. 중국측도 선비족과 고구려의 결속을 저지하고 이들을 제압하는데 부여의 힘을 이용하는 것이 유리했기 때문에 부여와 긴밀한 관계를 유지했던 것으로 보인다. 장기간에 걸쳐 부여와 한왕조는 정상적이고 우호적인 관계를 유지하였고, 한왕조는 부여에 대해 두터운 예우로써 대접하였다. 〈표 1〉에서 보듯이 120년에는 부여왕자 尉仇台가 후한 낙양에 가서 공물을 바쳤고, 2년 뒤에는 위구태를 현도성에 보내어 고구려의 침입에 맞서 한을 구원하였다. 136년에는 부여왕이 친히 京師에 가서 조공하였는데, 이 때 한의 통치자는 헤어질 때에 ‘黃門鼓吹와 角抵戱를 해서 보냈다’는 데서 알 수 있듯이 매우 이례적으로 접대를 하였다. 또한 역대 부여왕이 죽은 후에는 玉으로 만든 관을 썼는데, 한왕조가 “미리 옥갑을 현도군에 가져다 놓고 왕이 죽으면 현도군에서 가져다가 쓰게 했다”49)는 것은 부여와 한과의 밀접한 관계를 보여주는 것이다. 이처럼 부여는 후한과의 화친관계를 발전시키면서 한편으로는 고구려에도 사신을 보냈는데, 이는 고구려와의 관계를 악화시킬 필요가 없었기 때문이었다.

2세기는 부여와 고구려가 서로 견제하면서 요동평야로 진출을 시도하였던 시기이다. 현도·낙랑 양군은 명목적으로 존재하고 있었지만, 실질적으로는 요동군에 흡수되어 있었다. 이 당시는 후한왕조가 적극적인 동방정책을 추진하지 않았기 때문에, 요동태수를 중심으로 하는 군현세력과 부여·고구려 三者가 요동평원을 사이에 두고 각축을 벌이는 시기였다고 할 수 있다.

2세기 초에 이르러 부여와 후한 사이에는 일시적인 충돌이 일어나게 되었다. 사서에 기재된 것을 보면 부여와 후한왕조 사이에는 두번의 마찰과

48) 《後漢書》 권 85, 列傳 75, 東夷 夫餘國.
49) 위와 같음.

전쟁이 있었다. 첫번째는 111년에 부여왕이 "步騎 7·8천 인을 거느리고 낙랑을 노략질하고, 吏民을 살상한 후에 다시 귀부하였다"고 한다.[50] 다음으로는 167년에 부여왕 夫台가 2만 명을 거느리고 현도군을 약탈하니 현도태수 公孫域이 그것을 격파했다고 한다. 이들 기사는 부여와 한과의 우호적 관계를 생각할 때 예외적이라 할 수 있다. 이 사건을 계기로 국교가 단절되었으나 그것은 일시적인 것이었으며 174년부터 다시 국교가 회복되어 부여왕은 "다시 奉章 공헌하였다"[51]고 한다.

부여와 후한 양측 사이에는 그 뒤에도 밀접한 관계가 지속되었다. 2세기 말경 公孫度이 요동에 독자적인 세력을 형성하여 동방의 패자로 군림했을 때 부여는 후한세력과의 관계 때문에 화친관계를 유지하였으며, 공손탁의 宗女와 결혼하여 일종의 혼인동맹을 맺었다. 이후 魏가 공손씨를 멸망시킨 다음 幽州刺史 毌丘儉을 보내어 고구려를 침공했을 때에(244~245) 현도태수 王頎가 부여를 방문하였고, 이에 부여의 權臣인 大使 位居는 大加를 시켜 위군을 환영하고 그들에게 군량을 제공하였다.

한편 부여는 장기간 현도군의 관할 아래 있었는데, 한 무제시기에는 부여의 요청에 따라 요동군 관할로 바뀌게 되었다.[52] 그리하여 한왕조의 명령과 征調에 대해 부여는 충실히 이를 집행하였다. 121년 마한·예맥의 군사 수천 명을 거느리고 현도를 포위하였을 때 부여왕은 아들 위구태를 보내어 2만의 대군을 이끌고 가서 힘을 합해 고구려군을 격파하여 5백여 級을 참수하였다고 한다. 이후에 고구려가 처음으로 중국의 통제하에 있게 되었고, 그 결과 "예맥이 모두 복종하니, 동쪽 변방에 일이 적어지게 되었다"[53]고 하였다.

이처럼 중국과 관계를 맺고 국가적 성장을 지속하던 부여는 285년에 이르러 요하 상류에서 일어난 선비족 출신의 慕容廆[54]의 침략을 받아 국가적

---

50) 위와 같음.
51) 위와 같음.
52) 이는 부여가 현도군이 아니라 요동군을 통하여 후한 왕실과 거래할 것을 요구한 것으로, 부여와 현도군 사이의 관계가 오래 전부터 악화되어 있었고 167년 부여군의 현도 공격도 이와 관계가 있다고 보기도 한다(사회과학원 력사연구소, 〈부여사〉, 《조선전사》 2, 과학백과사전출판사, 1989, 147쪽).
53) 《後漢書》 권 85, 列傳 75, 東夷 高句麗.
54) 모용씨는 선비족으로 '廆' 때에 요하 상류에서 일어나 앞서 부여를 공파하여

인 위기에 처하였다. 부여는 저항다운 저항도 하지 못하고 그 왕 依慮는 자살하였으며 많은 자제들이 沃沮(北沃沮)[55]로 망명하였다. 한편 부여의 본국은 의려가 자살한 다음 해에 의려의 아들 依羅에 의하여 나라가 재건되었으나 이 재건된 부여국은 이미 그 옛날의 모습을 찾아 볼 수 없는 무력한 것이었다.

(3) 부여의 쇠퇴와 부흥운동

3세기 후반기에 접어들면서 부여국은 격심한 변화를 맞게 되었다. 이는 근본적으로 주변정세가 급속히 변화함에 따른 것이었다.

부여는 지형상으로 대평원지대에 자리잡고 있어 외침을 방어하는 데 취약점을 안고 있었다. 그리고 부여지역은 유목민과 농경민이 서로 교차하는 중간지대로서 주변세력의 변화에 따라 그 영향을 민감하게 받았다. 특히 3세기 중반 이후 중국의 통일세력이 무너지고 유목민세력이 흥기하여 동아시아 전체가 격동의 시기에 접어들게 됨에 따라 더욱 그러하였다. 남쪽으로부터 가해지는 고구려의 압력과 서쪽의 선비족의 세력팽창에 의하여 여러 차례 공략을 당하였다. 급기야 285년에는 선비족 모용외에 의하여 수도가 함락되고 1만여 명이 포로로 잡혀갔다. 또 국왕 의려는 자살하였고 부여 왕실은 北沃沮방면으로 피난하였다.[56] 이듬해 의려를 이어 의라가 왕위를 계승한 뒤 晋의 東夷校尉 何龕 군대의 지원을 받아 선비족을 격퇴하고 나라를 회복하게 되었다.[57] 吉林의 都城을 회복한 뒤에도 모용씨의 거듭된 침입을 받게 되었

---

(285) 東走케 하고, 또 요서지방을 침략하여 棘城(현 錦州부근)지방에 도읍하더니(294) 그의 아들 慕容皝은 스스로 '燕王'이라 일컫고 얼마 아니하여 龍城(지금의 朝陽)으로 천도하여(342) 위세를 떨쳤으므로 바로 이 해에 모용황은 대대적으로 고구려에 침입하여 고국원왕을 달아나게 하고, 용성 천도 4년 후(346) 마침내 부여까지 침략하였다.

55) 沃沮를 동해안지방으로 비정하는 설(李丙燾, 앞의 글)과 간도지방의 北沃沮(池內宏, 〈夫餘考〉, 《滿鮮史硏究》 上世篇 1, 東京 ; 祖國社, 1951, 459·462~464쪽)로 보는 설이 있는데 대체로 두만강유역으로 보는 것이 타당할 것 같다. 《魏書》 권 100, 고구려전에 보이는 435년경 '東至柵城'했다는 柵城이 바로 이곳에 설치한 고구려의 鎭城일 것으로 보고 있다.

56) 《晋書》 권 97, 列傳 67, 東夷 夫餘.

57) 위와 같음.

고, 포로가 된 부여인들은 북중국에 노예로 전매되어 갔다. 부여는 西晋의 도움을 받아 국가를 재건했음에도 불구하고 그 국세는 전과 같지 못하였다. 한편 진이 북방민족에게 쫓겨 남천하게 되고(316~317) 쇠망함에 따라 부여는 더 이상 외부로부터의 지원을 받을 수 없게 되었다. 완전 고립무원의 상태에 빠진 부여는 4세기에 들어 고구려의 공격을 받아 원래의 중심지를 유지할 수 없게 되자, 서쪽으로 그 근거지를 옮기게 되었다.

《資治通鑑》 권 97, 晋紀 19 穆帝 永和 2년(346) 정월조에는 "처음 부여는 鹿山에 거하다가 백제의 침략을 받게 되어 부락이 衰散해졌는데, 서쪽으로 연 가까이 옮기고는 방비를 하지 않았다"고 하여 부여가 346년 모용씨의 침입을 받기 이전에 백제의 침략을 받았다고 되어 있다. 이를 4세기 초에 있어서 백제의 해상 발전, 나아가서는 요서 진출의 한 근거로 보려는 설이 있어 왔다.[58] 그러나 이 백제는 전술했듯이 고구려나 물길의 誤記로 보는 것이 옳을 듯하다.[59] 부여는 고구려(또는 물길)의 침략을 받은 후 서쪽으로 燕 가까이에서 고립무원의 상태로 있다가 346년 前燕王 慕容皝이 보낸 世子 慕容儁과 慕容恪·慕輿根 휘하의 1만 7천 명의 침략을 받아 국왕 玄 이하 5만여 명의 백성이 포로로 잡혀가는 타격을 받았다.[60] 비록 전연왕은 현에게 '鎭東將軍'의 작위를 주는 한편 그를 사위로 삼는 등 회유책을 쓰기도 했으나 이로써 부여는 그 중심세력을 잃고 말았다. 이 때부터 부여는 전후로 전연과 前秦에 臣屬하게 되었다.

이를 두고 이 당시 부여가 완전히 멸망한 것으로 보는 설이 있다.[61] 346년 이후 부여의 故土는 전연의 소유하에 들어가게 되고, 370년 이후에는 고구려에 병합되어 그 판도 안에 들어가게 된다고 보았다. 이 주장의 근거는 〈牟頭婁墓誌銘〉에 대사자 모두루가 '令北夫餘守事'를 지냈고, 광개토왕 때 북부여를 진수하였다는 내용 및 《위서》 고구려전에 435년경의 고구려 국경선이 "북으로 옛 부여에 이르렀다"는 기사에 두고 있다. 그리고 494년 부여왕이 처자를 데리고 와서 나라를 바치고 항복하였다는 기록은[62] 찬자의 잘못으로 본다.[63]

---

58) 鄭寅普, 《朝鮮史硏究(下)》(서울신문사, 1947), 202~205쪽.
59) 盧泰敦, 앞의 글(1989), 48~50쪽.
60) 《晋書》 권 109, 載記 9, 慕容皝 3년.
61) 李丙燾, 앞의 글.
62) 《三國史記》 권 19, 高句麗本紀 7, 文咨明王 3년 2월.

부여는 346년 모용황의 침입으로 국세가 기울어졌다. 그러나 《진서》나 《자치통감》의 자료만으로는 부여의 멸망을 단언하기 어렵다. 《위서》 高宗紀의 文成帝 太康 3년(457)조에는 "于闐(코탄)·부여 등 10여 국이 사신을 보내어 조공하였다"는 기사가 보인다. 《晋書》 권 111, 載記 11 慕容暐조에 의하면 前秦의 苻堅이 370년 部의 무리 10만 군을 거느리고 전연의 수도 鄴을 쳤을 때, 전연의 散騎侍郎 餘蔚이 '夫餘質子'를 거느리고 밤에 성문을 열어 부견의 군사를 맞아들였다고 한다. 이로 보아 346년 이후에 부여가 완전히 멸망한 것이 아님을 알 수 있다.[64] 《자치통감》 권 102, 晋紀 24 海西公 下조에는 《진서》의 내용보다 더 자세한 기사가 보인다. 이에 의하면 여울이 부여·고구려 및 上黨 質子 5백 명을 거느리고 있었다고 한다. 그리고 細註에 여울을 부여 왕자라고 하고 있어 복잡한 추리를 유발시키고 있다. 이에 대해서는 오히려 모용씨가 부여를 공멸한 뒤 그 구토를 통치하기 위한 수단으로 잡아 놓은 인질일 가능성이 높다고 한다.[65] 따라서 346년 모용씨의 침입으로 부여가 완전히 멸망한 것으로 보기보다는, 부여의 세력이 거의 와해되기는 하였으나 그 주민들과 영토는 전연과 전진에 신속된 상태로 존재하였고, 여전히 고구려와 물길의 進攻 목표로 존재한 것으로 보아야 할 것이다.

346년 당시 燕軍은 부여에 한 차례 타격을 가한 후 곧바로 귀환하였던 것으로 여겨진다. 만약 부여의 수도에 계속 머물며 그 영역을 직접 지배하기 위해서는 당시 서쪽으로 後趙와 대치하고 있었고, 동으로는 고구려와 전쟁을 치른 후 대결하고 있는 상황이었으므로 연으로서는 상당한 병력의 유지와 계속적인 전쟁을 감수하여야만 했기 때문이다.[66] 연군이 돌아간 후 부여인들은 자기들의 나라를 재건하려고 하였다. 연이 북중국 방면으로 진출함에 따라 부여에 대한 연의 압력이 퇴조하였고, 고구려도 연의 침공으로 입은 타격과 남쪽에서 올라오는 백제세력과의 대결에 급급하였다는 주변정세의 변동에 힘입어 다시 부여국의 명맥을 잇게 되었던 것이다.[67]

---

63) 李丙燾, 《韓國史》 古代篇(震檀學會, 1959), 416~417쪽.
64) 金毓黻, 《東北通史》(臺北, 1971), 256~257쪽.
65) 池培善, 《中世東北亞史硏究》(一潮閣, 1986), 204쪽.
66) 盧泰敦, 앞의 글(1989), 43~44쪽.
67) 盧泰敦, 위의 글, 44쪽.

이렇게 명맥을 유지하고 있던 부여의 세력은 광개토왕의 정복에 의해서 비로소 고구려에 편입된 것으로 보인다. 부여에 대한 대규모 정벌은 먼저 고구려에 의해 5세기 초에 단행되었다. 〈광개토왕릉비〉에는 이 사실에 대하여 "동부여는 옛날에 추모왕의 속민이었는데 중년에 배반하여 조공을 바치지 않게 되었다. 20년 庚戌에 왕은 친히 군대를 거느리고 가서 토벌하였다. 왕의 군대가 餘城에 이르니… 왕의 은덕이 널리 퍼졌으므로 이에 개선하였다. … 무릇 대왕이 攻破한 城이 64개요, 村이 1,400개이다"라고 전하고 있다. 여기서 동부여는 부여를 가리키는 것이고,[68] 동부여가 옛날에 추모왕(동명성왕)의 속민이었는데 중간에 배반하여 조공을 바치지 않았다는 것은 광개토왕의 부여 정벌을 합리화하기 위하여 꾸며낸 이야기로 볼 수 있다. 물론 광개토왕대에 부여에 대한 정벌이 여러 번 있었을 것이나, 〈광개토왕릉비〉에 이 해의 사실만을 대서특필한 것으로 보아 永樂 20년(410)의 정벌이 가장 큰 규모의 것이었음은 의심할 바 없다. 이 때 광개토왕이 여성에 진공하였다는 것은 부여가 큰 타격을 받은 것을 뜻하며, 기본적으로 중심지역에 남아 있던 부여의 세력을 멸망시킨 것으로 보인다. 이 때 64개 성, 1,400개의 촌락을 격파하였다는 기록은 對동부여전의 전과를 나타낸 것으로 보는 견해도 있으나,[69] 이는 대개 광개토왕의 통치 전기간에 있었던 전과로 주로 백제지역 정복과 관련된 城村으로 보고 있다.[70]

광개토왕이 부여성에 진공하였다는 것은 부여가 이 때 실질적으로 고구려의 영역 및 그 지배하에 들어가게 되었음을 말하는 것이다. 따라서 장수왕대인 435년에 고구려를 방문한 북위의 사신 李傲가 당시 고구려의 영역이 "북으로 구부여에 이른다"[71]고 보고하였을 것이다. 410년 고구려의 부여정벌로 부여의 대다수 주민과 광대한 지역이 고구려에 속하게 되었다. 이제 부여 왕실은 고구려의 지배하에서 고구려의 부여지역 지배를 위한 방편으로 겨우

68) 王健群, 《好太王碑研究》(吉林人民出版社, 1984 ; 林國本・繆光禎 飜譯, 《好太王碑の硏究》, 208쪽).
69) 박시형, 《광개토왕릉비》(1966), 207쪽.
孔錫龜, 〈廣開土王陵碑의 東扶餘에 대한 고찰〉(《韓國史硏究》 70, 1990).
70) 〈廣開土王陵碑〉(《譯註 韓國古代金石文》 1, 1992), 29쪽.
71) 《魏書》 권 100, 列傳 88, 高句麗.

그 명맥을 유지할 뿐이었다. 이오는 435년 당시 고구려의 영토가 동으로 柵城[72]에 이르렀다고 하였다. 이 책성에 대해서는 동부여의 두만강유역으로 보고 있는데, 〈광개토왕릉비〉에서 말하는 여성이 곧 책성으로 두만강유역의 동부여가 책성으로 표기된 것으로 보인다.[73]

《삼국지》 동옥저조에는 고구려 동천왕이 관구검의 침입으로 '置溝婁'로 피난했다고 하였는데, 이 치구루는 '買溝婁'의 착오이며 책성을 말하는 것으로 이해된다. 이를 〈광개토왕릉비〉에 나오는 동부여의 味仇婁[74]나 守墓人 기사중 賣勾余로 추정하여 연해주 일대의 동부여지역이 광개토왕 때 편입된 것으로 이해하는 것이다.[75] 그러나 책성은 치구루와 같은 곳이지만 〈광개토왕릉비〉에 나오는 고구려왕을 따라간 부락집단으로서 '△△△味仇婁'와는 다른 실체이다. 이 책성은 일찍이 고구려에 복속되어 있던 북옥저지역에 설치된 것으로서 동부여를 멸망시키고 둔 것은 아니다. 이미 태조왕 이전부터 고구려의 복속하에 있던 북옥저지역을 광개토왕이 다시 대대적인 군사적 정복을 할 리는 없는 것이다. 〈광개토왕릉비〉에서는 쇠약해진 부여의 수도(길림 일대)를 광개토왕이 공파한 사실을 기록한 것으로 보아야 한다.

이후 부여는 급속히 약화되어 5세기 말까지 간신히 그 명맥을 유지하고 있었다. 이 때 부여의 지배하에 있던 물길족의 저항이 거세졌으나,[76] 당시의 부여는 물길의 반발을 제압할 만한 힘이 없었다. 그 뒤 부여는 457년 북위에 조공을 하여 한 차례 국제무대에 얼굴을 내밀었다.[77] 그러나 이는 일시적인 시도에 불과하였고, 고구려의 지배에서 벗어나 독자적인 세력을 회복할 수 없었다. 한편 5세기 말 동만주 삼림지대에 거주하던 靺鞨의 전신인

---

72) 柵城은 오늘날의 훈춘시 외곽의 八連城으로 비정되어 왔으나 팔련성에서는 발해시대의 유물만 출토되므로 이곳은 발해의 東京龍原府(柵城府) 자리이고 고구려시대의 책성은 팔련성 부근 5리 지점에 있는 고구려성인 溫特赫部城으로 비정되기도 하나 현재 그것을 입증할 고고학 자료는 발견되지 않고 있다.

73) 李龍範, 〈高句麗의 成長과 鐵〉(《白山學報》 1, 1966), 5~57쪽.
盧泰敦, 앞의 글(1989).

74) 味仇婁는 《三國志》 毌丘儉傳에 나오는 북옥저의 置溝婁(=買溝婁)와 같은 것으로서 대개 두만강유역에 있었다고 보고 있다.

75) 島田好, 〈東扶餘の位置と高句麗の開國傳說〉(《青丘學叢》 16, 1934).

76) 《魏書》 권 100, 列傳 88, 高句麗.

77) 《魏書》 권 5, 帝紀 5, 高宗文成帝 太安 3년 12월.

勿吉이 흥기하여 고구려와 상쟁을 벌이고, 동류 송화강을 거슬러 그 세력을 뻗쳐나갔다. 이에 따라 부여는 그 침략을 받게 되고, 부여 왕실은 고구려 내지로 옮겨지게 되었다. 드디어 부여는 494년에 국왕과 그 일족이 고구려에 망명·항복해 옴으로써 그 여맥마저 완전히 꺼져 버리고 말았다.[78] 이때 멸망한 부여는 고구려의 보호 아래에 있던 吉林市 일대의 原부여로 보는 것이 합리적이라 생각된다. 고구려와 魏·晋시기에 크게 성장한 선비 모용씨의 침입을 받아 동쪽으로 이동하였던 부여족의 일파가 건국한 부여만이 고구려의 보호 아래 5세기까지 존속하였다. 그러나 494년에 이르러 물길의 흥기로 그 왕족이 고구려에 투항함으로써 만주지역의 부여는 소멸되었던 것으로 보인다.

한편 부여의 주민집단이 고구려에 통합되는 과정에서 일단의 잔류세력이 서북쪽으로 옮겨가 豆莫婁國을 형성하였다.[79] 《위서》 열전 豆莫婁傳은 두막루가 舊부여임을 명확하게 보여주고 있다. 《위서》 두막루전은 "두막루국은 물길 북쪽 천 리에 있는데… 옛날 북부여이다"라는 내용을 제외하고 나머지는 《삼국지》 부여조의 기사를 그대로 옮긴 것이다. 그런데 《신당서》 권 220, 열전 145 流鬼傳에는 "達末婁는… 북부여의 후예이다. 고구려가 그 나라를 멸하자, 그 유민이 那河를 건너 그 곳에 살았다"고 하여 달말루, 즉 두막루국에 관하여 아주 간결하게 서술되어 있다. 여기서 나하는 대다수의 학자들이 오늘의 눈강과 제1송화강 합류점 일원으로 비정하여, 이 강을 건넌 부여인들이 호눈평원 또는 송눈평원 일대에서 새로운 생활을 시작하였던 것으로 보고 있다.[80]

〈宋鎬晸〉

---

78) 《三國史記》 권 19, 高句麗本紀 7, 文咨明王 3년 2월.

79) 金貞培, 〈豆莫婁國 硏究〉(《國史館論叢》 29, 1992), 71~80쪽.
魏國忠, 〈豆莫婁國考〉(《學習與探索》 3期, 1982), 137쪽.
張博泉, 〈魏書豆莫婁傳中的機個問題〉(《黑龍江文物叢刊》 2期, 1982).

80) 李健才, 《東北史地考略》(吉林文史出版社, 1986), 38쪽.
董萬侖, 《東北史綱要》(黑龍江人民出版社, 1987), 108쪽.
한편 두막루인들은 점점 주변의 실위나 물길 등의 영향을 받아 8세기경에 이르러 그 이름을 잃어 버리고 부여국의 존재 또한 이 때서야 사라진다고 보기도 한다(金貞培, 위의 글, 79~80쪽).

3. 부여의 정치와 사회

1) 중앙과 지방의 통치조직

(1) 중앙통치조직

부여에는 중앙관직으로 王이 있었고, 그 밑에 여섯 가축으로 이름을 정한 馬加·牛加·豬加·狗加·大使·大使者·使者 등이 있었다.[1)]

부여는 일찍이 국가체제를 형성하였으므로 정치발전이 후진적이었던 주변 사회와는 달리 國王이 존재하고 있었다. 부여왕은 이전 예맥사회 단계의 濊城에 거처하고 있었는데, 이전에 '濊王之印'이 있었던 것으로 보아[2)] 이 예성에 거처한 부여 왕에게도 國璽가 있었을 것이다. 부여의 왕위계승도 嫡長子 세습제에 준하여 이루어지고 있었다. 《삼국유사》 紀異篇의 동부여조에 나오는 "金蛙에 뒤이어 그의 맏아들 帶素가 태자가 되었고 그에 의하여 왕위가 계승되었다"는 이야기는 부여의 왕위가 세습되었음을 말해주는 것이다. 이후 사회발전과 함께 왕권도 강화되어, 3세기 전반 부여의 왕위는 簡位居-麻余-依慮로 이어지는 부자계승이 확립되었다. 특히 마여의 경우 孽子라는 단서가 있음에도 왕위에 올랐고, 또 그 아들인 의려가 6살의 어린 나이로 왕위에 즉위한 것은 왕위의 부자상속이 원칙이었음을 말해준다.[3)]

당시 부여의 왕권은 부자세습의 원칙하에 안정되어 있었고, 대외적으로도 일정한 집권력이 있었음을 보여주고 있다. 《삼국지》 부여조에 부여의 尉仇台왕에게 요동의 公孫度이 외교적 조처로 그의 宗女를 출가시켰다는 사실은 당시 위구태왕에게는 국제적으로 인정될 만한 국가적 통제력이 있었음을 보여주는 것이다.[4)] 이러한 점은 부여의 국가적 부강과 응집력을 시사해주는 "그 나라는 선세 이래로 일찍이 파괴된 적이 없었다"[5)]는 기사에 의해서도 방증된다.

---

1) 《三國志》 권 30, 魏書 30, 烏丸鮮卑東夷傳 30, 夫餘.
2) 위와 같음.
3) 위와 같음.
4) 위와 같음.

그러나 부여의 왕은 무제한의 권력을 행사하는 전제군주는 아니었다. 왕의 권력은 귀족들의 합의기구에 의해 일정한 제약을 받았다. 왕은 일정한 家系에서 나왔을 테지만 選任되었고, 왕은 '加'들의 대표로 군림하였으나 초월적 존재는 되지 못하였다. 마여의 경우는 諸加가 共立하였고, 의려의 경우는 '立以爲王'이라 하였으므로 역시 제가의 관여 속에 임명이 이루어졌을 가능성이 높다.[6] 또한 옛날 부여의 습속에 날씨가 고르지 못하여 수해나 한해가 생기고 그 해의 농사가 흉년이 들면 그 허물을 곧 왕에게 돌려 죽이거나 교체하였다는 것은 그러한 사실을 방증해준다.[7] 이처럼 전성기인 2~3세기의 부여왕은 권력자이면서도 귀족의 대표자라는 양면성을 가지고 있어서 일종의 귀족이라 할 수 있는 제가에 의해 공립되는 면이 강했다.[8]

부여사회에서 제가는 국가의 최고 관리로서 지방 행정사무를 관할하였다. 처음에 '가'[9]는 일정지역의 족장으로서 부족원에 의해 선출되어 군사·재판·제사 등의 중요업무에 대한 집행책임자에 지나지 않았으나, 부족사회의 발전에 따라 귀족화되었다. 즉 국가 형성의 초기 단계에서 족적 유대감이 강한 단위 정치체의 대소 족장세력이었던 가들은 연맹과 결속을 통하여 집권적 국가의 지배신분층으로 결집되어 가면서 점차 중앙의 관명인 大官·長官 직명을 띠게 되었던 것으로 보인다.[10] 이들 제가는 주로 하호를 통치하였는데 세력의 크기에 따라 수천 家 혹은 수백 가의 戶를 지배하고 있었다. 이들은 평소에는 귀족 족장으로서 부락을 지도하였고, 적이 있으면 군

---

5) 위와 같음.

6) 부여의 왕위계승에는 특별한 문제가 있을 경우에는 諸加들이 제한적으로 관여하여 諸加評議에 의한 選擧制도 겸행되었던 것으로 보인다. 이는 부족장회의에서 맹주를 선거로 추대하던 방식의 遺制일 것이다.

7) 《三國志》 권 30, 魏書 30, 烏丸鮮卑東夷傳 30, 夫餘.

8) 井上秀雄, 〈朝鮮の初期國家〉(《日本文化硏究所硏究報告》 1, 1976), 78~79쪽.

9) '加'는 대개 고구려어의 '皆', 신라어의 '翰·干' 등과 일치하는 것으로, 본래는 部族長을 의미하였는데, 뒤에 왕 또는 대관의 칭호가 되었다는 견해(金哲埈, 《韓國古代國家發達史》, 春秋文庫, 1976, 63쪽 및 李丙燾, 〈夫餘考〉《韓國古代史硏究》, 博英社, 1976, 214쪽)가 일반적으로 받아들여지고 있다. 加는 만몽계통의 汗(Han, Kan)·可汗(Gahan, Kagan)과 같은 말로 '귀한 사람' 또는 '큰 어른'을 가리키는 존칭어로서 어떤 특정한 벼슬이름은 아니었다고 이해된다(사회과학원 력사연구소, 〈부여사〉, 《조선전사》 2, 과학백과사전출판사, 1979, 128쪽).

10) 李丙燾, 위의 글, 214쪽.

사령관으로서 스스로 독자적으로 전장에 나가 싸웠다.[11] 그러나 이들 제가들은 연맹 단계의 국가에 참여할 때 이미 대외교섭권이나 무역권 등을 국왕에게 빼앗겼고,[12] 비록 자체적으로 속관을 둘 정도로 자치권이 인정되었지만[13] 그것도 국왕의 영도력을 인정하는 조건 아래에서 새로이 편성된 지역의 백성을 지배하는 정도였다.

이후 부여에서는 제가들 중에서 국왕 직속의 관리가 되었던 大使職이 많은 권한을 가져 정치적 비중이 한층 더 높아졌다.[14] 마여왕 때에 牛加의 조카인 位居가 대사가 되어 정치의 실권을 장악하였을 뿐만 아니라, 季父인 우가와 그 아들을 반역혐의로 처형까지 한 사실에서 엿볼 수 있다.[15] 원래 '使者'류는 씨족 내부에서 신분이 열등한 자로 租賦를 통책하는 관리였다. 그러나 점차 그 직능이 중요시되어 여러 층의 사자로 분화되어 가는 가운데 위계가 높아져 행정적 관료로 성장하였다.[16] 이들 중 최고의 직위인 대사는 외교를 전담하고 大加를 지휘하기도 하며 우가를 단죄하는 등 국정을 총괄하고 있다. 그렇기 때문에 부여의 정치기구에서 대사직을 내외 행정실무를 관장한 최고관직이며, 가층을 포괄하는 국정실무의 최고위직이었다고 보기도 한다.[17] 그러나 부여의 정치기구는 국왕 직속의 정치조직과 제가 직속의 정치조직으로 구성되어 있었고, 대사·사자 등 외교·군사적 업무를 주로 담당한 관료도 있었지만 이들이 제가와 구분되어 특정 직능을 분장한 官階로서 존재한 것은 아니었다. 고구려의 경우 대사자·사자의 직함을 띠고 있는 인물은 모두 方位部 출신으로 국왕 밑의 중앙관리였는데, 그 정치적 비중으로 보아 대체로 諸加階級에 해당하는

---

11) 《三國志》 권 30, 魏書 30, 烏丸鮮卑東夷傳 30, 夫餘.

12) 盧泰敦, 〈三國時代의 '部'에 關한 硏究〉(《韓國史論》 2, 서울大, 1975), 132쪽.

13) 고구려에서 使者·皂衣·先人 등이 王의 직속 벼슬인 동시에 諸加들에 속한 벼슬이었던 예로 보아 부여에서의 大使·사자도 중앙벼슬인 동시에 제가들의 밑에 속한 벼슬이름으로 볼 수 있다. 이것은 부족제사회가 고대국가의 형태로 변할 때 수반되는 舊制의 잔재 유풍이라 하겠다.

14) 井上秀雄, 〈夫餘國王と大使〉(《柴田實記念日本文化史論叢》, 1976), 78쪽.
金光洙, 〈夫餘의 '大使'職〉(《朴永錫敎授華甲紀念 韓國史學論叢》 上, 1993), 63~68쪽.

15) 《三國志》 권 30, 魏書 30, 烏丸鮮卑東夷傳 30, 夫餘.

16) 金哲埈, 〈高句麗·新羅의 官階組織의 成立過程〉(《韓國古代社會硏究》, 知識産業社, 1975).

17) 金光洙, 앞의 글, 63~68쪽.

인물로 보고 있다.[18] 즉 중앙의 귀족들인 제가급 인물들이 대사자·사자 등 하위의 관계를 갖는다는 것이다. 그렇다면 부여의 경우도 관계의 명칭이 고구려와 거의 비슷하였다고 보는 것이 타당할 것이다.

이상에서 본 것처럼 부여의 정치는 왕을 중심으로 하여 그 밑에 국무를 관장하는 귀족세력으로서 마가·우가·저가·구가 등에 의한 귀족회의체에 의해 운영되었으며, 구체적인 실무 행정은 왕과 제가 밑에 동시에 속해 있는 대사나 사자 등에 의해 처리되는 체제였다. 그리고 지방의 경우 왕성을 중심으로 사방의 각 지역에서 족장 출신의 제가들이 자치적으로 휘하 읍락의 민들을 지배하고 있었으므로, 여전히 왕권에 의한 강력한 중앙집권체제를 확립하지는 못하였던 것으로 보인다. 이러한 사실은《삼국지》에 표현된 시기의 부여사회가 연맹체적 단계에서 중앙집권적 국가로 성장해가는 과정이었음을 단적으로 보여주는 것이다.

(2) 지방통치조직

부여는 2천 리에 걸치는 방대한 영토를 동·서·남·북의 4개 지역으로 나누고 이 지역들을 '가'들이 관할하였으며, 중앙은 국왕이 직접 통치하였다.

부여에서는 전국에 대한 통치를 강화하기 위하여 온 나라를 5개 지역으로 나누어 통치하였다.《삼국지》의 기록에 의하면 부여의 지방에는 '四出道'가 있었다. 사출도라는 말은 단순히 지방을 네 개의 행정구역으로 구분했다는 의미보다는, 고구려의 五那部처럼 수도를 중심으로 대체로 동·서·남·북의 방위에 따라 사방을 나눈 것을 의미한다. 여기서 道는 교통로 또는 그 교통로상에 위치하는 지역을 뜻한다.[19] 따라서 사출도는 왕도로부터 사방에 통하는 길로서 고대국가의 지방지배의 기본이 되는 도로와 그 주변 읍락을 의미하는 말이며[20] 완비된 행정구역을 의미하는 것은 아니다.

이러한 사출도는 諸加에 의해 관할되었다. 제가는 중앙 관계인 마가·우

---

18) 林起煥,《高句麗 集權體制 成立過程의 硏究》(慶熙大 博士學位論文, 1995), 74~75쪽.
19) 武田幸男,〈牟頭婁一族と高句麗王權〉(《朝鮮學報》99·100, 1981), 160쪽.
20) 金哲埈, 앞의 책(1976), 63쪽.

가・구가・저가로만 한정하여 보는 견해[21]가 있으나, 여기서의 제가는 이를 포함한 부족장 전체를 의미하는 범칭으로 생각된다. 이들 제가들은 당시에는 '鴨盧'라고 불렸던 것 같다. 〈광개토왕릉비〉에는 고구려가 부여를 쳤다는 기사 뒤에 광개토왕을 따라서 고구려로 간 자들로 '味仇婁鴨盧', '椯社婁鴨盧', '肅斯舍鴨盧', '卑斯麻鴨盧'가 나온다. 여기서 미구루・비사마 등 압로 앞에 붙은 명칭은 부여에 있던 특정 지역집단이나 부족의 거주지일 것이다. 따라서 지명 뒤에 표기된 압로는 '부족집단'을 의미하는 표현이거나 또는 이른바 사출도를 관할하는 '가'나 '干'을 뜻하는 것으로 생각된다. 한편 능비문에서는 부여성과 압로를 구분하여 서술하고 있는데, 이는 그 실체가 다른 것으로서 부여의 수도를 부여성이라 불렀고,[22] 압로는 일정지역의 가집단을 가리키는 것으로 볼 수 있다.[23] 이 집단들은 국가가 고구려의 지배를 받게 되자 독자적으로 지역민을 이끌고 고구려에 투항하였다. 이는 부여사회의 지방세력이 중앙에 대해 독자적인 권한을 가지고 있었고, 중앙 부족은 지방세력을 인정하고 이와 연맹하여 국가체제를 유지하였음을 알 수 있다.

5개 지역으로 구분된 지역집단 밑에는 邑落들이 있었다. 각 지방의 읍락들은 城柵으로 둘러 쌓여 있었는데 그 성책이 아주 높고 견고하기 때문에 고대 중국의 역사가들은 그것을 감옥과 같다고 하였다.[24] 이러한 읍락의 구체적인 유적이 최근 길림시 교외의 蛟河縣 池水鄕 新街古城址와 松江村 福來東 고성지에서 발견되었다.[25] 신가・복래동 두 고성은 평지에서 높이 솟아 있는 곳에 자리잡고 있는데 이곳에서 홍갈색의 굽접시・시루 등이 많이 나왔고, 성의 평면은 圓角方形 즉 원형에 가깝다.[26] 이러한 사실은 《삼국지》 부

21) 李丙燾, 앞의 글, 212쪽.

22) 〈광개토왕릉비〉에서는 新羅의 수도를 新羅城이라 한 것으로 보아 夫餘의 수도도 扶餘城이라 불렀을 것으로 생각된다.

23) 鴨盧는 東扶餘의 각 지역을 대표하는 貴族과 같은 존재를 나타내는 '加'나 '干'과 같은 의미를 지닌 稱號로 보기도 하고(박시형, 《광개토왕릉비》, 1966, 207쪽), 혹은 이동가능한 聚落으로 보기도 한다(武田幸男, 《高句麗史と東アジア》, 岩波書店, 1989, 65쪽). 혹자는 막연히 城 또는 官名일 것으로 추정하기도 하나(千寬宇, 〈廣開土王陵碑再論〉, 《全海宗博士華甲紀念史學論叢》, 1979) 압로 앞에 지역명이 나오는 것으로 보아 諸加집단이나 귀족의 칭호로 보는 것이 보다 타당할 것 같다.

24) 《三國志》 권 30, 魏書 30, 烏丸鮮卑東夷傳 30, 夫餘.

25) 董學增, 〈吉林蛟河縣新街・福來東古城考〉(《博物館硏究》 2期, 1989), 69~72쪽.

여조의 "(부여는) 먹고 마시는데 모두 俎豆를 사용하고 성책은 모두 둥근데 마치 牢獄과 같다"는 기사와 부합한다. 또한 西漢~兩晉시대에 제2송화강유역은 부여의 영역으로 현재의 교하현 지수향과 송강촌은 부여국의 세력범위에 포함되어 있던 곳이다. 그리고 최근 동단산 南城子를 부여의 왕성으로 보는 학계의 통설을 따른다면,[27] 신가·복래동 두 성지는 부여의 읍락유적이 분명한 것으로 생각된다. 신가고성은 주위 둘레가 200m(약 134m) 정도로 작은 범위 안에 읍락 지배를 위한 건물들이 있어 주로 각 읍락의 대표나 호민들이 거주하고 있었을 것으로 짐작된다. 이 두 고성은 모두 蛟河의 서안에 있으며 남북으로 서로 9㎞ 떨어져 있다. 두 성이 떨어져 있는 거리로 보아 당시에는 매우 밀접한 관계가 있었을 것으로 추측된다. 이러한 점은 부여 읍락의 존재양태와 관련하여 좀더 면밀한 고찰이 요구된다.

이처럼 읍락은 부여연맹체를 구성하는 가장 기본적인 단위집단이었다. 그러나 이 읍락은 곧바로 중앙권력에 의해 파악되는 지방지배 단위는 아니었다. 중앙에서는《삼국지》부여조에 기재되어 있는 것처럼 방위에 따라 크게 네 개의 지역으로 구분한 일종의 국읍인 사출도를 두어 제가가 담당하게 하여 지방을 총괄하였던 것이다.《삼국지》동이전 鮮卑條에는 "(선비는) 右北平 이동으로부터 요동에 이르기까지 부여와 예맥의 20여 읍과 접하여 동부를 이루었다"[28]라고 하였다. 여기서 읍락은 아마도《삼국지》위서 동이전 韓조에 나오는 國邑에 해당하는 것으로,〈광개토왕릉비〉의 '味仇婁鴨盧' 등의 '△△△압로'에서 '△△△'에 대응되는 존재로 볼 수 있다. 이것이 부여의 중앙에서 지방을 파악하는 통치단위였다고 할 수 있다. 사출도연맹체제 내에서는 부여왕권이 각 국읍 내에 어느 정도 통제력을 발휘하였겠지만, 아직 제가들의 자치적 성격이 온존되는 상태였으므로 각 국읍 내의 단위집단(읍락)에까지는 중앙권력이 미칠 수 없었을 것이다.

---

26) 두 성지에서 출토되는 토기는 부여 都城의 한 유적인 길림시 帽兒山 漢代 목곽묘에서도 발견되고 있고, 토기의 바탕과 器形이 한대 유물의 바탕·기형과 다르기 때문에 부여 유물의 일부분으로 볼 수 있다(馬德謙,〈談談吉林龍潭山東團山一帶的漢代遺物〉,《北方文物》2期, 1991).

27) 武國勳,〈夫餘王城新探〉(《黑龍江文物叢刊》4期, 1983).

28)《三國志》권 30, 魏書 30, 烏丸鮮卑東夷傳 30, 鮮卑.

〈그림 8〉　新街古城址 평면도와 채집유물

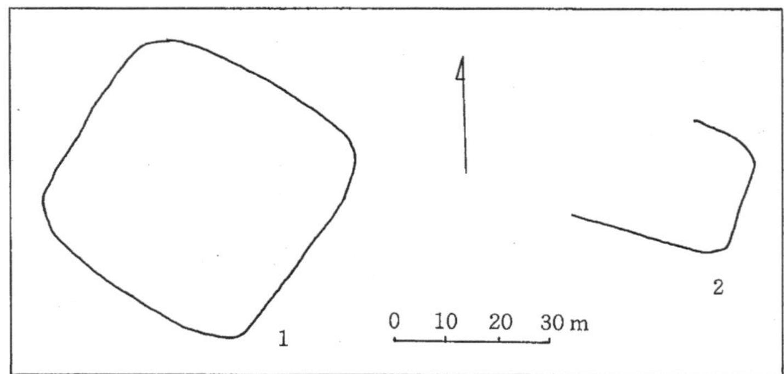

1. 主城, 2. 衛城.

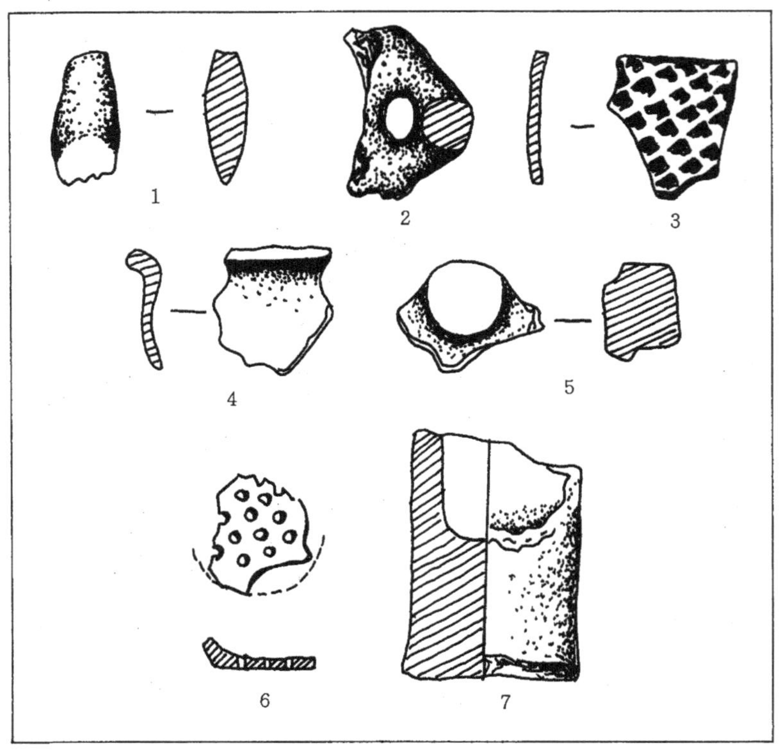

1. 石斧, 2. 陶器耳, 3. 方格紋陶片, 4. 陶器口緣, 5. 橋狀耳, 6. 陶甑底, 7. 陶豆柱.

이처럼 부여의 연맹체제에 의한 지방통치는 지역 단위집단인 읍락집단을 일원적으로 통제할 만큼 중앙집권체제가 갖추어지지 않았기 때문에 재지수장층인 諸加의 자치력을 인정하는 가운데,[29] 이들을 통한 간접 지배방식을 취했던 것으로 보인다. 물론 부여는 왕위의 부자상속 및 한과의 교류에서 볼 수 있는 것처럼 강한 왕권을 유지하고 있었으므로, 이들 제가세력들을 통제·감시하는 지배력을 발휘했을 것으로 생각된다.

부여의 지방지배 및 정복지역의 통치방식은 漢代 이래 부여에 예속되어 있던 읍루족을 통해 그 일단을 엿볼 수 있다. 《삼국지》 동이전 읍루조에는 읍루인들이 "한 이래로 부여에 臣屬하였는데 부여가 그 租賦를 과중하게 부과하자 그에 반발하였다"라고 기록되어 있다. 이 당시 부여의 읍루에 대한 지배는 《삼국지》의 기록처럼 읍락별로 복속시켜 그 族長을 통하여 공납을 징수하는 형태였던 것으로 보인다. 이것을 屬民-貢納에 의한 지배체제로 보기도 하는데,[30] 이 체제는 각 읍락사회를 그대로 유지시키면서 이들을 종족적으로 묶어서 동옥저부락·읍루부락 등으로 집단적으로 파악하여 공납을 받는 지배방식이다. 대체로 부여의 정복지역에 대한 통제는 이런 식으로 이루어졌던 것으로 믿어지며, 따라서 정복지역의 주민들은 모두 下戶계층으로 취급되었다. 그러나 공납지배는 매우 가혹했던 것으로 보이는데 읍루가 魏의 黃初연간(220~225)에 공납징수가 가혹함에 저항하여 그 지배에서 이탈하였다는 사실에서[31] 이를 잘 알 수 있다.

2) 사회와 경제

(1) 신분제도

문헌에 따를 경우 부여에는 최고 통치자로서의 왕과, 통치계급으로서 제가와 諸使가 있었는데 이들은 귀족이었다. 피통치계급 중 평민으로서는 豪民과 하호가 있었으며, 노예 계급으로서 奴婢가 있었다. 이러한 신분의 분화된 모

29) 《後漢書》 권 85, 列傳 75, 東夷 夫餘國.
30) 林起煥, 앞의 책, 138쪽.
31) 《三國志》 권 30, 魏書 30, 烏丸鮮卑東夷傳 30, 挹婁.

습은 부여의 무덤들에서 나오는 화려한 부장품들을 통하여 잘 알 수 있다.

근년에 길림시 帽兒山·學古東山의 한-부여시기 토광목곽무덤과, 西荒山·梨樹地西山 竪穴岩石무덤에서는 물동이(罐)·항아리(壺)·굽접시(豆) 등의 토기와 工具와 車馬具 등의 銅器, 무기·공구 등의 鐵器, 귀걸이·牌飾 등의 金銀器, 瑪瑙珠·玉器 등의 장식품, 絹·帛 등의 絲織品 등 화려한 부장품이 나와 계급분화의 면모를 잘 보여주고 있다(〈표 2〉 참조).

〈표 2〉 한-부여시기의 고분과 출토유물[32]

명 칭	고분수	발굴조사 고 분 수	무 덤 구 조	출 토 유 물
西荒山 岩石墓	7기	7기(79년)	장방형 수혈암석묘(多人, 多次, 火葬)	마제석기, 토기(20점 : 夾砂褐陶, 素面手製, 杯·鉢·罐 등), 청동기(32점 : 劍·刀·鏃·鏡·扣 등), 철기(12점 : 鏟·鎌·刀 등)
梨樹地 西山墓	1기	1기(87년)	장방형 수혈암석묘(火葬)	석기(6점), 토기(6점 : 협사갈도, 수제, 鉢·壺·罐 등)
帽兒山 墓群	4,000 여 기	3기(80년) 3기(85년) 188기(89~93년)	토갱묘 토갱목관묘 토갱목곽묘 토갱화장묘 토갱적석묘 토갱석광묘	玉器·石器(瑪瑙珠 등 800여 점), 銅器(銛·鑣·轄·泡飾 등 400여 점, 工具와 車馬具), 철기(刀·劍·鏃·斧·钁 등 무기·공구 100여 점), 토기(罐·壺 등 50여 점), 금은기(耳環·牌飾·管·扣 등 장식품 40여 점), 絹·帛 등 絲織品, 漢代유물(月光鏡·漆耳杯·貨泉)
學古墓	1기	1기(83년)	장방형 토광묘(남녀합장)	생산공구(銅銛, 鐵鎌), 兵器(鐵刀 4점, 鐵矛 1점), 일상생활용품(銅斧 2점, 銅帶鉤 2점, 銅扣 10점, 青銅昭明鏡 1점), 장식품(금반지 1점, 마노주 2점)

32) 이 표를 작성하는 데 다음의 글들을 참조하였다.
吉林省文物工作隊, 〈吉林樺甸西荒山青銅短劍墓〉(《東北考古與歷史》 1).
張永平, 〈磐石縣西山竪穴岩石墓〉(《博物館研究》 93-2).
吉林市博物館, 〈吉林市帽兒山漢代木槨墓〉(《遼海文物學刊》 1988-2).
尹玉山, 〈吉林永吉學古墓清理簡報〉(《博物館研究》 85-1).

또한 아직까지 부여의 무덤인지에 대해서는 논란이 있지만[33] 부여의 신분관계를 살피는데 좋은 자료가 되는 것이 유수 老河深유적이다. 노하심분묘군은 한·부여시기 고분인데 발굴된 전체 129기의 무덤 가운데 남·북·중 세 개의 구역 중에서 南區가 부장품의 질과 양에서 우수하다. 그러므로 남구의 분묘군은 노하심 일대 부족 중의 大姓에 해당하는 집단의 것으로 볼 수 있다. 또한 같은 구역 내에서도 빈부의 차이가 있었던 것으로 보인다. 화려한 부장품을 가진 M1과 M11(대형의 남녀 異穴合葬墓)을 중심으로 그 동측에 32개의 무덤이 부채꼴 모양으로 분포하고 있다. 가까운 것은 남녀合葬을 하고 부장품이 많으나, 먼 것은 單身무덤이고 한 점 정도의 철기가 副葬되어 있다.[34] 이는 기원전 2세기를 지나 한대에 부여의 생산경제는 이미 사유제가 확립되었고, 특히 남성이 우월한 지위를 갖는 가부장권이 확립된 일부다처제사회였음을 말해준다. 또한 무덤에 따라 부장품의 종류와 양에 차이가 나는 것은 빈부의 분화 또한 상당히 심화된 사회였음을 보여주는 것이라 할 수 있다.

분화된 신분체계 안에서 부여의 최고 신분으로는 중앙에 王이 있었고, 그 밑에 여섯 가축으로 이름을 정한 馬加·牛加·豬加·狗加·大使·大使者·使者 등 귀족이 있었다.[35] 부여의 귀족인 諸加층은 수천·수백 家로 이루어진 사출도를 통솔하는 독자적 세력기반을 갖고 있는 존재였다. 제가층은 "큰 것이 수천 가 작은 것이 수백 가"라는 기록에서 보듯이 고구려처럼 大加·小加로 나뉘어져 있었다. 이것은 국가의 중심세력을 형성하는 과정에서 각 제가층이 갖는 세력기반의 차이에서 비롯된 것이었다.[36] 이들은 중앙에 있으면서 사출도로 포괄되는 읍락공동체를 다스리는 관리로서의 역할과, 지방에 있는 수천 가 또는 수백 가의 하호 및 노예를 소유하였으며, 적이 있을 때에는 그 단위로 출동하여 나가는 군사령관의 역할도 하였다. 그 때 하호들은 양식을 운

33) 老河深유적을 鮮卑의 것으로 보더라도 매장방법이나 토기 등 출토유물이 부여와 동일하며, 유목적인 성향이 강했던 부여의 경우와 어느 정도 유사한 신분분화를 추론할 수도 있으므로 분석자료로 활용하였다(吉林省文物考古硏究所 編, 《楡樹老河深》, 文物出版社, 1987).

34) 吉林省文物考古硏究所 編, 위의 책.

35) 《三國志》 권 30, 魏書 30, 烏丸鮮卑東夷傳 30, 夫餘.

36) 林起煥, 앞의 책, 160쪽.

반하였다고 한다. 이러한 '加'귀족은 우가가 국왕과 혈연적 관계에 있는 자로 되어 있는 것 등을 통해서 볼 때 6명에 限하지 않고 많은 수가 있었던 것으로 보인다. 전술했듯이 가계층 내에서 외교·군사적인 일에는 대사·사자에 해당하는 관직을 가진 이들이 임명되었던 것으로 보인다.

〈그림 9〉 帽兒山 출토·채집 한－부여유물

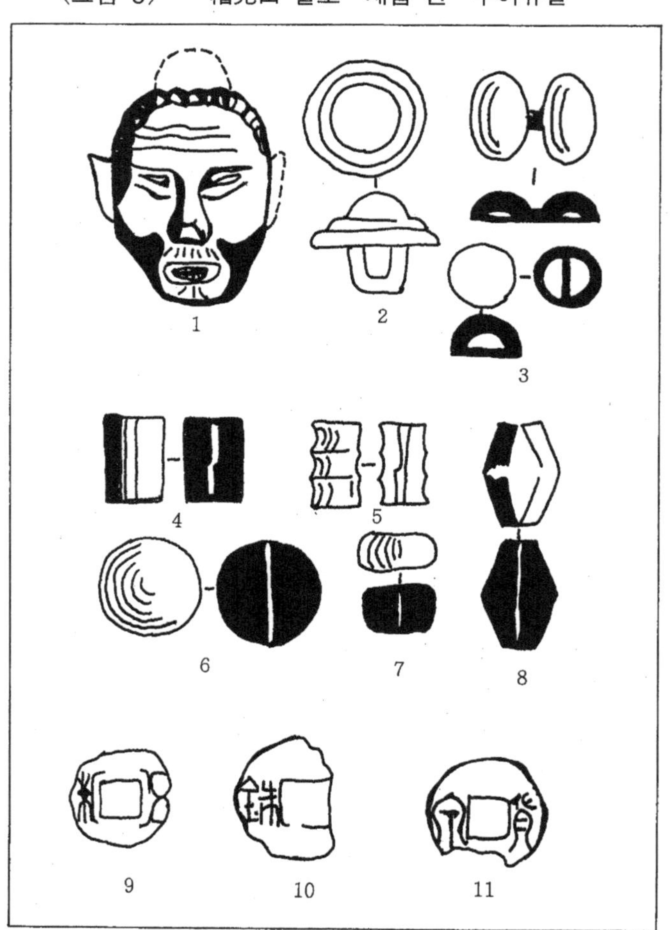

1. 銅面具, 2. 青銅扣, 3. 卵形鍍金具, 4~8. 瑪瑙珠, 9~10. 五銖錢, 11. 貨泉.

한편 제가의 통솔을 받는 읍락은 豪民·下戶 등 두 계층으로 나뉘어져 있었다. 계급분화가 진행된 결과 평민 중의 부유해진 상층은 호민이 되었고 일반민은 하호가 되었다. 부여사회의 여러 계층 모습을 보여주는《삼국지》부여조의 기록에는 "읍락에는 호민이 있고, 하호라 이름하는 것은 모두 奴僕이 되었다"[37]라고 하였다. 종래 이 기록을 둘러싸고 여러 해석이 있었다. 호민은 촌락에 거주하는 유력한 민을 의미하는 말로, 이를 족장[38]이나 渠帥[39] 또는 많은 사유재산을 가진 민[40] 등으로 각각 달리 파악하여 왔다. 다만 대체로 신분상으로는 민에 속하면서 하호를 지배한 것으로 보는 점에서는 일치되고 있다. 그런데《후한서》동이전 부여조에 "읍락은 모두 제가에 主屬되었다"라고 한 것을 보면 읍락의 지배자는 호민이 아닌 '가'였던 것으로 보인다. 이 경우 이른바 호민과 가의 관계가 또다시 문제가 되는데 3세기 부여의 지배구조를 고려할 때, 가는 재지의 호민이 성장하여 중앙 귀족계급화한 계층으로서 자신의 세력기반이 있는 읍락의 호민을 매개로 하여 하호(민)를 지배한 것으로 볼 수 있다.

《한서》나《삼국지》등 당대 중국 사서의 호민의 용례를 보면 하호에 대하여 상대적으로 부유한 상층민을 가리키는 용어로 사용되고 있다.[41] 즉 호민이 결코 민의 지위에서 벗어난 정치적·신분적 계층개념은 아니었다. 그리고 그러한 의미에서 호민은 관인이 아니었지만, 한편으로는 재지사회의 유력세력을 가리키고 있다. 따라서《삼국지》부여조의 호민도 고구려조에 나오는 '佃作을 하지 않고 坐食하는 자'와 같은 계층으로서 경제적 부를 축적한 계층이라는 개념으로 사용되었을 가능성이 가장 높다.[42] 부여의 호민은 동옥저

37) 汲古閣本과 新校本에는 '名下戶'로 되어 있으나, 宋本·殿本에는 '民下戶'로 되어 있어 종래부터 부여의 읍락공동체의 구성과 그 계층관계를 둘러싸고 여러 가지 해석이 있어 왔다. 그 견해는 크게 민과 하호를 별개의 계층으로 이해하여 호민·민·하호의 3계층으로 분류하는 경우(金三守, 〈古代 夫餘의 社會經濟構成과 土地私有의 存在形態〉,《淑明女大論文集》7, 1968)와 민과 하호를 동일한 계층으로 이해하여 호민·민(=하호)의 두 계층으로 분류하는 경우로 대별되는데 후자의 견해가 보다 유력시되고 있다.

38) 金哲埈, 앞의 책(1976), 50~51쪽.

39) 武田幸男, 〈魏志東夷傳にみえる下戶問題〉(《朝鮮史硏究會論文集》3, 1967).

40) 金三守, 앞의 글.

41) 文昌魯, 〈三國時代 初期의 豪民〉(《歷史學報》125, 1990), 37~45쪽.

나 예의 읍락 거수층과 동일한 계층으로 이해되기도 하지만, 거수가 읍락의 정치적 지배자라면 호민은 경제적으로 부를 축적한 자라는 성격이 보다 강하였다는 것이다.[43] 이처럼 호민층은 바로 일정한 사회발전 단계에서 역사적으로 형성된 존재로 볼 수 있다.

호민층에는 족장들 외에도 占卜을 행하고 祭天에 참여하며 종교적 기능을 행하던 샤먼과 같은 이들과, 철을 다루는 冶匠 같은 기술자 및 그 밖의 부유하고 유력한 민호가 있었을 것이다. 그들은 토지와 노동력을 확대해가면서 토지로부터 유리되는 유랑민 등을 용작민이나 노비 등으로 편입시켜 읍락의 민을 지배한 것으로 이해된다.

호민 아래에는 하호라 불리는 촌락의 일반민들이 있었다. 이들은 평시에는 대개 생산을 담당하여 생산물을 지배계급에게 공납하였지만, 전시에는 군량을 부담하는 임무를 맡았고 직접 전투에는 참여하지 않았다고 해석된다.[44] 하호는 가난하여 병장기를 갖출 수 없었기 때문에 諸加들이 스스로 싸울 때 전투에 참여하지 못하고 군량만을 보급하였다.[45] 2~3세기 이후 고구려의 피지배층인 하호가 읍락의 구성원으로서가 아니라 경제적으로 빈민이라는 개념에 가까운 존재로 변화되었듯이,[46] 부여의 하호도 독립적 가정을 가지고 있던 民계층에서 최하층을 이루는 빈민 즉 경제적으로 가난한 백성을 가리키는 개념으로 사용되었다. 이는《삼국지》의 '佃作을 하지 않고 좌식을 하는 자'라는 호민이 하호와 서로 상대적으로 대응되어 사용되고 있는 점에서도 알 수 있다.《삼국지》등에 하호를 마치 노예인 양 기술한 것은 중국인들에게 하호가 계급적 처지로 보아 노예와 별로 다를 바 없었기 때문일 것이다. 이처럼 부여사회에서 하호는 노예적 처지에 놓인 예농층을 가리키는 용어였

---

42) 文昌魯, 위의 글, 45~56쪽.

43) 余昊奎,《1~4세기 고구려 政治體制 연구》(서울大 博士學位論文, 1997), 126쪽.

44) 余昊奎, 위의 책, 106쪽.

45) 종래에는《三國志》권 30, 魏書 30, 烏丸鮮卑東夷傳 30, 夫餘조에 나오는 "家家自有鎧仗"에 대해 일반민이 집집마다 무기를 보유하고 전쟁에 참여한 것으로 보아 왔으나 최근에는 이를 諸加·豪民들만이 전투를 수행한 戰士집단이고, 下戶는 전투를 수행할 권리도 의무도 갖지 못한 보급병으로 보고 있다(余昊奎, 위의 책, 106쪽).

46) 林起煥, 앞의 책, 165쪽.

다. 한편 하호가 호민의 노예가 되었다는 것은 하호가 노예와 같이 복종해야 할 만큼 호민의 세력이 절대적이었다는 의미로 해석해야 할 것이다.[47] 이는 고구려에 대한 기사로 《翰苑》에 인용된 《魏略》에 "하호의 給賦는 노예와 같이한다"라 한 것도 "모두 노복이 되었다"는 것과 같은 표현일 것이다.

종래 하호에 대해서는 고전적 노예[48] 또는 가내노예=동방적 노예,[49] 나아가서 農奴[50] 혹은 양인 신분의 농민층[51]으로 보는 등 다양한 견해가 제시되었다. 그러나 《삼국지》 동이전의 용례로 보아 이들을 노예로 규정하기는 어려우며 호민의 지배를 받는 양인신분의 일반 농민층이나 邑落員을 가리킨다고 보아야 할 것이다.[52] 물론 양인 농민이라고 하더라도 이를 자급농민과 용작농민으로 구별하여 파악할 여지가 있고, 또한 《삼국지》 동이전에 보이는 하호들은 나라마다 조금씩 차이가 있었을 가능성이 크다. 그런데 이들 하호와 관련하여 국가의 촌락지배라든지 촌락 내부의 사회관계 등에 관해서는 아직 확실하게 밝혀져 있지 않다.

일반민 즉 하호 아래에는 노예가 존재하였다. 노예소유자들은 수많은 노예들을 소유하고 있었는 바, 《삼국지》 동이전 부여조에 의하면 "사람을 죽여 순장했는데 많을 경우 백수십 인이었다"고 한다. 여기서 순장된 사람은 대개 노예로 볼 수 있다.[53] 순장된 노예에는 전쟁포로 노예가 많았을 것이나 그 외에 형벌노예와 부채노예도 있었을 것이다. 부여의 법률에 따르면 살인자는 죽이고 그 가족을 노예로 삼았다고 한다. 그리고 절도를 할 경우 12배로 배상하게 하였는데 변상이 여의치 않으면 노예로 삼았을 것이다. "형벌을 줌에 엄하고 급하였으며, 살인자는 사형에 처하고, 그 가족을 몰수하여 노비로 삼는다"[54]라고 한 것에서 부여족은 정복을 통해 얻은 노예와 함께

47) 金哲埈, 〈韓國古代社會의 性格과 羅末麗初의 轉換期〉(앞의 책), 274~275쪽.
48) 白南雲, 《朝鮮社會經濟史》(東京 ; 改造社, 1933).
49) 金三守, 앞의 글, 356~358쪽.
50) 金柄夏, 〈韓國의 奴隷制社會의 問題〉(《韓國史時代區分論》, 韓國經濟史學會, 1970).
51) 洪承基, 〈1~3세기의 民의 存在形態에 대한 一考察〉(《歷史學報》 63, 1974).
武田幸男, 앞의 글(1967).
52) 洪承基, 위의 글.
武田幸男, 위의 글.
53) 權五榮, 〈고대 영남지방의 殉葬〉(《韓國古代史論叢》 4, 1992), 14~16쪽.
54) 《三國志》 권 30, 魏書 30, 烏丸鮮卑東夷傳 30, 夫餘.

형벌노예를 갖고 있었음을 알 수 있다. 또한 一責十二法의 존재를 통해 부여사회에는 부채노예도 있었음을 알 수 있다.

이처럼 족장층과 호민들은 상당수의 노예를 소유하였던 것으로 보인다. 부여에는 8만 호의 인구가 있었다고 하였는데 인구의 대다수를 차지하는 하호가 노예적 처지에서 착취당하였다고 하였으므로 부여사회에서 노예의 수는 사실상 상당히 많았다고 볼 수 있다. 아직까지 고고학적으로는 殉葬유적이 발견되지 않았지만 순장된 사람들은 노예이며, 순장은 족장층과 호민들에 의하여 행해진 것으로 믿어진다.

결국 부여의 계층구성은 국왕과 상층의 귀족계급으로서 제가·사자 등 관료계층이 있었고, 그 밑에 일반민으로서 족장층인 호민층과 평민들인 하호, 그리고 최하층의 노예로 구분되어 있었다. 이것을 당시의 생산관계와 연결시켜 본다면 특권계급으로서의 노예소유자층인 귀족군과 생산계급으로서의 하호, 그리고 노예군으로 크게 구분할 수 있다. 더구나 하호군은 당시의 노예군을 형성하고 있었으며, 또한 법률화되어 있었다.

(2) 법률과 형벌

《삼국지》 위서 동이전 부여조를 보면 부여에서는 적어도 다음과 같은 법률이 있었던 것을 알 수 있다.[55]

① 살인자는 사형에 처하고 그 가족을 沒入하여 노비로 삼는다.
② 도둑질한 자는 그 물건의 12배를 배상[一責十二法]한다.
③ 간음을 한 자는 사형에 처한다.
④ 부녀자의 간음과 투기에 대해서는 더욱 증오시하여 모두 이를 극형에 처하여 그 시체를 서울 남쪽 산 위에 버려 썩게 한다. 다만 그 여자의 집에서 시체를 가져 가려고 할 때에는 牛馬를 바쳐야 한다.

性情이 온후하여 평화적이었다고 하는 부여에서 이처럼 형벌이 가혹하였던 것은 그들 공동체의 조직원리를 철저히 지키기 위해서였던 것으로 보인다.[56] 이것은 마치 사유재산제도의 형성 초기에 盜律이 엄한 것과 같은 이치

55) 《三國志》 권 30, 魏書 30, 烏丸鮮卑東夷傳 30, 夫餘.
56) 李基白, 〈夫餘의 妬忌罪〉(《史學志》 4, 檀國大, 1970), 227쪽.

로, 피지배계급의 이익에 배치되는 새로운 제도를 창설하는 경우에 지배계급이 창출하는 보편적 사상이었다.[57] 또한 "하나를 훔치면 12배로 갚아야 한다"는 조항은 《위서》 형벌지에 "官物을 훔친 자는 이를 5배로 갚아야 하고 私物은 10배로 갚아야 한다"는 것과 동일한 법률개념으로, 유목경제시대에 그 한계가 명백하지 못하였던 재산관념이 반영된 법속의 잔재로 생각된다.[58]

살인과 상해에 대한 처벌은 바로 공동체의 구성원인 각 개인의 생명과 노동력을 존중한 사실을 말해주고 있다. 특히 부여에서는 가족제도에 관한 규정이 중시되었음이 눈에 띄는데, 妬忌罪에 대한 가혹한 형벌은 一夫多妻制 내지는 蓄妾制의 풍습이 상류층에 일반적으로 행해지고 있었던 결과일 것이다. 투기죄에 대한 처벌은 《삼국지》의 기록 외에 그 이유를 전하는 자세한 기록을 찾아볼 수 없다. 《삼국지》 동이전 왜인조에는 "그 풍속에 나라의 大人은 모두 4·5명의 부인을 둔다. 하호는 혹 2·3명의 부인을 두는데 부인은 음란하지 않고 투기하지 않는다"라고 하여 당시의 동방사회는 가부장적인 일부다처제의 가족형태가 보편적이었음을 전해주고 있다.

남녀 간의 간음에 대한 처벌이 쌍벌주의가 아니라 여자만 처벌되었다는 것은 부여가 가부장권이 확립된 일부다처제사회였음을 나타내주는 것이다. 한 명의 남편을 중심으로 다수의 아내가 가정생활을 꾸리고 사는 생활에서는 그것을 유지시켜 주는 규범으로서 투기를 처벌하는 법률이 있게 마련이다. 부여에서는 일부다처제 아래에서 가부장권을 확립하고 가족제도를 유지하기 위하여 투기를 매우 엄중하게 처벌하였다. 그것은 바로 매장권을 박탈하는 것으로[59] 죽은 자의 영혼의 부활까지 막는 조처를 내리고, 처가에서 남자에게 당시의 재산인 소나 말을 갖다 바쳐야만 여자의 시신에 대한 매장이 가능하였을 정도로 그 처벌은 가혹하였다. 이러한 투기죄의 규정은 현재의

57) 孫晋泰, 《朝鮮民族史概論》(乙酉文化社, 1948), 58쪽.

58) 부여족의 생활은 어느 면에서 북방 유목민족이 지녔던 잔재가 남아 있다. 이는 부여인이 기본적으로 북방 유목민과 교류한 결과지만, 한편으로 그들 자신이 북방 유목민과 어느 정도 관련이 있음을 입증하는 것이라 하겠다.

59) 고대인들은 일단 목숨이 다한 인간이 땅에 묻히게 되면 곡식의 낟알처럼 그 영혼도 부활하게 된다는 地母神사상을 가지고 있었다. 그런데 重罪人에 대해서는 그들 영혼의 부활까지 박탈할 목적으로 철저히 봉쇄하였다. 부여의 투기죄도 같은 맥락에서 이해할 수 있다.

일부다처제사회에도 존재하지만 고대사회로 올라가면 그 처벌 규정이 보다 가혹하여 사형의 형태로 나타나게 된 것이라 생각된다.[60]

부여에는 이러한 법의 제재대상이 되었던 죄인들을 감금하기 위한 감옥이 존재하였다. 감옥은 수도뿐만 아니라 전국 도처에 있었다고 보이는데, 여기에는 사형수 이외의 모든 법률 위반자들이 감금되었을 것이다. 특히 중대한 범죄자들은 국중대회인 迎鼓 행사시에 제가들의 합의에 따라 처형되었다. 한편 부여에서는 占卜의 습속이 유행하였다. 부여족은 "소를 죽여서 발굽으로서 그 길흉을 점쳤는데, 소의 발굽이 갈라지면 凶한 것으로 여겼고, 합쳐지면 吉한 징조로 여겼다"[61]고 한다. 부여에서는 전쟁이 발생하였을 때에도 이러한 천신제를 지내고, 그 길흉을 판단하는 방식으로 소를 죽여서 굽이 붙고 벌어진 것으로 길흉을 판별했다고 한다. 이같은 점복은 아마도 중국 殷의 甲骨占法과 동일한 성격의 것으로 생각되며 흉노사회에서는 물론 고구려·삼한 등 북방 및 동북아시아 일대에서 보편적인 관습으로 행해졌던 것이다.[62]

(3) 경제생활

부여의 족장층으로 여겨지는 大人[63]들은 외국에 나갈 때에 수를 놓은 비단옷에 모피 갓을 쓰고 이에 금은으로 장식을 하여 호사로움을 과시하였다. 전체적으로 보아 족장층의 부는 상당하였고 그들에 의한 부의 집중이 진전되고 있음을 짐작할 수 있다.

부여인들은 백금보문화나 서단산문화 단계에서는 주로 석기나 목기를 이용하여 농경을 하였다. 그러나 전국시대 이후에는 철기문화의 영향으로 쇠붙이로 만든 호미·가래·쟁기, 그리고 소와 말의 畜力 등에 의해 농사를 지었던 것으로 보인다. 부여사회에서 이미 深耕法이 이루어졌을 것으로 보는 견

---

60) 이러한 규정은 부여에 한하는 것은 아니어서 고구려의 中川王(248~270)의 후궁 貫那夫人이 王后 椽氏를 국왕에게 참소하였다가 죽임을 당하는 것은 투기죄에 대한 처벌의 산 예에 속한다(李基白, 앞의 글, 3~10쪽).

61) 《三國志》 권 30, 魏書 30, 烏丸鮮卑東夷傳 30, 夫餘.

62) 孫晋泰, 앞의 책, 62쪽.

63) 여기서 大人들은 아마도 大加를 가리키는 것으로 보인다.

해도 있으나[64] 그것은 牛耕이 가능한 시기에나 볼 수 있는 것으로서 지나친 확대해석으로 생각된다.

부여의 산업과 생산물에 관해서는 자세한 기록이 없으나 《삼국지》에 "토지는 오곡에 적합하고 五果는 나지 않는다"라고 한 사실을 통하여 부여의 기본 생업이 농업이었음을 알 수 있다. 8만 호를 거느린 부여는 고대 초기국가 가운데서 토질이 가장 비옥하고 평탄한 지역을 차지하여 농업이 발달하였다. 부여 선주민의 문화인 서단산문화 晩期유적들에서는 돌도끼와 반달칼·돌호미 등이 출토되고, 형태가 다양한 많은 토기가 점차 규격화되고 있는 등의 사실로 보아 당시 주민들이 장기적인 정착생활과 농업을 위주로 한 경제생활을 영위했음을 짐작할 수 있다. 서단산문화 마지막 단계인 楊屯 大海盟유적에서는 갈돌 등 農具의 수량이 더욱 많아지고 형태도 다양해지며, 시루·좁쌀 등이 출토되고 있다.[65] 이후 한－부여시기의 여러 고분 및 유지에서는 철제 삽과 낫 및 다양한 토기 등이 출토되는 것으로 보아 철기시대 이후에는 금속제 농기구의 출현과 함께 생산력이 급격히 증가했던 것으로 여겨진다.

부여의 농업경영은 대체로 豪民들이 토지를 사유하고 下戶를 부려 농경에 종사하게 하는 형태였다. 그러나 여전히 옛 농업공동체의 생산형태도 遺制로서 남아 있었음이 명확히 보인다. "옛날 부여의 습속에 가뭄이 들어 농사가 흉년이 들면 그 허물을 왕에게 돌리고, 혹 왕을 바꾸거나 죽이기도 하였다"[66]라는 기록은 곡식농사가 잘 되지 않았을 때에 생산경제의 계획자로서 왕에게 책임을 지우는 농업공동체 단계의 요소를 반영하는 것이라고 볼 수 있다.

부여에서는 농업과 함께 목축업도 성행하였다. 주요한 가축으로는 말·소·돼지·개 등이 있었다. 특히 부여의 대평원에서 생산되는 말은 유명하여 일찍이 외국에까지 알려졌다. 《삼국지》 동이전 부여조에는 "그 나라에서는 가축기르기를 잘하고 名馬와 赤玉·담비·아름다운 구슬이 난다. …여섯 가지 가축으로 관직이름을 정했다"라는 기록이 있는데, 이는 부여에서 가축의 무리를 종류별로 전문적으로 길렀음을 짐작케 하는 것이다.[67] 목축업은 부여

64) 白南雲, 앞의 책, 135쪽.
65) 劉景文, 〈西團山文化的農牧業發展探索〉(《北方文物》 2期, 1991), 13~17쪽.
66) 《三國志》 권 30, 魏書 30, 烏丸鮮卑東夷傳 30, 夫餘.
67) 부여인들이 가장 중요하게 취급한 가축은 무덤의 부장품으로 보아 돼지였음을

족에게 가장 인연이 깊은 산업으로 농업과 서로 병존하였으며 역사적으로는 어느 의미에서 농업보다 더 선행된 중요한 생산부문이었다. 부여는 훌륭한 말을 산출하였으므로 농경민이면서도 기마풍습이 일반화되어 있었고, 보병과 함께 상당한 수의 기병을 가지고 있었던 것으로 보인다. 아직까지 소속문제를 두고 논란이 많기는 하지만 부여 전성기의 영역 내에 있던 西豊縣 西岔溝[68]·東遼縣 石驛彩嵐유적[69]이나 楡樹縣 老河深[70] 목곽묘유적 등에서는 유목민들이 주로 사용한 철제 무기들과 마구, 그리고 銅製 飛馬牌飾이나 雙耳銅釜(鍑)가 나오고 있다. 또 學古東山이나 帽兒山 등 한-부여시기의 고분에서도 철제 무기와 마구·농기구 등이 동부 등과 함께 나오고 있다. 쌍이동부만을 놓고 본다면 이는 몽고지역[71]이나 集安의 고구려유적에서도 적지 않게 출토되는 유목민계통의 유물이다. 또한 부여는 선비와 인접하고 있었으므로 선비의 문물제도를 흡수하고 이를 활용할 수 있는 기초가 마련되어 있었다.

《삼국지》 동이전 부여조에는 3세기 중반 부여의 군사동원체계를 전하고 있다. 이 기록에 따르면 부여는 지배 귀족인 諸加들이 스스로 무장을 하여 전투를 수행하였다고 한다. 무장한 귀족들이 직접 말을 타고 금속제 병장기를 들고 기마전을 수행할 경우, 그 군사력은 대단히 높았을 것이다. 이처럼 부여족은 목축업의 발달에 따라 우수한 전투력을 지닐 수 있었다. 중국 사가들이 《삼국지》 부여조에서 "부여는 부유하고 선세 이래 타국에게 피해를 본 일이 없다"라고 한 것은 부여의 경제가 상당히 높은 수준에 도달해 있었고 강력한 국방력을 가지고 있었음을 말해주는 것이다.

부여에서는 목축 외에 상업과 교통도 일찍부터 발달하였다. 1세기 초에 이미 멀리 후한과 외교적인 관계를 맺은 이래 역대로 부여는 魏·晋의 여러 나라들과도 일정한 외교관계를 가졌는데 그 때마다 그 나라들과 대외무역이 이

알 수 있다. 吉林지역 서단산문화에서는 대부분의 석관묘에서 돼지뼈가 나오고 있으며, 특히 길림 土城子유적의 경우는 출토된 짐승뼈 중 돼지뼈가 95% 이상을 차지하고 있다.

68) 田 耘, 〈西岔溝古墓群族屬問題淺析〉(《黑龍江文物叢刊》 1期, 1984).

69) 劉升雁, 〈東遼縣石驛公社古代墓群出土文物〉(《博物館硏究》 3期, 1983).

70) 吉林省文物考古硏究所 編, 앞의 책.

71) 潘 玲, 〈黑龍江友誼縣出土的鄂爾多斯式青銅釜初探〉(《北方文物》 3期, 1994), 127~128쪽.

루어졌다. 특히 후한의 광무제가 부여의 조공에 후하게 보답했다[72]든가 "후한 永寧 원년 부여 왕세자 尉仇台가 후한 낙양에 와서 공물을 바치자, 천자는 위구태에게 인수와 금색채단을 내렸다"[73]는 기록 등은 단순히 封貢과 보답의 차원이 아니라 실질적인 歲幣의 통교, 즉 상거래가 이루어졌음을 의미하는 것으로 볼 수 있다. 또한 옛 중국인들이 부여에서 생산된 여러 가지 모피류들과 좋은 말 및 구슬류 같은 특산물들을 알 수 있었던 것도 부여의 대외무역이 성행하였던 사실과 무관하지 않을 것이다.

이러한 부여의 사회경제는 주로 기본 생산대중인 노예와 하호들에 대한 착취와 정복민인 읍루족에 대한 가혹한 수탈에 토대를 두고 있었다. 부여사회에서 노예의 존재를 말해주는 순장이 행해졌다는 사실은 3세기 전반 부여사회의 일면에서는 공동체적 유대가 잔존해 있었고, 다른 한편으로는 왕권이 점차 강화되어 가는 추세와 서로 연관되는 것으로 생각된다. 순장은 일단 사유재산제의 발생과 함께 싹튼 노예제도에 의해 일정한 무리의 비자유인들이 하나의 생산수단으로서 부유층에게 소유되고, 그 결과 인간에 의한 인간의 소유관계에 의거하여 그 소유자가 비자유인의 생살 여탈권을 장악하는 것이다. 그러나 순장제는 노예제사회에서 성행할 수는 있으나 순장제의 성행이 곧 노예제사회임을 증명하는 것은 아니다.[74] 오히려 순장은 순장하기보다는 그 노예를 상속인에게 물려주는 편이 富의 생산수단으로서 더욱 합리적이었기 때문에 노예제도의 미발달 상태를 말하는 것이다.[75]

부여가 가장 강성했던 3세기 전반에 부여사회는 일면에서는 공동체적 유제가 잔존해 있었고, 다른 일면에서는 사회분화가 진전되어 가고 있었다. 그것은 정치체제에서는 연맹체적인 성격이 강인하게 존재하는 가운데서 왕권이 점차 강화되어 가는 추세를 보이는 것과 연관되는 것으로 생각된다.

〈宋鎬晸〉

---

72) 《後漢書》 권 85, 列傳 75, 東夷 夫餘國.

73) 위와 같음.

74) 노태돈, 〈한국인의 형성과 국가의 기원〉(《한국사특강》, 서울大 出版部, 1990), 44쪽.

75) 白南雲, 앞의 책, 132~143쪽.

4. 부여의 문화

1) 신앙과 제의

농경생활이 본격화됨에 따라서 사람들의 생활은 크게 안정되었다. 그들은 농경생활에 익숙해지면서 자연의 질서를 발견하게 되었고, 나아가 그 질서에 순응함으로써 자신들의 생활을 더욱 안정시킬 수 있음을 깨닫게 되었다. 그리하여 공동체적인 질서 속에서 집단적인 행동이 가능해졌는데, 그것은 바로 종교적 祭儀로 나타났다.[1)]

부여에서는 혈연의 유대가 사회구조의 중요한 요소였다. 이러한 혈연을 통한 공동의식의 강조는 거족적인 부족공동제사를 통하여 더욱 강화되었다. 부여인은 "殷正月에 하늘에 제사를 지내는데 국중대회는 연일 계속되며, 음식을 먹고 노래하고 춤을 추는데 이를 迎鼓라고 했다. 군대를 동원할 일이 있으면 또한 하늘에 제사했다"[2)]는 것에서 보듯이 1년에 1회 12월에 영고라는 국중대회를 거행하였다. 영고는 국중대회로서 고구려의 東盟祭(10월), 동예사회의 舞天祭(10월), 마한의 10월제와 꼭 같은 성격의 제례로 씨족사회의 유습을 계승한 일종의 수확감사제였다. 그러나 부여가 고구려나 동예와 달리 추수감사제를 본격적인 사냥철이 시작되는 시기인 은정월(12월)에 거행하였던 것은 공동수렵을 행하던 전통을 계승했기 때문으로 보인다.[3)] 이 때 하늘에 제사를 지내는 목적은, 하늘은 신령이 거처하는 곳으로 만물일체를 주재하여 복을 내릴 수 있다고 믿었기 때문이다. 영고라는 말은 수확감사제에 해당하는 부여말을 한자로 표기한 것으로 보는 경우가 있으나,[4)] 맞이굿(迎神祭)

---

1) 李基白·李基東, 《韓國史講座》 古代篇(一潮閣, 1982), 117쪽.
2) 《三國志》 권 30, 魏書 30, 烏丸鮮卑東夷傳 30, 夫餘.
3) 부여에서 영고가 12월에 거행된 것은 12월경의 짐승들이 가장 肥味하고 대개 동굴에 칩거하며, 눈 위의 발자국에 의하여 그 소재를 용이하게 알 수 있기 때문이라고 한다. 이 때를 타서 씨족 전원이 공동으로 수렵을 하여 그것으로 대대적인 제천의식을 행하였던 것이니, 고대 한민족의 소위 巡狩란 것도 이러한 제례의 발전형태였다고 한다(孫晋泰, 《朝鮮民族史概論》, 乙酉文化社, 1947, 61쪽).
4) 李丙燾, 〈夫餘考〉(《韓國古代史硏究》, 博英社, 1975), 223쪽.

으로 보는 것이 일반적이다.[5] 특히 북을 활과 화살처럼 하늘과 통할 수 있는 신비력을 지녔다고 믿어 왔던 예맥족사회의 풍속으로 미루어 보아, 부여의 영고는 이를 반영한 종교적 의례였다고 생각된다. 여기서 북은 가무로써 신을 즐겁게 하는 샤먼에게 없어서는 안되는 祭具이며, 국중대회에서 공동제사를 지낸다는 것은 공동의식을 높이는 데 도움이 되는 것이다. 흉노족이 5월에 龍城에서 대회를 열어 그 조상과 천지귀신에게 제사를 지냈고, 선비도 季春의 饒樂水에서 大會를 가졌다는 것을 보면[6] 영고와 같은 제천행사는 북방 유목사회의 공통적인 습속이었다고 할 수 있다. 특히 흉노족은 각 分地내의 단위집단을 누층적으로 편제하는 형태로 국가체제를 확립하였기 때문에, 부족적 차원의 제천행사를 국가적 제전으로 승격시켜 흉노 국가 전체의 결속력을 높이는 한편 각 左右王長과 분지 내부의 단위집단에 대한 통제를 강화할 필요가 있었던 것이다. 그리고 제천행사시에 諸長會議를 개최하여 국가 중대사를 의결하였던 것이다.[7] 사출도로서 지방을 일정한 단위로 나누어 통제하던 체제를 가지고 있던 부여의 경우도 국중대회의 모습이 이와 비슷했을 것으로 생각된다.

축제 때에는 노예나 외래민을 제외한 전 부여의 읍락민들이 참여하여 밤낮으로 술을 마시고 노래하며 춤을 추면서 서로간의 결속을 도모하였다. 부여에서는 남녀노소를 막론하고 또 때와 장소를 가리지 않고 항상 노래부르기를 그치지 아니하였기 때문에 《삼국지》에서는 노인과 어린아이 할 것 없이 종일토록 노래소리가 끊이지 않았다고 하였다.[8] 136년에 부여왕이 친히 낙양에 가서 조공을 바쳤는데 漢의 順帝는 일행을 성대하게 대접하고, 특히 그들을 위해 북과 나발을 불고 角抵戲를 하여 환송하였다.[9] 이것 또한 부여

5) 김택규, 〈迎鼓考〉(《國語國文學硏究》 2, 1958).
梁在淵, 〈魏志東夷傳에 나타난 祭天儀式과 歌舞〉(《魏志東夷傳의 諸問題》, 1979).
李亨求, 《韓國 古代文化의 起源》(까치, 1991), 107~113쪽.

6) 《史記》 권 110, 列傳 50, 匈奴.

7) 林 幹, 〈匈奴社會制度初探〉(內蒙古自治區 第一會歷史科學討論會 發表文, 1962 ; 《匈奴史論文選集》, 1983).
護雅夫, 〈北アジア・古代遊牧國家の構造〉(《世界歷史》 6, 岩波書店, 1971).

8) 《三國志》 권 30, 魏書 30, 烏丸鮮卑東夷傳 30, 夫餘.

9) 《後漢書》 권 85, 列傳 75, 東夷 夫餘國.

인이 음악과 가무를 매우 좋아했기 때문에 이루어진 일이었을 것이다.

부여에서는 국중대회 때 제천행사와 동시에 刑獄을 판결하고 죄수를 석방하였다.[10] 수도에서는 전국의 족장에 해당하는 諸加들이 모여 왕을 중심으로 하늘에 제사를 지내고 지난 한 해를 결산하며 주요문제를 토의하여 국가의 통합력을 강화하였던 것으로 생각된다. 《삼국지》 부여조의 기록에 따르면 부여의 경우 3세기 중엽 왕권이 강화되기 이전의 어느 시기에는 그 해의 풍흉에 따라 왕을 교체하거나 살해하였다고 한다.[11] 한 해의 풍흉이 결정되는 시기에 왕을 살해하거나 교체하였다는 것은 왕의 치폐가 제천행사시의 회의를 통해 의결되었을 가능성을 시사한다.

제천행사 때의 회의체의 이러한 기능은 왕권이 확립되고 국가체제가 성립된 이후에도 상당한 기간 동안 그대로 지속되었다. 3세기의 사실을 반영하는 《삼국지》에 "형옥을 처단한다"고 한 내용은 당시 부여에서는 제천행사시에 제가회의를 통해 국가의 중대사를 처리하고 있었음을 보여주는 것이다. 결국 국중대회에서는 국가의 중요한 문제들을 토의하였는 바, 이 대회는 '加'라고 칭하는 고급 귀족관료들의 평의회였다고 볼 수 있다. 이 회의에서 국왕은 최후의 결정권을 가지고 있었다. 부여사회는 아직 전국에 걸친 지배조직이 갖추어지지 못하고 지방의 각 부족들의 자치력이 온존하고 있던 상황이었으므로 영고는 비단 민속적인 행사로서 뿐 아니라 정치적인 통합기능도 아울러 가지고 있었던 것이다.

영혼의 불멸을 믿고 장례를 후하게 한 것은 고대사회의 공통된 풍습이었다.[12] 사람들은 죽으면 영원히 없어지는 것이 아니라, 다른 세계로 이어지는 것으로 생각하여 일반적으로 厚葬을 하였다. 부여에서는 보통 送葬을 멈추어 두는 停喪기간이 5개월에 미칠 정도로 상주는 장사를 속히 지내려 하지 않

10) 한 때 '斷刑獄 解囚'를 '형옥을 중단하고 죄수를 풀어준다'로 해석하였는데 최근에 '형옥을 판결하고 죄수를 풀어준다'로 풀이하는 것이 옳다고 한다(李基白, 〈한국고대의 裁判과 祝祭〉, 《歷史學報》 154, 1997).

11) 《三國志》 권 30, 魏書 30, 烏丸鮮卑東夷傳 30, 夫餘.

12) 邊太燮, 〈韓國 古代의 繼世思想과 祖上崇拜信仰(上)〉(《歷史教育》 3, 1958), 55~69쪽.

〈그림 10〉 帽兒山 M1목곽무덤

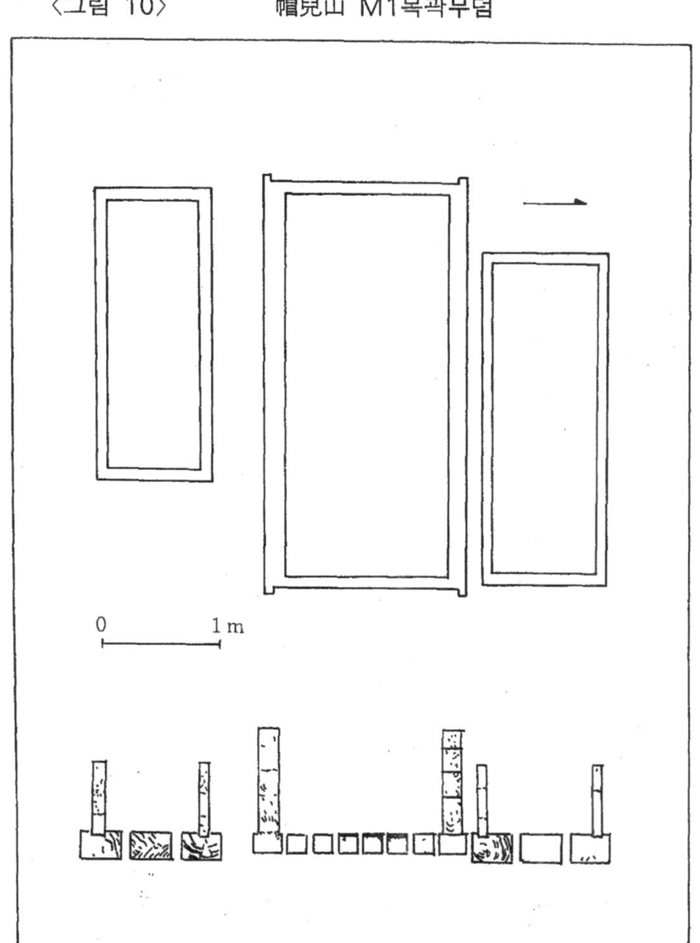

고 남의 강권에 의해 행하는 것을 예절로 알았다. 그리고 여름에는 얼음을 써서 시체의 부패를 방지하고자 하였고 또한 많은 부장을 하였다. 나아가 貴人에 대한 순장의 풍습은 한·위시대까지도 행하여져 많은 때에는 그 수가 백에 달했다고 한다.[13] 장례를 치를 때에는 남녀 모두가 순백색의 의복을 입

13) 《三國志》 권 30, 魏書 30, 烏丸鮮卑東夷傳 30, 夫餘.

고, 특히 부인은 布面衣를 입고 패물이나 고리는 차지 않았다고 하는 사실[14] 등은 귀족계급에게 있어 祖先숭배사상이 극히 엄격하고 상당히 복잡하였던 것을 나타내주는 것이다. 특히 王葬은 玉匣을 사용했고 鏤金한 옥으로 만든 옷을 입혔다고 한다.

《삼국지》 동이전 부여조에 의하면 부여인들은 죽은 이를 위해 棺은 쓰되 槨이 없는 무덤을 쓴다고 하였다. 이것은 부여에서 이른바 土壙木棺(槨)墓가 널리 유행했음을 가리키는 것으로, 기원전 3세기를 지나면서 송눈평원과 송요평원의 부여 중심지역에서 토광목관묘가 주된 묘제로 사용된 점에서 증명된다.

2) 생활 풍습

《후한서》 동이열전 부여조에 의하면 부여인의 체형은 高大하고 기질이 용감하고 사나웠으며 사람을 대함에 정성스럽게 하였고 손님이 오는 것을 매우 좋아하여 잘 대접하였다고 한다. 이들 부여족은 고구려와 유사한 언어를 사용하였다. 본래부터 동일 종족이었던 예맥으로부터 부여와 고구려가 나왔기 때문에 고구려와 부여의 '言語諸事'가 똑같고, 고구려를 부여의 別種이라고 한 것이다.[15] 한편 《魏書》 失韋傳에 "실위어는 庫莫奚·거란·두막루국과 같다"고 하였는데 부여의 후손인 두막루는 부여와 언어가 같았을텐데 두막루의 언어가 거란어 및 실위어와 같다고 하였다. 그런데 근래의 연구 결과에 의하면 실위어는 몽고어족에 속하다고 한다.[16] 그러므로 부여어·두막루어도 마땅히 몽고어족에 속해야 한다. 부여 제가의 관명 중에 '가'나 '干'은 몽고어족 계통의 官名으로서 칸(Khan, 可汗, 可寒, 汗)과 음이 가까운 점은 이를 방증해준다고 하겠다.

부여에는 부여 고유의 문자는 없었던 것 같고 한자가 새겨진 印璽를 쓰거나 공문이나 법령을 공포하는 데도 한자를 사용했을 것으로 믿어진다. 이외의 다른 생활방식에서도 부여는 중국 것을 많이 모방했을 것으로 보인다. 이

14) 《三國志》 권 30, 魏書 30, 烏丸鮮卑東夷傳 30, 夫餘.
15) 《後漢書》 권 85, 列傳 75, 東夷 高句麗.
16) 孫進己, 《東北民族源流》(黑龍江人民出版社, 1987), 237쪽.

는 "모였을 때 揖讓하는 예의는 중국과 유사하다[17]"는 기록만 보아도 알 수 있다. 부여 상류층의 생활에는 중국 예속의 영향으로 음식에 俎豆를 사용하고[18] 연회에 '拜爵洗爵'하고, '揖讓升降'의 예가 있다고 하였는데,[19] 이것은 모두 중국과의 오랜 문화적 교섭에서 유래된 것으로 殷曆의 사용[20] 역시 그러하였던 것이다. 또 장례를 치를 때 남녀 모두가 순백색의 의복을 입고, 특히 부인은 포면의를 입고 패물이나 고리는 차지 않았다고 하는 것 등은 대체로 중국과 유사한 습속이었다고 한다.[21]

부여에서는 형이 죽으면 동생이 형수를 娶하는 娶嫂婚(levirate)이 널리 행해지고 있었다. 부여사회에서 취수혼은 이전 시기 혼인 풍속의 잔재나 예외적인 것으로 행해졌던 것이 아니라, 당대인들이 바람직한 혼인형태로 여기는 選好婚으로 널리 행하여졌다.[22] 이러한 취수혼의 풍습은 유교윤리가 지배하는 사회에서는 악덕으로 여기지만, 漢初 흉노에 귀화하여 그 본국을 괴롭혔던 中行說이 북방민족의 이 풍속을 '種姓이 흩어지는 것을 두려워하는 까닭'이라고 밝힌 바 있듯이 종족보존의 의미가 강한 것이라 하겠다. 부단한 정복전쟁으로 인하여 청장년 남자의 사망률이 높았던 유목민사회에서 일종의 인적 자원의 보충을 위한 제도적 장치로서 비롯된 것이 취수혼이라 할 수 있다. 따라서 이러한 취수혼의 풍습은 흉노뿐 아니라 고대 중국에서도 행해졌으며 고구려에도 있었고 현재 일본에서도 행해지고 있는 것으로, 그것이 시행되는 이유는 죽은 형의 재산과 어린 자식의 분리를 방지하여 가족제도를 옹호하는 데에 있다. 흉노에서 볼 수 있는 아버지가 죽은 후에 그 後母를 취하거나 형제가 죽었을 때 모두 그 아내를 妻로 삼는 풍속[23]은 이러한 견지에서 설명할 수 있다.[24] 이러한 취수혼은 친족집단의 분화가 진

---

17) 《晋書》 권 97, 列傳 67, 四夷 夫餘.

18) 부여의 중심지역인 길림시 일대나 주변의 부여시기 유적에서는 거의 빠짐없이 굽접시(豆)와 물동이 등 漢의 영향을 많이 받은 유물이 출토되고 있다.

19) 《後漢書》 권 85, 列傳 75, 東夷 夫餘國.

20) 李丙燾, 앞의 책, 223쪽.

21) 《三國志》 권 30, 魏書 30, 烏丸鮮卑東夷傳 30, 夫餘.

22) 盧泰敦, 〈高句麗 초기의 娶嫂婚에 관한 一考察〉(《金哲埈博士華甲紀念史學論叢》, 1983), 80~87쪽.

23) 《史記》 권 110, 列傳 50, 匈奴.

전됨에 따라서 점차 소멸되어 갔는데 여기에는 漢문화의 영향도 일조를 하였던 것 같다.

한편 부여사회에서 취수혼의 존재는 바로 부여사회가 친족집단의 공동체적 성격이 강하게 유지되고 있었음을 반영하는 것이다.[25] 취수혼을 통해 혼인 대상인 단위족과의 친선을 유지하여 자기 부족의 존속에 도움을 받는다는 의식이 부여사회에 강하게 자리하고 있었음을 알 수 있다.[26]

3) 예술－건축, 공예, 기타

부여의 물질문화에는 어떠한 것이 있었을까. 《삼국지》 위서 동이전 부여조를 통하여 어느 정도 그 내용을 알 수 있다. 음식을 먹고 마실 때 부여인들은 조두를 썼다고 한다. 그런데 東團山 등 부여의 유적에서는 굽접시(陶豆)와 물동이(罐) 등이 주로 나와 사료의 내용과 부합하고 있다. 이는 부여에서 생활용기를 만드는 공예가 매우 발달하였음을 말해주는 것이다.

부여의 수도에는 궁성이 있었고 그 주위는 도성으로 둘러싸여 있었으며 전국에서 받아들인 조세·공물을 저장하는 창고와 牢獄을 비롯한 형벌기관들이 있었다. 이러한 요소들은 부여가 국가를 형성하고 있었음을 증명하는 자료이다.[27] 부여 궁성의 모습은 정확히 알 수 없지만 길림시 동단산 南城子유적을 통해서 어느 정도 추정해 볼 수 있다. 《삼국지》 동이전 부여조에 의하면 부여는 궁성을 둥글게 쌓고 감옥을 두는 것이 특색이었다고 한다. 그런데 남성자古城址를 발굴한 결과 황토흙으로 판축하여 담장을 쌓고 그 내부에 건축물을 세웠는데, 성 내부의 평면은 둥근 타원형이었다.[28] 또한

---

24) 孫晋泰, 앞의 책, 63쪽.

25) 盧泰敦, 앞의 글, 98~102쪽.

26) 嫂婚制의 풍습은 元代의 蒙古에는 물론이거니와 현재의 퉁구스족에도 그 유풍이 남아 있다고 한다(孫晋泰, 앞의 책, 63쪽 및 李龍範, 〈高句麗의 成長과 鐵〉, 《白山學報》 1, 1966, 57쪽).

27) 盧泰敦, 〈國家의 成立과 發展〉(韓國史研究會 編, 《韓國史研究入門》, 知識産業社, 1981), 114~122쪽.

28) 董學增, 〈吉林東團山原始·漢·高句麗·渤海諸文化遺存調査簡報〉(《博物館研究》 創刊號, 1972).

〈그림 11〉 한－부여 토기

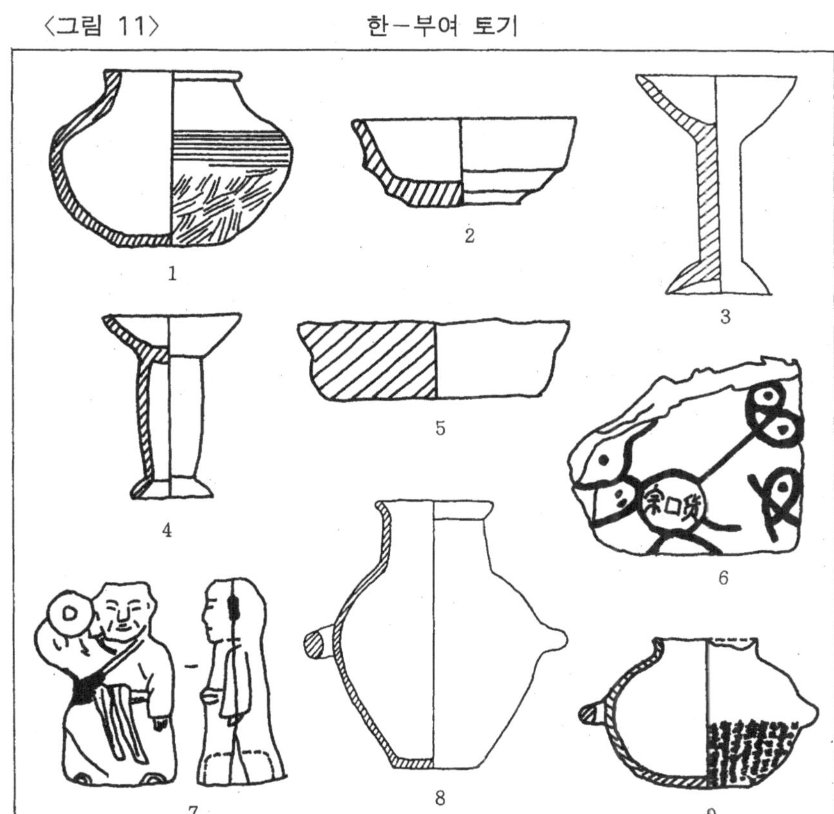

1. 繩紋陶罐, 2. 陶鉢, 3. 泥質陶豆, 4. 夾砂陶豆, 5. 陶鉢內模, 6. 貨泉印紋陶片, 7. 陶俑, 8. 夾砂陶壺, 9. 方格紋陶罐.

성 내부에서는 다량의 토기편과 벽돌·기와 및 銅鈴·陶俑 등 漢代 부여의 유물들이 출토되었다.[29] 이는 문헌의 기록을 입증하는 것으로서 현재 그 외양은 알 수 없지만 황토흙으로 담장을 쌓고 그 내부에 기와와 벽돌을 이용하여 大屋을 지은 궁성이 존재했음을 짐작할 수 있다.

29) 馬德謙, 〈談談吉林龍潭山東團山一帶的漢代遺物〉(《北方文物》 2期, 1991).

〈그림 12〉 漢－夫餘시기 靑銅器 및 鐵器

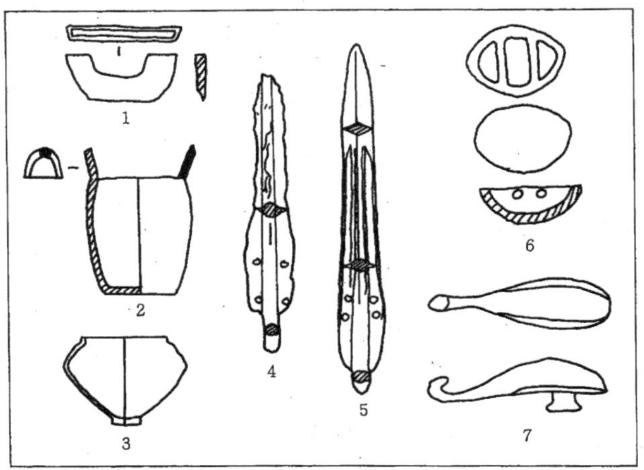

1. 銅鍤, 2. 銅鍑, 3. 銅斧, 4~5. 曲刃短頸式銅劍, 6. 銅泡飾, 7. 銅帶鉤.

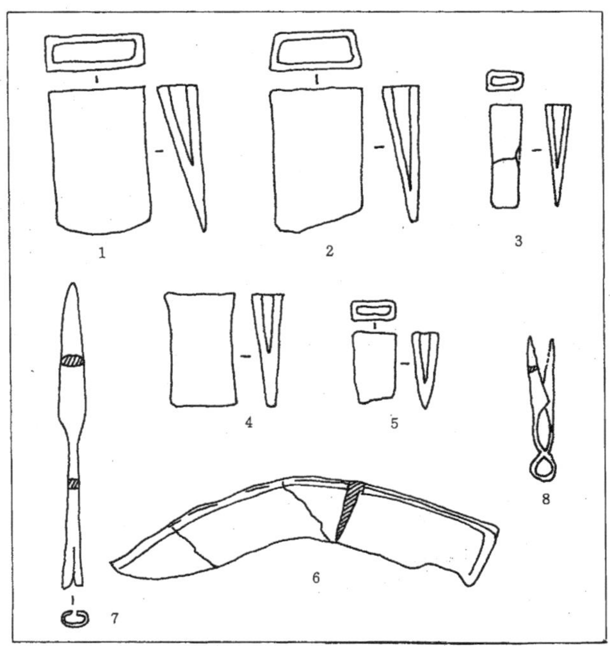

1~3. 鐵鋳, 4~5. 鐵钁, 6. 鐵鎌, 7. 鐵矛, 8. 鐵剪.

부여의 공예품 생산능력은 의복·무기 및 장식품 등에 의하여 간접적으로 알 수 있다. 부여인들은 백색을 숭상하여 흰옷을 즐겨 입었는데 上衣와 겉옷(두루마기 : 袍)·바지를 입고, 가죽신(革踏)을 신었으며 국외로 나갈 때에는 비단으로 수를 놓은 찬란한 비단옷을 입었다고 한다.[30] 喪服도 남녀 모두 흰옷이었다. 그리고 북방의 추운 지역인 만큼 大人 즉 귀족들은 그 위에 여우나 이리 또는 담비 등 북방산 모직물의 덧옷을 입고 모자는 금은으로 장식하였다고 한다.[31] 이처럼 옷차림에 의한 호족과 일반민의 구분이 있었고, 아름답게 수놓은 비단과 모직물 옷들, 여우·삵·貂皮 등의 고급 모피와[32] 나아가 우수한 가죽신도 제조하였음을 알 수 있다. 이는 당시 직물생산의 수준과 제조업이 전문화되었음을 보여주는 것이며, 금·은으로 장식한 모자와 각종 아름다운 구슬 장식품의 제작은 높은 수준의 수공업과 함께 연금술의 존재를 짐작하게 한다. 그리고 화살·검·창 등 각종 우수한 무기를 생산하여 집집마다 무기를 간직하고 있었다고 하였는데, 이들 무기는 각자의 수제품으로는 수요를 감당하지 못했을 것이므로 당시에 무기제작은 이미 어느 정도의 전문직업으로서 분화되어 있었을 것이다. 이 밖에 부여인들은 여름에 얼음을 저장하여 사용하는 기술도 가지고 있었다.

〈宋鎬晸〉

30) 《三國志》 권 30, 魏書 30, 烏丸鮮卑東夷傳 30, 夫餘.
31) 위와 같음.
32) 서단산문화의 하나인 星星哨유적과 한-부여시기의 유적인 東團山에서 비단이 발견되어 이러한 사실을 입증하고 있다.

Ⅳ. 동예와 옥저

1. 동예의 사회와 문화
2. 옥저의 사회와 문화

Ⅳ. 동예와 옥저

1. 동예의 사회와 문화

1) 동예의 위치와 변천

東濊와 沃沮에 관한 가장 오래된 기록은 3세기 후반 晋나라 陳壽가 편찬한《三國志》魏書 東夷傳이다(이하《삼국지》동이전으로 약칭함). 이에 의하면 濊는 남쪽으로 辰韓, 북쪽으로 고구려·옥저와 접하였고 동쪽은 큰 바다에 닿았으며 조선의 동쪽이 모두 예의 땅이라 하였다. 그러므로《삼국지》동이전의 예는 한반도 동해안에 있는 예를 가리키는 것이 분명하며 광의의 예족과 구분하여 東濊로 불려진다. 중국 先秦문헌에서는 일찍부터 예족으로 추정되는 종족명칭이 나타나고 있으나[1] 이에 대해 밝혀진 것은 거의 없다. 이후《史記》와《漢書》에서 '예'는 '맥'과 연칭되어 '穢貉'으로 표기되면서 '朝鮮'과 함께 燕나라 동방에 있던 종족으로 그 실체를 드러낸다.[2] 그리고《삼국지》《後漢書》에 이르러서는 예족을 濊貊으로 칭하여 맥족과 혼동하고 있으나 이는 후대 사가의 오류이며 예족은 貊이나 濊貊과는 구분되어야 한다.[3]

한국사와 관련하여 예족의 존재가 비교적 구체적으로 나타나는 것은 漢代로 元朔 원년(기원전 128) 漢의 遼東郡에 來附한 濊君 南閭 등이 거느린 28만 口의 집단이 그것이다.[4] 한은 남려의 투항을 계기로 그 곳에 滄海郡을 설치

1)《詩經》大雅 韓奕篇에 나오는 "其追其貊"의 '追'를 '穢'와 같은 것으로 보는 견해가 있다(金庠基,〈韓濊貊移動考〉,《史海》1, 1974).
2)《史記》권 110, 列傳 50, 匈奴 및 권 129, 列傳 69, 貨殖.
《漢書》권 24 下, 志 4 下, 食貨.
3) 尹武炳,〈濊貊考〉(《白山學報》1, 1966), 22~25쪽.
4)《漢書》권 6, 本紀 6, 武帝 및 권 24 下, 志 4 下, 食貨.

하였으나 3년만에 폐지하였다. 창해군의 위치에 대해서는 압록강과 渾江유역설, 동해안설, 압록강과 동해안지역설 등으로 다양하다. 그러나 남려가 위만조선에 畔하여 한에 내항하였다는 《후한서》의 기록을 근거로 예군 남려세력을 동해안지역의 예로 추정하는 데는 문제가 있다. 기원후 3세기 중엽 고구려의 인구가 3만여 호 즉 15만 구 정도임을 감안할 때 28만 구라는 숫자는 광역에 걸친 대규모 집단이다. 여기에는 남려가 속한 정치집단 이외에도 다수의 정치집단들이 포함된 것으로 짐작되는데, 특히 '예군 남려 등'이라는 표현으로 보아 남려는 來附세력의 대표적 인물임을 알 수 있다. 이들이 집단적으로 요동군에 내부한 것은 진번·임둔지역까지 복속시킨 위만조선이 다시 압록강유역으로 세력팽창을 시도하자 이 지역의 토착 정치집단들이 크게 위협을 느꼈기 때문이다. 그러므로 예군 남려가 속한 지역은 위만조선에 이미 복속되어 있었던 眞番·臨屯지역과는 다른 곳이다. 따라서 창해군은 임둔세력이 있었던 동해안 이외의 지역에서 찾아져야 하며 남려 등이 속한 예는 동예와는 별개의 정치집단이다. 설사 이들이 종족적으로는 같은 계통에 속한다고 하더라도 기원전 2세기 말경에는 이미 각 지역별로 정착하여 서로 다른 정치집단을 형성하고 있었으므로 양자는 별개의 세력으로 파악되어야 한다. 즉 동해안지역의 예는 임둔이라는 정치세력을 형성하고 있었고, 압록강·혼강 일대의 예족 역시 광범위한 지역에 걸쳐 다수의 정치집단군을 형성하고 있었으며 맥족과 섞여 고구려국가의 기반세력으로 성장하고 있었다.

예족이 형성한 정치집단의 존재는 다른 곳에서도 찾아진다. 부여국의 창고에 '濊王之印'이라 새겨진 도장이 있고 부여에 濊城이란 이름을 가진 옛날 성이 있었다는 《삼국지》 부여조의 기록에 나타나듯이 길림·장춘지역에도 부여국가 출현 이전에 이미 예족 정치집단이 존재하였다. 예족은 한반도내에서도 함경도·강원도·경기도 등 넓은 지역에 걸쳐 분포하였다. 〈廣開土大王陵碑〉에 나오는 '新來韓穢 沙水城' '舍蔦城韓穢' 등은 광개토왕이 정복한 백제지역 성으로 한강·임진강 일대에서 韓族과 공존하던 예족의 존재를 보여준다. 《삼국사기》에 나오는 백제 동북지방과 신라 북변을 자주 침범하고 있는 靺鞨 역시 한반도 중부 및 동해안지역에 거주하던 예족들이다. 《삼국사기》 신라본기(南解次次雄 16년조)에도 北溟人이 밭을 갈다 濊王印을 발견하여 바쳤다는 기록이 있다. 북명은 강릉 또는 안변지방으로 비정되고 있어 강원도 동해안 일대가 예족 분포지임을 뒷받침해주고 있다. 그리고 경북 영일군 신광면 흥곡리(마조리)부락에서 '晋率善穢伯長'이 새겨진 銅印이 발견되어[5] 예족의 분포지역이 의외로 넓었음을 알 수 있다. 이들이 형질학적으로 동일한 종족인지의 여부는 별개로 하고 일단 문헌 자료상에 나타나는 예족만 해도 활동시기와 분포지역이 이처럼 광범위하다. 이들은 지역에 따라 맥족·부여족·韓족 등과 섞여 정치·문화적으로 다양한 정치집단들을 구성하였다. 예족과 가장 광범위하게 동화한 것은 맥족으로 한대에 이미 예족과 맥족의 구분이 불분명해지고 맥족인 고구려를 예맥으로 통칭하는 경우가 많아졌다.[6] 더욱이 《삼국지》, 《후한서》에 이르러서는 동예도 예맥으로 칭해지는 등 예와 예맥을 혼동하는 오류가 빚어지기도 했다.[7]

이처럼 예족들은 오랜 기간 넓은 지역에 걸쳐 다양하게 성장 발전해왔다. 동해안지역 예족의 뿌리는 동북지역 무문토기문화의 주인공들이다. 孔列土器로 대표되는 동북지방의 무문토기문화는 서북한의 팽이형토기, 압록강 중하류유역의 美松里式토기, 서남부지역의 松菊里형토기와는 다른 갈래를 형성하면서 동해안을 따라 남하하여 한반도 중부 및 동남부지역으로 확산되었다.[8] 이들 동북지역의 무문토기인들은 기원전 3세기 이후에는 고조선의 細形銅劍문화와도 활발하게 접촉하였다. 다음의 〈표〉에서 보듯이 함흥과 영흥 일대를 중심으로 동해안 각지에서 출토되는 세형동검·銅戈·銅鉾·銅鏡 등의 청동기유물들은 고조선지역에서 제작된 것들로 두 지역의 교섭관계를 나타낸다. 이러한 청동기들은 대동강유역의 古朝鮮과 황해도의 진번, 서남부지역의 辰國 등 기원전 3~2세기경 한반도의 유력한 정치집단의 중심지에서 공통적

---

5) 梅原末治, 〈晋率善穢伯長銅印〉(《考古美術》 8-1, 1967).
6) 尹武炳, 앞의 글, 19쪽.
7) 《三國志》 권 30, 魏書 30, 烏丸鮮卑東夷傳 30, 高句麗·夫餘.
8) 趙由典, 〈無文土器文化의 展開〉(《韓國史論》 13, 國史編纂委員會, 1983), 101~105쪽.
盧爀眞, 〈孔列土器文化特色의 傳播網〉(《李基白先生古稀紀念 韓國史學論叢》 上, 1994), 34쪽.

〈표〉 함경남도 일대의 초기 철기시대 금속유물 출토 일람표[9)]

출 토 지	청 동 기	철 기 및 기 타
함흥시 회상구역 이화동 토광묘	銅劍 2, 劍把頭飾 1, 銅鉾 1, 細文鏡 2, 銅戈 1	쇠도끼 2 토기
함흥시 회상구역 치마동	銅戈 1	
함흥시 반룡구역 지장동	동검 1	
홍남시 사포구역 호상동	동검 2	
함주군 대성리(Ⅰ)	동과 2	
함주군 대성리(Ⅱ)	동검 1, 청동손칼 1	
* 함주군 조양리	청동방울 1	
함주 부근	동과 1	
락원군(퇴조구역) 송해리	동과 1	
홍원군 운포리	검파두식 1	토기 다수
북청군(신창) 하세동리 토광묘	동검 1, 동모 1, 동과 1, 수레부속 1	
북청군 청해토성	동검 1	
금야(인흥)군 연동리	동검 2	
금야군 용산리 토광묘(Ⅰ)	동과 1, 동모 1	
* 금야군 용산리(Ⅱ)	동검 1, 세문경 1	
* 금야군 용산리(Ⅲ)	동검 1, 동모 1, 검파두식 1	
금야(영흥)군 소라리토성	검파두식 1, 청동활촉 14, 수레부속 4, 청동단지 1	쇠도끼 5, 쇠단검 1, 쇠창끝 1, 쇠갈구리 2, 말재갈 2, 쇠뇌부속 1, 쇠단지 1, 토기 다수
강원도 문천군 남창리	동검 1, 동과 1	
함북 종성군 동관리	동검 1, 동과 1	

으로 출토되는 유물로 각 지역에 형성되어 있었던 정치집단과 지배자의 존재를 반영하는 유물들이다. 그러므로 이러한 고고학 자료를 통해 늦어도 기

9) 표로 나타낸 자료는 안영준, 〈함경남도에서 새로 알려진 고대유물〉(《고고학자료집》 6, 1983)을 참조하였으며 그 밖의 자료는 박진욱, 〈함경남도일대의 고대유적조사보고〉(《고고학자료집》 4, 1974)의 유물일람표를 참조하였다. 단 지명이 바뀐 것이 확인된 곳은 舊地名을 ( )안에 넣었다.

원전 2세기경에는 동해안 예족사회에도 크고 작은 정치집단이 형성되어 있었으며 이들의 집합체가 문헌에 나오는 임둔이라 하겠다.

임둔은 기원전 2세기 초 위만조선에 복속되었다가 기원전 108년 위만조선의 멸망과 함께 한의 임둔군으로 편제되었다. 그러나 군현 경영의 어려움으로 기원전 82년 임둔군의 15개 현 가운데서 일부는 玄菟郡에 이속되고 나머지는 폐지되었다. 뒤이어 고구려지역에서의 토착세력의 저항으로 현도군마저 위협을 받자 기원전 75년 한은 현도군을 興京 老城방면으로 옮기고(제2현도군) 현도군에 이속되었던 현 중에서 單單大嶺의 동쪽 7현은 낙랑군 東部都尉를 두어 관할토록 하였다. 東暆縣·不而縣·蠶臺縣·華麗縣·邪頭昧縣·前莫縣·夫租縣 등 동부도위 소속 7현 중 부조현을 제외한 6현이 동예의 중심세력이 되었다. 임둔군의 治所는 동이현에 있었으나 동부도위 관할로 바뀌면서 치소도 불내현으로 옮겨졌다. 동부도위에 속했던 7현의 위치에 대해 동이현은 덕원, 불이(내)현은 안변, 화려현은 영흥, 부조현은 함흥 등지에 비정되기도 한다.[10] 또는 불이현을 素羅里토성이 발견된 영흥으로 비정하는 견해도 있으나[11] 부조현을 제외한 나머지 현의 위치는 대부분 불확실하다. 다만 동예는 북으로 함경남도 정평에서 옥저와 경계를 이루었고 남계는 평강·회양·강릉 등 강원도 북단 어느 지점이었을 것으로 추정되고 있다.[12]

30년 동부도위가 폐지됨에 따라 7현은 한의 侯國으로 봉해져 각각 독립된 정치집단으로 존속하였다. 이후 동예는 다시 고구려에 복속되었으나 그 시기에 대해서는 기록이 일치하지 않는다. 《삼국지》에서는 동부도위 7현이 한의 후국으로 봉해졌다가 後漢末에 다시 고구려에 복속되었다고 하였다. 그러나 《후한서》 동이전 고구려조에는 元初 5년(118) 고구려가 華麗城을 공격하였다는 기사가[13] 있고, 《삼국사기》 고구려본기에는 태조왕 4년(56) 동옥저를 빼앗아 성읍으로 삼고 강역을 개척하여 동으로 창해에 이르렀다는 기록이 있다. 고구려 태조왕대는 요동군(後漢 和帝 元興 원년, 105), 현도군을 공

10) 李丙燾, 《韓國古代史硏究》(博英社, 1976), 201~208쪽.
11) 도유호, 〈왕검성의 위치〉(《문화유산》 1962-5).
12) 李丙燾, 앞의 책, 229쪽.
13) 《後漢書》 권 85, 列傳 75, 東夷 高句驪.

격하여(後漢 安帝 元初 5년, 118) 한군현에 자주 위협을 가하던 시기이므로 동예의 공략시기도 이보다 앞서거나 이와 비슷한 시기였을 것이다. 3세기에 들어와서 魏의 正始 3년(242)에 고구려 東川王이 요동군 西安平을 공격하자 이에 대한 보복으로 2년 후 나라 장군 毌丘儉이 출병하여 고구려와 고구려에 복속된 옥저와 동예를 공략하였다. 1차 공격시(224) 관구검의 명으로 현도태수 王頎는 옥저로 도망간 동천왕을 추격하면서 옥저의 읍락들을 파괴하였고, 2차 공격시(245)에는 명을 받은 樂浪太守 劉茂와 帶方太守 弓遵이 휘하 병력을 이끌고 동예를 쳐서 항복시켰다. 이 사건 이후 동예의 각 현들은 책봉과 조공형식을 통해 위에 복속되었다. 이 때 동예에서 가장 유력한 집단이었던 불내현의 지배자는 '不耐濊王'으로 봉해져 정기적으로 군현에 조공하였다. 그리고 낙랑군과 대방군에서 군대를 동원하여 전쟁을 할 때면 동예의 주민들에게도 세금을 부과하고 力役을 징발하여 군현소속 주민을 다루는 듯하였다고 한다. 이후 고구려에 의해 다시 복속될 때까지 동예의 각 세력들은 중국 군현과 우호적인 관계를 유지하였다.

2) 동예의 사회와 문화

《삼국지》 동이전에 동예의 인구는 2만 호라 하였는데 이 숫자는 동부도위에 속했던 6현의 호수를 합한 것으로 생각된다. 이를 평균하면 각 현당 약 3,000여 호가 되어 인구면에서는 삼한 각 小國의 규모와 비슷하다. 大君長이 없었다는 기록을 통해 알 수 있듯이 동예지역에는 여러 현을 통합한 보다 확대된 통치조직이 형성되지 못하였으며 각 현들은 시종 독립된 정치집단으로 존속하였다. 그러므로 군현이 폐지된 이후의 동예의 각 현들은 삼한의 각 소국처럼 불내국·화려국 등으로 불려져도 좋을 것이다.

한군현 설치 이후 동예의 각 현에도 縣令 또는 縣長이 파견되었음이 문헌과 고고학 자료를 통해 확인된다. 《漢書》 藝文志 詩賦條에는 東暆縣의 縣令 延年이 賦 7편을 남긴 것으로 기록되어 있고, 평양에서는 '夫租長印'이라는 은제 인장을 부장한 夫租縣의 縣長 高常賢의 무덤이 발견되었다. 현장이 파견된 곳보다 현령이 파견된 곳이 규모가 크거나 행정상 더 중요한 곳이었다면 延年은 동이현이 임둔군 郡治였던 시기에 파견된 漢의 관리였을 가능성이 높다.[14] 그러나 한의 군현 통제방식은 각 지역 사정과 정치적 사정에 따라 가변적이었다. 군현 설치 초기의 사정은 잘 알 수 없으나 부조현의 예를 보면 동부도위 설치 이후 토착 군장을 邑君으로 봉하여 통치한 적도 있었고, 기원전 1세기 말경에는 고상현과 같은 위만조선 지배자 출신을 낙랑군 지배구조로 편입하여 부조현장으로 임명하기도 하였다(옥저의 사회와 문화 참조). 이러한 사정은 동예 각 현도 크게 다르지 않았을 것이다.

그리고 한의 군현은 屬吏를 두어 太守·현령·현장을 보좌하여 군현의 실질적인 행정을 담당케 하였다. 동예지역에서 실시된 속리제는 功曹·主簿·諸曹로 구성되어 있었다. 공조는 제조를 통할하며 제사·考果·禮樂 등의 일을 하며 椽史 임용 등 지방통치의 실권을 위임받는 경우가 많았고, 주부는 문서와 장부를 관리하면서 지방관의 비서 겸 재정관계를 담당하였다. 군현 설치 초기에는 속리를 요동에서 데리고 왔으나 이후에는 토착인을 속리로 임명하였다.[15] 이는 토착 지배세력을 한의 지배구조 속에 끌어 들여 토착민의 반발을 무마하고 군현통치를 효율적으로 수행하기 위한 것이다.[16] 지방관과 속리들은 각 현의 중심읍락에 거주하면서 각 현을 구성한 여러 읍락들을 전체적으로 통괄하였다. 이러한 공식적인 지배구조 이외에 한 군현은 각 읍락의 우두머리를 三老로 임명하여 협조를 구하는 동시에 읍락민에 대한 전통적인 지배권을 인정해줌으로써 토착사회와의 갈등을 완화시켰다.

동부도위 폐지 이후 동예의 각 현은 侯國으로 봉해져, 縣治가 있었던 중심 읍락의 거수는 侯로 봉해지고 일반 읍락의 거수들은 삼로를 자칭하면서

---

14) 연년은 산동성 출신(齊人)으로 漢 武帝 때의 인물이다. 그가 동이 현령으로 임명된 연대는 불확실하다(李丙燾, 앞의 책, 200쪽). 그러나 동이현에 현령이 파견되었다면 동이현이 일반 현이었던 시기보다 군치였을 때가 가능성이 더 높다.

15) 속리층의 출자를 고조선 주민과 구분하여 토착 漢人으로 보는 견해가 있다(權五重, 《樂浪郡硏究》, 一潮閣, 1992, 73쪽). 이에 대해 양자의 구분의 무의미성을 주장하는 비판적인 견해도 있다(吳永贊, 〈樂浪郡의 토착세력 재편과 지배 構造〉, 《韓國史論》 35, 서울大, 1996, 56∼61쪽).

16) 尹龍九, 〈樂浪前期 郡縣支配勢力의 種族系統과 性格〉(《歷史學報》 126, 1990), 37쪽.
吳永贊, 위의 글.

읍락민에 대한 실질적인 통치권을 행사하였다. 그러나 후국들 사이에 세력 경쟁이 다시 전개되면서 不耐·華麗 등 동예의 유력한 國들은 내부적으로 읍락들을 통합하고 통치조직을 갖추어 나갔다. 3세기 중엽의 불내국이 공조·주부·제조를 두어 동부도위 치소 때의 속리제를 자체적으로 운용하고 있었다는 것은 후국 내부에서 진행된 정치 발전의 중요 단면을 보여주는 것이다. 그리고 3세기 중엽경 不耐侯에서 不耐濊王으로 작호가 바뀐 것도 이와 무관하지 않다. 화려와 불내 2현이 공모하여 신라의 북경을 침략하였다는《삼국사기》신라본기 儒理尼師今 17년조의 기사는 동예 각국 사이에 간헐적으로 연맹관계가 형성된 적이 있었음을 비치기도 한다. 그러나 전반적으로 동예지역에서는 각 국들을 전체적으로 통솔하는 확대된 정치권력의 성장을 보지 못하였다.

함남 금야군(영흥군) 소라리에서 조사된 평지토성은 불내국의 중심지로 비정되기도 한다.[17] 소라리토성은 영흥평야 가운데를 흐르는 용흥강 하류 강변 언덕위에 위치하고 있다. 토성 안에서 세형동검 관계 유물과 중국 戰國계 鑄造 철제도끼, 청동제 수레부속, 철제무기, 승석문토기 등 여러 시기의 유물이 혼재된 상태로 출토되었다. 이 밖에도 소라리토성 내부와 주변 일대에서 청동단지, 귀달린 쇠단지 등이 발견되었고, 토성에서 1㎞ 떨어진 곳에서는 2기의 귀틀무덤이 확인되었다.[18] 이러한 유적들은 불내예국 등 동예의 유력한 국들의 행정 치소와 지배계급의 생활상을 이해하는 데 유용한 자료들이다. 그런데 3세기경의 불내예왕이 여전히 일반민과 섞여 살았다는 기사가 있다. 이것은 토성 내부가 지배계급의 전용 거주구역이 아니라 일반민들도 함께 거주하던 상황을 나타내는 것으로 지배계급의 거주구역이 일반인과 분리될 정도로 정치권력의 성장이 이루어지지 않았다는 뜻이다.

동예의 언어와 법속은 대개 고구려와 같았으나 의복은 달라 남녀 모두 曲領을[19] 입었다고 한다. 의복의 재료로는 麻布가 있었고 누에를 길러 명주를

17) 도유호, 앞의 글.
18) 한석정, 〈함경남도지역에서 발견된 세형동검유적과 유물〉(《문화유산》 1961-1).
박진욱, 앞의 글, 170~173쪽.
19) 목둘레를 둥글게 만든 옷을 말한다.

생산하였다. 남자들은 넓이가 數寸되는 銀花를 옷에 장식으로 달고 다녔으며 옥과 구슬을 보배로 여기지 않았다고 한다. 이는 삼한의 주민들이 금은 비단은 진기하게 여기지 않았으나 구슬을 귀하게 여겨 목이나 귀에 장식으로 달고 다녔다는 것과 대조를 이루는 관습이다.

근래 강원도 동해안과 한강 상류지역에서 1~3세기 단계의 집자리유적들이 다수 조사되어 동해안 예족사회의 주거형태를 이해하는데 도움을 주고 있다.[20] 집의 기본구조는 움집으로 주거면이 땅밑으로 20~50cm 정도 들어가 있다. 평면 형태는 무문토기시대 이래의 전통을 이은 장방형 집자리와 함께 새로이 呂자형, 凸자형 집자리가 있다. 강원도 명주군 안인리 주거지유적을 보면 呂자형 집자리는 네모진 두 개의 실내공간으로 구성되어 있는데 한쪽은 주거 전용공간으로 바닥면이 지하에 있고 다른 하나는 작업공간으로 바닥면이 지상에 있어 비스듬히 경사진 통로에 의해 양쪽이 연결되어 있다. 呂자형 집자리는 실내공간의 기능적 구분이라는 측면뿐 아니라 면적상으로도 이전 시기 주거지보다 크게 확대된 것으로[21] 이를 예족의 특징적인 가옥형태로 간주하려는 견해도 있다.[22] 영흥과 안변 등지의 동예의 중심지에서는 아직 이 시대의 전형적인 집자리유적이 조사되지 않아 동해안 예족사회의 공통적인 주거형태가 어떠한 것이었는지, 그리고 동해안 예족사회내에서도 이미 지역성이 발생하고 있었는지의 여부는 아직 알 수 없다.

동예에서는 금기 사항이 많아 사람이 병들거나 죽으면 옛집을 버리고 곧 새집을 짓는다고 하였다. 동해안지역에서 조사된 1~3세기대의 취락유적들 중에는 불에 탄 집자리가 자주 발견되어 동이전의 기록과 관련지워질 가능성이 있다. 실수로 화재가 났거나 외부의 방화로 취락이 불탔다면 불탄 집자리가 연속적으로 이어져 나타나는 것이 일반적일 것이나 강원도 명주군 안

20) 白弘基, 《襄陽郡 柯坪里住居址發掘報告》(1984).
———, 〈原三國時代 村落의 構造와 機能〉(《國史館論叢》 35, 1992).
———, 《江原嶺東地方의 先史文化硏究》(江陵大 博物館, 1991), 24~34쪽.

21) 안인리 1기층 주거지 면적은 대략 40㎡로 청동기시대의 주거지의 표준면적인 20㎡보다 크게 넓어졌다고 한다(白弘基, 위의 글, 14쪽).

22) 朴淳發, 〈한성백제 기층문화의 성격〉(충남대 백제연구소 국제학술회의 발표요지, 1994).

인리유적의 불탄 집자리 분포 상태를 보면 불탄 집자리끼리 인접해있는 것도 있으나 그 사이에 정상적인 집자리를 끼고 서로 떨어져 있는 경우가 많다.[23] 그리고 전체 집자리 중에서 불탄 집자리의 수가 의외로 많아(呂자형 집자리의 경우 15기 중 3기) 실수로 인한 화재라기 보다 고의적으로 집을 불태운 것으로 해석될 여지가 많다.

동해안의 예족들은 청동기시대 이래 농업을 주된 생산기반으로 하였다. 각 시대의 집자리유적에서 일반적으로 출토되는 반달모양돌칼과 목제농기구를 제작하는 데 쓰는 청동제 도끼와 돌도구들이 이를 뒷받침해준다.[24] 그리고 강원도 명주군 안인리 집자리유적에서는 쌀·콩과 같은 탄화된 곡물이 발견되어 잡곡농사와 함께 벼농사도 행해지고 있음을 알 수 있다.[25] 그리고 10월에는 舞天이라 불리는 祭天행사를 거행하였는데 농경사회의 추수감사제의 전통을 이은 것이다. 이는 농작물의 파종을 끝낸 5월과 추수를 끝낸 10월 두 차례에 걸쳐 하늘에 제사지냈다고 하는 삼한의 농경의례와 유사한 것으로 생산활동에서 차지하는 농경의 중요성을 시사하는 풍속이다. 그리고 새벽에 별자리를 관찰하여 그 해의 풍흉을 미리 안다는 기록도 동예의 생산기반이 농업에 토대를 두고 있음을 말하는 것이다. 그러나 집자리에서 발견되는 돌로 만든 생활도구 중 돌화살촉의 양도 적지 않은 것으로 보아 단백질 공급원으로서 사냥과 고기잡이도 생산활동의 중요 부분을 차지하고 있었을 것이다. 責禍라는 풍습에서도 이러한 생산활동의 한 면모가 반영되어 있다. 즉 동예 사람들은 山川을 중요시하여 산과 내마다 각기 구분이 있어서 함부로 들어가지 않는다고 한다. 산과 내는 목재의 공급, 야생동물의 사냥, 야생열매 채집, 어로활동 등 경제활동의 중요 자원이었다. 그러므로 각 읍락마다 활동구역을 정하여 서로 침범하지 않았으며 만약 이를 어길 경우에는 그 벌로 노비·소·말로써 물어주었으며 이러한 풍습을 책화라고 하였다.

---

23) 白弘基, 앞의 글, 5쪽.
안인리 1기층 呂자형 집자리 중 불탄 흔적이 확인된 1호·2호는 인접해 있으나 28호는 이들로부터 훨씬 떨어져 있다. 그리고 2기층 凸자형 집자리 중에서도 11-2호·27호 집자리가 불탄 집자리로 조사되었으나 양자는 인접해 있지 않다.

24) 白弘基,《江原嶺東地方의 先史文化硏究》Ⅱ(江陵大 博物館, 1992), 16~99쪽.

25) 白弘基, 앞의 글, 7쪽.

중국 군현이 선호한 동예의 특산물은 낙랑 檀弓·班魚皮·文豹·果下馬 등이었다. 낙랑 단궁은 고구려 貊弓과 함께 중국에까지 널리 알려진 활로 동예에서 만든 것을 낙랑군을 통해 본국에 보낸 데서 그 이름이 붙여졌다. 반어피는 漢대에는 鯛皮라 하였고 낙랑 동이현에서 생산되는 것이며 神爵 4년(기원전 58)에 이를 잡아 漢의 考工部(기구제작소)에 보냈다는 기록이 있다.[26] 과하마는 높이 3척의 키가 작은 조랑말로 과수나무 아래에서도 타고 지나갈 수 있다고 해서 붙여진 이름이다. 이처럼 조공을 통한 중국 군현과의 교역 이외에 예는 주변의 다른 세력들과도 물자교역을 하였다. 馬韓·濊·倭가 모두 辰弁韓으로부터 철을 교역해갔다는 기록이 그것으로, 철을 얻기 위해 동해안을 따라 동예인들이 경상도지역까지 내려온 것을 알 수 있다. 동예의 창은 길이가 3仗이나 되어 때로는 여러 사람이 함께 잡고서 사용한다고 하였는데 이처럼 긴 철제창이 김해와 울산 등지의 목곽분에서 자주 출토되고 있다.[27] 대동강유역의 태성리에서도 장창이 1점 출토된 적이 있으나(길이 128cm) 양적으로 경남지역에서 출토된 것이 훨씬 많아 동예에서 사용하던 장창은 진변한지역에서 교역해간 것일 가능성이 높다.

동예에서는 호랑이를 신으로 여겨 제사지낸다고 하였는데 이는 호랑이를 山神으로 섬기던 원시시대의 풍습이 잔존한 것으로 여겨진다. 檀君신화에 나오는 곰과 호랑이의 이야기를 토템사상의 반영으로 본다면[28] 동예의 호랑이 숭배는 고조선의 곰 숭배와 대비되는 것으로 이는 팽이형토기문화 중심권과 공열토기문화 중심권의 문화적 전통을 반영하는 것으로 해석될 여지가 있다. 그리고 동예에서는 같은 씨족내에서는 혼인을 하지 않는 族外婚 풍속이 있었다. 사람을 죽인자는 죽음으로 벌을 받게 하였으며 도둑질하는 자가 적었다고 한다. 이는 고조선의 八條禁法과 유사한 원시사회의 관습법이 일부 잔존한 결과이다.

〈李賢惠〉

26) 李丙燾, 앞의 책, 233~234쪽.
魏晋代는 班魚皮라 하였으나 隋唐代 이후로 海豹皮라 하였다고 한다.

27) 김해 양동리 235호분에서는 자루길이 163cm, 창날 길이 64cm의 것이 출토되었고 200호분에서는 길이 198cm의 것이 출토되었다(東義大 博物館, 〈金海良東里第235號土壙木槨墓 發掘調査槪要〉 1992. 12, 유인물).

28) 金廷鶴, 《韓國上古史硏究》(범우사, 1990), 63~79쪽.

2. 옥저의 사회와 문화

1) 옥저의 위치와 변천

《삼국지》 동옥저조의 기록에 의하면 沃沮는 개마대산의 동쪽 大海에 접해 있으며 지형은 동북은 좁고 서남은 길어 천 리나 되고 북으로는 挹婁·夫餘와 접하고 남으로는 濊貊과 접한다고 하였다. 옥저는 동옥저로도 불렸으며 남과 북에 각각의 중심지가 있어 남옥저와 북옥저로 구분하였다. 동옥저는 넓은 의미에서 옥저의 총칭으로 사용되었으나 좁은 의미에서는 옥저의 중심 세력인 남옥저를 가리키기도 하였다. 남옥저의 중심지인 옥저성은 현재의 함흥지역이며 남옥저와 동예의 경계는 정평 일대였을 것으로 추정되고 있다. 북옥저는 남옥저에서 북으로 8백여 리 떨어져 있었으며 북옥저의 지리적 위치에 대해서는 길림 연변지구설, 훈춘설, 백두산(장백산) 북쪽지역설, 흑룡강성 영안현 동북지역설, 두만강 남쪽지역설 등으로 다양하다. 문헌 자료 이외에 고고학 자료를 근거로 綏芬河유역의 東寧縣 團結遺蹟을 옥저의 대표적인 문화유적으로 간주하고, 이와 유사한 문화유형이 분포된 老爺嶺 이동, 興凱湖 이남을 북옥저지역으로 추정하는 견해도 있다.[1] 이는 옥저의 범위를 張廣纔嶺 동쪽 牧丹江유역까지 확대시켜 해석하는 데[2] 대한 비판으로 鏡泊湖 이남, 英額嶺 이동의 두만강 북쪽지역에 북옥저를 비정하는 견해와도 일부 통한다.[3] 북옥저의 중심지는 置溝婁라고 하였는데 치구루의 위치에 대해서도 두만강 하류 琿春설,[4] 함북 鏡城설,[5] 間島 局子街설[6] 등 여러 견해가

1) 李 强, 〈沃沮, 東沃沮考略〉(《北方文物》 1981-1), 6~8쪽.
2) 匡 瑜, 〈戰國至兩漢的北沃沮文化〉(《黑龍江文物叢刊》 1982-1), 27쪽.
3) 日野開三郎, 《東北アジア民族史》 上, 日野開三郎 東洋史學論集 14(東京, 三一書房, 1988), 104쪽.
4) 島山喜一, 〈渤海東京考〉(《史學論叢》 京城帝大文學部 文學會論纂 7, 1938). 박시형, 《발해사》(김일성종합대학출판사, 1979).
5) 李丙燾, 《韓國古代史硏究》(博英社, 1976), 229쪽.
6) 池內宏, 〈曹魏の東方經略〉(《滿鮮史硏究》 上世篇 1, 祖國社, 1951), 266쪽.

있으나 琿春설이 다수의 지지를 받고 있다. 《삼국지》 毌丘儉傳에는 치구루가 아니라 買溝(漊)로 되어 있어 치구루의 오기로 해석되기도 하나, 매구루는 〈광개토대왕릉비〉의 味仇漊와 같은 곳으로 치구루와는 다른 곳이라는 견해도 있다.[7)]

남옥저의 중심지였던 함흥지역의 정치집단은 임둔의 중요세력의 하나였다. 임둔지역의 정치집단들은 기원전 2세기경 衛滿朝鮮에 복속되었다가 기원전 108년 漢의 郡縣으로 편제되었다. 이 때 함흥지역에는 夫租縣이 두어졌으며 옥저의 이름은 부조현에서 비롯되었다. 부조현은 기원전 82년 임둔군의 폐지로 현도군에 소속되었다가 기원전 75년 현도군이 만주 興京 老城방면으로 이동한 후(제2현도군) 낙랑군 東部都尉에 소속되었다.[8)] 그리고 기원후 30년 동부도위가 폐지된 후 일시 漢의 侯國으로 봉해졌으나 《삼국사기》 고구려본기에 의하면 기원후 56년 고구려 太祖王의 동해안 진출로 沃沮城은 고구려에 복속되었다. 《後漢書》 동이전 고구려조에는 元初 5년(118) "고구려가 濊貊과 더불어 다시 현도군을 침략하고 華麗城을 공격했다"는 기록이 있어, 옥저 복속시기도 이 시기로 간주하려는 견해가 있으나 동예에 속한 華麗縣 공격을 옥저 복속과 동일한 시기로 보아야 할 이유는 없다.

그러나 한군현 설치 초기의 부조현의 소속에 대해서는 이론이 있다. 대다수의 견해들이 《삼국지》 동이전의 "옥저성으로 현도군을 삼았다"는 기록을 근거로 현도군이 처음 설치된 기원전 107년부터 부조는 현도군 소속이었던 것으로 간주하고 있다. 이에 대해 군현 설치 초기 부조현은 임둔군에 속했으나 군현통치의 어려움으로 인해 진번군과 임둔군이 폐지되면서 옥저를 포함한 임둔군 소속 7현이 현도군으로 이속되었다는 비판적 견해가 있다.[9)] 부조현의 소속에 대한 이같은 이견들은 현도군과 임둔군의 위치 비정과 직접적인 관계가 있다. 옥저를 현도군 군치로 보는 입장에서는 1차 현도군의 범위를 함경도 일대에 비정하거나 또는 함경도 전역과 고구려 일부지역을 현도

---

7) 李丙燾, 앞의 책, 204~205쪽.
盧泰敦, 〈扶餘國의 境域과 그 變遷〉(《國史館論叢》 4, 1989), 46쪽.
8) 李丙燾, 위의 책, 169~170쪽.
9) 李丙燾, 위의 책, 228쪽.

군에 포함시키고 있다. 또는 현도군은 중국 무순에서 함흥까지의 긴 혁대모양의 공도에 설치된 것으로[10] 현도군의 설치 목적은 요동방면으로부터 渾江 지류를 거쳐 압록강 중류 集安에 이르고 다시 낭림산맥을 넘어 동해안에 이르는 교통로를 확보하고 이를 통해 고구려를 제압하는 것이므로 이 교통로의 도달지점인 옥저가 현도군에 포함되는 것은 자연스러운 것이라는 해석도 있다.[11] 이처럼 옥저=현도군 소속설은 공통적으로 옥저와 임둔군의 관계를 인정하지 않는다. 이와 달리 옥저=임둔군 소속설은 임둔군을 함경도 일대에, 1차 현도군을 압록강 중류 일대의 고구려지역에 비정하고 있다. 그러므로 현도군의 군치인 고구려현은 현재의 집안지역이며, 임둔군에 속한 동옥저는 거리상으로도 집안에서 멀리 떨어져 있어 1차 현도군과는 무관하다는 해석이다.[12]

옥저성이 임둔군에 속한 적이 있는지의 여부를 판단하고 문헌기록의 불분명한 부분을 보완하는 데는 고고학 자료가 유용하게 활용될 수 있다. 일반적으로 진번군과 임둔군이 두어진 곳은 위만조선에 복속되었던 진번과 임둔지역이라는 사실에는 이론이 없다. 그런데 위만조선에 복속되었거나 위만조선과 통교했던 지역에서는 고고학상 위만조선의 중심부에서 출토되는 것과 유물형태와 유물조합상이 유사한 유물들이 출토되고 있다. 예를 들면 진번지역으로 추정되는 황해도 봉산군 송산리와 배천군 석산리 등지에서 출토되는 것과 동일한 기원전 2세기 경의 청동기·철기유물들이 함경남도의 함흥시 이화동 등지에서도 출토되었다(앞의 〈표〉 참조).[13] 그리고 진번·임둔과 함께 등장하는 기원전 2세기경의 중요 정치집단으로 진국이 있다. 진국은 위만조선의 방해로 漢과 직접 통교하지 못하였다고 하였는데 辰國의 세력권으로 추정되는 충남과 전라도지역에서도 황해도 송산리나 함흥 이화동과 흡사한

10) 和田淸, 〈玄菟郡考〉(《東亞史硏究》 滿洲篇, 1955).

11) 田中俊明, 〈高句麗の興起と玄菟郡〉(《朝鮮文化硏究》 1, 東京大 朝鮮文化硏究室, 1994), 34~35쪽.

12) 李丙燾, 앞의 책, 195쪽.

13) 황기덕, 〈1958년 춘하기 어지돈지구 관개공사구역유적정리간략보고〉(《문화유산》, 1959-1).
박진욱, 〈함경남도일대의 고대유적조사보고〉(《고고학자료집》 4, 1974).

일괄유물이 출토되었다.[14] 이러한 금속제 유물들은 지배자의 권위를 상징하는 물품(prestige goods)으로서 개인적인 접촉을 통해 획득되기보다 집단간의 정치 경제적 관계를 매개로 취득되는 경우가 많다. 그러므로 동해안지역에서 출토되는 기원전 2세기경의 이같은 금속제 유물들은 위만조선에 복속되었던 임둔의 중심지와 범위를 반영하는 유물로 간주될 수 있다. 강원도와 함경도지역을 합하여 이 시기의 청동기 및 철기유물의 분포밀도가 가장 높은 곳은 함흥과 영흥 일대이다. 그리고 유물의 중요 분포범위는 북쪽은 함남 신창, 남쪽은 강원도 문천으로 함흥을 중심으로 남북 각 60~70㎞ 범위에 걸쳐 있으며, 금속제 유물의 분포밀도는 함흥으로부터 거리가 멀어질수록 낮아진다. 따라서 동해안 일대에서 임둔의 중심지를 비정한다면 고고학 자료상으로는 함흥과 영흥 일대가 가능성이 가장 높다.

이와는 대조적으로 압록강 중류의 集安과 위원 용연동·평북 세죽리 그리고 두만강유역의 함북 무산 호곡동·회령 오동 등지에서 출토되는 기원전 3~2세기경의 유물은 이른바 明刀錢유적으로 알려진 戰國계 철기가 중심을 이루고 있다. 그리고 집안에서 출토된 청동유물[15] 역시 고조선의 세형동검과 다른 요동계통의 것이다. 시대를 거슬러 올라가 동북지방의 청동기문화의 지역별 분포상으로도 함경남도 동해안 일대는 금야-토성리문화유형의 분포권으로 두만강유역(오동유형, 초도유형)과는 세부적으로 구분되고 있다.[16] 이같은 고고학 자료들은 두만강유역과 압록강유역의 정치집단들이 진번과 임둔 및 대동강유역의 고조선과는 문화적으로 서로 다른 배경을 가졌음을 뜻한다. 이러한 현상은 문헌기록을[17] 통해 위만조선 고지에 낙랑군·진번군·임둔군이 두어졌으며, 압록강과 혼강유역의 고구려지역 즉 예맥사회에 현도군이 두어

14) 충남 당진 소소리, 부여 합송리, 전북 장수 남양리유적이 있다.
李健茂, 〈扶餘合松里遺跡出土 一括遺物〉(《考古學誌》 2, 1990).
池健吉, 〈長水南陽里出土 靑銅器, 鐵器 一括遺物〉(《考古學誌》 2, 1990).
李健茂, 〈唐津素素里遺蹟出土 一括遺物〉(《考古學誌》 3, 1991).

15) 集安縣文物保管所, 〈集安發現靑銅短劍墓〉(《考古》 1981-5).

16) 김용간·안영준, 〈함경남도, 량강도 일대에서 새로 알려진 청동기시대유물에 대한 고찰〉(《조선고고연구》, 1986-1), 25~28쪽.

17) 《史記》 권 110, 列傳 50, 匈奴의 "漢이 東으로 예맥과 朝鮮을 공략하여 郡으로 삼았다"는 기록이 그것이다.

졌다는 주장과도[18] 합치되는 면이 많다.

종족상으로도 부조는 東濊와 함께 濊族에 속하며 貊族이나 韓族과는 구분된다. 기원전 1세기 후반 漢이 夫租縣의 邑君에게 준 '부조예군' 인장에서 알 수 있듯이 한군현에서도 함흥의 부조현을 예족으로 파악하고 있다. 그러므로 한의 군현이 토착 정치집단을 기본단위로 설치된 것이라면 임둔지역 예족사회의 중요세력이었던 부조현만 분리하여 정치 문화기반이 다른 현도군에 소속시켰을 가능성은 희박하다. 더욱이 지리적으로 함흥은 임둔의 중심부에 위치하므로 부조현이 현도군에 소속되었다면 함흥과 그 동북쪽 지역이 모두 현도군에 소속되어야 한다. 이렇게 되면 함흥과 영흥에 있던 임둔의 핵심세력을 남과 북으로 양분하여 1년의 시차를 두고 서로 다른 군에 소속시킨 것이 되는데 그 이유가 잘 납득되지 않는다. 뿐만 아니라 집안을 비롯하여 현도군 소속 縣治가 있었던 곳에서 널리 확인되고 있는 平地土城遺址가 함흥지방에서 발견되지 않는 것도 의문이다.[19] 따라서 부조현=현도군 소속설의 중요 근거인 《삼국지》 동이전의 '옥저성으로 현도군을 삼았다'는 기록을 군현설치 초기부터의 사실로 이해하거나 군이 옥저성을 현도군치로 삼았다고 해석해야 할 근거는 없다. 실제 기원전 82년 임둔군의 폐기로 부조현을 비롯한 임둔의 중요 현들이 일시 현도군에 소속된 적이 있으므로 이 기록은 동옥저의 연혁을 서술하는 과정에서 옥저성이 낙랑군 동부도위에 소속되기 직전에는 현도군에 속하였다는 사실을 적기한 것으로 생각된다.[20]

이처럼 함경남도와 강원도 북부 해안지대의 정치집단들은 기원전 2세기경까지도 임둔이라는 공동의 정치세력을 구성하고 있었으며 기원후 1세기 전반 동부도위가 폐지되기까지 거의 동일한 정치 문화적 변화 과정을 겪어 왔다. 그런데 3세기 중엽에 이르러 부조현이 옥저성으로 명칭이 바뀌었다. 이와 동시에 함흥과 그 북쪽지역의 주민들은 두만강유역의 주민들과 합쳐져 옥저로 통칭되는 반면 함흥 남쪽의 주민들은 동예로 칭해지고 있다. 이는 한

18) 李丙燾, 앞의 책, 169~170쪽.

19) 田中俊明, 앞의 글, 21쪽.

20) 《삼국지》의 동옥저 관계기록에서 최초에 부조가 임둔군에 편성되었던 사실과 임둔군에서 다시 현도군으로 移屬된 사실이 빠졌을 것이란 견해도 있다(金基興, 〈夫租薉君에 대한 고찰〉, 《韓國史論》 12, 서울大, 1985, 22쪽).

반도 동해안의 예족사회가 옥저와 동예로 나뉘어지고 옥저성의 이름이 함흥 이북 동해안과 두만강유역의 주민을 통칭하는 옥저족의 개념으로까지 확대된 결과이다. 함흥지역 주민이 두만강유역의 주민과 합해져 동일한 종족단위로 인식된 것은 고구려의 동해안 진출과 밀접한 관계가 있어 보인다. 태조왕대로부터 3세기 중엽까지 지속되어온 고구려의 세력확장 결과 강원도 북부와 함경도 동해안 그리고 두만강유역이 모두 고구려의 지배하에 들어 갔다. 이 과정에서 漢 이래 개척되어온 집안－강계－낭림산맥(薛寒嶺, 牙得嶺)－장진－황초령－함흥으로 이어지는 압록강 중류유역과 동해안을 연결시키는 교통로가 더욱 활성화되었다. 그리고 이 교통로가 북으로 연장되어 함경도 동해안과 북옥저를 거쳐 고구려로 되돌아 오는 순환코스가 성립되었던 것같다. 魏의 正始 6년(245)) 毌丘儉의 군대가 옥저방면으로 달아난 고구려 東川王(位宮)을 추격한 경로는[21] 바로 이 지역의 통치과정에서 이전부터 고구려가 활용해온 동해안 북부 교통로를 반영하는 것이다. 그러므로 이같은 동해안 교통로를 통해 남옥저와 북옥저가 하나의 통치단위로 운용되었고 이것이 3세기대의 역사서에서 남북옥저가 합해져 동옥저라는 단일한 세력집단 내지는 종족집단처럼 나타나게 된 배경이라 생각된다.

그러나 245년 관구검의 명령을 받은 玄菟郡 태수 王頎가 東川王을 추격하여 옥저에 이르러 3천 여명을 죽이거나 포로로 잡았다는 기록에서 보이듯이 魏軍에 의해 옥저세력은 큰 타격을 입었고 이곳에 구축된 고구려의 지배기반도 무너졌다. 이후 285년 길림지역에 있던 부여국이 慕容 鮮卑의 공격으로 왕 依慮가 자살하고 나라가 망하게 되자 왕의 자제와 부여국의 중심세력들이 북옥저로 옮겨와 다음해 晋의 도움으로 나라를 회복할 때까지 머물렀다. 부여 왕족의 북옥저 이주가 정복에 의한 것인지 이전부터의 교류관계를 바탕으로 한 것인지는 잘 알 수 없으나 이 때 북옥저에 잔류한 부여족을 중심으로 東夫餘세력이 형성되었으며[22] 북옥저의 중심지인 치구루에는 동부여의

---

21) 池內宏, 앞의 글, 271～278쪽.

22) 동부여의 위치가 동예에 있었다는 설도 있다.
韓鎭書, 《海東繹史》 東夫餘考.
丁若鏞, 《疆域考》 東夫餘考.
李丙燾, 앞의 책, 203～206쪽.

왕성인 餘城이 두어졌다.[23] 그리고 410년 고구려가 동부여를 멸망시킨 후 이 지역에는 고구려 柵城이 두어졌고, 고구려 멸망 후 渤海시기에는 東京 龍原府가 설치되었다. 책성의 위치에 대해서는 훈춘 八連城(半拉城) 일대로 비정하는 종래설에 대해 이곳에서 5리 떨어진 溫特赫部城으로 비정하는 설[24] 과 함북 청진으로 비정하는 새로운 설이 있다.[25]

2) 옥저의 사회와 문화

옥저지역에는 구석기시대부터 주민들이 거주해 왔으며 신석기시대와 청동기시대 이래 동북지역 선사문화의 중심지로 발달하였다. 특히 무문토기시대의 옥저지역은 공열토기로 대표되는 동북지방 무문토기문화의 중요한 분포지였다. 그러나 기원전 4~3세기경 고조선이 요동지역으로부터 대동강유역으로 중심지를 옮김에 따라 남옥저지역은 고조선의 세형동검문화와 본격적으로 접촉하였다. 그리고 이 시기에는 이미 각 지역별로 대소 규모의 정치체들이 형성되어 있었으며 이들이 지속적으로 성장 발전하여 옥저의 읍락들을 구성하였다.

《삼국지》 동이전에 동옥저는 인구가 5천 戶라고 하였다. 이는 남옥저의 규모를 말하는 것으로 남북옥저 전체의 인구를 합한 것은 아닐 것이다. 이 정도의 인구 규모는 삼한 각 소국의 평균 호수인 2~3천 호보다 크며, 낙랑군 또는 동예 각 현의 평균치인 3천여 호보다도 큰 편이다.[26] 5천여 호의 주민들은 여러 개의 읍락으로 나뉘어져 있었다. 삼한지역을 참고로 읍락의 평균 호수를 5백여 호로 잡으면 적어도 옥저에는 10여 개의 읍락이 있었던 것으로 추정된다. 그러나 현재 함흥지역에는 1~3세기대의 옥저의 읍락 상태를

---

23) 池內宏, 〈夫餘考〉(앞의 책).
盧泰敦, 앞의 글, 43~46쪽.
24) 엄장록·정영진, 〈연변의 주요한 고구려 고성에 대한 고찰－고구려의 책성을 겸하여 논함〉(《연변대학조선학국제학술토론회논문집》 1, 1989).
盧泰敦, 〈朱蒙의 出子傳承과 桂婁部의 起源〉(《韓國古代史論叢》 5, 1993), 39쪽.
25) 채태형, 〈발해 동경룡원부－훈춘 팔련성에 대한 재검토〉(《력사과학》 1990－3).
26) 李賢惠, 《三韓社會形成過程硏究》(一潮閣, 1984), 120쪽.

직접적으로 반영하는 유물들은 거의 알려져 있지 않다. 다만 옥저의 읍락들은 기원전 3~2세기 이래 형성되어온 각 지역별 정치집단이 성장 발전한 것이므로 당시의 지배자가 소유하였던 무기와 儀器 자료를 통해 읍락의 대략적인 분포상태를 추론할 수는 있다. 앞의 〈표〉에서 보듯이 청동기, 철기 유물의 출토량이 많고 분포가 밀집된 곳은 함흥만으로 흘러드는 성천강 하류의 함흥시와 함주군 일대이다. 이 지역에 분포한 유적들은 모두 남옥저를 구성한 중요 읍락으로 특히 유물의 질량면에서 가장 두드러진 곳은 이화동 유적이다. 이화동유적으로부터 500~800m 거리에 치마동과 지장동유적이 있어 이화동을 포함한 이 일대에 부조현치가 두어졌을 가능성이 높다. 그리고 함흥시 서쪽 8㎞ 지점의 함주군 대성리, 서북쪽 8㎞ 지점의 함주군 조양리 등 성천강 서쪽에도 읍락이 분포하였을 것이다. 그리고 함흥지역에서 해안을 따라 동북쪽으로 20여 ㎞ 떨어진 락원군(퇴조) 송해리, 그리고 이곳에서 다시 30여 ㎞ 이상 떨어진 북청군(신창) 하세동리 등지에도 읍락들이 분포되어 있었을 것이다.

옥저는 위만조선에 복속된 이래 한군현과 고구려 등 주변 강대세력의 지배를 받아 왔으므로 내부적으로 강력한 정치권력이 성장하지 못하였다. 그리하여 3세기 중반경에도 여러 읍락들을 통합하여 다스리는 大君王은 없었고 각 읍락마다 대대로 독자적인 통치자가 있었다. 각 읍락의 우두머리들은 스스로 三老라고 불렀는데 이는 군현 통치시대의 유제를 이은 것이다. 군현 설치 초기의 사정은 잘 알 수 없으나 기원전 1세기 후반경 부조현에는 낙랑군으로부터 縣長이 임명·파견되었던 것이 확인된다. 평양시 낙랑토성 근처에서 발견된 貞柏洞 2호 무덤이 그것으로 이 무덤의 주인공은 夫租縣長을 지냈던 高常賢의 무덤으로 밝혀졌다.[27] 고상현묘에서는 永始 3년(기원전 14)에 만들었다는 글씨가 쓰여진 일산대와 '夫租長印'이라 은상감한 백동도장 1개와 '高常賢印'이라고 새겨진 銀印이 들어 있어 무덤 주인공의 직위와 성명 및 활동시기를 나타내고 있다. 이 무덤은 漢의 木槨墳계통의 무덤양식을 따르고 한식 유물이 많이 부장되어 있는 등 한문화의 영향을 강하게 반영한다.

27) 《고고학자료집》 6(과학백과사전출판사, 1983), 17~25쪽.

그러나 함께 부장된 세형동검과 동검자루장식 그리고 토기의 조합상(화분형 토기와 배부른단지)은 위만조선 지배계급의 문화 특징을 고스란히 간직하고 있다. 낙랑군지역에 남아 있는 목곽분 주인공의 출신에 대해서는 토착 조선인설,[28] 토착 漢人說[29] 등 견해가 다양하다. 이와 달리 한 정부는 武帝 사후 토착세력을 지배기구 속으로 편입하여 군현지배체제를 유지한다는 방침하에 평양지역 내에 있던 토착 지배세력을 선발하여 부조현의 長으로 파견함으로써 '以夷治夷策'의 효과를 거두고 있었다는 견해도 있다.[30] 이처럼 고상현을 평양지방의 위만조선 지배계급 출신으로 본다면 부조현장이 세형동검과 화분형토기 세트를 부장하고 그의 무덤이 평양에 만들어진 배경이 합리적으로 설명될 수 있다.

한의 부조현 통치와 관련하여 주목되어 온 다른 하나의 자료는 고상현묘에서 불과 100m 떨어진 곳에서 발견된 夫租薉君墓(정백동 1호무덤)이다.[31] 이 무덤에서도 '夫租薉君'이라 새겨진 은제 도장과 한의 철기, 그리고 위만조선 지배계급의 무덤에서 흔히 나오는 세형동검·동모·청동제 수레부속과 화분형토기 세트 등이 출토되었다. 이 무덤은 기원전 1세기 후반경의 무덤이며, '부조예군' 인장은 한정부가 무덤 주인공을 夫租邑君으로 봉하면서 함께 준 것이다. 그런데 《삼국지》 동옥저조와 예조 기록에 의하면 한이 예족사회의 지배자들을 侯로 봉한 것은 동부도위 폐지(기원후 30) 이후 각 현을 후국으로 봉하면서 행한 조처였다. 그러므로 도위 폐지 이전의 읍군의 위상 즉 부조현의 통치책임자인 夫租縣長과 夫租邑君과의 관계에 대해서는 의문이 있다.

이에 대해 후와 읍군은 郡內·郡外를 막론하고 이민족의 수장에게 부여된 것이므로 군현체제와 상호 모순되는 것이 아니라는 견해가 있다.[32] 만약 지방관인 부조현장이 파견된 상태에서 토착 수장을 읍군으로 봉하였다면 읍군의 기능과 통치범위가 문제이다. 이 경우 두 가지 가능성을 설정할 수 있다.

28) 孫秉憲, 〈樂浪古墳의 被葬者〉(《韓國考古學報》 17·18, 1985), 10쪽.
29) 三上次男, 〈樂浪郡社會の支配構造〉(《朝鮮學報》 30, 1964), 19~25쪽.
30) 尹龍九, 〈樂浪前期 郡縣支配勢力의 種族系統과 性格〉(《歷史學報》 126, 1990), 38쪽.
31) 리순진, 〈부조예군무덤에 대하여〉(《고고민속》 1964-4).
32) 權五重, 《樂浪郡硏究》(一潮閣, 1992), 50쪽.

하나는 일반 읍락의 수장은 삼로로 임명하고 일반 읍락보다 규모가 큰 읍락의 수장은 읍군으로 봉하였으며 縣治가 있던 대읍락에는 현장이 파견되었을 가능성이다. 다른 하나의 가능성은 현치가 있는 중심 읍락의 거수를 읍군으로 봉하고 여기에 현장이 함께 파견된 경우이다. 이 때 현장은 현내의 전체 읍락들을 통괄하고 현치가 있는 중심 읍락은 읍군이 다스리는 구조가 되거나 아니면 읍군은 현정에 직접 관여하지 않는 존재여야 한다.[33)]

그러나 양자가 공존하지 않았을 가능성도 있다. 일반적으로 縣長의 파견은 토착민에 대한 직접적인 통치를 의미하는 것이고 읍군은 책봉과 조공을 통한 간접적인 통제 방식으로 지방관 파견보다 강도가 훨씬 약하다. 그러므로 기본 성격상 현장과 읍군이 같은 지역을 대상으로 함께 통치에 참여한 것으로 보기는 어렵다. 무덤양식과 부장유물의 형식상으로도 부조예군묘가 고상현묘보다 시기적으로 앞선다. 그러나 유물의 질량면에서는 양자가 거의 비슷하여 우열을 가리기 어렵다. 그러므로 부조읍군은 부조현장 못지 않은 사회경제적 지위를 누리던 인물로 보아야 한다. 따라서 도위 폐지 이전 시기에 현장 대신 읍군을 봉한 적이 있었다고 가정한다면 이는 군현의 대토착민 통치가 이완된 시기의 조처일 것이다. 예컨대 한이 현도군을 만주쪽으로 옮기고 낙랑군 동부도위를 설치한 후 동해안 예족사회에 대해 다시 안정된 통치기반을 확립해나가는 과도기에 현장 파견 대신 읍군을 책봉한 일정 시기를 상정할 수 있다. 이런 관점에서 인장의 印文상의 특징을 근거로 부조예군을 조공을 매개로 하는 일반 外臣과는 다른 外臣과 內臣의 중간적인 존재로 파악하는 견해가 있어 주목된다.[34)] 실제 동부도위 설치 초기의 낙랑군은 朝鮮縣내의 토착세력의 반발을 억압·회유하는 데 고심하고 있었으므로 동부도위 소속현에 대해서는 적극적인 통제를 가하기 어려웠을 것이다.[35)] 그러므

---

33) 吳永贊, 〈樂浪郡郡縣支配의 成立과 構造〉(서울大 國史學科 碩士學位論文, 1995), 45쪽.

34) 內臣인 경우는 漢이란 글자를 표시하지 않고 外臣인 경우 '漢某王之印'으로 구성된다고 한다(金基興, 앞의 글, 9쪽 및 栗原朋信, 《秦漢史の研究》, 1960, 220~288쪽).

35) 동부도위 설치를 기점으로 대토착민 정책이 강화되었다는 견해도 있으나(金基興, 위의 글) 이에 대해서는 都尉지배체제가 군현지배체제보다 한 단계 이완된 지배체제라는 일반적인 이해와 맞지 않는다는 지적이 있다(吳永贊, 앞의 글, 45쪽).

로 부조예군묘의 주인공은 이같은 정치적 배경하에서 이해될 수 있는 인물이다. 이 밖에도 부조예군묘에 대해서는 부조예군의 관작을 받은 인물이 함흥지역이 아니라 평양에 매장되어 있다는 사실이 또 하나의 의문이다. 이에 대해 부조지역 주민들의 저항으로 평양에 쫓겨왔다는 해석과[36] 한의 군현통치 강화과정에서 부조지역 토착세력의 우두머리를 평양으로 이주시킨 것이라는 상반된 견해가 있다.[37] 이러한 의문 역시 군현의 대토착민정책의 변화와 관련하여 설명되어야 할 부분이다.

고상현묘를 통해 알 수 있듯이 기원전 1세기 후반경 한의 군현 통제방식은 토착 지배계급을 군현지배체계의 일부로 끌어들여 縣長으로 파견하는 등 적극적인 토착화의 방향으로 전환되었다. 漢式 유물의 출토량과 빈도에서 나타나듯이 군현 설치 이외의 지역인 辰弁韓지역에서도 기원전 1세기 후반대에 이르면서 한의 대토착민 접촉이 활발해지고 있다. 그러나 이러한 한의 정책은 오래 지속되지 못하였다. 기원후 30년 동부도위의 폐지로 부조현은 侯國이 되었고 토착지배자들은 侯·邑君 등으로 봉해지면서 자치권을 회복하였다. 이후 20여 년이 경과한 후 고구려에 복속되면서 부조현의 지배자들은 고구려 관직인 使者에 임명되어 고구려 大加의 지시를 받았다. 대가는 조세수납과 布·물고기·소금 이외에도 각종 해산물들을 바치도록 요구하고 미인을 징발하여 노비나 첩으로 삼았다. 《삼국지》에서는 고구려인들이 옥저인들을 奴僕처럼 대한다고 기록하고 있어 옥저인들이 고구려의 집단예속민으로 전락된 상태를 보여준다.

옥저의 주된 생산기반은 농업이었다. 지형이 산을 등지고 바다를 향하고 있었으므로 해안지역에서는 해산물이 풍부하였고 토지가 비옥하여 五穀이 잘 자란다고 하였다. 북옥저지역에서도 일찍부터 잡곡농사가 행해졌던 흔적이 있다. 함경북도 무산 호곡동의 청동기시대 유적에서는 탄화된 기장과 수수가 발견되었고, 북옥저의 주거지로 비정되는 흑룡강성 東寧縣 團結住居址 유적(77F5)에서도 탄화된 粟이 발견되었다.[38] 《삼국지》 弁辰조에 五穀과 稻

36) 도유호, 〈왕검성의 위치〉(《문화유산》 1962-5), 61쪽.
37) 金基興, 앞의 글, 30쪽.
38) 匡 瑜, 앞의 글, 28쪽 ; 《黑龍江省文物考古三十年主要收獲》.

가 잘 자란다는 표현에 나타나 있듯이 오곡 중에 벼는 포함되지 않는다. 그러나 옥저의 장례 풍속에 나오는 쌀의 기록을 통해 잡곡농사 이외에 벼도 일부 재배되었음을 알 수 있다. 소와 말이 적고 창을 가지고 步戰을 잘 하며 음식과 주거·의복·예절이 고구려와 비슷하였다고 한다. 청동기문화 단계에서는 동북지방과 압록강 중류유역은 각각 공열토기와 公貴里토기문화의 중심지로서 개성있는 지역문화를 형성하고 있었고, 초기 철기시대에 들어 와서도 함남지방은 압록강유역과 달리 대동강유역의 고조선문화와 밀접한 관계를 가져왔다. 그러므로 3세기경 중국인에 의해 관찰된 의식주 생활상의 이같은 유사성은 고구려 복속하에서 진행된 동화현상의 결과로 생각된다.

두 지역의 전통적인 문화기반이 서로 다르다는 것은 장례 풍속과 혼인 풍속을 통해서도 입증된다. 옥저에서는 길이가 10여 仗이나 되는 큰 나무곽을 만들어 한 쪽에 문을 만들어 두었다가 사람이 죽으면 가매장을 하여 살이 다 썩으면 뼈만 가려 槨 속에 안치한다고 하였다. 곽은 가족 공용이며 죽은 사람의 숫자대로 나무로 사람의 모습을 새겨두고, 질그릇 솥에 쌀을 담아 곽의 문에 매달아 놓았다고 한다. 이는 압록강 중류 및 혼강·독노강유역에 분포된 강돌을 쌓아 만든 돌무지무덤과는 대조를 이룬다. 옥저의 혼인 풍속은 신랑의 집에서 혼인을 약속한 여자를 데려다 장성하도록 기른 후 며느리로 삼는 민며느리제(預婦制)였다.[39] 여자가 성인이 되면 본가에 다시 돌아와 신부의 가족들이 신랑집에 돈을 요구하고 돈이 지불된 후 신랑집으로 다시 돌아 갔다고 한다. 이러한 혼인 풍속은 신랑이 혼인 후 첫 아이가 태어날 때까지 여자의 집에 와서 함께 지내면서 각종 댓가를 치르도록 하는 고구려 壻屋制(데릴사위제도)와는 다르다.

중국 흑룡강성 동녕현에서는 북옥저인들의 주거생활을 보여주는 유적들이 다수 발굴되었다. 대표적인 유적인 團結주거지(77F1)는 실내면적이 70㎡, 깊이 35cm 정도의 장방형 반수혈식 주거지로 주춧돌을 사용하여 기둥을 세웠다. 실내 서벽 남쪽 모서리에는 부뚜막과 아궁이가 있고 서벽에서 북벽으로 벽을 따라 난방시설(火墻)이 마련되어 있다. 이는 흙으로 벽을 쌓고 위를 돌

39) 金斗憲, 《韓國家族制度硏究》(乙酉文化社, 1949).

로 덮은 길이 11m, 폭 50cm, 높이 30cm 가량의 터널 형태의 시설로 團結문화 즉 북옥저인들의 주거문화의 중요한 특징으로 간주되고 있다.[40] 그리고 龍井현 등지에서는 高山 취락지가 조사되고 있어 "북옥저인들은 挹婁인들이 배를 타고 와서 노략질하는 것을 두려워하여 여름철에는 산속 바위굴에서 지내고, 뱃길이 통하지 않는 겨울철이 되어서야 마을에 내려와 살았다"고 하는 《삼국지》의 기록과 부합한다고 하겠다.[41]

함경도지역에서는 아직 단결유적과 비슷한 주거지유형이 발견되지는 않았다. 함경남도 동해안 일대에 분포하는 금야-토성리형문화는 단결유적보다 연대가 앞서는 주거지유적이기는 하나 이는 두만강유역의 청동기시대 주거지와는 구조가 다르며 오히려 대동강·재령강유역의 팽이형토기 주민들의 집기둥 배치와 같다고 한다.[42] 그러므로 북옥저와 남옥저의 주거생활의 비교는 앞으로 금야-토성리형문화를 계승한 시기의 주거지유적들이 조사되어야만 가능할 것이다. 이와 동시에 만주와 연해주 일대의 고고학적 조사를 통해 읍루·肅愼족과 다른 북옥저 고유의 문화성격을 구체적으로 밝혀나가야 할 것이다.

〈李賢惠〉

---

40) 匡 瑜, 앞의 글, 28쪽.
41) 李 强, 앞의 글, 6쪽.
42) 《우리나라 원시집자리에 관한 연구》(사회과학출판사, 1975), 157~158쪽.

V. 삼　　한

1. 삼한의 정치와 사회
2. 삼한의 문화

V. 삼 한

1. 삼한의 정치와 사회

1) 진국과 삼한

三韓은 馬韓·辰韓·弁韓을 뜻하며 기원전 2세기에서 기원후 3세기경까지 한반도 중남부지역에 있던 정치집단들을 말한다. 삼한에 관한 기록이 처음 나오는 것은 3세기 후반 晋의 陳壽가 편찬한 《三國志》 魏書 東夷傳이며(이하 《삼국지》 동이전으로 약칭함), 여기에는 漢 이후 3세기 전반까지의 한반도의 사정이 비교적 자세하게 기록되어 있다. 《삼국지》 동이전에 의하면 당시 삼한과 함께 한반도 북으로는 高句麗가, 서북지역에는 樂浪郡·帶方郡 등 중국의 군현이, 동북지역에는 東濊·沃沮와 같은 정치집단들이 있었다. 삼한의 지리적 위치에 대해서는 여러 가지 견해가 있어 왔다. 崔致遠이 삼한을 삼국에 비정한 이후 조선 초기 權近 등의 《東國史略》에 이르기까지 약간의 차이는 있으나 기본적으로 삼한=삼국설에서 벗어나지 않았다.[1] 그러나 조선 중기 韓百謙(1552~1615)이 《東國地理誌》에서 마한을 경기·충청·전라지역에, 진한과 변한을 경상도지역에 비정한 이래 조선 후기 대부분의 실학자들이 이 설을 따랐다. 이후 진한을 경기도 일대에 비정하는 새로운 설이 나오기도 하였으나[2] 최근에 이르기까지 한백겸의 설이 가장 널리 받아들여지고 있다.

《삼국지》 동이전 韓條에는 마한 54국, 진한 12국, 변한 12국 모두 합하여 78개의 國名이 실려 있다. 삼한의 국들은 이전에는 部族國家라고 불러 왔으

1) 崔致遠은 마한을 고구려, 진한을 신라, 변한을 백제지역으로 비정하였고(《三國史記》 권 46, 列傳 6, 崔致遠), 《東國史略》에서는 마한을 백제, 변한을 고구려, 진한을 신라지역에 비정하였다.

2) 李丙燾, 《韓國古代史硏究》(博英社, 1976), 261~267쪽.

나 이는 신석기문화 단계의 사회집단을 뜻하는 '부족'과 발달된 사회 단계의 조직적인 정치체를 뜻하는 '국가'라는 서로 상치되는 개념의 부자연스러운 결합이어서 적절하지 않다는 지적이 있어[3] 80년대 후반 이후 거의 사용되지 않고 있다. 그 대신 삼한의 각 국들이 다수의 읍락으로 이루어져 있음을 근거로 邑落國家로 칭하자는 견해도 있고, 土城이나 木柵으로 둘러싸인 도시국가와 같은 개념을 염두에 두고서 城邑國家라는 용어를 사용할 것을 주장하는 견해도 있다.[4] 이와 달리 이들을 국가 성립 이전 단계의 정치집단으로 간주하여 chiefdom(君長社會, 酋長社會, 族長社會 등으로 번역되고 있음)이라는 정치인류학적 개념을 통해 이해하려는 시도도 있다.[5] 또는 삼한의 국들은 삼국시대의 국에 비해 영토나 인구의 규모가 훨씬 작다는 의미에서 小國이라는 편의적 용어로 불려지기도 한다. 그러나 정치집단의 크기를 大小로 구분하는 것은 상대적인 것일 뿐 아니라 대소의 구분만으로는 정치집단의 성격을 제대로 나타낼 수 없으므로 정치집단을 지칭하는 용어로 小國은 부적합하다는 비판이 있다.

삼한의 국들은 모두 청동기문화 단계 이래 한반도 중부 이남지역에 성립되어 있었던 토착사회가 성장 발전한 것으로 삼한의 성립은 삼한을 구성하는 각 소국이 성립되는 시기와, 지역별로 소국들이 연맹체를 형성하여 마한·진한·변한으로 분립되는 시기로 나누어서 이해할 필요가 있다. 한반도 중부 이남지역의 토착집단을 韓이라고 부르기 시작한 것이 언제부터인지는 불확실하다. 衛滿에게 나라를 빼앗긴 고조선의 準王이 南走하여 韓地에 거주하고 스스로 韓王이라고 했다는 《魏略》의 기록을 근거로 준왕 남주 이후부터 중남부지역이 한으로 칭해졌다는 설이 있으나 의문이 없지 않다. 《史記》 朝鮮傳에 眞番 곁에 있던 辰國이[6] 중국 漢나라와 직접 통교하고자 하였으나

3) 金貞培, 《韓國古代의 國家起源과 形成》(高麗大 出版部, 1986), 47~55쪽.

4) 千寬宇, 〈韓國史의 潮流〉 4, 南北의 古代國家(《新東亞》 1972년 9월호), 226~228쪽.
李基白, 〈高句麗의 國家形成 問題〉(歷史學會 編, 《韓國古代의 國家와 社會》, 一潮閣, 1985), 85~95쪽.

5) 金貞培, 앞의 책, 195~209쪽.

6) 流行本 《史記》에는 '衆國'으로 기록되어 있으나, 이후 百衲本 《사기》에 '辰國'으로 표기된 것이 알려지게 되면서 《사기》 판본 연구를 통해 宋代까지의 《사기》는

衛滿朝鮮의 방해로 뜻을 이루지 못하였다는 기록이 있어,[7] 기원전 2세기경에는 서북지방의 위만조선과 함께 중부 이남지역에는 진국이라는 정치집단이 있었던 것을 알 수 있다. 특히 《삼국지》 동이전에 인용된 《위략》의 기록에는 위만조선이 멸망하기 이전 朝鮮相 歷谿卿이 위만조선의 마지막 왕인 右渠와 뜻이 맞지 않아 동쪽 진국으로 갔다는 기록이 있어 기원전 2세기경 중남부지역의 저명한 정치집단으로서 진국의 존재가 확인된다. 그런데 진국의 이름은 기원전 2세기 말 위만조선의 멸망과 漢郡縣의 설치라는 서북한지역의 정치적인 파동 이후 더 이상 등장하지 않고 그 대신 중부 이남지역의 정치집단들은 韓으로 불려지고 있다. 後漢 光武帝 建武 20년(기원후 44) 廉斯人 蘇馬諟를 '韓廉斯邑君'으로 봉했다는 기록이[8] 있어 이미 韓이라는 명칭이 보편화되고 있음을 알 수 있다.

진국과 韓의 관계에 대해 《삼국지》 동이전에는 '진한은 옛 진국'이라 한 데 비해 《後漢書》 동이전에는 '삼한이 모두 진국에서 발전한 것'으로 되어 있어 연구자의 논지에 따라 둘 중 하나가 임의적으로 선택되고 있다.[9] 그러나 《후한서》의 기록은 진국의 영역을 중남부 전역에 걸친 것으로 이해한 데서 온 오류이며, 《삼국지》에서 진국을 진한과 연결지은 것은 '辰'이라는 글자의 공통성에 덧붙여 진국의 방향이 위만조선의 동쪽에 있다는 것과 진한이 마한의 동쪽에 위치한다는 방향의 공통성을 토대로 史書 편찬과정에서 찬자가 ― 《위략》 찬자인지 《삼국지》 동이전 찬자인지는 불확실하나 ― 내린 추론일 가능성이 크다. 더욱이 고고학 자료상 중부 이남지역은 진국에서 한이라는 명칭의 변동에 관계없이 細形銅劍文化 단계 이래의 주민과 문화가

진국으로 기록되어 왔으나 이후 오류가 발생하여 衆國으로 잘못 기록된 것이라는 고증이 있다. 이처럼 진국의 명칭이 최초로 나오는 곳은 《사기》 朝鮮列傳이다. 그러나 유행본 《사기》를 따라 衆國을 취하고 진국이라는 단일한 정치집단 대신 다수의 정치집단을 상정하는 이른바 衆國說을 주장하는 학자도 있다. 그러나 《사기》와는 사료 계통과 내용을 달리하는 《魏略》과 《三國志》 동이전에도 분명 진국의 명칭이 나오고 있으므로 진국이 바른 표기라는 견해가 우세하다.

7) 《史記》 권 115, 列傳 55, 朝鮮.

8) 《後漢書》 권 85, 列傳 75, 東夷 韓.

9) 예컨대 진국을 부인하고 衆國說을 취할 경우 《후한서》의 기록이 논리에 더 적합할 것이며, 《조선전사》처럼 진국을 구성한 단위집단이 삼한 70여 소국이라는 주장도 《후한서》의 기록을 취한 결과이다.

지속적으로 계승 발전하는 양상을 보이고 있다. 즉 진국에서 한으로의 명칭 변화가 진행되는 기원전 2세기 말에서 서력 기원을 전후하여 철기문화가 급격히 확산되는 변화가 있으나 삼한사회는 기본적으로 세형동검문화 단계의 주민과 문화를 계승하고 있다는 것이 고고학계의 일반적인 견해이다. 그러므로 진국에서 한으로의 변화 과정에서 진국과 연관지워질 수 있는 것이 진한인지, 마한인지 아니면 삼한 전체로 볼 것인지의 문제는 삼한의 기본 성격을 이해하거나 성격지우는 데 그리 중요하지는 않다. 보다 중요한 것은 진국이라는 정치집단의 해체와 한의 각 소국의 출현을 어떠한 과정으로 파악할 것인가 하는 점이다.

진국이 존속했던 기원전 2세기의 중남부지역은 세형동검문화가 발달했던 단계이다. 철제 도끼와 끌 등의 철기 완제품이 일부 사용되고 있으나 아직도 철기의 사용은 제한적이었으며 무기와 儀器 및 공구의 주된 재료는 여전히 청동이었다. 그러므로 진국은 청동무기 못지 않게 청동거울과 청동제 방울 등을 권위의 상징물로 소중하게 여기고 물리적인 힘보다 제사장의 권위와 능력을 권력의 주요 토대로 삼고 있는 이른바 제정일치적인 사회 단계에 있었으며, 진국은 제정일치 단계의 족장들에 의해 통솔되는 다수 정치집단들의 집합체로 파악된다. 이 시기 중남부지역내에서 청동유물과 유적이 집중적으로 발견되는 곳은 금강과 영산강유역이므로[10] 진국의 지리적 위치 역시 충남과 전라도지역 일대에 비정될 가능성이 높다.

그런데 기원전 2세기 말엽부터 기원전 1세기에 이르러 본격화되기 시작하는 철기문화의 유입으로 철자원 개발과 철기의 제작 보급이 광범위하게 이루어지고, 서북한지역의 정치적 변동으로 상당수의 유이민들이 중부 이남지역으로 들어 오게 된다. 이로 인해 청동기의 제작과 관리 및 교역의 중심지로서 광범위한 영향력을 행사하던 진국의 기능이 상대적으로 쇠퇴하고, 철자원이 풍부한 경상도지역을 중심으로 새로운 정치·경제적 구심점이 형성되면서 중부 이남지역 토착사회 전반에 걸쳐 중요한 정치·문화적인 변화가 진행되었던 것으로 생각된다. 지역에 따라 시간적인 선후의 차이가 있고, 소

10) 國立中央博物館, 〈青銅遺物關係資料〉(《韓國의 青銅器文化 特別展》, 汎友社, 1992), 150~154쪽.

국이 형성되는 직접적인 계기 역시 다양하였을 것이나, 70여 개 개별 정치집단으로서의 삼한 소국의 성립은 이같은 한반도 전체의 정치·문화적 변동과정 속에서 파악되어야 한다.

평균적으로 마한지역이 진한과 변한지역에 비해 인구도 많고, 세형동검문화 단계에서는 정치·문화적인 발달 정도도 선진적이었다. 금강과 영산강유역을 중심으로 정치적인 권위와 경제적인 부의 상징인 청동제품들을 다량으로 부장하는 분묘유적들이 집중 분포되고 있는 것이 이를 뒷받침한다. 그러므로 마한 소국들 중에는 한강유역의 백제국과 같이 상대적으로 늦은 시기에 성립된 것도 적지 않을 것이나, 상당수는 기원전 3~2세기경 충남과 전라도지역에 성립되어 있었던 정치집단들이 진국의 해체 이후에도 개별적인 성장을 지속하여 마한의 중요 소국으로 존속 발전해간 것으로 볼 수 있다.[11] 이에 비해 경상도지역에서는 기원전 1세기에서부터 서력 기원을 전후한 시기에 이르러 다량의 철기를 부장하는 土壙木棺墓유적들이 급격하게 증대되면서 새로운 정치권력의 형성과 계층분화 현상을 시사한다. 특히 경주·대구·김해 등지에서 집중 출토되는 이 시기의 금속제 유물들은 이전 단계와 다른 새로운 정치·문화적 상황의 전개를 반영하기에 충분한 자료들이다.[12]

삼한 소국의 성립 과정을 개별적으로 살필 수 있는 자료는 거의 없으나 백제·신라·가야 각국의 건국설화를 분석하거나 고고학 자료를 활용함으로써 소국 형성의 유형을 일부 추론할 수는 있다. 진한의 맹주격인 斯盧國의 형성에 대해서는《三國史記》와《三國遺事》에 기원전 57년 6村의 촌장들이 모여 赫居世를 왕으로 추대하고 국호를 徐那伐이라 하였다는 건국설화가 실려 있다. 변진의 拘邪國에 대해서도《삼국유사》의 駕洛國記에 기원후 42년 9干 즉 9명의 족장들이 모여 首露를 왕으로 추대하고 가락국을 세웠다는 건국설화가 전해진다. 문헌 기록에 나오는 사로국과 구야국의 건국 연대를 그대로 받아 들이기보다, 기원전 1세기에서 기원후 1세기라는 대체적인 시기를

11) 李賢惠,《三韓社會形成過程硏究》(一潮閣, 1984), 37~47쪽.

12) 崔鍾圭, 〈慶州市朝陽洞遺蹟發掘調査概要とその成果〉(《古代文化》35, 1983), 353~363쪽.

林孝澤,《洛東江下流域 加耶의 土壙木棺墓硏究》(漢陽大 博士學位論文, 1993), 8~34쪽.

나타내는 것으로 해석할 경우, 이같은 연대는 이 지역을 중심으로 나타나는 고고학 자료상의 새로운 변화 추세와도 크게 어긋나지 않는다. 이미 알려진 대로 고고학계에서는 경남 義昌郡 茶戶里유적과 경주 朝陽洞 38호분을 기준으로 기원전 1세기 후반에서부터 기원후 1세기 전반에 걸치는 시기를 原三國時代(김해문화, 삼한시대)의 첫 단계로 잡고 있기 때문이다.[13]

마한 백제국의 형성에 대해서는 《삼국사기》 백제본기에 기원전 18년 부여계 고구려 유민인 溫祚가 10臣의 補翼을 받아 十濟를 건국하였다는 기록이 있다. 그러나 한강 하류지역에서는 아직까지 문헌 기록과 대비하여 고찰할 만한 이 단계의 고고학적 자료의 축적이 부족하다. 신석기시대 이래 상당수의 주민들이 이 지역에 지속적으로 거주해왔음은 여러 고고학적 자료를 통해 입증된다.[14] 그리고 질량면에서 금강과 영산강유역에 비해서는 크게 뒤떨어지지만 중랑천·성내천·안양천 등 한강 하류의 지류 부근에서 출토되는 소량의 청동유물들은 기원전 3~2세기경 다수의 소규모 정치집단들이 이곳에 성립되어 있었음을 나타낸다. 또한 철기가 널리 확산되는 서력 기원을 전후한 시기에 이르러 한강유역 각지에서도 철기 유물을 내는 집자리 유적들이 빈번히 발견되고 있어, 철기문화의 확산이 백제국 출현의 사회·문화적 토대가 되었을 것으로 추정된다.[15] 물론 경상도지역에 비해 3세기 이전 단계의 墳墓나 방어시설 등 백제국의 형성과 건국 주체세력의 出自를 뒷받침할 만한 직접적인 자료의 발견은 아직 미흡하다.[16] 앞으로 漢江 남쪽으로 옮기기 이전의 백제국 최초의 중심지가 어디였는가 하는 문제와 더불어 한강 북쪽 경기도 일대의 유물·유적에 대한 조사자료가 축적된다면 백제국 성립에 대한 좀 더 자세한 설명이 가능할 것이다. 요컨대 백제국 성립의 정치·문화적 배

13) 李健茂 外, 〈義昌茶戶里遺蹟發掘進展報告(1)〉(《考古學誌》 1, 1989), 53쪽.
崔鍾圭, 《三韓社會에 대한 考古學的 硏究》(東國大 博士學位論文, 1993), 117쪽.

14) 權五榮, 〈初期百濟의 성장과정에 관한 일고찰〉(《韓國史論》 15, 서울大, 1986), 8~11쪽.

15) 權五榮, 위의 글, 57~59쪽.

16) 백제국의 토성유지로 추정되는 夢村土城의 上限연대도 현재까지의 조사로는 기원후 3세기를 더 올라가지 못하며, 石村洞·可樂洞 일대에서 조사된 분묘유적 역시 사정은 비슷하다(李賢惠, 〈3세기 馬韓과 伯濟國〉, 《百濟의 中央과 地方》 忠南大 百濟硏究所, 1997, 9~11쪽).

경 역시 중남부지역의 전반적인 발전 추세속에서 예외적인 존재는 아니었다.

소국 성립을 이같은 시간적·문화적 배경하에서 이루어지는 정치적 변화라고 한다면 그 구체적인 내용은 어떠한 것이었을까? 《삼국지》 동이전에는 "國邑에는 主帥가 있으나 邑落들이 雜居하여 서로 잘 제어하지 못한다"고 하여 삼한의 각 국은 국읍과 다수의 읍락들로 구성되어 있었던 것으로 나타난다. '國'은 지배적인 邑을 뜻하므로 국읍이란 다수의 읍락들 중에서도 중심적 기능을 발휘하는 대읍락으로 해석될 수 있으며, 삼한의 각 국은 대소의 읍락들로 구성된 정치집단이라 하겠다. 그런데 진한 사로국과 변진 구야국, 마한 백제국의 건국설화에는 6村長과 9干, 10臣 등이 모여 각 국을 세운 것으로 되어 있어 이들이 통솔하는 집단이 바로 소국을 구성한 읍락에 해당됨을 알 수 있다. 읍락은 소국 형성 이전부터 각지에 성립되어 있었던 개별적인 정치집단들로 6촌장 설화 등을 통해 볼 때 이들은 청동기문화 단계의 族的 결합원리와 정치형태에 바탕을 둔 집단들이라 하겠다. 그러므로 삼한 각 소국의 성립은 이러한 소규모 집단들이 철기문화의 확산과 유이민의 이동이라는 정치·문화적 변화에 대응하여 地緣에 바탕을 둔 보다 확대된 정치집단으로 통합 발전되어 가는 과정으로 이해된다.

2) 삼한의 정치

(1) 소국의 정치권력

삼한 소국의 정치적 성격과 발전 과정을 이해하기 위해서는 먼저 소국의 구성단위인 읍락과 이들의 상호관계에 대한 검토가 필요하다. 《삼국지》 동이전에는 주민이 거주하는 취락집단을 가리키는 것으로 國邑·邑落·小別邑 등의 용어가 사용되고 있다. 국읍은 소국의 중심되는 읍락을 뜻하며 규모가 크거나 일반 읍락과 구별되는 기능을 일부 발휘하고 있다. 소별읍은 소국의 일부로 통합되지 않고 독립된 정치집단으로 존속하고 있었던 개별 읍락을 지칭하는 것으로, 변진지역에는 동이전에 기록된 12국 이외에도 이러한 소규모의 독립적인 정치집단이 많이 있었다. 그러나 국읍과 소별읍 등은 규모나 기능면에서 약간의 차이가 있다고 해도 사회적 구성이나 조직 원리면에서는 일반 읍락과 크게 다르지 않다.

읍락이란 대규모 주민거주지인 邑과 촌락의 뜻인 落의 복합어라는 해석도 있고 《삼국지》 동이전의 읍락의 용례 중에는 단순히 일반 취락을 뜻하는 경우도 있다. 그러나 동이전의 읍락은 단순한 자연촌락과는 구별되어야 한다. 삼한 소국을 구성한 대소 읍락들의 개별적인 규모를 추정해보면 각 소국의 규모가 서로 다르듯이 읍락 역시 크기가 일정하지 않다. 《삼국지》 동이전에 의하면 마한의 국들은 규모가 큰 것이 1만여 家 작은 것이 수천 가로 총호수가 10여 만 호이고, 진변한의 국은 큰 것이 4~5천 가, 작은 것이 6~7백 가로 총호수가 4~5만 호라고 한다. 이 가운데서 사로국과 구야국의 경우 진변한 소국들 중에서도 비교적 규모가 큰 편에 속했을 것이므로 4~5천 가를 6촌으로 나누면 평균 6백~8백 호가 되고 이를 9간으로 나누면 4백~6백 호가 된다. 그리고 백제국의 경우, 마한의 국들은 큰 것이 1만여 가, 작은 것이 수천 가라 하였으므로 이를 10臣으로 나누면 1천여 가 또는 수백 가가 된다. 규모의 크고 작음은 통합된 읍락수의 많고 적음을 의미할 수도 있으므로 이같은 평균적 계산이 절대적인 기준은 아니다. 그러나 이를 토대로 읍락의 일반적인 규모를 5백 호 이상 1천 호 미만으로 추정하는 데는 별무리가 없다. 이 정도 규모의 집단이라면 단일한 자연촌락과는 구별되어야 하며 오히려 다수 취락군으로 이루어진 집단을 상정하는 것이 타당하다.

실제 읍락은 자연촌락과는 달리 정치·경제적으로 통일적인 기능을 발휘하던 개별 집단이었다. 신라 건국설화에 의하면 사로국을 구성한 6촌에는 각 촌별로 시조가 있다. 그러므로 읍락의 구성원은 동일한 시조의 후손이라는 의제적인 혈연의식으로 결합되어 있었으며 읍락의 통치자는 족장적인 성격이 강하다고 하겠다. 읍락은 독립된 통치자를 세우고 있었으며 이를 沃沮와 東濊에서는 삼로, 삼한에서는 邑借 등으로 불렀다. 그리고 읍락은 경제활동을 비롯한 각종 사회활동이 보장되는 고유의 영역을 가지고 있었다. 동예에서 읍락이 서로의 영역을 침범할 경우 사람·소·말 등으로 변상했다고 하는 責禍의 풍습이[17] 이를 반영하는 것으로 생각된다. 이같은 읍락의 공동체적 성격을 반영하여 읍락공동체라는 용어가 쓰이기도 한다.

그러나 각 소국들이 《삼국지》 동이전에 고유한 국명을 가진 정치집단으로 열기되고 있다는 것은 이들이 국읍을 중심으로 단일한 지배자를 세우고, 대외적으로 통합된 정치체로 기능하고 있었기 때문이다. 그러므로 소국의 정치형태는 각 읍락들을 통할해 나가던 국읍의 통치기능을 통해 밝혀질 수 있을 것이다. 국읍 主帥는 臣智 등으로 불려졌으며 유력한 소국의 신지들은 각종의 優號를 붙여 정치적 권위를 과시하기도 하였다.[18] 국읍 통치자가 발휘하던 가장 중요한 기능은 경제적인 활동과 깊은 관계가 있어 보인다. 한군현의 설치, 철자원의 개발, 농업생산력의 증대 등으로 각지의 정치집단들간에 교역 활동이 활발해지고, 이전 시기에 비해 교역 대상과 교역품의 내용도 훨씬 다양해졌다.[19] 이러한 새로운 변화에 대응하여 토착집단들은 효율적인 교역의 수행과 교역품 관리를 위해서 조직적인 기구를 필요로 하였다. 그 결과 읍락단위의 소규모 활동보다는 여러 읍락을 대표하여 국읍의 주수가 각종의 대내외 교역활동을 주관하게 되고, 이 과정에서 읍락들을 결속시키고 국읍 주수의 통치기반을 유지시켜주는 중요 작용이 이루어졌던 것으로 추정된다.

다른 하나는 집단간의 무력 항쟁과 이에 대한 공동 방어라는 측면이 고려될 수 있다. 《삼국사기》 신라본기에 외적이 침입할 경우 6部兵이 출동하여 이를 막아냈다는 기록이 자주 나온다.[20] 6부병이란 각 읍락의 족장들이 거느린 병력이며 《삼국사기》의 기사는 유사시에 국읍 주수의 통솔하에 읍락의 족장들이 각각의 군대를 이끌고 공동 대응하던 모습을 나타내는 것이라 하겠다. 집단간에 긴장관계가 조성되면 무기가 발달하고 역으로 무기의 발달이 집단간의 무력 항쟁을 야기시키기도 한다. 진변한지역의 지배자들의 무덤에서는 기원전 1세기 이래 이미 다량의 무기가 부장될 뿐 아니라 2세기 말엽 이후가 되면 전체 부장 유물 중에서 무기의 비중이 더욱 커진다. 마한의 무기들 역시 진변한과 같다고 하였으므로 유물로 확인되지는 않지만 무기의

---

17) 《三國志》 권 30, 魏書 30, 烏丸鮮卑東夷傳 30, 濊.
18) 《三國志》 권 30, 魏書 30, 烏丸鮮卑東夷傳 30, 韓.
19) 李賢惠, 〈三韓의 對外交易體系〉(《李基白先生古稀紀念 韓國史學論叢》 上, 一潮閣, 1994), 36~48쪽.
20) 《三國史記》 권 1, 新羅本紀 1, 南海次次雄 11년 및 권 2, 新羅本紀 2, 奈解尼師今 14년.

발달 정도는 진변한과 다르지 않았을 것이다. 집단간에 무력 경쟁이 상존하면 위협에 대비한 방어 시설이 나타나게 되는데 《삼국지》 한조의 기록에도 성곽의 존재와 성곽 축조광경에 대한 기록이 있다. 당시의 성곽이 구체적으로 어떠한 형태의 것이었는지 또는 《삼국지》 기록대로 마한에는 성곽이 없고 진변한에만 있었는지 명확하지 않은 점이 많다. 그러나 고고학적 조사에 의해 삼한 각지에서 취락 주변에 설치된 木柵과 環濠유적들이 확인되고 있어 방어 시설의 구체적인 모습이 조금씩 밝혀지고 있다. 요컨대 무기의 발달과 방어 시설의 출현은 소국간에 무력 경쟁이 전개되고 있었다는 증거이며, 이러한 상황의 전개는 읍락간의 결속을 다지고 국읍 주수의 통치기능을 강화시키는 작용을 하게 된다.

국읍이 읍락들을 통솔해 나가던 다른 하나의 통합기반은 제천의식의 거행이다. 《삼국지》 동이전에 의하면 삼한에서는 귀신을 믿었는데 각 국읍이 한 사람의 天君을 세워 天神에 대한 제사를 주관하게 하였다고 한다. 국읍에서 거행한 제사의식을 祭天이라고 표현한 것은 제사 내용이 중국의 제천의식과 같다는 뜻은 아니며, 이 제사의식의 정치사회적 기능이 중국의 제천의식과 같다는 의미일 것이다. 즉 이 제사의식의 목적은 정치 경제의 중심지인 국읍의 주도하에 초읍락적인 신을 제사지냄으로써 읍락간의 결속을 다짐하고 이로써 국읍 주수의 정치권력의 한계를 보완하려는 것이라고 하겠다.[21] 물론 삼한의 정치적 지배자는 이미 제사장의 권위를 이용한 정치권력의 행사가 아니라 세속적인 힘을 바탕으로 하는 이른바 제정분리의 사회 단계로 발전하고 있었고 국읍 주수의 권력기반은 우선적으로 경제적인 富와 군사력에 근거하고 있었다. 그러나 소국 성립 초기 단계에는 읍락별 독자성은 여전히 강한 반면 국읍과 읍락의 상대적인 세력 격차는 크지 않아 소국의 정치적 통합력은 일정한 한계를 가질 수밖에 없었다. 그리하여 "국읍에는 主帥가 있으나 읍락이 雜居하여 잘 통제하지 못한다"는 상태가 상당기간 지속되었던 것이다.

---

21) 제천행사는 연맹왕국 단계에 이르러 초부족적인 신으로 등장하는 것이므로 삼한에서는 아직 제천행사가 성립되지 않았다고 보는 견해도 있다(金杜珍, 〈三韓 別邑社會의 蘇塗信仰〉, 歷史學會 編, 앞의 책, 104~106쪽).

사로국 초기 단계의 6촌간의 상호관계를 반영하는 사료로 《삼국사기》 신라본기에 悉直谷國과 音汁伐國 사이의 분쟁 해결을 위해 사로국의 婆娑尼師今이 김해 구야국의 首露王을 중재자로 초대하고 6부의 장들을 모이게 하였는데, 이 과정에서 漢祇部와 수로왕 사이에 충돌이 발생하고 이에 대하여 수로왕이 奴耽下里에게 한기부의 長을 벌할 것을 명령하고 돌아 갔다는 기사가 있다.[22] 여기서 주목되는 내용은 한기부라는 사로국을 구성하는 읍락이 대외문제에 있어서 개별적인 견해를 가지고 독자적인 대응을 하고 있으며, 구야국과 한기부의 충돌에 사로국 국읍 주수에 해당하는 婆娑尼師今이 직접적으로 개입하지 않고 있다는 점이다. 설화적인 윤색이 가해진 기록이기는 하나 이는 초기 단계의 삼한 소국의 정치권력의 한계와 읍락집단의 상호 관계를 반영하는 좋은 예라고 여겨진다.

국읍 또는 각 읍락간의 상대적인 세력 격차나 분포 상태 등을 고고학 자료를 통해 확인하려면 일정한 영역내에서 비슷한 시기에 공존했던 유물과 유적들을 서로 비교 검토할 수 있어야 한다. 그러나 현재 알려진 유물과 유적은 여러 곳에 흩어져 있고 유적의 종류도 분묘에 집중되어 있어 취락집단의 크기나 구성에 대한 비교 검토가 어려운 형편이다. 그러나 현시점에서 활용 가능한 분묘 자료의 비교를 통해서도 부족하나마 읍락간의 상대적인 차이가 발견되며, 특히 칠기와 같은 사치품의 양을 통해서도 국읍의 상대적 우세가 인정될 수 있다. 예를 들면 경상도지역의 분묘군을 분묘의 크기와 부장품의 구성을 기준으로 몇 가지 유형으로 분류한 연구가 있는데[23] 이 가운데서 의창 다호리유적과 같이 우수한 부장품이 들어 있는 소수 지배자의 무덤뿐 아니라 분묘군 전체의 평균적 물량 수준이 다른 집단보다 우세한 것을 국읍 소재지로, 소수의 분묘는 여전히 우수한 부장품을 가지고 있으나 다른 대부분의 분묘는 부장품의 질과 양이 현저하게 빈약한 것을 일반 읍락의 소재지로 비정할 수 있을 것 같다. 일반 읍락 소재지의 예로 김해 良東里와 경주 朝陽洞유적을 들고 있는데 조양동유적에서는 조사된 토광목관묘의 대부분이 소량의 토기와 철기로 구성된 단순한 부장상을 보이는 데 비해, 38호분

22) 《三國史記》 권 1, 新羅本紀 1, 婆娑尼師今 23년.
23) 崔鍾圭, 앞의 책, 88쪽.

만이 예외적으로 前漢鏡을 4매나 부장하고 있다. 양동리유적 역시 토광목관묘 단계에서는 읍락의 장으로 추정되는 55호분과 같은 소수의 분묘만이 우수한 부장품을 가지고 있고 나머지 대부분은 부장품이 빈약하다.[24] 이에 비해 다호리분묘군은 유물의 질과 양이 전체적으로 조양동이나 양동리유적보다 우수할 뿐 아니라 1호분의 경우 칠기와 같은 다량의 사치품이 부장되어 있다. 그러나 정치적 권위와 대외 교섭의 척도로 간주될 수 있는 漢鏡과 같은 수입품이 국읍으로 간주되는 다호리 1호뿐 아니라 일반 읍락으로 추정되는 김해 양동리나 조양동 38호에서도 마찬가지로 출토되고 있어, 정치적 권위나 대내 문제에 있어서는 읍락의 통치자도 국읍 신지 못지 않게 여전히 독자적인 권력을 행사하고 있었던 것으로 생각된다.[25]

(2) 소국연맹체의 형성

읍락의 전통적 독자성을 효과적으로 제어하기에 불충분했던 소국의 정치권력은 점차 그 한계가 극복되어 나갔다. 《삼국지》 동이전에 기원후 2세기 말엽 韓과 濊가 강성해서 낙랑군이 제대로 통제하지 못하여 많은 주민들이 한으로 유입되어 갔다는 기록이 있는데, 이 때의 한은 경기지역의 한을 가리키는 것이지만 이러한 정치·경제적 성장 과정이 이 지역에만 국한된 것은 아닐 것이다. 《삼국사기》 신라본기에도 逸聖尼師今 5년(138)에 金城에 政事堂을 설치하였다거나 沾解尼師今 2년(249)에 궁성 남쪽에 南堂을 세웠다는 기

24) 林孝澤, 앞의 책, 21~26쪽.

25) 근래 정치체의 성장과정이라는 관점에서 경상도 지방의 분묘군들을 다각적 측면에서 분석한 결과가 있는데 이에 의하면 기원전 1세기~기원후 2세기대까지도 분묘의 입지와 분묘의 규모면에서는 상하의 위계화된 질서가 아직 관찰되지 않는다고 한다. 예를 들면 다호리 1호분은 다른 분묘들로부터 분리되어 있지도 않고 1호분을 중심으로 다른 분묘들이 모여 있지도 않으며 분묘의 규모도 특별히 크지 않다는 것이다. 이러한 점을 들어 1~2세기대의 분묘군들은 상호 독립적이었던 것으로 해석하였다. 그러나 이러한 현상은 해석하기에 따라서는 소국 초기단계의 국읍과 읍락간의 결속 관계의 특수성을 반증하는 것으로 볼 수도 있다. 이는 국읍이 경제적인 면에서는 상대적으로 우세하면서도 그 격차가 크지 않아 다른 읍락들을 효과적으로 제어하지 못하여 각 읍락의 독자성이 아직도 강하게 작용하던 상황으로 해석될 여지가 더 크다는 뜻이다(李盛周, 〈1~3세기 가야정치체의 성장〉, 《韓國古代史論叢》 5, 1993, 145~146쪽).

록이 있는데, 이는 소국 전체의 중요 정사를 의논하고 처리하는 상설 통치기구의 출현을 의미하는 것이다. 이러한 기구의 출현은 초읍락적인 정치집단과 권력의 형성을 통해 가능하며, 그간 소국의 정치권력에 일정한 성장 과정이 있었음을 보여주는 것이다.

권력의 점진적 집중과 강화는 지배집단의 묘제와 유물 부장상을 통해서도 확인된다. 2세기 말~3세기 초엽을 기점으로 진변한 지배집단의 묘제가 토광목관묘에서 토광목곽묘로 바뀌면서 매장 주체부의 규모가 확대되고, 부장되는 철기의 양이 크게 늘어나면서, 특히 철제 무기의 부장량이 현저하게 증가한다. 그리고 3세기 이후가 되면 고분의 입지면에서도 대형묘들이 능선의 정상부를 점유하기 시작하면서 계층간의 위계관계가 분묘의 입지에까지 반영되고 지역적 차이가 확인된다고 한다.[26] 이같은 분석 결과들을 문헌 기록을 통해 이해한다면 2세기 말~3세기 초엽경에는 국읍과 읍락 사이에 상하의 위계관계가 확립되면서 국읍 주수의 정치권력이 초기 단계에 비해 크게 성장해간 증거라고 하겠다.

소국의 대내적인 성장은 대외적인 팽창과 표리관계를 이루면서 삼한 각 소국간의 상호관계에도 영향을 미쳤다. 즉 각 지역별로 정치적 구심체가 등장하면서 소국간에 새로운 결속관계가 형성되거나 또는 기존의 결속관계가 재편되면서 한족사회가 마한, 진한, 변한으로 분립하는 것이다. 마한지역 일부에서는 기원전 2세기 경 이미 세형동검문화 단계의 정치집단들을 다수 포괄하는 진국이라는 구심체가 있었으나, 기원전 1세기 이래의 정치·문화적 변동 속에서 기존의 결집력이 해체·약화되면서 개편 과정을 겪었던 것으로 보여진다. 마한지역의 그간의 변화에 대해서는 자세히 알 수 없지만 3세기 전반경 이 지역에서는 目支國 辰王을 중심으로 하는 마한소국연맹체와 함께 한강유역의 백제국 중심의 소국연맹체의 존재가 확인된다. 진왕 중심의 마한소국연맹체는 상대적으로 토착성이 강하고 성립 시기가 빠르다. 반면 백제국 중심의 소국연맹체는 2세기 이후 중국 군현과의 대응관계 속에서 성장 발전해나간 것 같다. 후한 말의 혼란기에 군현의 통제력이 약화되자 경기도 북부

26) 李盛周, 위의 글, 147~148쪽.

의 정치집단들은 백제국을 중심으로 흡수 통합되어 갔다. 그러나 204년 경 帶方郡의 설치로 북쪽의 일부 집단들이 분할되어 나가고, 뒤이은 魏의 진출로(238) 백제소국연맹체는 새로운 상황을 맞았다. 특히 246년 경에는 魏의 토착세력 분할정책에 대항하여 帶方郡 崎離營(황해도 평산)을 공격하여 대방태수를 전사시키는 무력 충돌사건이 일어나기도 했다.[27] 이 때 중심적인 역할을 한 것은 백제국이었으며 韓 소국들을 통솔한 인물은 백제 古爾王이었던 것으로 추정된다.[28] 같은 해 《삼국지》 권 4, 魏書 4, 齊王芳紀의 "韓 那奚 등 수십 국이 種落을 거느리고 항복해왔다"는 기록에서 보이듯이 이 사건으로 인해 백제소국연맹체는 세력권이 크게 축소되는 타격을 입었다. 이 때 입은 타격으로 백제국이 河南으로 중심지를 옮겼다고 보는 견해도 있다.[29]

이와 달리 목지국을 맹주로 하는 마한소국연맹체는 중국 군현과의 사이에 일정한 완충지대를 두고 원만한 관계를 유지하고 있었던 것 같다. 목지국의 지리적 위치에 대해서는 仁川설,[30] 충남 稷山설,[31] 충남 禮山설,[32] 전남 羅州설[33] 등으로 다양하다. 《삼국지》 동이전에 마한의 대표적인 세력으로 목지국의 진왕에 대한 언급만 있는 것은 진왕과 중국 군현과의 접촉관계가 오래거나 빈번했던 때문만은 아니며 군현과의 관계가 백제국과는 대조적으로 우호적이었던 데 원인이 있었을 것이다. 특히 《삼국사기》에 의하면 백제국이 중심지를 한강 남쪽으로 옮기고 남부지역으로 영향력을 확대시켜 나가면서 辰王 세력과 경쟁관계가 조성되었다.[34] 그러므로 백제국의 세력을 견제하는 의미에서도 진왕은 중국 군현과 우호적인 관계를 유지하는 것이 보다 유리했

27) 《三國志》 권 30, 魏書 30, 烏丸鮮卑東夷傳 30, 韓.

28) 千寬宇, 《古朝鮮史·三韓史硏究》(一潮閣, 1989), 242쪽.
그러나 이 사건에서 주도적 역할을 한 것은 辰王이며 이 충돌의 결과 辰王의 정치적 기반이 분해되고 중심지가 남부지역으로 옮겨간 것으로 해석하는 견해도 있다(盧重國, 《百濟政治史硏究》, 一潮閣, 1988, 92쪽).

29) 李賢惠, 앞의 글(1997), 22쪽.

30) 千寬宇, 〈目支國攷〉(《韓國史硏究》 24, 1989), 26~29쪽.

31) 李丙燾, 앞의 책, 243~248쪽.

32) 金貞培, 〈目支國攷〉(앞의 책), 297쪽.

33) 崔夢龍, 〈考古學的 側面에서 본 馬韓〉(《馬韓百濟文化》 9, 圓光大, 1986), 12~14쪽.

34) 《三國史記》 권 23, 百濟本紀 1, 溫祚王 24·25·26년.

을 것이다.[35] 그리고 마한소국연맹체는 결속 기반이나 구성면에서도 백제소국연맹체와 차이가 있었다고 생각된다. “진왕은 스스로 왕이 될 수 없다”라는 기록에서 나타나듯이 마한소국연맹체의 맹주국인 목지국과 진왕의 권력 기반은 강압적인 위계관계에 기반을 둔 것이라기보다 아직도 완만한 상태의 결속관계에 머무르고 있었던 것 같고, 이러한 특징이 3세기 후반 이후 백제소국연맹체와의 대결에서 한계로 작용하였다고 생각된다.

2세기 후반 이후가 되면 경상도지역의 소국 집단들간에도 맹주국을 중심으로 소국연맹체가 형성되고 있었던 것으로 생각된다. 《삼국지》 동이전에 진변한 24국 중 12국은 마한의 辰王에게 속했다는 기록이 있는데 현재까지의 자료로는 합리적으로 해석이 되지 않는 내용이다. 그리고 진한의 성립이 중국계 유이민의 정착과 직접적인 관계가 있는 것으로 기록되어 있으나,[36] 《삼국사기》의 기록이나 고고학 자료상으로도 진한소국연맹체 성립과정에서 중국계 유민의 역할이 중요 계기로 작용하였다는 직접적인 증거는 아직 없다. 그런데 《삼국사기》에는 절대연대에는 문제가 있으나 3세기에 이르기까지 사로국이 주변의 여러 소국들을 정복해나간 기록이 있어 사로국을 맹주로 하는 소국연맹체의 존재를 상정할 수 있다. 즉 진한이란 사로국을 맹주로 하는 12개 소국연맹체로 이해될 수 있겠다.

변한 12국 역시 진한과 같은 소국연맹체를 형성하였는지 아니면 구야국을 맹주로 그 일부만이 소국연맹체를 형성하고 있었는지 의문이다. 변진조에만 유일하게 변진 12국 역시 왕이 있다고 하여 각 소국이 독자적인 정치단위체로 기능하고 있었던 듯한 표현이 있다. 그리고 3세기 후반 마한과 진한의 이름으로 韓의 토착 정치집단들이 晋에 사신을 파견하고 있는데[37] 변한의 이름은 보이지 않는다. 이것은 변진의 여러 소국들이 마한과 진한에 비해 상대적으로 개별성이 강한 정치집단으로 존속하고 있었던 데 원인이 있는 것으로 생각된다. 그러므로 변한은 마한, 진한과 같은 소국연맹체를 칭하는 것이

35) 伯濟國이 중심지를 河南 慰禮城으로 옮긴 시기에 대해서는 溫祚代설, 2세기 중엽 肖古王代설, 4세기 초 沸流王代설 등 견해가 다양하다(盧重國, 앞의 책, 57~58쪽 참조).

36) 《三國志》 권 30, 魏書 30, 烏丸鮮卑東夷傳 30, 韓.

37) 《晋書》 권 97, 列傳 67, 東夷.

라기보다 경상도 각지의 정치집단들 가운데서 진한소국연맹체에 속하는 12개의 소국을 제외한 나머지 12국과 다수의 小別邑들 즉 독자적인 읍락들을 포괄하는 것으로 이해된다. 이와 달리 변진 12국 역시 구야국을 맹주로 소국연맹체를 결성하고 있었다는 견해도 있다.[38]

요컨대 지역별로 소국연맹체의 결성에 의한 확대된 政治體의 출현은 삼한사회 자체의 정치적 성장의 토대 위에서 가능했던 것으로 보아야 하며, 이같은 정치적 성장은 사회·경제적인 성장과 직접적인 관계를 가진다.

3) 삼한의 경제와 사회

(1) 농경생활

《삼국지》 동이전에 의하면 삼한은 토지가 비옥하여 주민들이 정착생활을 하고 五穀과 벼를 재배하였으며 누에와 뽕나무를 길러 생사와 비단을 생산하였고, 변한의 布는 폭이 넓고 섬세하여 낙랑에 수출되어 낙랑산 비단의 원료로 사용되기도 하였다고 한다. 특히 진변한지역은 철자원이 풍부하여 제철과정을 거친 철기 제작원료가 마한·동예·왜·낙랑군·대방군 등지로 수출되었으며 철이 화폐처럼 각종 교역활동의 매개물로 사용되었다고 한다. 철기제작에는 鑄造와 鍛造의 두 가지 방법을 모두 사용하였으며, 높은 수준의 강철 제작기술을 습득하고 있었다. 대부분의 읍락민들은 농경에 종사하고 있었지만 철생산과 토기제작 분야에서는 이미 전문인이 등장하고 있었다. 철기는 생산지가 국한되어 있고 전문적인 제작기술을 필요로 하는 분야이므로 처음부터 소수집단에 의해 독점 생산되었다. 토기 역시 일부는 전통적인 가내생산에 의존하고 있었으나 高火度의 硬質토기가 새로이 제작되기 시작하면서 서서히 전문화가 진행되고 있었다.

그러나 삼한의 주된 경제기반은 농경이다. 조·콩·보리·밀·팥 등 발작물이 고루 재배되고 있었으며 삼한지역은 기후와 토양이 벼재배에 적합하여 벼농사가 특히 발달하였다. 벼농사의 대부분은 논(水田)에서 이루어졌을 것으

38) 金泰植, 〈가야의 사회발전단계〉(《한국고대국가의 형성》, 民音社, 1990), 69쪽.

로 추정되나 지역에 따라서는 밭벼(陸稻)가 재배되었을 가능성도 시사되고 있다. 水田의 입지형태는 알 수 없으나 한반도 벼농사의 영향을 직접적으로 반영하는 일본 彌生(야요이)시대 수전을 참고하면 삼한지역 역시 배수를 중심으로 하는 저습지형 수전은 물론 인공 관개를 실시하는 半乾田 형태의 수전이 널리 개발되었을 것으로 추정된다.39)

삼한의 농업생산의 기술적 토대는 청동기시대 이래의 따비와 괭이 중심의 농경기술이 확대 발전된 것이나 철기의 보급으로 목제 농기구가 점차 철제로 전환되면서 생산력면에서 획기적인 성장이 있었다. 농기구의 철기화 과정을 살펴 보면 수확도구가 가장 먼저 철제로 전환되었다. 석제 반달칼이나 돌낫이 사라지고 철제 손칼과 낫이 사용되면서 노동력의 절약뿐 아니라 수확 적정기를 놓침으로서 입게되는 손실을 크게 줄일 수 있어 결과적으로 생산력을 높이는 효과를 거둘 수 있었다. 특히 철제 손칼은 일상생활에서 다용도로 사용되는 도구로 보급도가 가장 높아 일반 주거지에서도 빈번하게 발견되고 있다. 낫에 비해 손칼의 보급도가 훨씬 높다는 것은 수확작업은 여전히 선별적인 이삭베기가 일반적이었다는 것을 뜻한다. 낫을 사용하여 한꺼번에 여러 포기를 베는 수확작업은 水田농업의 경우 논바닥을 편평하게 손질하여 벼가 자랄 동안 물온도를 일정하게 유지하여 벼가 익는 시기를 통일할 수 있는 기술적 진전이 있어야만 가능하다. 초기와는 달리 2~3세기 이후가 되면 낫의 보급량이 점차 늘어나고 있는데 이는 철제 농·토목구의 보급으로 인해 경작기술 전반에 걸쳐 지속적인 발전이 진행되고 있음을 반영하는 것이다.

삼한에서 널리 사용된 철제 起耕具의 하나는 철제 따비이다. 땅을 가는 기본 도구인 따비의 경우 철제 날을 끼운다면 작업의 효율화는 물론이고 보다 깊이 땅을 갈 수 있다는 이점이 있어 생산효율을 직접적으로 높일 수 있게 된다. 현재까지 알려진 철제 따비는 대부분이 주걱형이며 경주 조양동·의창 다호리·김해 양동리·대구 八達洞·울산 下岱 등 모두 진변한지역의 토광목관묘와 토광목곽묘에서 출토된 것들이다. 따비는 손칼이나 낫과 달리 중국제 농기구와는 형태를 달리하는 한반도 독자적인 것으로 전통적인 목제

39) 李賢惠, 〈三韓社會의 농업생산과 철제농기구〉(《歷史學報》 126, 1990), 64~66쪽.

따비를 날 부분만 철제로 전환한 것이다. 다호리에서는 주걱형과는 달리 날끝이 뾰족한 따비도 출토되었는데 철기 제작기술이 널리 보급되면서 전통적인 목제 농구에 다양한 응용이 가해졌음을 보여주는 것이다.

따비와 함께 중요 농기구의 하나로 사용되어 온 것은 괭이이다. 청동기시대 이래 용도에 따라 여러 가지 형태의 나무괭이가 사용되고 있었는데, 이중 철제 괭이로 먼저 전환된 것은 농·토목구로 사용되는 날끝이 좁고 긴 형태의 것이다. 나무괭이가 쇠괭이로 전환되는 과정에서 중국의 钁이라는 철제 기경구의 형태가 부분적으로 복합되어 한반도 고유의 쇠괭이 모양이 만들어졌다. 쇠괭이는 鑄造鐵斧로 불리면서 공구류로 분류되기도 하는데 다른 농구와 달리 주조에 의해 제작된 것이 특징이다. 다호리고분에 부장된 주조도끼를 공구도 농구도 아닌 철소재로 보는 견해도 있다.[40] 실제 다호리 출토품은 전혀 사용 흔적이 없을 뿐 아니라 자루를 끼우는 구멍 속에 주조시 끼워 넣은 내형을 파내지도 않은채 부장된 것이어서 의문이 가는 점도 있다. 그러나 무덤에 부장된 철기는 실용적인 면 이외에 무덤 주인공의 경제적인 활동과 정치·사회적인 권위를 나타내는 상징적인 목적도 함께 가지고 있기 때문에 사용 흔적이 없다고 하여 모든 주조괭이를 비실용품이라고 단정할 수는 없다. 이 형태의 괭이는 밭농사에 있어서 고랑을 파거나 작물뿌리를 제거하는데 주로 사용되었으며 특히 해를 묵힌 경작지를 다시 개간하는 데 편리하게 이용될 수 있다. 그러므로 쇠괭이의 보급에 따라 특히 田作 농경지의 절대 면적이 크게 늘어났을 것으로 생각된다.

다음으로 주목되는 것은 U자형 철제 삽날 또는 가래날로 목제 삽이나 가래날의 가장자리 양면을 5~7cm 넓이의 철판으로 테를 돌린 것이다. 나무삽의 가장자리를 철제로 보강하는 것은 중국 철삽의 영향으로 생각되나 중국삽에

40) 李健茂 外, 앞의 글, 48쪽.
설사 이것이 철소재용으로 만들어진 것이라 하더라도 그 자체의 형태가 괭이를 모델로 한 것이라는 것은 중요한 사실이며 이는 쇠괭이가 실제로 제작·사용되고 있었다는 증거가 된다. 철자원이 귀할 때에는 기술이 허용하는 한 철기 완제품을 녹여서 필요한 다른 철기를 만드는 데 얼마든지 사용할 수 있다. 철소재로만 사용할 목적이라면 운반이나 보관에 편리한 형태로 만들었을 가능성이 더 높으며 굳이 까다로운 주형틀을 필요로 하는 괭이 모양으로 제작할 이유가 없다.

비해 삼한지역 출토품은 날이 둥글게 벌어진 것이 다르다. 이 종류의 농기구는 흙을 파서 옮기는 데 편리한 도구로 주로 水田농사에서 水路를 파거나 보수하고 또는 급수나 배수 작업과 관련하여 물길을 트거나 막는 데 사용되는 농구이다. 날모양이 둥근 것도 수전경작에 적합한 전통적인 목제삽의 모양을 그대로 이은 때문이다. 마한지역에서는 충북 中原 荷川里주거지에서 출토된 것이 1점 있고, 진변한지역에서는 김해 양동리와 울산 하대에서 각각 1점씩 출토되었는데 모두 2세기 말~3세기 경의 토광목곽묘에 부장된 것이다.[41] 삽날끝을 철로 보강하면 저습한 논에서도 흙이 덜 묻어나 작업 능률이 오르고 수로의 보수 유지작업이 한결 용이해진다. 그리고 인공 용수로의 개설이 더욱 늘어나고 수전개발이 확대되는 효과가 나타나게 된다. 《삼국사기》 백제본기의 仇首王 9년(222), 古爾王 9년(242) 그리고 신라본기의 逸聖王 11년(144)의 수전개발과 수리시설 보수에 관한 기록은 이와 같은 철제 농기구의 보급을 배경으로 이루어진 수전경작지의 확대과정을 반영하는 기록이라 하겠다.[42]

이상의 철제 농기구들은 공통적으로 철제 무기와 여러 가지 사치품들이 풍부하게 부장된 대형 분묘에서 출토되고 있다. 철제 농기구가 지배계층의 분묘 부장품으로 중요시되고 있다는 것은 이 단계에서는 생산도구 그 자체가 중요한 자산일 뿐 아니라, 무기 못지않게 정치적인 권위와 경제적인 富의 상징으로 간주되었다는 증거이다. 아직도 철제 농기구의 소유는 지배집단을 중심으로 제한적으로 보급되고 있었기 때문에 경작지 확대와 생산력 증대라는 경제적 혜택을 집중적으로 누리는 계층도 이들이었다. 따라서 철제 농기구와 각종 공구의 보급으로 집단 전체의 총생산력이 증대한 것은 사실이나, 지배집단이 획득한 잉여산물이 사회 전체의 평균적 생산력 증대 비율을 앞지르기 때문에 철제 농기구의 보급은 계층간의 격차를 심화시키고 지배집단의 권력기반을 확대시키는 결과를 가져 왔다. 그리고 농업생산력의 증대와 잉여산물의 급속한 축적은 집단간의 교역을 활성화시키고 사회·경제적 성장을 촉진시키는 중요한 요인으로 작용하였다.

---

41) 全玉年, 〈蔚山下垈遺蹟 第2次發掘調査〉(《第36回 全國歷史學大會 發表要旨》, 1993), 523쪽.
42) 이상 농기구에 관한 자료는 李賢惠, 앞의 글(1990), 52~60쪽 참조.

(2) 교역활동

交易이란 좁은 의미로는 물물교환을 뜻하지만 넓게는 상거래와 물물교환을 포함하는 貿易(trade)과 같은 뜻으로 사용되기도 한다. 교역이라는 경제활동이 이루어지는 원인은 각 지역별로 생산되는 자원과 물품 그리고 기술이 서로 다르기 때문이다. 《삼국지》 東夷傳 倭人조에 나라마다 시장이 있어 서로 필요한 것을 교역한다는 기록이 있는 것으로 보아 삼한의 각 소국 사이에도 다양한 교역활동이 이루어지고 있었음은 쉽게 짐작할 수 있다. 그러나 지역간의 생태적 차이에 따른 근거리 교역은 비단 이 시대에만 국한된 현상은 아니며, 삼한의 정치·경제적 발달 과정에서 새로운 변수로서 주목되어야 할 부분은 오히려 원거리 교역 내지는 대외교역이다. 대외교역 활동을 자극한 일차적인 요인은 漢郡縣 설치로 인한 중국산 사치품의 등장과 辰弁韓의 철자원이며, 이를 매개로 각 소국간은 물론 대외적으로도 중국 郡縣, 倭, 三韓 사이에 활발한 국제교역이 전개되었다.

삼한의 대외교역의 중요 대상은 중국 군현과 왜이며 교역 대상에 따라 교역 형태나 교역품이 달랐다. 이 가운데서 중국과의 교역에서 행해지는 주된 교역 형태의 하나는 朝貢貿易으로 한반도에서는 주로 낙랑군, 대방군과 같은 중국 군현을 통한 간접적인 조공무역이 일반적이었다. 중국 왕조와 公的인 관계를 맺을 경우 일반적으로 행해지는 관행은 朝貢과 冊封이라는 형식이다. 조공을 바치고 책봉을 받는다는 것은 서로 침략하지 않고 친선관계를 유지한다는 정치·외교적인 의미를 가지는 것이지만 이같은 약속을 효과적으로 지켜나가기 위해 필요한 장치는 서로가 원하는 물자를 얻을 수 있는 합리적 통로를 가지는 것이다. 삼한이나 왜가 군현에 조공할 때 경제적인 면에 대한 고려없이 단지 대외적으로 정치적 권위를 인정받거나 친선을 나타내기 위해 선물을 가지고 위험을 감수해가면서 원거리 여행을 감행했을 가능성은 희박하다. 그러므로 조공 때 가져가는 물품은 우의를 표하는 단순한 선물이 아니라 교역을 목적으로 하는 교역품으로 보아야 하며, 조공이라는 형식을 빌어서 이루어지는 이같은 교역은 조공무역으로 부를 수 있다.

《후한서》 동이전에는 建武 20년(44) 韓 廉斯人 蘇馬諟가 낙랑군을 찾아 가서 공물을 바치고 '韓廉斯邑郡'으로 封해졌다는 기록이 있다. 그리고 삼한의 臣智들은 魏로부터 邑君·歸義侯·中郎將·佰長·都尉와 같은 다양한 관작을 받기도 했으며, 3세기 경의 상황이기는 하지만 스스로 印綬 衣幘을 받은 韓人이 千餘人이나 되었다고 하는 것은 모두 삼한 토착사회의 중국 물자에 대한 강한 욕구를 보여 주는 기록들이다. 문헌기록을 뒷받침하는 유물로 경상도지역에서 출토된 것으로 전하는 '魏率善韓佰長' 銅印과 晋代의 '晋率善穢佰長' 동인이 있다. 이같은 '官爵 인수의 수여 과정에서 下賜와 朝貢의 형식을 통해 상당량의 물자 교역이 이루어지고 있었고 군현 관리들이 그 실무를 담당했을 것으로 추정된다. 조공무역을 통해 중국 군현으로부터 들어 오는 중요 교역품은 의책·銅鏡·비단·環頭大刀 등 실용성보다 주로 신분과 지위를 과시하는 데 효과적인 물품들이 많았다고 생각된다.[43] 고구려의 경우도 비슷하여 현도군으로부터 왕의 권위를 상징하는 鼓吹技人(북, 피리, 樂工)과 함께 朝服, 의책을 들여 오고 있다. 倭王 卑彌呼가 魏에 遣使 조공한 댓가로 '親魏倭王'이란 관작과 金印紫綬를 받으면서 魏로부터 받은 하사품 중에 각종 비단과 대도를 포함하여 동경이 100매나 들어 있다는 것은[44] 조공무역을 통해 들어 오는 물품의 종류가 어떠한 것이었는가를 시사적으로 보여 주는 것이다.

조공무역 이외에 삼한지역에서 행해지고 있었던 다른 하나의 교역 형태는 중국 상인들에 의한 교역활동이다. 조공무역은 중국 정부와 공적인 관계를 바탕으로 이루어지는 직접적인 물자교환이므로 교역 품목이나 교역 물량에 일정한 제약이 있다. 이에 비해 상인이라는 전문적인 중개인이 등장하게 되면 화폐 또는 화폐의 기능을 가지는 교역의 매개물이 사용되기도 하고 교역 대상과 교역과정도 다양하고 자유로워지게 된다. 낙랑군에 와있던 중국상인의 존재가 문헌 기록을 통해 확인되고,[45] 한반도 여러 지역에서 발견되는 五

43) 중국제 청동거울의 제작과 관리는 정부 관할이므로 의창군 다호리, 경주 조양동, 김해 양동리유적을 비롯하여 삼한 각지에서 출토되는 漢鏡들은 모두 중국 군현과의 공식적인 관계를 통해 유입된 교역품으로 보아야 한다. 정확한 제작지는 밝혀져 있지 않으나 김해 양동리유적(280호)에서 출토된 환두대도 역시 중국 군현과의 조공무역을 통해 유입되었을 가능성이 높다.

44) 《三國志》 권 30, 魏書 30, 烏丸鮮卑東夷傳 30, 倭.

銖錢, 王莽대의 貨泉과 같은 중국 화폐는 중국 상인 내지는 군현 거주 상인들에 의한 상거래의 흔적으로 볼 수 있다. 그러므로 군현 관리에 의한 공적 물자 이동과 대비시켜 私的인 상인들의 교역활동을 민간교역으로 구분할 수도 있겠다.[46]

그런데 중국 화폐들은 군현 이외의 지역에서는 대개 전남 海南이나 務安, 제주도 山地港, 경남 馬山과 金海 등 바다에 면하여 해로를 통해 외부와의 통교가 편리한 지역에서 출토되고 있다. 그러므로 중국 상인들에 의한 민간 교역활동이 이루어지던 중요 교역 루트는 海路였으며, 그들의 직접적인 교역 대상은 주로 서남해안지역의 소국들이었던 것으로 추정된다. 중국 상인들이나 外地人이 삼한지역에 들어와 교역활동을 할 경우 廉斯鑡설화에서 보이듯이 신변 안전이 보장된다고 볼 수 없으므로 가능한한 해로를 통해 접근이 용이하고 내륙지방과도 통교가 편리한 곳이 교역중심지로 선호되었을 것이다. 해안의 교역 거점에 위치한 소국의 배후에는 내륙지역의 정치집단들을 연결하는 교역망이 형성되어 있어 토산물이 교역장소로 모아지거나 교역품이 내륙 각지로 확산되는 데 이용되었을 것이다. 그러므로 이들 소국은 대외교역의 창구 기능을 하면서 교역품의 관리와 중개 등을 통해 훨씬 효과적으로 부를 축적하고 정치·경제적 영향력을 확대해 나갔을 것이다.

그 대표적인 예가 경남 해안의 김해지역이라 하겠다. 김해지역은 낙동강 하구에 위치하여 낙동강 중상류 각지로 들어가는 關門에 해당되는 동시에 서해 및 일본열도를 연결하는 해로상의 요지이다. 이러한 지리적 요건만으로도 김해지역은 대외적인 교역이 발달할 수 있는 여건을 갖추고 있다. 여기에 김해지역을 국제교역의 중심지로 더욱 발달하게 만든 것은 경상도지방에서 생산되는 철자원이다. 경상도 각지에서 일차적인 제철과정을 거친 철기 원료

45) 《漢書》 권 28 下, 志 8 下, 地理 樂浪郡.

46) 後漢대의 활발한 私商 활동의 추세로 미루어 낙랑지역 토착세력과 중국과의 교역에서는 오히려 內郡商人을 중심으로 하는 사상의 활동 비중이 더 컸을 것이라는 견해가 있다(尹龍九, 〈樂浪中期 郡縣支配勢力의 再編과 交易活動〉, 《한국고대사연구회 회보》 28, 1992, 11쪽). 이같은 견해가 타당하다면 중국 상인의 교역활동은 군현 지역내에 국한되지 않고 군현 밖의 토착사회에까지 널리 확대되었을 것이다.

가 낙동강이나 해로를 통해 김해지역으로 운반되고, 이러한 철을 매개로 낙동강 하구지역에는 東濊와 馬韓은 물론 倭·樂浪·帶方 등 각지의 교역품들이 모여들고 이러한 물자들은 다시 각 소국간의 교역망을 통해 경상도 각지로 확산되어 나갔을 것이다. 진변한에서는 각종 물자의 구매에 철이 화폐와 같이 사용된다는《삼국지》동이전의 기록은[47] 바로 철을 매개로 활발하게 전개되고 있던 교역활동을 반증하는 자료이다.

상인을 통해 들어오는 교역품들은 정치적인 권위나 지위를 상징하는 물품보다 비단·漆器·水晶이나 유리제 장신구 등 경제적 부를 과시하는 사치품이 많았을 것이다. 특히 중국 상인들이 가져오는 교역품 중에는 중국산뿐 아니라 낙랑에서 생산되는 비단이 포함되었을 가능성도 있다. 낙랑의 비단은 원료인 生絲를 濊·弁韓·倭 등지에서 가져다가 낙랑에서 가공한 것으로 중국에까지 알려진 우수한 교역품이었다고 한다.[48]

삼한지역에는 중국산과 낙랑산 이외에 북방계 유물과 倭系 유물들도 적지 않게 유입되고 있었던 것으로 밝혀지고 있다. 김해 양동리유적에서 출토되는 청동제 용기는 낙랑이나 東濊와의 교역 과정에서 들어온 북방계 교역품의 대표적인 예가 될 것이다. 왜로부터 들어오는 교역품에는 倣製鏡이나 실용성이 퇴색된 儀器化된 청동제품들이 많고 그 대부분이 경상도지역과 남해안 일대에 분포되어 있어[49] 倭人들의 교역의 중요 관심이 철자원에 있었음을 알 수 있다. 삼한의 정치적 지배자의 권력 기반은 이미 철제 무기와 같은 물리적인 힘에 의존해가는 추세였으므로 왜계의 비실용적인 청동제 矛나 戈에 대한 수요는 상징적인 권위나 존엄성에 바탕하는 祭政一致 단계의 족장들의 遺習이 일부 잔존한 것에 불과하다. 더욱이 삼한지역에서는 이미 철제 무기와 생산도구가 널리 보급됨에 따라 청동기 생산과 제작에 대한 관심이 쇠퇴되고 있었으므로, 이같은 배경하에서 왜계 청동제품의 유입이 이루어졌던 것으로 보여진다.

그런데 3세기에 들어 오면 삼한의 대외교역에 일부 변화가 나타난다. 그

47)《三國志》권 30, 魏書 30, 烏丸鮮卑東夷傳 30, 韓.
48) 尹龍九, 앞의 글, 10~11쪽.
49) 李賢惠, 앞의 글(1994), 48~49쪽 참조.

하나는 조공무역의 중심지가 樂浪郡에서 帶方郡으로 옮겨간 것이다. 다른 하나는 3세기 후반 삼한의 토착집단들이 요동의 東夷校尉를 통해 晋 本國과 직접적인 조공무역을 수행하는 것이다. 즉 261년 樂浪外夷韓濊貊이 種屬들을 거느리고 와서 조공하였다는 기록에[50] 이어, 277년에는 馬韓이 진 본국에 遣使한 것을 시작으로 290년까지 마한과 진한이 여러 차례 진 본국에 사신을 보낸 것으로 되어 있다.[51] 3세기 후반 진과 원거리 교역을 수행하던 토착사회의 대표적인 세력들은 마한과 진한 그리고 전남 해안지역의 정치집단들로 대별된다. 이것은 韓族사회가 낙랑군과 대방군을 통한 간접적인 對中國 교역에 만족하지 않고 진 본국에까지 왕래함으로써 본격적인 원거리 국제교역에 참여하고 있음을 뜻한다. 실제 한강유역의 夢村土城에서는 西晋代(기원후 265~316)의 灰釉 錢文陶器片이 출토되고 있어 원거리 교역의 실상을 유물로 입증해준다.

이러한 변화는 중국 대륙의 정치적 변화뿐 아니라 토착사회의 내적 성장과도 무관하지 않다. 3세기 이전까지는 낙랑군이 대중국 조공무역 및 민간교역의 중심지로 기능해 왔으나 180년 이후 後漢이 혼란기에 들어가고 204년경 요동반도의 公孫氏가 황해도지방에 대방군을 설치한 이래 낙랑군을 대신하여 對韓·對倭 접촉의 공식적인 창구가 대방군으로 옮겨 갔으며, 이같은 상태는 238년 공손씨가 魏에 의해 멸망되고 낙랑군과 대방군이 위 관할하에 들어간 후에도 이어졌다. 공손씨 진출과 위의 등장이라는 정치적 변화가 진행됨에 따라 중국 중앙정부의 교역품 공급도 여의치 않았을 뿐 아니라, 중국은 삼한지역 토착사회에 대해 경제적인 관계보다 정치적 통제권을 확립하는 것에 일차적인 노력을 기울여야 했다.[52] 그러므로 사치품 공급원으로서의 중국 군현의 경제적 기능의 쇠퇴와 교역활동의 상대적 위축이 원거리 대외교

---

50) 《三國志》 권 4, 魏書 4, 沙帝紀 4, 陳留王 景元 2年.

51) 《晋書》 권 97, 列傳 67, 東夷傳 및 권 3, 帝紀 3, 武帝.

52) 魏 正始 7년(246) 部從事 吳林이 辰韓 八國을 낙랑에게 분할하려다가 韓族사회의 강한 저항에 부딪치는 사건이 발생한 것으로 되어 있는데, 이는 아마도 그간 대방군이 장악해오던 韓에 대한 조공무역의 관할권을 일부 낙랑군에게 분할하려는 시도였던 것으로 보여지며, 이 시점을 계기로 그간 위축되었던 낙랑군의 對韓 조공무역권이 일부 회복되었을 가능성도 있다.

역을 하게 된 중요한 배경이었던 것 같다.

이처럼 원거리 국제교역이 이루어지게 된 것은 중국으로부터 유입되는 교역품의 물량 부족에도 원인이 있었겠지만 교역품에 대한 토착사회 자체의 요구량이 늘어났기 때문이기도 하다. 그러나 원거리 국제교역은 다량의 생산물을 모아들이고 관리할 수 있는 내부조직의 발달없이는 불가능하며 이같은 조직은 정치권력의 집중화를 촉진시키게 된다. 교역의 구심체가 등장하면서 개별적인 교역활동에 제약이 가해지는 불이익이 있기도 하고 원거리 교역이 郡縣과의 교역보다 위험 부담도 크지만 교역 물량과 품목의 한계를 극복할 수 있다는 이점이 있다. 따라서 원거리 국제교역이 전개되면서 多元的이고 산발적인 상태의 대외교역 활동은 점차 지양되고 일정한 구심점을 축으로 하는 조직적인 교역체계가 각 지역별로 성립되었다.

사회의 정치·경제적 발달 과정에서 교역활동이 갖는 기능에 대해서는 여러 가지 평가가 내려질 수 있겠으나 삼한의 경우 교역활동이 중요한 변수로 작용하였다고 생각된다. 교역활동을 자극한 일차적 요인은 중국산 사치품의 등장과 辰弁韓의 철자원 개발이지만 토착사회를 철기문화적 사회단계로 전환시키는 데 촉매제 역할을 한 것은 바로 교역활동 그 자체라고 할 수 있다. 새로운 교역품의 출현은 지배계층의 교역 욕구를 자극하게 되고 이들로 하여금 원하는 교역품을 얻기 위해 잉여산물의 축적과 생산력 증대에 보다 많은 노력을 기울이게 한다. 그리고 교역을 통해 확보된 철기와 권위를 상징하는 물품들은 다시금 생산력 증대와 잉여산물 확보에 효과적으로 이용된다. 또한 교역을 통해 다른 집단과 접촉함으로써 각종 이념이 수용되고 이로 인해 새로운 변화가 용이하게 유도되기도 한다. 3세기 후반 진한과 마한의 이름으로 진 본국과 조직적인 무역관계를 가질 정도의 확대된 政治體가 출현하고, 뒤이어 진한과 마한이 각각 신라와 백제국가로 발전한 것은 그 이전부터 진행되고 있었던 삼한사회 자체의 이같은 정치·경제적 성장의 토대 위에서 가능했다. 1~3세기대의 대규모의 土壙木棺墓와 土壙木槨墓에서 출토되는 화려한 부장품의 존재 역시 이같은 토착사회의 정치·경제적 성장에 대한 전제없이는 이해하기 어려운 현상이다.

(3) 계층 분화

지금까지 살펴 본 바와 같이 사회·경제적인 면에서 삼한은 이미 계층분화가 상당히 진행된 사회였다. 국읍의 주수를 비롯하여 읍락의 족장들은 정치적인 권력과 경제적인 부를 누리면서 지배계층으로 성장해 있었다. 이들은 효율적인 생산도구를 집중적으로 소유하고 대외교역을 독점함으로써 그들의 권력 기반을 확대해나갔다. 다호리유적에서 나온 붓을 통해 알 수 있듯이 이들은 중국인과의 접촉에서 제한적이나마 한자를 이해하고 있었고 생활용기로 칠기를 사용하였으며, 수정이나 유리로 만든 장신구로 몸치장을 하였다. 그러나 이념적으로는 아직도 보통 사람과는 다른 특이한 능력을 가진 인물일 것을 요구받고 있었다. 사로국의 예를 보면 南解次次雄과 같은 국읍의 지배자는 차차웅이 巫를 뜻한다고 하였으므로 원래는 제사장 또는 샤먼이었던 경우도 있었다. 그리고 昔脫解설화에 의하면 그는 冶匠 출신인 동시에 신비한 능력을 가진 인물로 묘사되어 있다. 그런데 新시베리아족으로 알려져 있는 야쿠트족(Yakuts)의 속담에는 '대장장이와 샤먼은 한 둥우리에서 나왔다'거나 '대장장이는 샤먼의 큰 형님이다'라고도 하여 철을 다루는 전문인이 초자연적인 능력을 가진 인물과 동일시되고 있다.[53] 이는 철기 제작기술 내지는 기술을 가진 집단에 대한 외경심을 나타내는 것으로 이처럼 초기의 지배집단 중에는 철의 관리나 철기 제작기술을 권력기반으로 하고 있는 경우도 많았다.

족장 계층 아래로는 대다수의 주민들이 읍락의 일반 구성원으로 존재하고 있었으며 이들을 《삼국지》 동이전에서는 下戶라고 칭하고 있다. 고구려와 부여지역에서는 읍락민의 계층 분화가 크게 진전되어 노비와 비슷한 상태로 몰락한 빈한한 농민을 가리키는 뜻으로 하호라는 용어가 사용되었다. 그러나 삼한 읍락민의 경우 계층간의 격차가 이들 지역만큼 심각하지는 않았다. 낙랑과 대방군에 가까운 지역의 하호들은 중국제 의복과 모자를 빌려 쓰고 군현과의 교역에 참여하기도 하였으며, 왜인전에 의하면 大人은 4~5명의 부인

---

53) 李杜鉉, 〈단골巫와 冶匠〉(《정신문화연구》 16-1, 한국정신문화연구원, 1993), 198쪽.

을 거느리고 하호들 중에도 2~3명의 부인을 거느리는 사람이 있다고 하였다. 각 무덤들 사이에도 뚜렷한 묘역의 구분이나 차등이 존재한 것 같지는 않다. 그러나 3세기 이후의 대형 목곽묘 축조 단계에 오면 대형 분묘들이 능선부를 집중적으로 차지하는 등 분묘 입지상에도 차별이 나타나기 시작하고, 분묘유적들도 묘광의 규모와 부장된 유물의 질과 양 면에서 대·중·소의 세 종류의 구분이 가능하다고 한다.54) 이 때가 되면 읍락민 사이에도 경제적인 격차가 커지고 읍락의 사회·경제적 구성도 보다 다양해졌다.

삼한의 읍락에는 하호 이외에 노비가 있었다. 노비 발생의 일반 예에 비추어 삼한의 노비 역시 그 대부분이 형벌을 받은 자, 채무를 갚지 못한 자, 전쟁 포로 등이었을 것으로 추정된다. 그러나 이들의 숫자가 어느 정도였는지, 생산활동에서 이들이 차지하는 비중이 어느 정도였는지는 자세히 알 수 없다.《삼국지》동이전에 인용된《魏略》에 韓地에 들어와 벌목을 하다가 잡힌 漢人들이 노예가 되어 머리를 짧게 깎고 밭에서 새를 쫓는 농사일을 하고 있었다는 廉斯鑡설화의 기록이 있어 노예제사회설의 중요 근거로 활용하기도 한다. 그러나 노비의 노동력이 생산활동에도 이용되고 있었다고 해서 모든 농업생산활동이 노비의 노동력에 의존하였다는 논리는 성립되지 않으며, 삼한의 농업생산을 담당한 주요 계층은 하호로 불려진 대부분의 일반 읍락민들이었다고 생각된다.

〈李賢惠〉

2. 삼한의 문화

1) 삼한의 생활과 풍속

삼한의 생활양식 중 먼저 주거에 관한 기사를 보면 馬韓人은 움집에 살았는데 모양이 무덤 같았다고 하며, 辰弁韓의 가옥은 나무토막을 가로로 쌓아

54) 李盛周, 앞의 글.

올려 그 모양이 마치 중국의 감옥과 같다고 하였다. 분묘에 비해 집자리유적에 관한 고고학적 조사자료는 그리 많지 않으나 지금까지 조사된 바로는 주거지 평면은 원형·방형·말각방형 등으로 다양하고 집의 형태는 움집과 반움집으로 기둥과 기둥 사이는 풀과 진흙을 섞어 벽체를 형성하였고, 지붕은 갈대나 이엉으로 덮었을 것으로 추정되고 있다.[1] 그리고 경남 합천 大也里 집자리에서는 爐址가 모두 가옥의 서쪽에 갖추어져 있어 변한은 부엌이 모두 집 서편에 붙어 있다는 동이전의 기록과 대비되기도 한다. 이에 비해 경남 김해 鳳凰臺 주거지내에서는 노지가 한 기도 발견되지 않으며 전반적으로 김해지역에서는 노지가 없는 편이 우세하다고 한다.[2] 그러나 한강유역의 渼沙里유적에서는 주거지 북쪽에 부뚜막시설이 발견되기도 하고,[3] 김해 봉황대와 府院洞 A지구에서는 高床家屋이 조사되어 지역과 용도 및 계절에 따라 가옥의 형태도 다양하였다. 그러나 고고학 자료의 부족으로 계층에 따라 가옥의 크기나 구조에 차이가 있었는지 혹은 있었다면 어떠한 내용의 것이었는지는 아직 알 수 없다.

취락 주변을 둘러 싼 방어시설에 대해 진변한에는 성곽이 있으나 마한에는 성곽이 없다고 하였다. 방어시설의 유무는 정치적 긴장관계의 반영이므로 지역과 상황에 따라 일률적으로 단정하기 곤란한 면도 있으나 고고학 자료상으로는 마한이나 진변한의 구분없이 성곽시설은 일반적이었던 것으로 나타난다. 예컨대 전북 扶安郡에서도 표고 20~100m 높이에 위치한 토성유적이 다수 조사 보고되고 있으며[4] 경상도지역에서도 취락유적지 주변에 설치된 木柵이나 環濠시설의 조사예가 늘어나고 있다. 근래 조사된 대표적인 것으로 김해 봉황대유적이 있으며 이 유적에서는 1993년 조사시 의창 다호리 유적과 같은 시기로 추정되는 폭 2.5m, 깊이 1.5m의 단면 U자형 환호가 발굴되었고 환호의 바깥쪽으로 목책 구멍 5개가 조사되었다.[5] 이 밖에 대구

1) 崔夢龍·金庚澤, 〈全南地方의 馬韓 百濟時代의 住居址硏究〉(《韓國上古史學報》 4, 1990), 15쪽.
2) 李在賢, 〈金海鳳凰臺遺蹟 2차發掘調査槪要〉(《第36回 全國歷史學大會 發表要旨》, 1993), 548쪽.
3) 고려대학교 발굴조사단, 《渼沙里》 5(학연문화사, 1994), 120·182·331쪽.
4) 全榮來, 〈扶安地方 古代圍郭遺蹟과 그 遺物〉(《全北遺蹟調査報告》 4, 1975).

達城유적이나 梁山貝塚, 창원 加音丁洞 堂山貝塚 등에서도 목책과 환호유적들이 확인되고 있어 취락 주위에 설치된 방어시설의 구체적 모습이 조금씩 밝혀지고 있다.

삼한의 城柵 또는 성곽은 기본적으로 무문토기시대 이래의 목책과 환호의 전통을 이은 것으로, 중국 군현과의 접촉을 통해 토성에 대한 지식이 알려지면서 토루를 쌓아 목책을 보강한 형태였던 것으로 생각된다. 그러나 이러한 방어시설은 일반 취락에까지 해당되는 시설물은 아니다. 《삼국지》 동이전에는 노동력 동원과 성곽 축조작업의 주관자를 '官家'로 표현하고 있어 방어시설의 축조가 정치적 지배자에 의해 주도된 것임을 나타낸다. 성곽 축조를 위해서는 대규모 노동력이 필요하며 노동력 동원 범위가 광범위하므로 이를 뒷받침할 수 있는 행정력이 필요하다. 그러므로 복합적인 방어시설은 정치·경제활동의 중심 취락인 국읍과 읍락에 국한되었다.

복식과 관련된 기록을 보면 삼한에서는 비단을 포함하여 각종 布가 생산되었으며(緜布·縑布·廣幅細布), 베두루마기와 짚신 혹은 가죽신을 신었다고 한다. 삼한인들은 금은과 화려한 비단은 진기하게 여기지 않고 구슬을 소중하게 여겨 의복에 장식하거나 목걸이 또는 귀걸이로 달고 다녔다고 한다. 구슬을 귀중하게 여기는 것은 청동기시대 이래의 습속으로 청동기시대의 족장들이 착용한 대롱구슬이나 天河石製 飾玉으로 만든 목걸이는 단순한 장식이 아니라 청동거울과 함께 족장의 권위를 나타내는 중요한 상징물이었다. 삼한에 이르러 장신구의 재료가 여러 가지 색깔의 유리나 수정으로 바뀌고 형태도 조금씩 달라지면서 주술적인 의미는 상대적으로 줄어 들었다. 그러나 유리나 수정제 장신구들은 중국산 수입품으로 대부분이 지배계층의 분묘에서 출토되고 있으며 사회적인 신분과 경제적인 부의 상징으로서 여전히 중요시되고 있었다. 그리고 마한인들은 상투모양으로 머리를 틀어 올렸고, 변한인들은 의복이 청결하고 머리가 길었다고 한다. 廉斯鑡설화에 漢人노예들이 머리를 짧게 깎았다는 기록이 있는 것으로 미루어 긴머리나 맨상투머리는 노비와는 다른 일반 읍락인들의 머리 모양이었던 것 같다. 그러나 삼한인들은

5) 李在賢, 앞의 글, 542~549쪽.

중국제 의복과 모자를 좋아하였다거나 중국 군현을 방문할 때 중국제 옷과 모자를 빌려 입는다고 하였으므로 그 형태는 알 수 없으나 지배계층의 인물들은 권위를 나타내는 모자나 관식을 착용했을 가능성이 높다. 변진인들은 앞면에 뿔모양 장식을 붙인 관모를 썼기 때문에 변진이란 명칭이 붙여졌다는 해석도 있다.[6]

《삼국지》 동이전에 의하면 삼한에서는 파종을 끝낸 5월과 농사일을 마무리한 10월 두 차례에 걸쳐 귀신에게 제사지내고 많은 사람들이 모여 춤을 추며 노래를 부르고 술을 마시면서 밤낮으로 즐겼다고 한다. 수십 인이 서로 동작을 맞추어 땅을 밟으면서 몸을 낮추었다 올리는 동작의 춤이었는데 가락이 鐸舞를 닮았다고 하였다. 땅을 밟는 동작은 大地神을 즐겁게 하고 땅의 생육력을 높여 풍요를 기원하는 穀靈을 포함한 地靈에 대한 제사의식에 속한다고 한다.[7] 이러한 地神에 대한 祭儀와 대비되는 것이 天神에 대한 제의로 삼한에서도 국읍의 天君이 주관하여 천신에 대한 제사를 거행하는 것으로 되어 있다. 천신에 대한 제사는 북방계 샤머니즘에 원류를 두는 제의로 부여·고구려·동예에서는 10월에 거행하는 수확제가 천신에 대한 제사로 되어 있다.[8] 삼한에서 거행되는 농경의례가 천신과 지신 두 계통이 이미 습합된 형태인지 아니면 5월의 제의와 10월 수확제가 내용적으로 다른 점이 있었는지는 알 수 없다. 그러나 地靈에 대한 제사가 더 원초적인 것이고 천신에 대한 제사가 좀 더 발달한 농경 단계의 제의로 간주되고 있어,[9] 삼한의 농경제 행사에 踏地하는 풍속이 남아 있다는 것은 북방지역과 구별되는 삼한의 생산과 문화 기반의 중요한 특징을 나타내는 요소라 하겠다.

이 밖에 삼한에는 蘇塗신앙이 있었다. 각 국에는 別邑이 있어 소도라 이름하였는데 큰 나무를 세워 북과 방울을 달아 놓고 귀신을 섬겼다고 한다. 사람들이 이곳으로 도망가면 잡아올 수 없었으며 소도를 세운 뜻은 불교와 같으나 선악의 기준은 서로 다르다고 하였다. 소도에 대해서는 읍락간의

---

6) 李丙燾, 《韓國古代史硏究》(博英社, 1976), 290쪽.
7) 三品彰英, 〈銅鐸小考〉(《古代祭政と穀靈信仰》, 平凡社, 1973), 15~25쪽.
8) 三品彰英, 위의 책, 246~248쪽.
9) 三品彰英, 위의 책, 15~17쪽.

경계 표지를 겸하여 부락의 경계신 내지는 부락의 수호신을 모시는 곳이라는 해석과[10] 함께, 소도는 삼한의 천군이 있는 곳인 동시에 봄과 가을에 걸쳐 천군이 농경의례를 거행하는 곳이라는 해석도 있다.[11] 이와 달리 소도신앙은 읍락단위의 부락제에서 발전한 것으로 소국 성립 이후 여러 읍락에서 거행되던 개별적인 제사행위를 하나로 묶은 것이라는 해석도 있다.[12]

여기서 주목되는 사실은 소도가 있는 곳은 주민들의 일반 거주지역과는 구별되는 장소로 소도에서는 북과 방울이 그들이 믿는 귀신과 더불어 예배의 대상이 되고 있으며, 이 지역 자체가 신성시되고 있다는 점이다. 이와 더불어 소도를 세운 뜻이 불교와 같다는 것은 소도가 종교적인 기능을 가진 예배장소라는 뜻이다. 그러므로 이곳에서는 개인적인 기복행위뿐 아니라 집단의 안녕이나 번영을 기원하는 종교행사가 행해지기도 했을 것이다. 특히 방울은 세형동검문화 단계 이래 중남부지역에서 널리 사용되어 오던 儀式用具의 하나로 소도신앙이 청동기문화 단계 이래의 토착신앙이 계승된 것임을 보여준다. 그러나 소도에서 숭배되는 귀신이 어떤 종류의 신이었는지, 소도신앙의 주관자와 천군의 관계를 어떻게 파악할 것인지 의문점이 적지 않다.

요컨대 삼한사회는 청동기문화 단계의 단순하고 복합적인 상태의 원시신앙과 제의가 철기문화의 보편화와 유이민의 정착, 정치·사회적인 변화를 배경으로 새로운 문화요소를 가미하면서 농경축제·제천의식·소도신앙 등으로 다양하게 변화 발전되어 가는 모습을 보여주고 있다. 변화의 양상도 지역에 따라 일정한 차이가 있었던 것 같다. 예컨대《삼국지》동이전에 변진은 진한과 섞여 있으며, 의복 거처도 모두 진한과 같고, 언어 법속도 서로 닮았으나 귀신을 섬기고 제사지내는 것은 서로 다르다고 하였다. 말하자면 진한과 변한은 종족적으로나 문화적으로 동일한 기반을 가지고 있으나 종교적인 측면에서는 다른 점이 있다는 뜻이다. 그 구체적인 내용을 알 수는 없으나

---

10) 孫晋泰, 〈蘇塗考〉(《韓國民族文化의 硏究》, 乙酉文化社, 1948).
11) 金貞培, 〈蘇塗의 政治史的 意味〉(《韓國古代의 國家起源과 形成》, 高麗大 出版部, 1986), 160쪽.
12) 金杜珍, 〈三韓 別邑社會의 蘇塗信仰〉(歷史學會 編, 《韓國古代의 國家와 社會》, 一潮閣, 1985), 102~103쪽.

이같은 현상은 청동기문화 단계에서 철기문화 단계로의 이행과정에서 제의와 신앙상에 나타나는 지역별 특성이 형성된 결과라고 하겠다.

삼한의 장례 풍속에 대한 기록을 보면 棺은 있으나 槨은 없다고 하였으며 진변한에서는 큰 새의 깃털을 함께 묻어 주었는데 이는 죽은 자가 날아 오르기를 바라는 뜻이었다고 한다. 고고학적인 조사에 의해 기원후 2세기까지의 진변한의 중심 묘제는 지하에 장방형의 흙구덩이를 파고 나무로 만든 관에 주검을 넣어 매장하는 土壙木棺墓였던 것으로 밝혀지고 있다. 처음에는 통나무를 세로로 켜서 속을 파내어 관의 몸체와 두껑을 만든 통나무관을 썼으나 이후 판재로 된 나무관을 사용하였던 것으로 밝혀지고 있다. 기원전 1세기 후반으로 편년되는 의창 茶戶里고분들은 통나무목관의 대표적 예로 한반도에서 자생하는 굴참나무를 사용하였다고 한다. 2세기 이후가 되면 매장주체부가 확대되면서 대형 무덤을 중심으로 목관 바깥에 목곽시설을 한 土壙木槨墓가 만들어졌다. 이러한 무덤 속에는 주인공이 살아 있을 때 사용하거나 소유했던 각종 물건들이 부장되었다. 생활용기와 무기 및 생산도구를 비롯하여 제의에 사용된 음식물이 제사용기에 담겨져 함께 매장되었으며 주인공의 사회·경제적 능력에 따라 종류와 수량이 다양하였다. 마한지역의 분묘유적에 대해서는 조사된 자료가 많지 않으나 최근 토광목관묘와 토광목곽묘를 매장 주체부로 하여 둘레에 周溝 즉 물도랑을 돌린 주구묘가 여러 곳에서 발굴되었다. 주구묘는 진변한지역에서도 조사되고 있어 삼한의 중요 묘제의 하나로 주목된다.[13] 이 밖에 삼한에서는 甕棺墓(독무덤)도 널리 쓰이고 있었는데 옹관묘는 주로 소아용 무덤이었을 것으로 추정되고 있으며, 목관묘나 목곽묘와 같은 중심 묘제에 부수되어 나타나는 陪葬墓의 성격을 가진 경우도 있다. 이 시대의 옹관묘는 지표상에 얕은 구덩이를 파고 일상생활에서 사용하는 토기를 서로 맞대거나 두껑을 덮어 관으로 사용하여 주검을 매장한 것이다. 마한지역은 목관묘나 목곽묘보다 옹관묘의 비중이 더 컸으며 마한의 중심 묘제는 옹관묘였을 것으로 추정되기도 한다.[14] 특히 영산강유역의 마한 소국에서는 3세기 말~4세기 이후 고분출현기에 이르러 옹관을 매장시

13) 考古學部, 《第39回 全國歷史學大會 發表要旨》(1996), 323~379쪽.

14) 崔盛洛, 《全南地方 原三國文化의 硏究》(서울大 博士學位論文, 1992), 178~179쪽.

설로 하는 대형의 봉토고분이 유행하였다. 이처럼 옹관묘가 성인을 위한 장제로 발전하면서 일상용기가 아니라 매장용 옹관을 별도로 제작하여 사용하는 등 옹관묘의 강한 전통을 나타내는 지역도 있다.

진변한지역의 특이한 습속으로 扁頭에 대한 기록이 있는데 아이가 태어나면 곧 돌로 머리를 눌러 편평하게 하였는데 지금 진한인은 모두 편두라고 하였다. 그러나 김해 禮安里 85호와 99호 고분에서 발견된 두개골의 계측치 분석 결과 편두 사실이 입증되므로 편두 습속은 진변한 모두에 해당되며, 이는 세계 각지의 원시사회에 널리 퍼져 있는 頭蓋變形의 습속에 속하는 것이라고 한다. 그리고 '마한의 남자들은 때때로 문신을 한다'거나 진변한조에 '倭에 가까운 지역의 남녀는 문신을 한다'고 하여 삼한의 문신 풍속이 기록되어 있는데 이는 남방아시아 계통의 문화요소가 전해진 것이라고 한다.[15] 또한 고고학적 조사에 의해 삼한에서도 卜骨의 풍습이 있었던 것으로 밝혀지고 있다. 경남 熊川패총과 부산 朝島패총에서는 사슴의 뿔에 평행선을 새긴 복골이 발견되었다. 그리고 김해 부원동 A지구와 C지구에서도 산돼지의 견갑골과 사슴의 뿔을 이용한 복골이 발견되었으며, 전남 해남 群谷里패총에서도 사슴과 돼지의 견갑골을 이용한 복골이 확인되었다.[16]

2) 삼한의 유적과 유물

삼한이 존속했던 시기는 고고학상으로 原三國時代에 해당된다. 원삼국시대는 金海時代·熊川期 또는 초기 철기시대 등으로 불리던 시기이며 기원후 1~3세기가 중심이다. 원삼국문화라는 용어는 원초 단계의 삼국문화라는 의미를 가지고 있으나 고구려와 삼한지역 간의 문화 수준의 편차로 인해 초기 고구려문화를 포괄하지 못하고 내용적으로는 삼한지역의 문화만을 다루고 있어 문제가 있다.[17] 말하자면 현재 고고학에서 말하는 원삼국시대는 청동기 문화를 바탕으로 하고 있던 한반도 중남부지역의 토착사회가 본격적인 철기

15) 金廷鶴, 〈加耶의 歷史와 文化〉(《韓國上古史硏究》, 汎友社, 1990), 223~228쪽.
16) 金廷鶴, 위의 글, 228~230쪽.
17) 李賢惠, 〈原三國時代論 檢討〉(《韓國古代史論叢》 5, 1993), 7~33쪽.

문화 단계로 전환되어가는 시기로 철기문화의 확산에 따라 무기와 생산도구의 철기화, 새로운 토기 제작기술의 등장 등 다양한 변화가 일어났던 단계이다. 현재 이 시기에 대한 고고학계의 연구는 삼한의 묘제와 철기 및 토기연구에 집중되어 있다. 그러므로 이곳에서는 토기와 철기에 대한 고고학계의 연구 성과를 토대로 삼한의 문화 성격의 일단을 살펴보고자 한다.

(1) 철 기

중남부지역의 철기문화의 전개과정에 대해서는 연구자에 따라 시기구분이나 기준을 조금씩 달리하고 있다. 가장 대표적인 것은 서력 기원을 전후하여 이전 3세기간은 초기 철기시대로, 이후 3세기간은 원삼국시대로 양분하는 방식이다.[18] 이에 대해 서북지방에 비해 철기문화의 유입이 상대적으로 늦은 전남지방의 경우 기원전 2세기 말 이후 위만조선계 철기문화가 유입되면서 본격적인 철기문화가 확산되고 그 연속선상에서 원삼국문화가 발전하고 있으므로 마한의 철기문화를 초기 철기시대와 구분하는 것이 유용하지 않다는 비판적 견해가 나온 바 있다.[19] 이와 달리 한반도 전체의 철기문화의 전개과정을 4단계로 세분하여 삼한의 철기문화를 3, 4단계에 해당되는 것으로 보는 견해도 있다.[20] 또는 중남부지역의 철기문화를 철기사용 개시기(기원전 2세기), 낙랑철기의 영향기(기원전 1세기), 철기문화의 발전기(기원후 1~3세기)의 3단계로 나누어 설명하는 경우도 있다.[21] 각 견해 사이에 부분적인 차이는 있으나 기원전 2세기 말~기원전 1세기대를 중남부지방 철기문화의 전개과정에서 중요한 획기로 잡고, 이를 삼한 철기문화 형성의 직접적인 토대로 간주하는 점에서는 대체적으로 견해가 일치하는 것 같다.

현재 중남부지역에서 조사된 가장 오랜 철기유적은 기원전 2세기경으로

18) 金元龍, 《韓國考古學槪說》(一志社, 1986), 101~144쪽.
19) 崔盛洛, 앞의 책, 238쪽.
20) 崔鍾圭, 《三韓社會에 대한 考古學的 硏究》(東國大 博士學位論文, 1993).
제3기는 기원전 1세기 후반~기원후 2세기 전반, 제4기는 기원후 2세기 후반~3세기로 편년하고 있다.
21) 李南珪, 〈三韓鐵器文化의 成長過程〉(《三韓社會와 考古學》, 제17회 한국고고학전국대회발표요지, 1993), 45~55쪽.

편년되는 전남 장수 南陽里, 충남 唐津 素素里, 충남 扶餘 合松里유적으로 각 유적마다 다량의 청동기와 함께 철제 도끼와 끌이 출토되었다. 이들은 모두 戰國계 철기문화에 속하는 鑄造철기로 이들이 완성된 제품으로 유입되었는지 현지에서 제작된 것인지는 아직 밝혀져 있지 않다. 또한 이 종류의 철기가 같은 시기 경상도지역에서도 사용되고 있었는지 아니면 한반도 서북지방과 교섭이 빈번하던 일부 지역에 국한된 것이었는지는 앞으로의 조사를 통해 밝혀질 것이다. 그러나 현재까지 조사된 이 철기유물들은 지역적으로나 시간적으로 진국과 밀접한 관계에 있던 유물로 보아 크게 틀리지 않을 것이다.

그런데 기원전 2세기 말에서 기원전 1세기대에 이르면 철기유물과 유적이 경상도지역에서 집중 출토되고 제작방법과 형태 및 종류도 많이 달라진다. 대표적인 유적으로 경주 九政洞·入室里·朝陽洞·대구 坪里洞·飛山洞·삼천포 勒島, 그리고 의창 다호리 유적을 들 수 있다. 이 유적들도 다시 기원전 1세기 전반 이전의 것과 기원전 1세기 후반 이후의 것으로 세분할 수 있으나 공통적으로 이 단계 철기들은 漢代 철기의 계보를 잇고 있고, 제작 방법이 鍛造라는 점, 무기가 존재한다는 점, 그리고 철기의 종류와 수량이 다양해진다는 점에서 전단계의 철기와는 뚜렷한 차이를 보인다.[22] 예를 들면 무기로는 鐵劍·鐵矛·鐵戈·鐵鏃 등이 만들어졌고, 용도에 따라 도끼의 종류나 형태도 다양하며, 이 밖에 철제 따비·괭이·낫·손칼 등과 같은 농공구를 비롯하여 생활에 필요한 각종 도구들이 만들어졌다.

그런데 이 단계에서는 새로운 문화요소가 적극적으로 수용되는 동시에 전단계의 문화요소도 강하게 계승되고 있다. 이 단계 철기의 대부분은 단조법에 의해 만들어진 것이며, 형태상으로도 한대 철기의 특징들을 나타내는데 비해 쇠괭이만은 주조에 의해 만들어지고 있을 뿐 아니라 형태상으로도 戰國系 철제 도끼와 괭이의 특징이 섞여 있다. 그리고 다호리에서 출토된 철모들 중에서는 형태상으로 전국계 철모와 연결되는 것이 다수 있어,[23] 한의 철기문화 요소 이외에 전국계 철기문화 요소가 혼합되어 있음을 보여준다. 특히

22) 崔鍾圭, 앞의 책, 113쪽.
23) 崔鍾圭, 위의 책, 121~122쪽.

鐵戈·板狀鐵斧·철제 따비는 형태상 토착적인 문화요소를 강하게 반영하는 철기들로 손꼽힌다.

한군현이 설치된 것이 기원전 108년이므로 이론상 한나라 철기문화 유입의 上限은 기원전 2세기 말에서 1세기 초까지 올라갈 수 있다. 그러나 새로운 문화의 정착에 소요되는 일정한 경과기간이 감안되어야 한다. 낙랑군지역의 정치적 추이를 보면 漢四郡 설치 초기에는 漢 武帝의 강력한 대외정책의 추진으로 토착세력의 강한 저항을 불러 일으켰다.[24] 그러므로 낙랑군은 내부통제에 일차적인 관심을 기울여야 할 사정이었고 이로 인해 군현 이외의 토착세력과의 적극적 접촉은 이루어지지 않았던 것 같다. 따라서 낙랑군의 활발한 경제활동이 군현 외부지역으로 확대되면서 한의 선진기술이 韓의 토착사회에 적극적으로 파급될 수 있었던 것은 武帝 死後 군현 내부의 정치적 안정이 확립되는 기원전 1세기 중엽 이후에야 가능했을 것이다. 그러므로 한군현 설치 이후 약 반세기 동안은 위만조선의 멸망과 유이민의 이동으로 위만조선계 철기문화가 중남부지역으로 파급되면서 독자적인 철기문화 발전의 토대가 형성되고 있었던 것으로 추정된다. 진변한이 대내외에서 필요로 하는 다량의 철을 생산할 수 있을 만큼 기술적 여건을 갖추게 되는 것은 이같은 토착사회 자체내의 철기문화의 바탕이 있었고 여기에 한의 발달한 철기 제작기술이 복합되었기 때문이다.

이후 삼한의 철기문화는 목곽묘가 출현하는 기원 2세기 후반을 기점으로 질적·양적으로 또 한차례의 현저한 발달을 하였다. 즉 세형동검을 원형으로 하는 철제 단검이 사라지고 80cm 내외의 철제 大刀가 출현하는 것은 製鋼 기술상 일정한 발전이 있었던 것을 뜻한다. 또한 이 단계가 되면 철촉의 생산량이 크게 늘어나는데 철촉은 소모성 무기이므로 지속적인 공급체계가 뒷받침되지 않으면 보편화되기 어렵다. 그런데 부산 老圃洞 31호묘에서 한 개인이 100여 점 이상의 철기를 부장할 정도로 철촉 사용이 보편화되고 있어 전 단계에 비해 철기 생산량이 전반적으로 크게 늘어났던 것

24) 漢의 위만조선 정복에 협조한 右渠王의 아들 幾侯가 낙랑군 설치 4년 여만에 모반죄로 죽게 되고 尼谿相 參 역시 기원전 99년 모종의 사건에 연루되어 죽게 된다(《漢書》 권 17, 表 5, 景武昭宣元成功臣).

으로 추정되고 있다. 그리고 이 시기가 되면 容器의 철기화가 두드러지는데 이 역시 철기 제작기술상 일정한 발전을 전제로 한 현상이다.[25]

철기 유물에 대한 형식학적 연구의 차원을 넘어 철기 제작기술의 발달과정과 제작 규모, 관리체계 등에 대한 보다 심층적인 이해를 얻기 위해서는 철기 유물에 대한 과학적 분석과 제철관련 遺構에 대한 폭넓은 자료가 축적되기를 기다려야 할 것이다. 그리고 철기와 관련된 각종 과정이 구체적으로 밝혀진 연후에야 삼한사회내에서 철기문화가 발휘했던 사회·문화적 기능에 대한 궁극적인 평가도 가능할 것이다.

(2) 토 기

토기는 흙으로 빚어 만든 생활용기의 하나로 식생활을 비롯하여 각종 생활양식을 반영하는 유물이다. 특히 고고학 연구에 있어 토기는 특정 사회의 문화성격을 밝히고 유물 유적의 편년체계를 확립하는 데 있어 가장 기본적인 자료로 간주되고 있다. 新시베리아족으로 알려져 있는 야쿠트족(Yakuts)의 속담에 '최초의 대장장이와 최초의 샤먼 그리고 최초의 陶工은 형제들'이라는 말이 있다고 한다. 그들은 다같이 불의 지배자라는 친연성을 갖고 있고 사회적으로 높은 지위를 인정받고 있다고 한다.[26] 이는 철기 제작기술의 도입과 더불어 토기 제작상에도 획기적인 변화가 수반되었을 것이라는 개연성을 시사하는 것으로, 토기는 토기문화 자체로서의 중요성 못지 않게 철기문화의 전개 과정을 비롯하여 사회의 전문화의 진행 정도 등을 밝히는 데 있어서도 유용한 자료라고 하겠다.

철기문화의 유입과 더불어 한반도 중남부지역에서는 無文土器가 硬質의 무문토기로 바뀌고 재래의 무문토기와는 다른 새로운 종류의 토기가 등장한다. 토기의 기종이 다양해지고 외형상으로 형태와 색갈이 달라질 뿐 아니라 제작기법상으로도 무문토기와 달리 바탕흙이 泥質점토로 精選되고, 토기제작시 회전판이 사용되며, 기벽을 두드려서 단단하게 하는 打捺기법이 이용되고 있다. 또한 토기 가마도 노천窯에서 폐쇄적인 登窯로 구조가 바뀌고 燒成 온도

25) 崔鍾圭, 앞의 책, 129쪽.
26) 李杜鉉, 〈단골巫와 治匠〉(《정신문화연구》 16-1, 1993), 198쪽.

도 크게 높아져 무문토기보다 훨씬 단단한 질의 토기가 만들어진다. 토기상에서 나타나는 이같은 변화를 둘러싸고 연구자에 따라 기술적 배경에 대한 해석도 다르고 토기의 분류 기준과 명칭도 다양하며, 편년도 조금씩 다르다.

원삼국토기 내지는 삼한토기에 대한 논의의 출발점이 된 것은 金海貝塚 출토 토기자료로 이곳에서 나온 打捺文硬陶 즉 회청색 혹은 적갈색의 타날문이 있는 硬質토기가 김해토기로 명명되면서 이 시대의 대표적인 토기로 간주되어 왔다. 이후 남해안 일대의 패총유적들과 한강유역의 風納洞土城의 발굴로 토기자료가 증대되면서 돗자리무늬(繩蓆文)를 가진 硬質회색토기 이외에도 삼한지역에서는 무문토기가 개량된 풍납동식 무문토기, 軟質의 회색 또는 적갈색 때린무늬(打捺文)토기 등 다양한 토기들이 제작 사용되고 있었음이 밝혀지게 되었다.27) 그러나 1980년대에 들어와서 경상도지역에서 瓦質土器가 출토되면서 삼한의 토기문화에 대한 활발한 논쟁과 연구가 이어지고 있다.

현재 진행되고 있는 삼한시기 토기문제에 대한 논쟁의 개요를 간단히 정리하면 다음과 같다. 종래의 가장 대표적인 설은 다양한 토기의 존재를 인정하면서도 그 중의 하나인 회색 경질의 繩蓆文土器를 이 시대의 대표적인 토기로 설정하는 것이었다.28) 그러나 1980년대 이후 삼한토기=김해토기=회청색 경질토기라는 종래의 설을 비판하면서 삼한시대를 대표하는 토기는 와질토기이며 삼한은 와질토기시대로 구분해야 한다는 주장이 제기되고 있다. 그리고 와질토기의 형식학적 분류를 토대로 삼한 토기문화의 발전과정과 편년체계를 세우고 있다.29)

그러나 와질토기론에 대해서도 적지 않은 비판이 가해지고 있다. 그 하나가 타날문토기를 이 시대의 대표적인 토기로 간주하는 견해이다. 원삼국시대의 토기에는 硬質無文土器와 타날문토기의 두 종류가 있으나 경질무문토기는 타날문토기와 共伴하면서 갑자기 硬質化하므로 타날문토기와 같은 窯에서 燒成되었을 가능성이 높은 것으로 보고, 타날문토기가 명실상부한 삼한시

27) 金元龍, 앞의 책, 133쪽.
28) 위와 같음.
29) 申敬澈, 〈釜山 慶南出土 瓦質系土器〉(《韓國考古學報》 12, 1982).
崔鍾圭, 〈陶質土器成立前夜와 展開〉(《韓國考古學報》 12, 1982).
林孝澤, 《洛東江下流城 加耶의 土壙木棺墓硏究》(漢陽大 博士學位論文, 1993).

대의 表識的 토기라는 주장이다. 비록 胎土에 혼합한 石粒의 양에 따라 粗質과 精質의 구분이 있으나 원삼국 초기부터 새로운 토기의 주류를 이루는 것은 타날문토기이며, 색의 차이는 還元焰系 低火度 소성과 酸化焰系 저화도 소성의 차이에 불과하다고 한다. 그리고 종래 원삼국기의 표지적인 토기로 간주되어 온 회청색 경질토기도 타날문토기의 일종으로 연질 타날문토기보다 비율은 낮으나 원삼국 초기 단계부터 제작되었으며, 와질토기 역시 연질 타날문토기의 영남판으로 규정하였다. 그러므로 회전판을 사용하여 마무리 성형을 하고, 등요에서 구워내며, 異物質이 없는 고운 점토를 사용하는 등 戰國系 製陶기술을 채용하여 만들어진 삼한지역의 새로운 토기는 타날문토기로 통칭하는 것이 타당하다는 것이다.[30]

이러한 견해 차이는 토기제작상에 나타나는 기술적 변화의 배경에 대한 견해 차이로 연결되고 있다. 와질토기론에서는 새로운 토기문화의 시작을 漢式 토기의 영향으로 보는 데 비해 타날문토기론에서는 이를 戰國系 灰陶 제작기술과 연결시키고 있어 이 점에 있어서도 양설은 대조를 이룬다. 戰國 회도의 제작 기법을 주목하는 견해는 漢의 문물이 본격적으로 확산되기 이전 위만조선 철기문화의 영향이 작용하던 일정 시기를 전제로 하는 경우로 위만조선 철기문화의 영향을 적극적으로 고려하는 입장이다. 그리고 古式 와질토기는 전국계 회도 제작기술을 바탕으로 한 것이며 낙랑계 토기의 제작기술과 器形의 영향이 삼한지역 토기에서 직접적으로 나타나는 것은 기원후 2세기 초 新式 와질토기부터라는 견해 역시 이와 동일한 맥락에 속한다.[31]

이상의 견해들이 삼한지역 토기문화의 발전 과정을 일원적인 체계 속에서 이해하려는 입장인데 비해 단계별로 각 유형의 토기들이 공존하면서 계기적인 발전 과정을 거쳤던 것으로 보는 견해가 있다. 즉 새로운 토기문화의 시작을 경질무문토기의 출현으로부터 잡고, 이어 경질擦文土器, 적갈색 軟質土器(타날문토기), 와질토기, 회청색 경질토기 등 각종 토기들이 출현시기와 유행

30) 崔秉鉉, 〈鎭川地域土器窯址와 原三國時代土器의 問題〉(《昌山金正基博士華甲紀念論叢》, 1990), 565~573쪽.

31) 李盛周, 〈原三國時代 土器의 類型·系譜·編年·生産體制〉(《韓國古代史論叢》 2, 1991), 251·272쪽.

시기를 조금씩 달리하면서 공존한다는 것이다. 그리고 이전부터 조금씩 나타나던 타날문토기와 와질토기는 기원후 1세기 중반~2세기 전반에 이르면서 광범위하게 사용되기 시작하며, 회청색 경질토기의 유행시기는 타날문토기보다 늦은 기원후 2세기 말 내지는 3세기 초 이후라고 한다.[32] 이와 비슷한 접근 방법을 시도하되 여러 가지 유형으로 細分되고 있는 토기들을 대별하여 단순화시킨 경우도 있다. 한강유역 원삼국시대의 토기자료들을 기술적 유형별로 경질무문토기·타날문토기·회흑색 無文樣土器의 셋으로 나누고, 각 토기 출토의 상대적 빈도를 근거로 세 종류의 토기가 모두 나오는 유적들을 전기(0~200년)로, 경질무문토기가 소멸하고 타날문토기와 회(흑)색 무문양토기만이 나오는 유적을 후기(200~300년)로 편년하였다.[33]

이처럼 삼한의 토기문화도 지역과 시기에 따라 다양한 내용을 가지고 있으며, 이를 연구하는 기준이나 각 토기의 출현 시기에 대한 편년차도 적지 않음을 알 수 있다. 예컨대 타날문토기의 출현 시기에 대해서도 기원전 1세기, 기원후 1~2세기로 서로 다르며, 종래 원삼국시대의 대표적 토기로 간주되어온 회청색 경질토기의 출현 시기에 대해서도 기원전 1세기로부터 기원후 3세기 말에 이르기까지 의견이 다양하다.[34] 이러한 문제들은 결국 마한지역의 유물 유적에 대한 조사 자료의 증가를 통해 해결을 기대할 수 밖에 없다. 지금까지 삼한의 토기연구는 토기의 형태나 질에 관한 것이 압도적으로 많고, 토기의 생산규모나 생산방식 등에 대한 연구는 거의 없는 형편이다. 그러나 고식 와질토기는 半專業的인 생산체제에 의해 생산되었고, 2세기 초 신식 와질토기의 제작으로부터 전업적인 토기생산체제가 성립되었을 것이라는 시론적 연구가 있어 이 분야 연구의 중요성을 환기시켜주고 있다.[35] 앞으

---

32) 전남지방에서는 원삼국 1기(기원전 1세기 초~기원후 1세기 중반경)에는 경질무문토기가 주류를 이루며, 타날문토기는 2기부터 조금씩 등장하여 3기(기원후 2세기 후반~3세기 중반)에 이르면서 일반화된다고 한다(崔盛洛, 앞의 책, 158·213·238쪽).

33) 朴淳發, 〈漢江流域 原三國時代의 土器樣相과 變遷〉(《韓國考古學報》 23, 1989), 23쪽.

34) 金元龍 : 기원전후(앞의 책, 1986, 128~134쪽), 崔秉鉉 : 기원전 1세기(《新羅古墳硏究》, 一志社, 1992, 570쪽), 崔盛洛 : 기원후 2세기 말~3세기 초(앞의 글, 1992, 213쪽), 崔鍾圭 : 3세기 말~4세기(앞의 책, 128~134쪽).

로 토기 요지에 대한 광범위한 조사와 자료의 축적이 이루어진다면 이러한 문제도 점차 해소될 것이다.

궁극적으로 고고학 자료를 통한 삼한문화 연구의 기본방향은 철기문화가 유입된 이후 高塚古墳이 나타나기 이전까지의 다양한 문화 현상을 체계적으로 설명하는 것이다. 그러기 위해 특정 유물 유적에 근거한 단선적 이해 방식보다 종합적인 문화성격의 부각에 역점이 두어져야 할 것이다. 삼한의 문화성격에 대한 포괄적인 이해는 특정지역이나 유물 유적에 치중되지 않고 분묘·생활유적·생산유적 등 각 부문에 걸친 유적들이 고루 조사 연구될 때에야 비로소 가능해질 것이다.

〈李賢惠〉

35) 李盛周, 앞의 글, 236~286쪽.

집 필 자

개 요 ………………………………………………………… 김정배

Ⅰ. 초기국가의 성격

1. 한국 고대의 정치발전 단계론 ……………………… 김정배
2. 국가 형성 이론의 한국사 적용문제 ………………… 김정배
3. 초기국가의 성격 ……………………………………… 김정배

Ⅱ. 고 조 선

1. 고조선의 국가형성 …………………………………… 김정배
2. 고조선의 변천 ………………………………………… 김정배
3. 고조선의 문화와 사회 경제 ………………………… 최몽룡

Ⅲ. 부 여

1. 부여의 성립 …………………………………………… 송호정
2. 부여의 성장과 대외관계 ……………………………… 송호정
3. 부여의 정치와 사회 …………………………………… 송호정
4. 부여의 문화 …………………………………………… 송호정

Ⅳ. 동예와 옥저

1. 동예의 사회와 문화 …………………………………… 이현혜
2. 옥저의 사회와 문화 …………………………………… 이현혜

V. 삼　한

1. 삼한의 정치와 사회 ·· 이현혜
2. 삼한의 문화 ·· 이현혜

한국사 4

초기국가

편찬간행 국사편찬위원회

초판1쇄 2003년 11월 30일
2쇄 2013년 6월 4일

번각발행 탐구당

등록일 1950년 11월 1일
등록번호 서울 제 03-00993 호

주소 서울특별시 용산구 한강대로 62 나길 6
전화 (02) 3785-2211(대표)
팩스 (02) 3785-2272
홈페이지 www.tamgudang.co.kr
전자우편 tamgudang@paran.com

ISBN 978-89-8236-570-6
978-89-8236-566-9(세트)

값 12,500 원